Hannah Arendt
Denktagebuch
1950 bis 1973

Erster Band

PIPER

Hannah Arendt

DENKTAGEBUCH

1950 bis 1973
Erster Band

Herausgegeben von Ursula Ludz
und Ingeborg Nordmann

in Zusammenarbeit mit dem
Hannah-Arendt-Institut, Dresden

Mit 1 Porträtfoto und 17 Faksimiles

PIPER
München Berlin Zürich

Mehr über unsere Autoren und Bücher:
www.piper.de

Für die Förderung der Veröffentlichung
danken Herausgeberinnen und Verlag
der Deutschen Forschungsgemeinschaft (Bonn),
der Kulturstiftung Dresden der Dresdner Bank (Frankfurt/Main)
und der Robert-Bosch-Stiftung (Stuttgart)

Altphilologische Fachberatung: Dr. Karl Bayer
Koordination: Professor Dr. Hans Maier

MIX
Papier aus verantwortungsvollen Quellen
FSC® C083411

Ungekürzte und durchgesehene Taschenbuchausgabe
November 2016

Umschlaggestaltung: Buero Jorge Schmidt, München
Satz: seitenweise, Tübingen
Gesetzt aus der Stempel Garamond
Druck und Bindung: CPI books GmbH, Leck
Printed in Germany ISBN 978-3-492-30989-9

Inhalt

Zweiter Band

Anhang

Editorische Vorbemerkung

Das *Denktagebuch* ist in 28 Schreibheften überliefert. Diese eher willkürliche Einteilung – immer wenn ein Heft voll war, hat Hannah Arendt ein neues begonnen – wurde als Strukturelement in der Druckfassung übernommen und eine vergleichbare, als »Kant-Heft« gekennzeichnete Einheit hinzugefügt. Ein weiteres Strukturelement stellen die von Hannah Arendt (unregelmäßig) mitgeteilten Daten dar. Heft- und Datumsangaben wurden als Bestandteile der lebenden Kolumnentitel gewählt, um die Orientierung zu erleichtern. Ein drittes Strukturelement bilden die von den Herausgeberinnen durch Nummern gekennzeichneten Texteinheiten, über deren Zustandekommen im Nachwort (dort S. 842) im einzelnen Auskunft gegeben wird. Die Numerierung erfolgte heftweise. Die jeweiligen Eintragungen sind durch die Heftnummer (römisch) und die Textnummer (arabisch) identifiziert. Ein Inhaltsverzeichnis, in dem in chronologischer Folge jede Texteinheit thematisch gekennzeichnet ist, erlaubt den Gesamtüberblick (S. 863).

Abgesehen von der Bildung von Texteinheiten sind die editorischen Eingriffe auf ein Minimum beschränkt. Die Texte wurden so gedruckt, wie Hannah Arendt sie niedergeschrieben hat, d. h. fremdsprachliche Zitate wurden belassen, nur am Original überprüft und bei eindeutigen Fehlern verbessert. Die jeweiligen Übersetzungen sind nicht im Text-, sondern im Anmerkungsteil zu finden.

Demgegenüber sind solche Eintragungen, für die die Autorin selbst die englische statt der deutschen Sprache wählte, gleich im

Anschluß im Textteil von den Herausgeberinnen übersetzt und dort durch Kursivschrift in eckigen Klammern vom übrigen Text abgehoben worden.

Bei den griechischen und lateinischen Zitaten und eingestreuten Wörtern wurde folgende Vorgehensweise gewählt: Die von Arendt häufig gebrauchten Wörter und Phrasen sind in Wörterverzeichnissen (griechisch, S. 1171 ff.; lateinisch, S. 1178 ff.) zusammengestellt und erhalten im Text keine Umschrift und Übersetzung, um den Lesefluß nicht unnötig zu beeinträchtigen. Für nur vereinzelt auftretende Wörter und Phrasen befinden sich die entsprechenden Angaben in den Fußnoten. Die Übersetzungen für längere Zitate, soweit nicht Arendt selbst sie in ihre Aufzeichnungen integriert hat, sind im Anmerkungsteil zu finden (siehe auch die Vorbemerkungen zum Anmerkungsteil, S. 907).

Hervorhebungen in der Form von Unterstreichungen entsprechen dem Arendtschen Original. Die Kursivschrift wird für Titelangaben verwandt und, wie oben erwähnt, für die deutschen Übersetzungen von Textstücken, die Hannah Arendt in englischer Sprache niedergeschrieben hat. Hervorhebungen in den Schriften der zitierten Autoren (Kursiva, Sperrungen) bleiben unberücksichtigt. – Nicht gekennzeichnete, in eckige Klammern gesetzte Wörter, die sich aus der Einbindung des jeweiligen Zitats in den Text ergeben, stammen entweder von Hannah Arendt oder von den Herausgeberinnen; entsprechende Zusätze in Arendts Text sind Einfügungen der Herausgeberinnen. – Für ausführlichere Auskünfte über die editorischen Festlegungen sei auf das Nachwort (dort S. 841 ff.) verwiesen.

Heft I

Juni 1950 bis September 1950

Heft I

Juni 1950

[1] *Juni 1950.*

Das Unrechte, das man getan hat, ist die Last auf den Schultern, etwas, was man trägt, weil man es sich aufgeladen hat. Dies gegen den christlichen Sündenbegriff, wonach das Unrechte aus einem hervorgestiegen ist, als Sünde in einem verbleibt und den bereits potentiell affizierten inneren Organismus vergiftet, sodass man Gnade und Vergebung braucht, nicht um ent-lastet, sondern um gereinigt zu werden.

Die Last, die man sich selbst auf die Schultern geladen hat, kann einem nur Gott abnehmen. Christen aber niemals. Verzeihung gibt es nur unter prinzipiell qualitativ voneinander Geschiedenen, also: Die Eltern können den Kindern verzeihen, solange sie Kinder sind, wegen der absoluten Überlegenheit. Die Geste der Verzeihung zerstört die Gleichheit und damit das Fundament menschlicher Beziehungen so radikal, dass eigentlich nach einem solchen Akt gar keine Beziehung mehr möglich sein sollte. Verzeihung zwischen Menschen kann nur heissen: Verzicht, sich zu rächen, schweigen und vorübergehen[1], und das heisst: der grundsätzliche Abschied – während Rache immer nah am Anderen bleibt und die Beziehung gerade nicht abreisst. Verzeihung, oder was gewöhnlich so genannt wird, ist in Wahrheit nur ein Scheinvorgang, in dem der Eine sich überlegen gebärdet, wie der Andere etwas verlangt, was Menschen einander weder geben noch abnehmen können. Der Scheinvorgang besteht darin, dass dem Einen scheinbar die Last von den Schultern genommen wird von einem Andern, der sich als unbelastet darstellt.

Versöhnung dagegen hat ihren Ursprung im Sich-abfinden mit dem Geschickten. Dies muss unterschieden werden von der fundamentalen Dankbarkeit für das Gegebene. Mit dem Geschickten, weil es sich als Schicksal zeitlich auseinanderlegt, muss ich mich immer erst versöhnen, während ich mich mit dem Gegebenen, auch mit mir selbst, sofern ich auch mir gegeben worden und nicht von mir selbst gemacht worden bin, ein für allemal abfinden muss. Dieses Sich-abfinden kann im Modus der grundsätzlichen Dankbarkeit – dass es überhaupt für mich so etwas wie Sein gibt – oder im Modus des grundsätzlichen Ressentiments – dass Sein überhaupt so etwas ist, was ich nicht selbst machen kann und nicht gemacht habe – vor sich gehen.

Versöhnung mit dem Geschickten ist nur auf der Grundlage der Dankbarkeit für das Gegebene möglich. Versöhnung mit dem Andern ist zwar kein Scheinvorgang, denn sie gibt nicht vor, Unmögliches zu leisten – verspricht nicht die Entlastung des Andern und spielt nicht eigene Unbelastetheit –; aber dafür geschieht auch in der Versöhnung verzweifelt wenig: Der sich Versöhnende lädt sich einfach die Last, die der Andere ohnehin trägt, freiwillig mit auf die Schultern. Das heisst, er stellt Gleichheit wieder her. Dadurch ist Versöhnung das genaue Gegenteil der Verzeihung, die Ungleichheit herstellt. Die Last des Unrechts ist für den, der es begangen hat, das, was er sich selbst auf die Schultern geladen hat; dagegen für den, der sich versöhnt, das, was ihm geschickt wurde.

Alles sieht natürlich anders aus auf der Grundlage der Erbsünde. Dann ist Verzeihung vielleicht möglich, insofern sie nur die ausdrückliche Anerkennung des Wir-sind-alle-Sünder ist, also behauptet, dass jeder jedes hätte tun können, und auf diese Weise eine Gleichheit – nicht der Rechte, sondern – der Natur herstellt: Pharisäertum ist dann die Anmassung, die Gleichheit der Menschen nicht anerkennen zu wollen.

Als sich entsprechende Gegensätze gehören Verzeihung und Rache zusammen. Der Verzeihende verzichtet darauf, sich zu rächen, weil er ja auch hätte schuldig sein können. Der Rächende wünscht nicht zu verzeihen, weil er ja das Gleiche tun kann,

Juni 1950.

Das Unrecht, das man getan hat, ist die Last auf den Schultern, etwas, was man trägt, weil man es sich aufgeladen hat. Dies gegen den christlichen Sündenbegriff, wonach das Unrecht aus einem hervorgetrieben wird [?], als Sünde in einem verbleibt und den bereits potentiell affizierten inneren [?] Organismus vergiftet, sodass man Gnade [?] –, Vergebung braucht, nicht um ent-lastet, sondern um gereinigt zu werden.

Die Last, die man sich selbst auf die Schultern geladen hat, kann einem nur Gott abnehmen. Menschen aber niemals. Vergebung gibt es nur unter prinzipiell qualitativ voneinander Getrennten, also: die Eltern können den Kindern vergeben, solange sie Kinder sind, wegen der absoluten Überlegenheit. Die Geste der Vergebung zerstört die Gleichheit – damit das Fundament menschlicher Beziehungen so radikal, dass eigentlich nach einem solchen Akt gar keine Beziehung mehr möglich sein sollte. Vergebung zwischen Menschen

was man ihm angetan hat. Dies ist eine Art negativer Solidarität, die aus dem Begriff der Erbsünde, d. h. aus der Vorstellung, dass wir alle vergiftet geboren sind, entspringt.

Der entsprechende Gegensatz der Versöhnung ist der abgewendete Blick – schweigen und vorübergehen. Die Versöhnung versöhnt sich mit einer Wirklichkeit, unabhängig von aller Möglichkeit. Die Rache kann zwar die Wirklichkeit auch nicht einfach auslöschen, aber überspringt sie, indem sie aus der Realität des Erleidens sofort die Re-aktion macht. Reaktion ist wahrscheinlich der äusserste Gegensatz der Aktion. Von nun an spielt sich alles im rein Subjektiven, Re-aktiven ab. Genau das Gleiche gilt für die Verzeihung, die auch – dies ist vom Verzeihenden wie von dem, der um Verzeihung bittet, intendiert – den hybriden Versuch macht, Geschehenes ungeschehen zu machen.

Mit anderen Worten, in der Verzeihung und in der Rache wird das, was der Andere getan hat, zu dem, was ich selbst hätte tun können, beziehungsweise tun kann. In der Versöhnung oder dem Vorübergehen wird das, was der Andere getan hat, zu dem, was mir nur geschickt ist, das ich akzeptieren kann oder dem ich, wie jeder Schickung, aus dem Wege gehen kann. Das Wesentliche ist einmal, dass Wirklichkeiten nicht in Möglichkeiten zurückverwandelt werden und dass andererseits keine Selbst-Reflexion auf eigenes Schuldigwerden-können statthat.

Politisch gesprochen setzt die Versöhnung einen neuen Begriff der Solidarität. Innerhalb der christlichen Welt ist in der Tat die Alternative zwischen Verzeihung – d. h. christlichem Verzicht auf irgendein Tun in der Welt – und der Re-aktion der Rache unausweichlich. Beides entspringt der christlichen Solidarität zwischen Menschen, die allzumal Sünder sind und sich selbst wie ihren Mitmenschen alles, auch das Böseste zutrauen. Es ist eine Solidarität, gegründet auf dem fundamentalen Misstrauen in die menschliche Substanz.

Die Solidarität der Versöhnung ist vorerst nicht das Fundament der Versöhnung (wie die Solidarität des Sündigseins das Fundament der Verzeihung ist), sondern das Produkt. Die Versöhnung setzt handelnde, und möglicherweise Unrecht tuende,

Menschen, aber keine vergifteten Menschen voraus. Übernommen als Last, die der Andere verursacht hat, wird nicht die Schuld – d. h. ein psychologischer Fakt –, sondern das wirklich geschehene Unrecht. Man entschliesst sich, mit-verantwortlich zu sein, aber unter keinen Umständen mit-schuldig.

Diese Eliminierung der Schuld im Solidaritätsbegriff kann auf der einen Seite es den Völkern sehr erleichtern, sich zu versöhnen, weil ihnen die Qual der Möglichkeit – die Qual, sagen zu müssen: Auch dies ist menschlich, mit der falschen (vergifteten) Folgerung, auch dies hätten wir tun können – erspart bleibt. Auf der anderen Seite hat die Versöhnung eine umbarmherzige Grenze, die die Verzeihung und die Rache nicht kennen – nämlich an dem, wovon man sagen muss: Dies hätte nie geschehen dürfen. Dies hatte Kant im Auge, als er die Regeln für den Krieg formulierte, in dem keine Handlungen vorkommen dürften, die einen späteren Frieden zwischen den Völkern unmöglich machen würden.[2]

Das radikal Böse ist das, was nicht hätte passieren dürfen, d. h. das, womit man sich nicht versöhnen kann, was man als Schickung unter keinen Umständen akzeptieren kann, und das, woran man auch nicht schweigend vorübergehen darf. Es ist das, wofür man die Verantwortung nicht übernehmen kann, weil seine Folgerungen unabsehbar sind und weil es unter diesen Folgerungen keine Strafe gibt, die adäquat wäre. Das heisst nicht, dass jedes Böse bestraft werden muss; aber es muss, soll man sich versöhnen oder von ihm abwenden können, bestrafbar sein.

Rache und Verzeihung können zwar bestrafen, aber da sie von der sündigen Natur des Menschen ausgehen, d. h. davon, dass jeder möglicherweise jegliches begangen haben kann, können sie eigentlich nicht urteilen. Sie können nur wider-tun oder verzeihen. Daher haftet der Strafe im christlichen Rechtssystem immer noch das jüdische Element der reinen Vergeltung an. Die Versöhnung oder das Abwenden des Blickes dagegen setzt Urteil voraus – und das ist das eigentlich Furcht-einflössende: dass wir imstande sein sollen zu urteilen, ohne Einfühlung, ohne die Voraussetzung der Möglichkeit, ohne Reflexion auf uns selbst.

Solches Urteilen wiederum ist möglich nur, wenn man eine Gottesvorstellung hat, die nun in vollem Ernst alles offen lässt, d. h. wenn man in nur menschlichen Masstäben urteilt und dabei ausdrücklich offen lässt, dass Gott alles vielleicht gar nicht und vielleicht ganz anders beurteilt. Nur wenn man nicht mit der verlogenen Lautverstärkung, als sei die eigene Stimme auch Gottes Stimme, urteilt, kann man ein Leben ohne Rache und Verzeihung, die ja beide Gottes Zorn und Gottes Gnade nachzuahmen vorgeben, aushalten.[3]

[2]

Person – Ich – Charakter
»Persona«: Maske, ursprünglich die Rolle, die das Ich sich für das Spiel unter und mit den Menschen wählt, die Maske, die es sich vorhält, um identifizierbar zu sein.

Person: Kann aber auch die Rolle oder die Maske sein, mit der wir geboren werden, die uns von der Natur in Gestalt des Leibes und der Geistesgaben, von der Gesellschaft in der Form unserer Stellung in ihr verliehen worden sind.

Person im ersten Sinne ist eigentlich Charakter, sofern hier Person ein Produkt des Ich ist.

In beiden Fällen entsteht die Frage der Identität. Im Falle des Charakters so, dass das Ich souveräner Herr des Charakters, seines Produkts bleibt, beziehungsweise durch den Charakter immer wieder durchbricht. Im zweiten Falle so, dass die Person ein Anderes, scheinbar Tieferes, verdeckt und das Ich nur noch das formalistische Prinzip der Einheit von Leib und Seele einerseits, der einheitlichen Bezogenheit vielfacher Gaben andererseits wird.

Dagegen: »Persona« als »per-sonare« – durchtönen.

[3]

»My life closed twice before its close;
It yet remains to see
If Immortality unveil
A third event to me,

So huge, so hopeless to conceive
As these that twice befel.
Parting is all we know of heaven
And all we need of hell.«[1]

Juli 1950

[4] *Juli 1950*

Verglichen mit der vergangenen Ewigkeit, die war, bevor wir waren, und mit der zukünftigen Ewigkeit, die sein wird, nachdem wir gewesen sind, ist unsere gesamte Existenz hier reine Präsenz.[1] Wirklich leben heisst, diese Gegenwart realisieren – ein Mittel unter vielen das Nie-vergessen – und sie sich nicht in Vergangenheit und Zukunft auseinander schlagen lassen. Denn die eigene zeitliche Vergangenheit wie die eigene zeitliche Zukunft, im Gegensatz zu den Ewigkeiten, haben die Tendenz, Gegenwart zu verzehren. Mit anderen Worten, die sogenannte Zeitlichkeit unseres Lebens, wenn sie mehr besagen soll als unsere Sterblichkeit, die wiederum mit Zeit noch nichts zu tun zu haben braucht, ist nur die Form, unser Leben zu versprechen.[2]

Gedächtnis könnte auch dazu da sein, um die Gegenwärtigkeit des Lebens substantiell zu machen und das Wissen von allem zu präsentieren. Das Erinnerte hat als solches keinen Zeitindex, nur das Vergessene hat den Index der Vergangenheit.

[5]

Juli 1950.

Denken – Handeln:[1]
Handeln wird gewöhnlich vorgestellt wie Herstellen. Beim Herstellen ist der gedachte Entwurf erst einmal fertig, ist Denken nicht nur überflüssig, es stört sogar die Herstellung. Das Herstellen ist in diesem Sinne immer bedenkenlos, sonst bringt es es zu nichts. – Die Goethesche Vorstellung, dass der Handelnde immer gewissenlos ist,[2] kommt aus dieser Identifizierung mit dem Herstellenden, und dieser ist nicht gewissenlos, sondern nur bedenkenlos, unbedacht.

Herstellen gehört natürlich ebenso sehr zum Wesen des Menschen wie Handeln. Aber Herstellen ist eine Partialtätigkeit, während Handeln, wie Denken, das Leben selber ist. In diesem Sinne hat es kein Ende, durch das es sich von dem handelnden Menschen emanzipieren könnte – das Herstellen eines Tisches emanzipiert sich vom Tischler dadurch, dass zum Schluss der Tisch da ist, um dessentwillen der Tischler etc. Der Tischler wird partial, d. h. ein Mensch existiert als Tischler, nur weil der Tisch ein Weltteil ist, um dieses Tisches willen.

Wenn das »ipsa cogitatio spirat ignem amoris«[3] wahr wäre, wäre vieles gut – heisst, könnte man in Frieden sterben.

Die Identifizierung von Handeln und Herstellen hat sich so verfestigt, weil das Handeln Gottes als Schöpfung im Grunde auch nach dem Modell des Herstellens vorgestellt wird. Das Nichts in dem »ex nihilo creare«[A] ist nur eine Art vergöttlichte Substanz. Kant versuchte dem abzuhelfen durch den Begriff des »intuitus originarius«[4]!

[6]

Dankbarkeit ist keine christliche Tugend, kommt im Christentum nicht vor, sondern ist abgelöst von Ergebenheit in den Wil-

[A] aus dem Nichts erschaffen

len Gottes, d. h. eigentlich von der Überwindung des Ressentiments gegen Gott. Dankbarkeit ist frei, im Gegensatz zur Ergebenheit, hat nichts mehr zu tun mit Gottesdienst. Aus dem von Nietzsche gesehenen Diener-Ressentiment gegen den göttlichen Herren entspringt das tiefere Ressentiment gegen alle Realität, sofern sie gegeben ist und nicht vom Menschen hergestellt wird. Aus dieser entspringt dann das Ressentiment gegen das von andern Menschen Gemachte, d. h. gegen die gesamte Welt. Aber des Christentums Misstrauen gegen die Natur ist auch ein Mangel an Dankbarkeit; ihm liegt ein Misstrauen gegen das der menschlichen Souveränität Entzogene zugrunde. Christliche Freiheit ist natur-feindlich, nämlich besagt Souveränität – Unabhängigkeit von der oder Herrschaft über die Natur.

[7]

Besser als Rache und Verzeihen ist reiner Zorn oder das, worin der Zorn abklingt, reine Trauer.

[8]

Alles entzieht sich dem Schock der Wirklichkeit unter Berufung auf die Möglichkeit. Lebende Leichname.[1] Dabei ist es doch offenbar, dass nur, weil wir nicht ungeschehen machen können, wir wirklich sein können. Die Unmöglichkeit der Reue.

[9]

Wenn einer erst einmal beschlossen hat: Wo gehobelt wird, da fallen Späne,[1] ist er nicht mehr erreichbar für seine Freunde, denn er hat bereits entschieden, keine mehr zu haben, er hat sie bereits alle geopfert. Lauter Späne.

[10]

Es gibt in der Politik zwei Grundprinzipien, die nur in sehr indirekter, vermittelter Weise etwas mit Staatsformen zu tun haben. Das Eine ist formuliert von Clemenceau und lautet: Die Affäre eines Einzigen ist die Affäre Aller,[1] nämlich das Unrecht, das öffentlich einem Einzigen geschieht, ist die Angelegenheit aller Bürger, ist ein öffentliches Unrecht. Dies ist nur wahr im öffentlichen Leben, aber wird, wie wir sehen werden, in kurioser Weise die Grundlage auch des privaten.

Der zweite Grundsatz lautet: Wo gehobelt wird, da fallen Späne. Er ist die genaue Entgegensetzung des ersten. Er sieht das politische Leben aus historischer Perspektive und ist als solcher unpolitisch. Er führt in die Politik die Idee des Opfers ein, die ihr wesensfremd ist. Er entfernt aus ihr das Prinzip des eigenen Interesses, oder des Interesses überhaupt, ohne das sie jeden Masstab des Beurteiltwerdens verliert. Und er zerstört das private Leben, indem er Freundschaft, Verlässlichkeit etc. unmöglich macht. Deshalb ist Freundschaft eine so eminent republikanische Tugend.

[11]

Handeln und Denken: Heidegger kann nur meinen, dass es auf der Selbigkeit von Seyn und Denken beruht, und zwar dann, wenn Denken als das Sein des Menschen verstanden wird im Sinne des Seyns von Sein. Denken wäre dann das im Menschen zum Handeln befreite Seyn. Denken ist hier weder Spekulation noch Kontemplation noch »cogitare«. Es ist eher die vollendete Konzentration oder das, wodurch und worin sich alle anderen »Fähigkeiten« konzentrieren, die absolute Wachheit.

»Why did I wake since waking I shall never sleep again?«[1]

[12]

Jaspers, *Von der Wahrheit:*[1] als sei die gesamte abendländische Philosophie zur Selbsterziehung nötig. Braucht und verbraucht sie. Der einzige wirkliche Erzieher – Heidegger ist ein Lehrer. – Nachfolger Goethes, was es sonst in Deutschland nicht gegeben hat, aber gerade darum und wegen der Selbsterziehung so unglaublich »deutsch«. Schliesslich diese grundsätzliche Zufriedenheit, die im »Aufschwung«[2] pure Dankbarkeit wird.

[13]

Heinrich [Blücher]: In der Politik gilt weder »das Ganze ist mehr als seine Teile«, weil die Menschheit ein »Ganzes« ist, dessen Teile immer mehr sind als sie selbst, obwohl sie schliesslich nur von der Menschheit her garantiert werden können; noch: »der Zweck heiligt die Mittel«, was auf der Interpretation des Seins als Wirksamkeit beruht. Zweck und Mittel sind im Handeln identisch, fallen nur im Tun auseinander.

[14]

»Die Blindesten aber
Sind Göttersöhne. Denn es kennet der Mensch
Sein Haus und dem Thier ward, wo
Es bauen solle, doch jenen ist
Der Fehl, daß sie nicht wissen, wohin?
In die unerfahrne Seele gegeben.«[1]

[15]

»Nun weiss ich, was Spielen ist. Wohin nun?«[1] heisst auch: schon wieder aus dem Bau gejagt.

[16]

»Denn schwer ist zu tragen
Das Unglük, aber schwerer das Glük.«[1]
Die Jähe, mit der das Glück kommt, die Gefahr, von ihm erschlagen zu werden. Während die Bewegungsform des Unglücks Kriechen ist, sodass man immer Zeit hat, mit Gewöhnung zu reagieren.

[17]

»One is One and all alone
And evermore shall be so.«[1]

[18]

Solange man glaubt, dass der Mensch eine Potentialität ist, und dann noch, dass alle Menschen essentiell die gleichen Möglichkeiten haben – und darauf beruhen alle unsere moralischen Urteile –, kann man noch nicht einmal ahnen, was Liebe ist. In der Liebe tritt einem gerade nicht eine »potentia« entgegen, sondern eine Wirklichkeit, mit der wir uns nur noch ohne Furcht und Hoffnung abzufinden haben.

[19]

Nietzsche: Was das Leben uns versprochen hat, das wollen wir dem Leben halten,[1] und Heinrich [Blücher].

[20]

Der Irrweg: In einem Menschen das Allgemeine lieben, ihn zu einem »Gefäss«[1] machen, es liegt so nahe, weil wir ja immer das Sinnliche als »Übersinnliches« deutend[A] missverstehen – und ist doch fast potentieller Mord: wie Menschenopfer.

August 1950

[21][1] *August 1950.*

Was ist Politik?

1. Politik beruht auf der Tatsache der Pluralität der Menschen. Gott hat den Menschen geschaffen, die Menschen sind ein menschliches, irdisches Produkt, das Produkt der menschlichen Natur. Da die Philosophie und die Theologie sich immer mit dem Menschen beschäftigen, da alle ihre Aussagen richtig wären, auch wenn es entweder nur Einen Menschen oder nur Zwei Menschen oder nur identische Menschen gäbe, haben sie keine philosophisch gültige Antwort auf die Frage: Was ist Politik? gefunden. Schlimmer noch: Für alles wissenschaftliche Denken gibt es nur den Menschen – in der Biologie oder der Psychologie wie in der Philosophie und der Theologie, so wie es für die Zoologie nur den Löwen gibt. Die Löwen wären eine Angelegenheit, die nur die Löwen etwas anginge.

Auffallend ist der Rangunterschied zwischen den politischen Philosophien und den übrigen Werken bei allen grossen Denkern – selbst bei Plato. Die Politik erreicht nie die gleiche Tiefe. Der fehlende Tiefsinn ist ja nichts Anderes als der fehlende Sinn für die Tiefe, in der Politik verankert ist.

[A] im Original: bedeutend

2. Politik handelt von dem Zusammen- und Miteinander-sein der Verschiedenen. Politisch organisieren sich die Menschen nach bestimmten wesentlichen Gemeinsamkeiten in einem absoluten Chaos oder aus einem absoluten Chaos der Differenzen. Solange man politische Körper auf der Familie aufbaut und im Bild der Familie versteht, gilt Verwandtschaft in ihren Graden als das, einerseits, was die Verschiedensten verbinden kann, und als das, andererseits, wodurch wieder individuen-ähnliche Gebilde sich von- und gegeneinander absetzen.

In dieser Organisationsform ist die ursprüngliche Verschiedenheit ebenso wirksam ausgelöscht, wie die essentielle Gleichheit aller Menschen, sofern es sich um den Menschen handelt, zerstört ist. Der Ruin der Politik nach beiden Seiten entsteht aus der Entwicklung politischer Körper aus der Familie. Hier ist bereits angedeutet, was im Bild von der Heiligen Familie symbolhaft wird, dass man der Meinung ist, Gott habe nicht sowohl den Menschen als [vielmehr] die Familie geschaffen.

3. Insofern man in der Familie mehr sieht als die Teilnahme, d.h. die aktive Teilnahme an der Pluralität, beginnt man, Gott zu spielen, nämlich so zu tun, als ob man naturaliter aus dem Prinzip der Verschiedenheit herauskommen könne. Anstatt einen Menschen zu zeugen, versucht man, im Ebenbilde seiner selbst den Menschen zu schaffen.

Praktisch-politisch gesprochen aber gewinnt die Familie ihre eingefleischte Bedeutung dadurch, dass die Welt so organisiert ist, dass in ihr für den Einzelnen, und das heisst für den Verschiedensten, kein Unterkommen ist. Familien werden gegründet als Unterkünfte und feste Burgen in einer unwirtlichen, fremdartigen Welt, in die man Verwandtschaft tragen möchte. Dies Begehren führt zu der grundsätzlichen Perversion des Politischen, weil es die Grundqualität der Pluralität aufhebt oder vielmehr verwirkt durch die Einführung des Begriffes Verwandtschaft.

4. Der Mensch, wie ihn Philosophie und Theologie kennen, existiert – oder wird realisiert – in der Politik nur in den gleichen Rechten, die die Verschiedensten sich garantieren. In dieser frei-

willigen Garantie und Zubilligung eines juristisch gleichen Anspruchs wird anerkannt, dass die Pluralität der Menschen, die ihre Pluralität sich selber danken, ihre Existenz der Schöpfung des Menschen verdankt.

5. Die Philosophie hat zwei gute Gründe, niemals auch nur den Ort zu finden, an dem Politik entsteht. Der erste ist:
1) Ζῷον πολιτικόν:[2] als ob es im Menschen etwas Politisches gäbe, das zu seiner Essenz gehöre. Dies gerade stimmt nicht; der Mensch ist a-politisch. Politik entsteht in dem Zwischen-den-Menschen, also durchaus ausserhalb des Menschen. Es gibt daher keine eigentlich politische Substanz. Politik entsteht im Zwischen und etabliert sich als der Bezug. Dies hat Hobbes verstanden.
2) Die monotheistische Gottesvorstellung – [des Gottes], in dessen Ebenbild der Mensch geschaffen sein soll. Von dorther kann es allerdings nur den Menschen geben, die Menschen werden zu einer mehr oder minder geglückten Wiederholung des Selben. Der im Ebenbild der Einsamkeit Gottes erschaffene Mensch liegt dem Hobbesschen »state of nature as a war of all against all«[A] zugrunde. Es ist der Krieg der Rebellion eines jeden gegen alle Andern, die gehasst werden, weil sie sinnlos existieren – sinnlos für den im Ebenbilde der Einsamkeit Gottes erschaffenen Menschen.

Der abendländische Ausweg aus dieser Unmöglichkeit der Politik innerhalb des abendländischen Schöpfungsmythos ist die Verwandlung oder die Ersetzung der Politik durch Geschichte. Durch die Vorstellung einer Weltgeschichte wird die Vielheit der Menschen in ein Menschenindividuum zusammengeschmolzen, das man dann auch noch Menschheit nennt. Daher das Monströse und Unmenschliche der Geschichte, das sich erst an ihrem Ende voll und brutal in der Politik selbst durchsetzt.

6. Es ist so schwer zu realisieren [sich vorzustellen], dass wir in einem Bezirk wirklich frei sein sollen, nämlich weder getrieben von uns selbst noch abhängig von gegebenem Material.

[A] Naturzustand als Krieg aller gegen alle

Freiheit gibt es nur in dem eigentümlichen Zwischen-Bereich der Politik. Vor dieser Freiheit retten wir uns in die »Notwendigkeit« der Geschichte. Eine abscheuliche Absurdität.

7. Es könnte sein, dass es die Aufgabe der Politik ist, eine Welt herzustellen, die für Wahrheit so transparent ist wie die Schöpfung Gottes. Im Sinne des jüdisch-christlichen Mythos würde das heissen: Der Mensch, geschaffen im Ebenbilde Gottes, hat Zeugungskraft erhalten, um die Menschen im Ebenbilde der göttlichen Schöpfung zu organisieren. Dies ist wahrscheinlich Unsinn. Aber es wäre die einzig mögliche Demonstration und Rechtfertigung des Naturgesetz-Denkens.

In der absoluten Verschiedenheit aller Menschen voneinander, die grösser ist als die relative Verschiedenheit von Völkern, Nationen oder Rassen, ist in der Pluralität die Schöpfung des Menschen durch Gott enthalten. Hiermit aber hat Politik gerade nichts zu schaffen. Politik organisiert ja von vornherein die absolut Verschiedenen im Hinblick auf relative Gleichheit und im Unterschied zu relativ Verschiedenen.

[22]

Das radikal Böse:
Woher kommt es? Wo ist sein Ursprung? Was ist sein Grund und Boden?

Es hat nichts zu tun mit Psychologischem – Macbeth – und nichts mit Charakterologischem – Richard III., der beschloss, ein Bösewicht zu werden.[1]

Wesentlich ist 1. der Über-Sinn[2] und seine absolute Logik und Konsequenz. 2. das Überflüssigmachen des Menschen bei Erhaltung des Menschengeschlechts, von dem man Teile jederzeit eliminieren kann.

[23]

Jaspers und Heidegger: Jaspers könnte sagen: Wie kann ein Philosoph so der Weisheit ermangeln? Heidegger könnte sagen: Wie kann ein Denker sich noch um Weisheit scheren, woher nimmt er die Legitimation? – Beide haben recht.

September 1950

[24] *September 1950.*

Plato, *Πολιτικός*
263 (Bekker 258)[A] – Die Unterscheidung von μέρος und γένος (εἶδος). Die Politik hat es nicht mit γένη , sondern mit μέρη zu tun. Die Unsinnigkeit, Frauen qua Frauen zu organisieren. Die Todsünde ist, das μέρος für ein γένος auszugeben: Rassenbegriff. Was aber gibt dem μέρος seine Konsistenz, ohne es zum γένος zu machen? Dies eine der Kernfragen zum Thema: Was ist Politik?

[25]

Platos Überzeugung, dass die Gesetze doch nur ein Ersatz für die absolut beherrschte Staatskunst sind: Der Staatsmann, gesehen unter dem Bilde des Hirten einer Herde, hat jedem das Seine auszuteilen! – νέμειν. Gesetzgeber sind immer unzulänglich, weil sie nie das Individuelle – also eigentlich die Wirklich-

[A] hier und bei den weiteren Eintragungen in Heft I Zahlenangaben für die Platonstellen nach Stephanus (in Klammern: Bekker), genaue Stellenangaben nach Stephanus im Anmerkungsteil

keit, wie sie wirklich ist – berücksichtigen können. (Beispiel des Arztes, der dem Patienten allgemeine Weisungen gibt während seiner Abwesenheit.) Übersehen wird, dass der Hirt der Menschenherde desselben γένος ist wie die Herde – also wesentlich kein Hirt. Oder ein Hirt, wie nur Gott der Hirt der Menschen sein könnte. Infolgedessen werden die Gesetze am Masstab einer absoluten Gerechtigkeit gemessen, die es auf Erden schon darum nicht geben kann, weil niemand in das menschliche Herz schauen kann – oder mit anderen Worten, niemand je die ganze Wirklichkeit einer Tat oder eines Geschehens überblicken kann. Wenn Gerechtigkeit heisst, dass mit oder ohne νόμος jeder das Seine erhält (νέμειν), dann gibt es entweder Gerechtigkeit nicht, oder es gibt sie erst nach dem Tode, auf keinen Fall kann sie etwas mit Politik zu tun haben; sie würde nämlich, wegen der absoluten und absolut erforderlichen Individualisierung auf den Einzelnen und das Einzelnste, gerade aus den τὰ κοινά herausfallen. Plato spricht von der Weltordnung, wenn er meint, von Politik zu sprechen.

[26]

Plato, *7. Brief*:
Der Unterschied zwischen Handeln und Raten: Zum Handeln braucht man Freunde, man kann allein nicht handeln (herstellen könnte man auch allein, nb.); raten kann man allein. Daher ist Rat offenbar viel gefährlicher.

Daher für Herrschaft notwendig: 1. sich selbst beherrschen, 2. Freunde erwerben, κοινωνοὶ τῆς ἀρχῆς, Genossen der Herrschaft[A].[1]

Armut: ἑαυτὸν μὴ κρατῶν[B2]

[A] Mitherrscher (Übers. F. Schleiermacher)
[B] [heauton me kraton], nicht Herr über sich selbst seiend

[27]

[Plato], *11. Brief:* θέσις νόμων[A] nur möglich unter der ἐπιμέλεια κυρίου[B].[1]

[28]

Zur Gerechtigkeit: Shakespeare, *Troilus & Cressida*
»or rather, right and wrong –
between whose endless far justice resides –
should lose their names, and so should justice too.«[1]

[29]

Überliefert sind zwei ganz verschiedene Zugänge zur Politik: Der erste geht von der Natur des Menschen aus – ζῷον πολιτικόν[1]; der zweite von der Natur der Macht – Machiavelli. Der erste ist seinem Wesen nach subjektivistisch. Den zweiten hat Hobbes subjektiviert – »man as a powerthirsty animal«[C2].

[30]

νόμος: Gegensätze bei den Vorsokratikern: νόμῳ – φύσει[D] (Antiphon B 44: τὸ ἐκ νόμου δίκαιον[1]). (Hippokrates 12 C1: νόμον ἄνθρωποι ἔθεσαν..., φύσιν δὲ πάντων θεοὶ διεκόσμησαν[2].)

[A] [thesis nomon], Gesetzgebung
[B] [epimeleia kyriu], Sorge (Fürsorge) eines Herrschers
[C] der Mensch als machtdurstiges Tier
[D] [nomo – physei], durch Setzung – von Natur aus

[31]

Plato, *Πολιτικός*

268 (Bekker 271): Die Bestimmung mit dem Hirten führt zu nichts – weil zu viele darauf Anspruch machen können. Daher: ἐξ ἄλλης ἀρχῆς – ἑτέρα ὁδός[A]. Danach kosmologische Spekulation: Es war die Zeit, da die Menschen nicht ἐξ ἀλλήλων[B] entstanden! Dies hängt zusammen – hat die gleiche Ursache – wie die μεταβολή des Kosmos –, den der Gott manchmal selbst in seinen Bahnen hält, dann aber loslässt, so dass er ohne des Gottes Hilfe zurückrollt. (Dies die Zeit, da die Menschen aus einander entstehen? Also ohne die Hilfe des Gottes, der gerade losgelassen hat?)

Kreislauf (ἀνακύκλησις) = die kleinste Abweichung von ihrer Selbstbewegung (τῆς αὐτοῦ κινήσεως).[1]

270[2]: Die 4 Möglichkeiten des Laufs der Welt:
1. στρέφειν ἑαυτόν – [die Welt, die] sich selbst immer ins Drehen bringt;
2. ἀεὶ ὑπὸ θεοῦ στρέφεσθαι – [die Welt, die] immer von einem Gott gedreht wird;
3. δύο τινὲ θεὼ φρονοῦντε ἑαυτοῖς ἐναντία στρέφειν αὐτόν – zwei Götter, die einander entgegengesetzt sind, [die] sie drehen;
4. τοτὲ μὲν ὑπ' ἄλλης συμποδηγεῖσθαι θείας αἰτίας, ... τοτὲ δ' ὅταν ἀνεθῇ, δι' ἑαυτοῦ αὐτὸν ἰέναι: dass sie einmal mitgeleitet wird von einer anderen und göttlichen Ursache – und ein andermal, wenn sie losgelassen wird, durch sich selbst geht. – Nur die vierte Alternative gilt: Sie erklärt ohne allen Dualismus zugleich die Göttlichkeit und die Gott-verlassenheit des Weltlaufs. Dies ist das πάθος[C] des Irdischen.

272 (Bekker 278): Solange die Götter[D] den Menschen direkt

[A] [ex alles arches – hetera hodos], von einem anderen Ausgangspunkt aus – ein anderer Weg

[B] [ex allelon], aus einander

[C] [pathos], Leiden; hier (nach Rufener) Umstand

[D] bei Plato im Singular: der Gott, die Gottheit

vorstanden und jedem das Seine austeilten, gab es keine πολιτεῖαι[A]! und keine Erinnerung.[3]

272 (Bekker 280): Wenn der Gott losgelassen hat, dreht die Welt zurück – εἱμαρμένη τε καὶ σύμφυτος ἐπιθυμία. 273. Nun ist ihr alles selbst überlassen – ἐπιμέλειαν καὶ κράτος ἔχων αὐτὸς τῶν ἐν αὑτῷ τε καὶ ἑαυτοῦ –, und nun bedarf sie der Erinnerung, um sich der Lehren des Gottes zu erinnern.[4]

274 (282): γέννησις ἐξ ἀλλήλων[B]: weil die Welt sich selbst beherrscht: Also die Tatsache, dass Menschen durch Zeugung entstehen, aus einander, ist das sicherste Zeichen a) für Gottverlassenheit – Gott hat losgelassen; b) für die Aufgabe αὐτοκρατεῖν[5].

275 (284) cf. 268: der Fehler jetzt in der Bestimmung des πολιτικός: θεὸς ἀντὶ θνητοῦ[C]!

275 (285): τέχνη πολιτική = τέχνη αὐτεπιτακτική[6] (gegen die übliche Bestimmung: [τέχνη] ἐπιτακτική[7]). Dies der wesentliche Unterschied zum blossen Herde-hüten: Der gebietende und vorsorgende Hirt hat sich selbst mit einzubeziehen; seine Vorsorge (ἐπιμέλεια) ist κοινῇ, nicht ἰδίᾳ – das einzige Element des ἰδίᾳ ist in dem Selbstbezug enthalten: Wenn er den Andern in Bezug auf das κοινόν (das, was allen gemeinsam ist) gebieten können soll, muss er sich selbst als ἴδιος (Einzelnem, Privatem) gebieten können. D. h. im Herrscher oder Staatsmann ergreift das Politische auch das Private oder das, was allen gemeinsam ist, auch das »Individuum«, den Bereich der ἰδιώτης. Der menschliche Hirte im Gegensatz zum göttlichen muss sich in das Besorgte miteinbeziehen.

276 (287): Politik = ἐπιμέλεια ἀνθρωπίνης συμπάσης κοινωνίας = τέχνη ἀρχῆς κατὰ πάντων ἀνθρώπων. [Politik = die Fürsorge für die ganze menschliche Gesellschaft = die Kunst der Herrschaft über alle Menschen.][8]

[A] [politeiai], Nominativ Plural von πολιτεία [politeia], Staat

[B] [gennesis ex allelon], Zeugung aus einander

[C] [politikos: theos anti thnetou], Staatsmann: ein Gott statt eines Sterblichen (Übers. Rufener)

279 (293): Das Modell (παράδειγμα) des Politischen ist die Weberei. 280 (295): βασιλεύς verhält sich zu πολιτικός wie der Weber zum Kleidermacher überhaupt.

(πρόβλημα: Hindernis im doppelten Sinn: Hindernis, das zu überkommen [überwinden] ist, und Abwehr [Abzäunung]. Das errichtet wird, um zu stützen. Kriegsspiele.)

~~281 (297): Aber ganz verschiedene modi operandi: Weben ist συμπάσης und Kleidermachen (Wollkämmerei): διαλυτική,[9] beides~~ [Text bricht hier ab]

284 (305): Beziehung auf den *Sophistes* – dass das μὴ ὄν[A] sei –, aber die nun folgenden Bestimmungen πλέον ἔτι τοῦτο τὸ ἔργον ἢ ἐκεῖνο.[10]

(285 [307]) Schönes Motto für Historiker: ὅταν μὲν τὴν τῶν πολλῶν τις πρότερον αἴσθηται κοινωνίαν, μὴ προαφίστασθαι πρὶν ἂν ἐν αὐτῇ τὰς διαφορὰς ἴδῃ πάσας, ὁπόσαιπερ ἐν εἴδεσι κεῖνται, ...[11])

285 (308): Untersuchungen nicht um ihrer selbst willen, sondern um zu werden περὶ πάντα διαλεκτικωτέροις – und dies nicht nur von der Untersuchung des Webens, sondern ausdrücklich für ἡ περὶ τοῦ πολιτικοῦ ζήτησις! Verselbständigung der Methode (286-310), Desinteressement am Wirklichen, Ausnutzen des Wirklichen für Übung, für die »Bildung« seiner selbst. 286 (309): τούτων δὲ ἕνεκα πάντ' ἐστὶ τὰ νῦν λεγόμενα.[12]

285: Leicht lässt sich etwas erklären auch ausserhalb des λόγος, was nicht μετὰ πραγμάτων ist. Also λόγος – μετὰ πραγμάτων[13]: die Herrschaft des Logos in der Metaphysik, die Überflüssigkeit des Logos in den πράγματα, wo er nur eingeübt wird! Von daher die Sinnlosigkeit der pragmatischen Welt, welche ohne Logos Fremde sein muss, nur zur Übung da. Von daher auch Sinnlosigkeit der Politik, es sei denn zur Sicherung des mit den μετὰ πραγμάτων beschäftigten Menschen. Dies ist der eigentliche Grund für die Herrschaft der Philosophen. Was für ein schrecklich folgenschwerer Nonsense. Und dann doch λόγος wie ein Ersatz für εἴδωλον.

[A] [me on], nicht seiend

287 (311): die διαλεκτικώτεροι[A] sind die ! εὑρετικώτεροι τῆς τῶν ὄντων λόγῳ δηλώσεως.[14] (Anderer Gebrauch von δήλωσις, nb: beinahe wie ein strikt philologischer Beweis für die Übersetzung von ἀλήθεια durch Unverborgenheit[15]. Und so passim).

Kern des Dialogs: Erörterung der Masstäbe von 283–287 (303,$_{12}$–311,$_{9}$).[16]

[32]

Man soll sich nicht vor Wiederholung fürchten. Es kann auch ein Wieder-holen sein, und dann ist es »praevenire amando«[B]. Und dann gilt δὶς καὶ τρὶς τὸ καλόν[C]: Plato, *De Legibus,* 957: καλὸν δὲ τό γε ὀρθὸν καὶ δὶς καὶ τρίς.[1]

[33]

Wahrheitskern von Platos Mythos von den Erdgeborenen zur Zeit des Kronos: Politik konnte es nicht geben, obwohl auch diese Menschen bereits in der Herde lebten, weil sie, da sie einander nicht zum Zeugen benötigten, ganz und gar voneinander getrennt waren. Es gab die spezifisch menschliche Pluralität nicht, jeder war für sich, und der Gott, der alle versorgte, hatte es gleichsam, von den Versorgten her gesehen, mit lauter Einmaligen, Einzelnen, Beziehungslosen zu tun. Dies ist noch heute der Fall des Hirten und der Herde: Die Herdentiere sind auf den Hirten, nicht auf einander angewiesen (biologische Zeugung). Diese Wahrheit ganz verschüttet bei Aristoteles' ζῷον

[A] [dialektikoteroi], bessere Dialektiker

[B] recte: »praevenire amandando«, [ein] Durch-Lieben-Zuvorkommen (Augustinus)

[C] [dis kai tris to kalon], zweimal und dreimal das Richtige [sagen]; gemeint ist: Das Richtige darf man auch öfter als einmal sagen

πολιτικόν; weil Politik wieder subjektiviert wird, nicht der Mensch, sondern die Menschen. Bild: Ein Mensch, der Mensch, baut sich ein Haus, aber nur die Menschen bauen eine Stadt.

Man müsste, und das ist das Grossartige des Platonischen Ansatzes, jede politische Konzeption daraufhin untersuchen, welcher Ursprung des Menschengeschlechts ihr zugrunde liegt. –

Die Aristotelische Subjektivierung hat ihre Parallele in der Hobbesschen Subjektivierung des Machiavellschen Machtbegriffs.

Aus der Angewiesenheit der Menschen aufeinander entspringt, stellt sich her, die »res publica«, das κοινόν, die öffentlichen Angelegenheiten, aber existiert nicht vorher und nie auch nur einen Moment lang unabhängig von dieser Angewiesenheit.

[34]

[Plato, *Πολιτικός*] 322 [Bekker] (292 [Stephanus])[A]: Ablehnung der Einteilung Monarchie – Oligarchie – Demokratie etc., weil πολιτική eine ἐπιστήμη, und zwar ἐπιστατική[B] sei – nicht vorherrscht über …[C] (der Tyrann über Unfreiwillige, der König über Freiwillige, die Wenigen über die Vielen, Reichtum über Armut, nach den Gesetzen oder ohne Gesetze)[1] – sondern?

323: ἐπιστήμη ἐπιτακτική[D] = ἐπιστήμη … περὶ ἀνθρώπων ἀρχῆς[2].

324/25 (293): Beispiel des Arztes, der Arzt ist, solange er nur die Kunst beherrscht, ἐπ' ἀγαθῷ {τῷ} τῶν σωμάτων[3] – gleich, ob der Patient will oder nicht, ob die Massnahmen den Vorschriften gerecht sind oder nicht etc.

[A] ab hier ist die Reihenfolge umgekehrt – erst Bekker, dann Stephanus, genaue Angaben nach Stephanus im Anmerkungsteil

[B] [epistatikos], die Aufsicht betreffend; vorstehend (Übers. Schleiermacher)

[C] einen ?? (ein nicht lesbares und aus dem Zusammenhang nicht zu erschließendes Wort)

[D] [epitaktikos], Auftrag erteilend (siehe oben S. 23)

325: plötzlich nicht nur ἐπιστήμη, sondern ἐπιστήμῃ καὶ τῷ δικαίῳ προσχρώμενοι[4]! Warum? Woher?

327 (294): Die Unfähigkeit des Gesetzes, gerecht zu sein, wegen der Verschiedenheit der Menschen und der Handlungen und der ständigen Unruhe alles Menschlichen; das Gesetz kann nicht ewig (ἐπὶ πάντα τὸν χρόνον[A]) sein, steht also dem neuen Gesetz immer im Weg. Der νόμος handelt ἀτεχνῶς[B].

328 (295): νόμος. Wird zur Vorschrift für die πολλοί, aber nicht ἑνὶ ἑκάστῳ[C].[5]

333 (297): τέχνη ist besser als νόμος, und die Herrschenden sollen austeilen (διανέμειν) τὸ μετὰ νοῦ καὶ τέχνης δικαιότατον[6].

Der νοῦς erschliesst die ἰδέα , und die τέχνη ist gewissermassen die Kunst der Anwendung und die Urteilskraft – ῥώμη τῆς τέχνης[7].

Es bleibt gar kein Platz für Gesetz.

342 (301): Der Tyrann kommt dem wahren Staatsmann am nächsten, insofern er auch ohne νόμοι und γράμματα[D] herrscht (ὅταν ... προσποιῆται ὥσπερ ὁ ἐπιστήμων[8]). Der Tyrann ist der Usurper [Usurpator] und gleichsam die Karikatur des ἐπιστήμων[E].

343: Plato sagt, aber offenbar ohne es zu wissen, selbst, warum die Beispiele des Arztes und des Steuermanns nicht stimmen: Der ἐπιστήμων kann nicht erkannt werden wie der Arzt und der Steuermann. Dazu wäre nötig, dass er wie in einem Bienenschwarm sich an Körper und Seele sofort – entscheidend unterscheiden müsse – τὸ σῶμα εὐθὺς καὶ τὴν ψυχὴν διαφέρων[9] – also eine andere Qualität haben, gleichsam der Gott des Menschenstaates. 346: οἷον θεὸν ἐξ ἀνθρώπου[10].

[A] [epi panta ton chronon], für alle Zeit

[B] [atechnos], kunstlos

[C] [heni hekasto], für einen jeden, für jeden einzelnen

[D] [grammata], Buchstaben; hier wahrscheinlich im Sinne von τὰ γεγραμμένα [ta gegrammena], die geschriebenen Gesetze

[E] [epistemon], verständig, klug, wissend (Adjektiv); Wissender (Substantiv)

345 (302) Darum wird die wahre ἀρχή ganz und gar als siebente abgesondert, die anderen [Herrschaften] aber als ἀναγκαῖαι bezeichnet!

345 (302): Ausdrückliche (ironische?) Identifizierung [der] νόμοι als γράμματα ἀγαθά.[11]

346: Das Misstrauen gegen die Demokratie, weil in ihr die ἀρχαί[A] an viele ins Kleine verzettelt sind.

ἀρχαί: nicht Macht, sondern: Macht, etwas anzufangen, ἄρχειν: einen neuen Anfang stiften. Im Gegensatz zum re-agieren, handeln. Über Andere, sofern die Anderen dazu gebracht werden müssen, Anfänge zu machen (vom Schlechten zum Besseren) oder sofern der ἀρχὴν ἔχων[B] mit den Anderen etwas anfängt. Dies die Zweideutigkeit überall.

352 (305): Τὴν γὰρ ὄντως οὖσαν βασιλικὴν οὐκ αὐτὴν δεῖ πράττειν, ἀλλ' ἄρχειν τῶν δυναμένων πράττειν, γιγνώσκουσαν τὴν ἀρχήν τε καὶ ὁρμὴν τῶν μεγίστων ἐν ταῖς πόλεσιν εὐκαιρίας τε πέρι καὶ ἀκαιρίας, τὰς δ' ἄλλας [ἐπιστήμας] τὰ προσταχθέντα δρᾶν.

Denn die wahrhaft königliche ἐπιστήμη darf nicht selbst handeln, sondern veranlasst (ist der Anfang) die, die es können, zu handeln, indem sie den erkennt – den Anfang und den Aufbruch des Grössten in den πόλεις in bezug auf den richtigen Zeitpunkt und das Unzeitige, die anderen (Wissenschaften) aber tun das ihnen Zugewiesene.[12]

[A] [archai], Nominativ Plural von ἀρχή [arche], Befugnis, Amtsbefugnis

[B] [archen echon], ein die Herrschaft Innehabender

Heft II

September 1950 bis Januar 1951

Heft II

September 1950

[1] *Sept. 1950*

Plato, *Νόμοι*, [Buch] I.
182 (626)[A]: τῷ δ' ἔργῳ πάσαις πρὸς πάσας τὰς πόλεις ἀεὶ πόλεμον ἀκήρυκτον κατὰ φύσιν εἶναι.[1] – Hobbes

Und das, meint der Kreter, betreffe nicht nur πόλεις, sondern auch Dörfer, Häuser, Mann gegen Mann, bis der Athener fragt: αὐτῷ δὲ πρὸς αὐτὸν πότερον ὡς πολεμίῳ πρὸς πολέμιον διανοητέον[2] – und dies in der Tat die eigentliche Konsequenz: Wenn ich mit niemandem zusammenleben kann, so sicher auch nicht mit mir selbst. Der Krieg aller gegen alle sprengt nicht nur den Begriff des κοινόν, sondern auch des Einzelnen. Dann ist allerdings τὸ νικᾶν αὐτὸν αὐτὸν πασῶν νικῶν πρώτη τε καὶ ἀρίστη[3] –

Cf. *Πολιτικός [Politikos]* über das Sich-selbst-Befehlen, auch *7. Brief*: 331 D: ἐγκρατὴς αὐτὸς αὑτοῦ[4].

Dieser Ansatz wird im folgenden nicht angezweifelt, aber διαλλαγή, Versöhnung, für erspriesslicher als Sieg und Niederlage gehalten.

Immer vorausgesetzt der Ausgang vom einzelnen Menschen. Besonders charakteristisch: 218 (644): οὐκοῦν ἕνα μὲν ἡμῶν ἕκαστον αὐτὸν τιθῶμεν[5] (dieser Eine wird bestimmt von Lust, Schmerz, Furcht und Hoffnung). ἐπὶ δὲ πᾶσι τούτοις λογισμὸς ὅτι ποτ' αὐτῶν ἄμεινον ἢ χεῖρον ὃς γενόμενος δόγμα πόλεως

[A] hier und bei den folgenden Eintragungen in Heft II Zahlenangaben für die Platonstellen nach Bekker, in Klammern Stephanus; genaue Stellenangaben nach Stephanus in den Anmerkungen

κοινὸν νόμος ἐπωνόμασται.[6] 219 (645): τῆς πόλεως κοινὸς νόμος = ἡ τοῦ λογισμοῦ ἀγωγὴ χρυσῆ καὶ ἱερά.[7]

Bild der Marionette: Die Vernunft zieht an den Fäden. (Halb ironisch)

[2]

Die Tyrannei der Erkenntnis: Dies der zweite Grund der Vorliebe für den Tyrannen. Es ist nicht die Herrschaft der Philosophie, sondern der Wissenschaft – des Recht-haben-Wollens.

[3]

[Plato, *Νόμοι*, Buch] III:
πολιτείας ἀρχή und zugleich μεταβολῆς αἰτία.[A]

Das Geschlecht nach der grossen Flut: 285 (680) braucht keine Gesetzgeber und keine Gesetze und existiert πολιτείας τρόπος τις.[1] Zitiert Homer über die Kyklopen – οὐδ' ἀλλήλων ἀλέγουσιν; sie kümmerten sich nicht umeinander.[2] In dieser Gesetzlosigkeit hatten sie von Geschlecht zu Geschlecht vererbte Gewohnheiten – ἰδίους νόμους εἰς τὴν μείζονα συνοικίαν[3]. – Und diese ἴδιοι νόμοι – die also des κοινόν gänzlich entbehrten – gefielen ihnen notwendigerweise besser als die des nächsten Stammes – und das ist die ἀρχὴ νομοθεσίας[B]. So kommen sie zusammen als ἴδιον und einigen sich auf das κοινόν.

291 (683): Gute und schlechte Gesetze: ποῖοι νόμοι σῴζουσιν αὐτῶν τὰ σῳζόμενα καὶ ποῖοι φθείρουσι τὰ φθειρόμενα.[4] Cf. 337 (707) turn[C]!

[A] [politeias arche und zugleich metaboles aitia], Ursprung von Staaten und zugleich Ursache der Veränderung

[B] [arche nomothesias], Ursprung der Gesetzgebung

[C] Wende, Richtungsänderung

305 (689): Entscheidend die so nebenbei ausgesprochene Überzeugung: Ἄρχοντας δὲ δὴ καὶ ἀρχομένους ἀναγκαῖον ἐν ταῖς πόλεσιν εἶναί που.[5] Erstes Herrschafts(?)verhältnis zwischen Eltern und Kindern. (Eigentlich heisst herrschen die Spontaneität des Beherrschten sein [ἄρχειν: anfangen, anfangen machen, herrschen][6].) Danach: Adel über Gemeine, Ältere über Jüngere, Freie über Sklaven. Immer Entmündigung – d.h. Beraubung der Spontaneität des Andern.

[4]

[Plato, *Νόμοι*, Buch] IV.
337 (707): οὐ τὸ σῴζεσθαί τε καὶ εἶναι μόνον ἀνθρώποις τιμιώτατον ἡγούμενοι, καθάπερ οἱ πολλοί, τὸ δ' ὡς βελτίστους γίγνεσθαί τε καὶ εἶναι τοσοῦτον χρόνον ὅσον ἂν ὦσιν.[1] Cf. 291 (683)!

Für den Doppelbegriff von ἄρχειν und den Zusammenhang zwischen Herrschen und Anfangen: Das Lob auf den Tyrannen (342 ff.) begründet damit, dass der Tyrann nur den Anfang – zum Guten oder Schlechten – zu machen braucht, und alle werden ihm nachfolgen: πορεύεσθαι δὲ αὐτὸν δεῖ πρῶτον ταύτῃ ὅπῃπερ ἂν ἐθελήσῃ[2] – sein Privileg ist, aufbrechen zu können als erster, auf welchem Wege er will.

Die ἀρίστη πολιτεία nur, wenn 346 (712): τῷ φρονεῖν τε καὶ σωφρονεῖν ἡ μεγίστη δύναμις ἐν ἀνθρώπῳ συμπέσῃ – sich zu dem Sinnen und Besonnensein die grösste Macht (?) in Menschen gesellt.

Das Lob der Tyrannis nicht für die Erhaltung und Führung einer πολιτεία, sondern für die Einführung – ihre Gründung. (Siehe Machiavelli)

349 (713) f.: Die Herrschaft des Kronos – cf. *Πολιτικός*:
1. ἀνθρωπεία φύσις οὐδεμία ἱκανὴ τὰ ἀνθρώπινα διοικοῦσα αὐτοκράτωρ (während im *Staatsmann* als Grund das nicht ἐξ ἀλλήλων εἶναι angegeben wird!),[3]

2. daher Hirten aus einem göttlicheren und besseren Geschlecht, so wie ja auch der Mensch nicht den Ochsen vom Ochsen »beherrschen – ἄρχειν« lässt;
3. ohne göttlichen Hirten, Mühe und Plage –, daher
4. μιμεῖσθαι in dem Masse, als ἐν ἡμῖν ἀθανασίας ἔνεστι und zum Gesetz erheben ἡ τοῦ νοῦ διανομή die durch den νοῦς geleitete Verteilung.[4]

354 (715): νόμος = δεσπότης τῶν ἀρχόντων, οἱ δὲ ἄρχοντες δοῦλοι τοῦ νόμου[5] –

355 (716): Τίς οὖν δὴ πρᾶξις φίλη... ὅτι τῷ μὲν ὁμοίῳ τὸ ὅμοιον ὄντι μετρίῳ φίλον ἂν εἴη, τὰ δ' ἄμετρα οὔτε ἀλλήλοις οὔτε τοῖς ἐμμέτροις.[6]

Diese wieder nebenbei eingeführte Vorstellung der Gleichen, der ὁμοιότης –
1. das eigentliche Problem der Gleichheit des Gesetzes – des κοινόν – für die Ungleichartigen umgangen;
2. Problem des Fremden wird zentral: Die Qualität jeder auf ὁμοιότης beruhenden Verfassung ist am Prüfstein der Fremdengesetzgebung abzulesen.

364 (721): ἀρχὴ δ' ἐστὶ τῶν γενέσεων πάσαις πόλεσιν... ἡ τῶν γάμων σύμμειξις καὶ κοινωνία.[7]

Von der ehelichen κοινωνία abgeleitet. Gegründet auf:

365 (721): der Unsterblichkeit des Geschlechts der Menschen: γένος οὖν ἀνθρώπων ἐστίν τι συμφυὲς τοῦ παντὸς χρόνου, ὃ διὰ τέλους αὐτοῦ συνέπεται καὶ συνέψεται, τούτῳ τῷ τρόπῳ ἀθάνατον ὄν...[8]

[5]

[Plato, *Νόμοι*, Buch V]
378 (730) Das Lob der Anzeigerei – die Widerwärtigkeit des logisch Unangreifbaren. Wie jede Konsequenz des Arguments in der Politik sofort ins Unmenschliche führt. Dem Zwang von

aussen geht vorher der Zwang des sogenannten Arguments, mit dem man sich selber zwingt, die Despotie des λογισμός.

Die ὁμοιότης[A]: 393 (738): μεῖζον οὐδὲν πόλει ἀγαθὸν ἢ γνωρίμους αὑτοὺς αὑτοῖς εἶναι (nämlich die Bürger, die einander kennen sollen)[1]

395 (739): Die beste Verfassung und die besten Gesetze, wo das alte Gesagte gilt: ὡς ὄντως ἐστὶ κοινὰ τὰ φίλων, und wo τὸ λεγόμενον ἴδιον πανταχόθεν ἐκ τοῦ βίου ἅπαν ἐξῄρηται!![2] Da wo es kein ἴδιον mehr gibt, können allerdings allein die Gesetze in ihrer ganzen Tyrannei herrschen, denn es gibt nichts Unvorhergesehenes mehr.

Vgl. im *Staatsmann* Platos Zweifel an der Gerechtigkeit von Gesetzen, die alles nur im Rohen regeln, nämlich auf das ἴδιον keine Rücksicht nehmen.[3] Jetzt aber soll erreicht werden, dass auch καὶ τὰ φύσει ἴδια κοινὰ ἁμῇ γέ πῃ γεγονέναι, οἷον ὄμματα καὶ ὦτα καὶ χεῖρας κοινὰ μὲν ὁρᾶν δοκεῖν καὶ ἀκούειν καὶ πράττειν, ἐπαινεῖν τ' αὖ καὶ ψέγειν καθ' ἓν ὅτι μάλιστα ξύμπαντας ἐπὶ τοῖς αὐτοῖς χαίροντας καὶ λυπουμένους... Diese πολιτεία – falls sie unter Göttern oder Götterkindern existiert πλείους ἑνός (drum!) – d. h. die Vielen zu Einem gemacht und damit das eigentliche Problem des Politischen herausgeworfen! – ist παράδειγμα πολιτείας.[4]

400 (742) und 405 (745): Bei den Bestimmungen über »Devisen« und Grenzen des Reichtums verlässt sich Plato durchgängig auf Anzeigen aus der Bürgerschaft, die teils prämiiert werden (im Falle der Grenzen des Reichtums), teils durch Strafen erzwungen werden: Wer nicht anzeigt, macht sich strafbar!

[A] [homoiotes], Gleichheit, Ähnlichkeit

[6]

[Plato, *Nόμοι*, Buch] VI:
Wesentlich an den νόμοι, dass sie für eine ganz neu zu gründende Kolonie entworfen sind. Zusammenhang zwischen Gründung und Tyrannei.

414 (752): Darum ἀνδρείως καὶ παρακεκινδυνευμένως[A]. Denn die Gesetze werden Menschen gegeben, die sie sicher nicht ohne weiteres akzeptieren werden; will man aber warten, bis die Jugend entsprechend erzogen ist, so wird es auch schief gehen, da ja inzwischen Zeit verstrichen ist – d.h. Gebräuche sich notwendigerweise eingebürgert haben. Dies das grundsätzliche Hindernis, das zugleich zeigt, dass der Ansatz falsch ist. Nun bleibt nur übrig: τινὶ τρόπῳ καὶ μηχανῇ[1] (also: Hinterlist oder Gewalt) –

Problem der Politik: Problem der Gründung.

Plato zieht sich hier aus der Schwierigkeit, indem er der Kolonie empfiehlt, vor der Gründung in der Mutterstadt entsprechende Männer auszuwählen.

Eine Polis gründen (?): πόλιν οἰκίζειν

417 (753): ἀρχὴ γὰρ λέγεται μὲν ἥμισυ παντὸς ... ἔργου ... τὸ δ' ἔστιν τε ... πλέον ἢ τὸ ἥμισυ ...[2]: Anfang: als ob man dadurch in ähnlicher Weise den Fortgang bestimmen könne als in einem ἔργον, das man selbst, allein, anfängt.

Die Identität von Gesetz und Brauch liegt nahe in allen Staaten mit homogener Bevölkerung und kontinuierlicher Geschichte. Griechenland und England.

[A] [andreios kai parakekindyneumenos], mit Kühnheit und Wagemut (Übers. Schöpsdau-Müller)

Oktober 1950

[7]

Oktober 1950.

[Plato, *Νόμοι*, Buch VI]
424 (757) ἰσότης: zwiefach. 1. die mechanische, die jedem das Gleiche gibt. 2. und oft im Gegensatz zu der ersten: ἀληθεστάτη καὶ ἀρίστη ἰσότης, die schwer zu erkennen ist. Διὸς γὰρ δὴ κρίσις ἐστί. Wo sie herrscht, ist alles zum Besten. Sie teilt (wie in den Zeiten des Kronos – νέμειν jedem das Seine aus) μέτρια διδοῦσα πρὸς τὴν αὐτῶν φύσιν ἑκατέρῳ = (425) τὸ κατὰ φύσιν ἴσον ἀνίσοις ἑκάστοτε δοθέν = τὸ δίκαιον.

ἔστιν γὰρ δήπου καὶ τὸ πολιτικὸν ἡμῖν ἀεὶ τοῦτ' αὐτὸ τὸ δίκαιον.[1]

458 (775): ἀρχὴ γὰρ καὶ θεὸς ἐν ἀνθρώποις ἱδρυμένη σῴζει πάντα, denn der Anfang, der verweilt, und der Gott rettet (bewahrt auf) bei den Menschen alles.[2]

[8]

Pluralität: Ganz voneinander zu scheiden ist 1. die Tatsache der Pluralität der Menschen und Völker und ihre grundsätzliche Ungleichheit – ohne diese reine Vielheit gäbe es keine Politik, ohne diese grundsätzliche Ungleichheit bedürfte es keiner Gesetze; und 2. die Tatsache, dass »Liebe die Liebe braucht«, d.h. dass kein Mensch allein existieren kann, ausgedrückt in der Zweigeschlechtlichkeit. Hier sucht (oder bedarf) der Eine des Zweiten (und es entspringt der Dritte); im Falle der Vielheit, umgekehrt, hat der Eine immer schon zu rechnen mit und ist angewiesen auf – nicht einen Zweiten –, sondern Andere. Im Falle der Liebe sucht er das ihm Gemässe, im Falle der Vielheit hat er zu rechnen mit den »Ungemässen«, Fremden, Verschiedenen. Die fundamentale Differenz zwischen dem Brauchen, das aus der Zweigeschlechtlichkeit entspringt oder wenigstens in ihr vorgezeichnet ist, und dem Aufeinanderangewiesensein, das in der Vielheit liegt.

Wo immer (und das heisst überall in der abendländischen Tradition) man die Familie als die Urform der menschlichen politischen Gemeinschaft setzt, hat man diese beiden Sachen identifiziert. Und daraus entspringt dann der ganze Höllenspektakel – d.h. die gleichzeitige Perversion der politischen Verhältnisse und der »Liebes«- und Familienverhältnisse.

Zum Unterschied zwischen Brauchen und Aufeinanderangewiesensein: In der Familie brauchen die Kinder die Eltern, welche verantwortlich sind ohne alle Gegenleistung. Die Forderung, die Kinder sollen für die Eltern im Alter sorgen, ist bereits ein politisches und moralisches Gesetz, hat nichts mit der Familie als solcher zu tun. Die politische Gemeinschaft hat bestimmte ihrer Pflichten auf die Familie geschoben. In der politischen Gemeinschaft ist alles gegenseitig – »mutual«. Ich bin angewiesen und verantwortlich in dem Masse, als Andere auf mich angewiesen und für mich verantwortlich sind. Dies allein ist die »Gleichheit« des Gesetzes, die nichts mit der faktischen Ungleichheit der Menschen zu tun hat, an die das Gesetz gar nicht rührt. Es handelt sich auch nicht um: jedem das wahrhaft Seine zu geben. Dies gerade ist unentscheidbar – die Grenze der menschlichen Gerechtigkeit, [es] basiert auf der absoluten Unerforschbarkeit des menschlichen Herzens. Das Gesetz ist der Ausdruck der Gegenseitigkeit – des Aufeinander-angewiesen- und Füreinander-verantwortlich-Seins – es ist das, was wir uns gegenseitig garantieren.

[9]

Treue: »true«: wahr und treu. Als wäre das, dem man die Treue nicht halten kann, auch nie wahr gewesen. Daher das grosse Verbrechen der Untreue, wenn sie nicht gleichsam unschuldige Untreue ist; man mordet das Wahr-gewesene, schafft das, was man selbst mit in die Welt gebracht hat, wieder ab, wirkliche Vernichtung, weil wir in der Treue und nur in ihr Herr unserer Vergangenheit sind: Ihr Bestand hängt von uns ab. So wie es von uns abhängt, ob Wahrheit in der Welt ist oder nicht. Wenn es die Möglichkeit der Wahrheit und des Wahr-gewesen-Seins nicht gäbe, wäre Treue Starrköpfigkeit; wenn es Treue nicht gäbe, wäre die Wahrheit ohne Bestand, ganz und gar wesenlos.

Gerade wegen dieses Zusammenhangs zwischen Treue und Wahrheit gilt es, aus dem Begriff der Treue alle Starrköpfigkeit, das Sich-versteifen zu eliminieren. Die Perversion der Treue ist die Eifersucht. Ihr Gegensatz ist nicht die Untreue im gewöhnlichen Verstande – diese liegt vielmehr im Weiter des Lebens und der Lebendigkeit vorgezeichnet –, sondern nur das Vergessen. Die einzige wirkliche Sünde, weil sie Wahrheit, gewesene Wahrheit, auslöscht. Die Art Treue, deren Gegensatz Untreue ist, ist die Perversion, die versucht, die Lebendigkeit aus der Welt zu schaffen. Versteinerung; ihre Konsequenz ist Eifersucht, nämlich einfach Wut, dass anderswo und bei einem Anderen das Leben weitergeht.

[10]

Wurzellosigkeit: Die Präzision des Bildes: Die Einen, die Verjagten, liessen meist ihre Wurzeln zurück, sind gleichsam abgerissen, also wurzellos im exakten Sinne von ohne Wurzeln. Für die, denen es gelang, ihre Wurzeln mitzunehmen, sind diese nun ohne den Boden, in dem sie wurzelten, nicht mehr tragfähig, und sie haben sie sich darum gleichsam an den Schuhsohlen abgelaufen. Den Anderen, die zu Hause bleiben durften, ist der Grund und Boden, in dem sie wurzelten, unter den Füssen weggespült worden, ihre Wurzeln liegen bestenfalls offen zu Tage und werden doppelt verzehrt: durch Verkümmerung beraubt des nährenden Bodens und durch die Helle der Sichtbarkeit selbst, durch den Mangel an schützendem Dunkel, durch die Zerstörung des Geheimnisses gleichsam.

[11]

[Plato, *Nόμοι*, Buch] VII.
20 (797/98): Νόμοι und μεταβολή: die besten Gesetze diejenigen, an deren Ursprung sich niemand mehr erinnern kann, es war nie anders, denn μεταβολή ist als solche gefährlich ausser für das schlechthin Schlechte: Μεταβολὴν γὰρ δὴ πάντων πλὴν κακῶν πολὺ σφαλερώτατον εὑρήσομεν[1] – daher (νόμοι) ἀκίνητοι γένωνται μακρῶν καὶ πολλῶν χρόνων, ὥς μηδένα ἔχειν μνείαν μηδὲ ἀκοὴν τοῦ ποτε ἄλλως αὐτὰ σχεῖν ἢ καθάπερ νῦν ἔχει...[2]

Daraufhin Ägypter als Beispiel.

31 (803): Für die Grundauffassung der Politik durch den Philosophen: Er entwirft τὰ τῶν βίων σχήματα[A] – obgleich: ἔστι δὴ τοίνυν τὰ τῶν ἀνθρώπων πράγματα μεγάλης μὲν σπουδῆς οὐκ ἄξια, ἀναγκαῖόν γε μὴν σπουδάζειν· τοῦτο δὲ οὐκ εὐτυχές.... φύσει δὲ εἶναι θεὸν μὲν πάσης μακαρίου σπουδῆς ἄξιον.[3]

Der Mensch ist nur ein Spielzeug (παίγνιον) Gottes, sein Spielen (παίζειν) also angemessen seiner Natur. – Wortspiel von παιδιά (Spiel) und παιδεία! Denn die Menschen sind: 33 (804) θαύματα ὄντες τὸ πολύ (zumeist Vorgegaukeltes, Jongliertes, eigentlich, was keine Wirklichkeit hat), σμικρὰ δὲ ἀληθείας ἄττα μετέχοντες[4].

Da die meisten Menschen – oder die Menschen zumeist – keinen Anteil an der ἀλήθεια haben, sind sie in Wahrheit gar nicht, sie sind wie ein Spielzeug der Götter, wie die Zaubereien der Jongleure nur als Spielzeuge der Menschen existieren. Die Angelegenheiten der Menschen sind solchen Jonglierereien zu vergleichen. Dagegen die Möglichkeit des Menschen teilzuhaben, ein μετέχειν ἀληθείας.

[A] [ta ton bion schemata], die Formen des Lebens

[12]

[Plato, *Νόμοι*, Buch] VIII
82 (832): Demokratie, Oligarchie und Tyrannis sind οὐ πολιτεῖαι[A]. τούτων γὰρ δὴ πολιτεία οὐδεμία, στασιωτεῖαι (Parteienherrschaft? στάσις Aufruhr!) δὲ πᾶσαι λέγοιντ' ἂν ὀρθότατα· ἑκόντων γὰρ ἑκοῦσα οὐδεμία. ἀλλ' ἀκόντων ἑκοῦσα ἄρχει σὺν ἀεί τινι βίᾳ...[1] Alles drei Gewaltherrschaften. Element der Freiwilligkeit – keineswegs der Freiheit – woher??

Hiernach zwei Ursprünge der Staaten: 1. Die Herrschaften, ἀρχαί, die aus dem Aufstand und dem Sieg entspringen, in denen immer eine Partei die andere beherrscht und unterdrückt und gefasst sein muss auf eine weitere μεταβολή. 2. Verfassungen, πολιτεῖαι, in die alle »freiwillig« einwilligen, wo jedenfalls niemand herrscht, sondern alle sich auf ewig verpflichten, sich den νόμοι zu beugen, untereinander: ἐλεύθεροι ἀπ' ἀλλήλων: voneinander frei, freiwillig unter den νόμοι.

105 (842) Νόμοι γεωργικοί[B]: Das oberste untersteht Zeus, dem Gott der Grenzen: Keiner verrücke den Grenzstein, der abgrenzt Freundschaft von Feindschaft.

Freiwilligkeit – Freiheit?

[A] [u politaiai], Nicht-Verfassungen
[B] [nomoi georgikoi], Landwirtschaftsgesetze

November 1950

[13]

November.

Nietzsche: »Alle Staaten sind schlecht eingerichtet, bei denen noch andere als die Staatsmänner sich um Politik bekümmern müssen, und sie verdienen es, an diesen vielen Politikern zu Grunde zu gehn.«[1]

[14]

Pascal: »Ce que nous avons d'être nous dérobe la connaissance des premiers principes, qui naissent du néant, et le peu que nous avons d'être nous cache la vue de l'infini.«[1]

[15]

Pluralität der Sprachen: Gäbe es nur eine Sprache, so wären wir vielleicht des Wesens der Dinge sicher.

Entscheidend ist 1. dass es viele Sprachen gibt und dass sie sich nicht nur im Vokabular, sondern auch in der Grammatik, also der Denkweise überhaupt unterscheiden und 2. dass alle Sprachen erlernbar sind.

Dadurch, dass der Gegenstand, der für das tragende Präsentieren von Dingen da ist, sowohl Tisch wie »table« heissen kann, ist angedeutet, dass uns etwas vom wahren Wesen des von uns selbst Hergestellten und Benannten entgeht. Nicht die Sinne und die in ihnen liegenden Täuschungsmöglichkeiten machen die Welt unsicher, auch nicht einmal die ausgedachte Möglichkeit oder erlebte Panik, dass alles nur ein Traum sein könnte, sondern die Vieldeutigkeit, die mit der Sprache und vor allem mit den Sprachen gegeben ist. Innerhalb einer homogenen Menschengemeinschaft wird das Wesen des Tisches durch das Wort

Tisch vereindeutigt, um doch gleich an der Grenze der Gemeinschaft ins Schwanken zu geraten.

Diese schwankende Vieldeutigkeit der Welt und die Unsicherheit des Menschen in ihr würde natürlich nicht existieren, wenn es nicht die Möglichkeit der Erlernbarkeit der fremden Sprache gäbe, die uns beweist, dass es noch andere »Entsprechungen« zur gemeinsam-identischen Welt gibt als die unsere, oder wenn es gar nur eine Sprache gäbe. Daher der Unsinn der Weltsprache – gegen die »condition humaine«, die künstlich gewaltsame Vereindeutigung des Vieldeutigen.

[16]

If Man is the topic of philosophy and Men the subject of politics, then totalitarianism signifies a victory of »philosophy« over politics – and not the other way round. It is as though the final victory of philosophy would mean the final extermination of the philosophers. Perhaps, they have become »superfluous«.

[*Wenn der Mensch das Thema der Philosophie ist und die Menschen das Subjekt der Politik, dann findet im Totalitarismus ein Sieg der »Philosophie« über die Politik statt – und nicht umgekehrt. Es ist, als ob der endgültige Sieg der Philosophie die endgültige Ausrottung der Philosophen bedeutete. Vielleicht sind sie »überflüssig« geworden.*]

[17]

Heideggers er habe den Kontakt verloren: Er ist in der Tat nicht mehr der Exponent, das Mundstück der Zeit[1]; die Zeit spricht nicht mehr durch ihn. Das gerade ist seine grosse Chance. Daher auch die neue Möglichkeit der Kommunikation – unterschieden von dem blossen Ausdrücken-können.

[18]

Der Lebensweg
Durch die Wüsten und Wildnisse des Lebens hat die Gesellschaft ein paar Wege gebahnt, nicht sehr viele und nicht einmal sehr komfortable; aber gegen die schlimmsten Unbillen des Menschendschungels schützen sie doch, zumal in ruhigen Zeiten. – Wer diese Wege nicht[A]

Dezember 1950

[19] *Dezember:*

Wahrheitsbegriff und Weltsicherheit:

1. »adaequatio rei et intellectus«: vorausgesetzt eine nicht erklärte, fundamentale Gleichheit der Strukturen, die die »adaequatio« des »intellectus« an die »res« möglich macht. Der Mensch eingebettet in der Welt und diese adaequierende, gleichsam sich adjustierende Erkenntnis der beste Beweis dafür, dass Mensch und Welt zusammengehören.

2. Hegel: Die Bewegungsformen des Geistes und die Bewegungsformen der Ereignisse und Schicksale des Menschengeschlechts sind die gleichen. Der Mensch nicht mehr in der Welt eingeordnet, sondern im Strom des Geschehens schwimmend. Seine Schwimmbewegungen sind gleichsam a priori den Strombewegungen des Flusses des Weltgeschehens eingepasst, wie die Fähigkeiten des »intellectus« a priori den Qualitäten der »res« angepasst waren.

3. Marx: Da er, Hegel folgend, im Strom schwimmen kann und das Schwimmen offenbar eine Aktivität gegenüber dem

[A] der Text bricht hier ab

blossen Strömen und Verströmen des Flusses des Weltgeschehens ist, kommt er auf den naheliegenden Gedanken, dass der Schwimmer dem Strömen überlegen sein muss und er, versteht er nur die Gesetze des Strömens, das Fliessen in bestimmte Bahnen lenken kann; dies natürlich nur innerhalb der Stromgesetze, die ja zugleich auch die Schwimmgesetze sind. Die Vergeblichkeit des Marxschen Versuches: Der Schwimmer beschleunigt nur sein eigenes Von-der-Strömung-getragen-Sein – also im Ende seinen eigenen Untergang.

Die Frage ist gerade, wie man das Schwimmen im Strom überhaupt vermeiden kann.

[20]

Die Affinität des Philosophen und des Tyrannen seit Plato: Welche Naivität, sie mit dem Zeitmangel des Philosophen zu erklären (Kojève in *Critique*[1])! Die abendländische Logik, die als Denken und Vernunft gilt, ist tyrannisch »by definition«. Gegen die unabänderlichen Gesetze der Logik gibt es keine Freiheit; wenn Politik eine Angelegenheit des Menschen und der vernünftigen Staatsverfassung ist, kann nur Tyrannei gute Politik produzieren. – Die Frage ist: Gibt es ein Denken, das nicht tyrannisch ist? Dies eigentlich Jaspers' Bemühen, ohne dass er es ganz weiss. Denn Kommunikation, im Gegensatz zur Diskussion – dem »advokatorischen« Denken –, will nicht sich der Wahrheit durch Überlegenheit der Argumentation vergewissern.

[21]

Up life's hill with my little bundle,
If I prove it steep,
If a discouragement withhold me,
If my newest step

Older feel than the hope that prompted,
Spotless be from blame
Heart that proposed as heart that accepted,
Homelessness for home.[1]

[22]

Die Metaphern und die Wahrheit:
In nichts offenbart sich die eigentümliche Vieldeutigkeit der Sprache – in der allein wir Wahrheit haben und sagen können, durch die allein wir aktiv Wahrheit aus der Welt schaffen können und die in ihrer notwendigen Abgeschliffenheit uns immer im Weg ist, die Wahrheit zu finden – deutlicher als in der Metapher. So habe ich zum Beispiel ein Leben lang die Metapher »es öffnet sich mir das Herz« benutzt, ohne je die dazu gehörende physische Sensation erfahren zu haben. Erst seit ich die physische Sensation kenne, weiss ich, wie oft ich gelogen habe, so wie junge Männer ahnungslos lügen, wenn sie den Mädchen sagen: Ich liebe Dich. – Wie aber hätte ich je die Wahrheit der physischen Sensation erfahren, wenn die Sprache mit ihrer Metapher mir nicht bereits eine Ahnung von der Bedeutsamkeit des Vorgangs gegeben hätte?

[23]

Mittel-Zweck-Kategorie in der Politik:[1]
Die gesamte vom Menschen hergestellte Welt ist wirklich eine Zweckwelt, und alle Dinge sind in der Tat Mittel, deren letzter Zweck der Mensch ist: Nägel und Hammer sind Mittel für den Hausbau, das Haus ist zum Zwecke der Behausung des Menschen. Der Tisch ist ein Mittel für das Abstellen, das für den Menschen notwendig ist, usw. Die Welt der Dinge ist eine Welt der Mittel, deren Zweck der Mensch ist, und in jedem ihrer Teile herrscht daher die Mittel-Zweck-Kategorie, von der alles Her-

stellen beherrscht ist. Die Darwinistische Evolutionstheorie, wo eigentlich die gesamte Natur auf den Zweck Mensch ausgerichtet erscheint, ist eine Übertragung dieser Ding-Kategorien auf die Natur.

Das Wesentliche ist, dass diese ganze Kategorie völlig hinfällig wird, wenn wir an dem Zweck der Dingwelt: dem Menschen, angelangt sind. Kants Definition vom Zwecke an sich ist nur ein Symptom 1. von der Unzulänglichkeit der Kategorie und 2. von der Hilflosigkeit des abendländischen Denkens, wenn es gilt, ausserhalb dieser Kategorie zu denken. Entscheidend ist, das Haus ist ein Mittel zum Wohnen des Menschen, der Tisch ein Mittel, ihm freie Bewegung zu verschaffen, und alle Dinge zusammen Mittel zum Leben, aber Wohnen, freie Bewegung, Leben haben keinen Zweck mehr.

In der Dingwelt sind Zwecke auch niemals eindeutig: Wenn ich einen Nagel in die Wand schlage, um ein Bild aufzuhängen, habe ich auch vielleicht den Nagel eingeschlagen, an dem sich jemand aufhängen kann. Ich bin nie absoluter Herr der Zwecke; aber was sich ändert, sind nur die Zwecke, das Einschlagen und der Nagel selbst bleiben Mittel. Dies hatte Kant im Auge, wenn er meinte, dass wir immer in eine wesentlich unserem (sittlichen) Vorhaben heterogene Welt hineinhandeln.

Handeln aber ist etwas wesentlich anderes als das Herstellen in der Zweckwelt der Dinge: Wenn ich zum Beispiel jemanden verrate, um einer sogenannten guten Sache zu helfen, so steht die Frage nicht mehr, ob sich vielleicht die gute Sache im Handumdrehen in eine schlechte verwandelt, sondern lediglich die Tatsache, dass ich Verrat in die Welt menschlichen Handelns gebracht habe. Hier wird das »Mittel« nicht nur gelegentlich stärker als der »Zweck«, sondern die sogenannten Mittel sind immer das einzige, was zählt, der Zweck wird immer zum illusionären Vorhaben, und zwar deshalb, weil ja das unmittelbare, greifbare Handeln sofort da ist, so dass sich die Welt prinzipiell geändert hat, bevor der Zweck erreicht ist, und zwar so geändert, dass der Zweck unter Umständen gar nicht mehr sinnvoll ist. Planen kann ich daher nur in der Welt der Dinge: Ich kann den Hausbau planen und mich halbwegs darauf verlassen, dass meine Vorbereitungen dazu die Welt, in der ich ihn unternehme, nicht so entscheidend ändern werden, dass der Bau und das Wohnen im Haus nicht mehr möglich sind. In der Welt des Handelns aber kommt alles auf den Moment an, entscheidend ist nur, was ich jetzt im Augenblick tue, dies ändert alles bis zur Unkenntlichkeit.

[24]

Mittel und Zweck in der Politik:
Entscheidend ist, dass Politik immer als Mittel zum Zweck konzipiert war; alles war in ihr oder wurde seit Machiavelli in ihr erlaubt, weil ein un-politischer Zweck – das gute Leben – das Mittel der Politik heiligte. Politik war immer die Voraussetzung für die Möglichkeit des Unpolitischen. Bis die Totalitären dieses Mittel, dieses schon reichlich besudelte Mittel zum Zweck der Zwecke erhoben und dem Unsinn von Mittel und Zweck auf ihre Weise ein Ende bereiteten.

[25]

Metapher und Wahrheit:
Wie die Floskel sich ins Wort zurückverwandelt, wie aus der Metapher wieder Wahrheit wird, weil die Wirklichkeit sich eröffnet hat. Wie man ohne dieses Zum-Wort-Werden den Schock der Wirklichkeit nicht aushalten könnte. In diesem Moment, wo die Wirklichkeit sich eröffnet und das Wort ersteht, um sie aufzufangen und dem Menschen erträglich zu machen, ersteht Wahrheit. Dies liegt vielleicht doch der »adaequatio rei et intellectus« zugrunde.

[26]

Liebe und Ehe[1]

Liebe ist ein Ereignis, aus dem eine Geschichte werden kann oder ein Geschick.

Die Ehe als Institution der Gesellschaft zerreibt dies Ereignis, wie alle Institutionen die Ereignisse aufzehren, auf denen sie gegründet waren. Institutionen, die sich auf Ereignisse gründen, halten der Zeit so lange stand, als die Ereignisse nicht völlig aufgezehrt sind. Vor solchem Verzehrt-werden sind nur Institutionen sicher, die auf Gesetzen basieren. Solange die Ehe, immer zweideutig in dieser Hinsicht, als unscheidbar galt, war sie doch wesentlich auf dem Gesetz, nicht auf dem Ereignis der Liebe gegründet und damit eine echte Institution.

Inzwischen ist die Ehe zur Institution der Liebe geworden, und als solche ist sie noch um ein weniges hinfälliger als die meisten Institutionen der Zeit. Die Liebe wiederum ist seit ihrer Institutionalisierung ganz und gar heimat- und schutzlos geworden.

Dagegen protestieren Männer wie Frauen, jeder auf seine Weise. Beide versuchen, die zunehmende Flüchtigkeit der Liebe, ihre zunehmende Substanzlosigkeit zu verhindern. Die Frauen, indem sie aus der Liebe, die ein Ereignis ist, ein Gefühl machen, was nicht nur die Liebe degradiert, weil ein Göttliches zu einem Menschlichen gemacht wird, sondern auch alle Gefühle degradiert, weil sie offenbar dem Feuer der Liebe, an dem sie gemessen werden, nicht standhalten. Der Irrtum kommt daher, dass die Liebe sich im Herzen des Menschen einnistet; das menschliche Herz ist die Wohnung, aber nicht die Heimat! der Liebe; das Missverständnis ist zu glauben, die Liebe entspringe dem Herzen und sei daher, mit einem weiteren Missverständnis, vom Herzen wie ein Gefühl hervorgebracht. (Dagegen das: καὶ σ' οὔτ' ἀθανάτων φύξιμος οὐδεὶς | οὐδ' ἁμερίων σέ γ' ἀνθρώ- | πων; ὁ δ' ἔχων μέμηνε.[2]) Diesem Gefühl geben die Frauen – die besten gerade, die die Institutionalisierung der Liebe durch die Ehe mit Recht fürchten – sich hin, mit dem Erfolg, dass die Liebe im Gefühl und von ihm verzehrt wird, dass der dazugehörende Mann sich so schnell wie möglich retten muss, denn es geht ihm wirklich ans Leben!, und dass die Frauen, meist nur gelinde enttäuscht über die Flucht des für das Gefühl eher störenden Mannes, aus der »Liebe« ihren Lebensunterhalt machen. Inhalt eines Lebens kann die Liebe aber nur werden, wenn sie mindestens ein halb Dutzend Kinder hervorgebracht hat, zwecks täglicher Beschäftigung. Dann aber geht der ganze Humbug in der entstehenden ernsten Arbeit ohnehin zum Teufel. Die Frauen, deren Lebensinhalt die Liebe als solche ist, gehen meist an Tagträumerei oder, in selteneren Fällen, an Langeweile zugrunde.

Der Protest der Männer führt zu dem Umdenken der Liebe in Freundschaft. Zu diesen gehören (sic) wesentlich Kants Definition der Ehe, deren Gegenseitigkeit ein Kontrakt der Freundschaft verbürgt;[3] dieser Kontrakt hat nur leider zum Inhalt, was keine Freundschaft schon rein physisch je zu leisten vermag. Auch Nietzsches Bemerkung, dass der grösste Teil der Ehe der Unterhaltung gilt,[4] weist in diese Richtung: Sie schlägt vor, Kriterien der Freundschaft zu Kriterien der Ehe zu machen. Keine Freundschaft aber kann tragen, was eine Ehe zumutet. Die Liebe kann es ertragen, wenn die Ehe als Institution durch freien Entschluss zweier Menschen vernichtet wird; dies heisst aber, dass das Zusammen der beiden Menschen die Geschichte und das Geschick des Ereignisses frei entwickelt, ohne alle Garantien und treu nur in dem Nicht-vergessen des Ereigneten und Geschickten. Und es heisst weiter, dass Freundschaft gerade nicht anerkannt wird, denn in der Freundschaft gilt die Treue zum Freunde als das Höchste, sie ist der Freiheit der Liebe also gerade entgegengesetzt. Wenn der Freundschaft zugemutet wird das tägliche Zusammen der Ehe oder der Liebe, geht sie zugrunde. – Die Ehe als reine, legal gesicherte Institution kann das Zusammen mühelos ertragen, nicht nur um der Kinder willen, sondern weil ein solches Tragen oder Ertragen gar nicht zum Problem wird. Sie wahrt ja immer die absolute Distanz der Partner, die in der Liebe durchbrannt wird und in der Freundschaft dauernd überbrückt.

Einen ganz ähnlichen Versuch, Liebe in Freundschaft zu transformieren und sie in dieser Umwandlung zum dauerhaften Fundament der Ehe zu machen, unternimmt schliesslich Jaspers in seiner Kommunikationslehre.

Zur Abgrenzung: Gefühle habe ich; die Liebe hat mich. Freundschaft ist wesensmässig abhängig von ihrer Dauer – eine zwei Wochen alte Freundschaft existiert nicht; die Liebe ist immer ein »coup de foudre«.

[27]

Altern:

Es ist immer noch wahr, dass die Götter ihre Lieblinge jung sterben lassen, sie verwehren ihnen nämlich zum Entgelt die Gnade des Alterns, sie lassen nicht zu, dass sie sterben »alt und des Lebens satt«. Goethes Marienbader Elegie: »Sie trennen mich – und richten mich zugrunde«[1] – sie trennten ihn gerade nicht und richteten ihn darum zugrunde. Das Geschenk der Götter an ihre Lieblinge ist, dass der Tod immer noch etwas findet, um es zugrunde zu richten, dass er nie reine Erfüllung ist und nie rein gewünscht wird. Der Tod bleibt das, was er in der Jugend war: die eine entscheidende Trennung. Die Lieblinge der Götter wachsen ihm nicht zu wie die jüdischen Patriarchen, bis er ihnen in den Mund hängt wie die reifen Früchte des Feigenbaums, unter dem sie sitzen und auf ihn warten. Solange sie am Leben sind, sind sie lebendig, sie sind die einzigen, die nur der Tod, nicht die Last des gelebten Lebens trennt.[2]

48

<u>Der</u> Mensch – <u>die</u> Menschen:

In den totalitären Regimen, ~~[illegible]~~ erscheint deutlich, dass <u>die</u> Allmacht <u>des</u> Menschen der Überflüssigkeit <u>der</u> Menschen entspricht. Darum entspringt aus dem Glauben, dass alles möglich sei, unmittelbar die Praxis, die Menschen überflüssig zu machen, erst durch Dezimierung u. generell durch die Egalisierung der Menschen zum Menschen. Wenn <u>der</u> Mensch allmächtig ist, dann ist in der Tat nicht einzusehen, warum es so viele Exemplare gibt, es sei denn um diese Allmacht ins Werk zu setzen, also als seine objekthafte Helfer. Jeder gute Mensch ist bereits eine Gegenbeweis gegen die Allmacht <u>des</u> Menschen, eine lebendige Demonstration dass nicht alles möglich ist. Es ist primär die Pluralität, welche die Macht der Menschen – <u>des</u> Menschen eingrenzt. Die Vorstellung der All-

Januar 1951

[28]

Januar 1951

Goethe: »Das Höchste wäre: zu begreifen, daß alles Faktische schon Theorie ist.«[1] Dies »Begreifen« ergäbe die »Gesetze der Einzigkeit.«

[29]

Mittel – Zweck:
Ursprünglich wahrscheinlich Werkzeug – Werk, von dem dies eine degenerierende Abstraktion ist. Die Zwecke entschwinden schliesslich in einem Nebel des Allgemeinen, und übrig bleibt eine zu Mitteln degenerierte Welt – der Körper als »Werkzeug« der Seele, aber für welches Werk?; ergo: als Mittel des Geistes, für dessen Zwecke in der Welt – in der auch Kants Bestimmung der Menschenwürde, d.h. das Verbot, ein anderes Zwecke setzendes Selbst als Mittel zu benutzen, nichts mehr ausrichten kann. Es ist nur einleuchtend, aber nicht mehr einsehbar.

[30]

Der Mensch – die Menschen:
In den totalitären Regimen erscheint deutlich, dass die Allmacht des Menschen der Überflüssigkeit der Menschen entspricht.[1] Darum entspringt aus dem Glauben, dass alles möglich sei, unmittelbar die Praxis, die Menschen überflüssig zu machen, teils durch Dezimierung und generell durch die Liquidierung der Menschen qua Menschen. Wenn der Mensch allmächtig ist, dann ist in der Tat nicht einzusehen, warum es so viele Exemplare gibt, es sei denn, um diese Allmacht ins Werk zu setzen, also als reine objekthafte Helfer. Jeder zweite Mensch ist bereits

ein Gegenbeweis gegen die Allmacht des Menschen, eine lebendige Demonstration, dass nicht alles möglich ist. Es ist primär die Pluralität, welche die Macht der Menschen und des Menschen eingrenzt. Die Vorstellung der Allmacht und des Alles-ist-Möglich führt notwendigerweise zu der Einzigkeit. Von allen traditionellen Prädikaten Gottes ist es die Allmacht Gottes und das »bei Gott ist kein Ding unmöglich«, das Vielgötterei ausschliesst.

Es wäre denkbar, dass die europäischen politischen Theorien deshalb in reinen Macht-Theoremen geendet haben, weil die europäische Philosophie von dem Menschen ausging und von dem Einen Gott.[2]

[31]

Moral:
Alle Moral lässt sich wirklich auf Versprechen und Halten des Versprochenen reduzieren. Dies hat nichts zu tun mit der konkreten Frage von Recht und Unrecht einerseits und den »Zehn Geboten« andererseits.

Die Moral hebt an, wo die Neigung gestorben ist. Der ganze Gegensatz von Pflicht und Neigung ist so unsinnig, weil Pflicht überhaupt erst erscheint, wo Neigung sich aus Neigung verpflichtet hat. Solange die Neigung lebt, wird sie dies Verpflichtetsein nicht als Pflicht empfinden, sondern als ein Weitergehen der Neigung selbst. Auf dem Tod der Neigung ersteht die Pflicht. Daher die gespenstische Leblosigkeit aller Moral und allen moralischen Denkens. Erst wenn das Leben umgebracht ist, kommt Moral zum Vorschein. Dann aber, in der Katastrophe der Verwüstung und Versteppung des Herzens, bleibt kein Ausweg als die Pflicht und die Moral. Solange die Wüste herrscht, hat die Moral ihr Recht, und wehe uns, wenn auch sie nicht mehr herrscht. Die herrschafts-lose Wüste ist ein grösserer Schrecken als die beherrschte.

Heft III

Februar 1951 bis April 1951

Heft III

Februar 1951

[1]

February 1951

Mittel – Zweck:
Gerade wenn man, um der Mittel-Zweck-Kette zu entgehen, den Menschen als Selbstzweck setzt, hat man alles sonst Bestehende, die ganze Natur zum Mittel degeneriert. Weiter konnte man die Entgötterung der Welt nicht gut treiben, die Vulgarisierung der Welt.

[2]

Marx:
»Debatten über das Holzdiebstahlsgesetz« (1842), I, 1, 266f.[1]:
1. Entmenschlichung der Menschen: Es stehen sich gegenüber Holz-Besitzer und Holz-Dieb, gleichgültig sind menschliche Bedürfnisse, die das Holz jeweils verschieden brauchen.
2. Denaturierung des Holzes: Auf das Holz kommt es gar nicht mehr an, es könnte geradesogut Plastik sein.

Dies zusammen, Entmenschlichung des Menschen und Denaturierung der Natur, nennt Marx die Abstraktion der Gesellschaft. Sie verkörpert sich bei ihm in dem Gesetz, vor dem alle und alles gleich sind.

[3]

Die Ansichten über das Weltgeschehen, in dessen Wirbel man umgedreht wird und die sich bilden je nach den (immer zufälligen, weil partialen) Aspekten, die sich gerade dem ohnehin Schwindelnden in schwindelnder Geschwindigkeit nacheinander und übereinander darbieten. (Marx.)

Dagegen: die Möglichkeit zu urteilen ohne den Anspruch, das Ganze in der Hand zu haben, und sogar ohne etwas Dahinter-stehendes, Verborgenes zu verurteilen. Urteilen, ohne zu beurteilen und ohne zu verurteilen. Gibt man die Urteilskraft aus der Hand, wird in der Tat alles Schwindel. – Was aber ist Urteilskraft? (In der Geschichte und ihren Kategorien be-urteilt man, in der »Politik« – d.h. so wie die Deutschen sich Politik vorstellen – ver-urteilt man; im Leben, d.h. auch in der wirklichen Politik, könnte man nicht bis zur nächsten Ecke kommen, ohne zu urteilen.?)

[4]

Matthias Claudius zu »Alles hat seine Zeit«:
»Als wenn jemand zu Wagen sitzt und nach Königsberg fahren will; so ist er nicht mit einmal an Ort und Stelle, sondern die Räder des Wagens müssen so lange umgehen, bis er ist, wo er sein will, und ein jeder Umgang hat seine Zeit, und der zweite kann nicht zur Wirklichkeit kommen, bis der erste vollendet ist usw. und da geht es denn oft über Stock und Stein, und der auf dem Wagen wird des wohl gewahr; er muss indes aushalten und sich fassen, denn es ist kein anderer Rath.«[1]

[5]

Übervölkerung der Erde als politisches Problem:
Dass die Geschichtswissenschaft rein theoretisch-kontemplativ sei, ist ein Schein; sie endet ebenso konsequent in dem (Marxschen) Versuch, Herr der Geschichte zu werden, wie die Naturwissenschaft in der Technik dabei endet, der Natur so habhaft zu werden, dass man ihr wenn nicht die Gesetze so doch die Verhaltungsweisen vorschreiben kann. Emanzipation von dem nur Gegebenen in der Natur und dem nur Geschickten in der Geschichte.

Nur in diesem Zusammenhang kann Übervölkerung überhaupt zu einem Problem werden. Dass die Irdischen die Hilfs- und Heilmittel der Natur – Kindersterblichkeit, Überschwemmungen, Dürre, Pestilenz, kurz Massensterben – nicht mehr anerkennen und von der Erde mehr Nahrung verlangen, als sie ihnen bereiten kann, heisst, dass sie unnatürlich geworden sind und die Erde ihnen keine Heimat mehr bietet. Dies ist die grundsätzliche Heimatlosigkeit in unserer Welt.

[6]

Leidenschaften degenerieren zu Gefühlen, entweder weil wir das reine Ergriffensein von der Leidenschaft (das πάθος) nicht aushalten und ihr ins Gefühl (unter dem Vorwand der Verinnerlichung) ausweichen. Oder weil wir, verzweifelt über ein Ende, nein, ein Aussetzen der Leidenschaft, das wir immer geneigt sind, als Ende zu verstehen wegen mangelndem Vertrauen, in uns Gefühle erzeugen und in dieser Pseudo-Lebendigkeit um das Warten herumzukommen meinen. Die Erhitzung durch Gefühle, das Sich-an-sie-Gewöhnen, verändert die Substanz des Menschen so, dass das Feuer der Leidenschaft ihn nicht mehr ergreifen kann.

Darum ist die einzige menschliche Substanz, die von der Leidenschaft ergriffen werden kann, das Vertrauen. Nur das Vertrauen, aber nicht das Vertrauen in einen bestimmten Menschen, sondern das absolute Vertrauen, und nicht die Liebe, sofern sie ein Gefühl ist, kann die Leidenschaft überleben, ohne von ihr verzehrt oder ins Gefühl abgetötet zu werden.

[7]

Was wir sind und scheinen,
Ach wen geht es an.
Was wir tun und meinen,
Niemand stoss' sich dran.

Himmel steht in Flammen,
Hell das Firmament
Über dem Beisammen,
Das den Weg nicht kennt.

März 1951

[8] *März.*

Ad Pluralität:
Das höchste Leben kennt einen Moment, wenn zwei Eines werden. In dem Masse, in dem das Leben wieder zurückebbt, spürt man deutlich, wie aus Einem wieder Zwei werden, wie die Person im Sinne des Singulars sich wieder herstellt. Das Eins kennt als reines Lebendigsein weder Singular noch Plural. So wird aus dem Eins von Zwei der Ursprung des Dritten, und da fängt Pluralität erst an. Existenz im Sinne des »principium individuationis« entsteht hier; d.h. zugleich aus dem höchsten Leben und dem Nachlassen des höchsten Lebens.

Es könnte sein, dass das Menschengeschlecht dadurch entsteht, dass die Eins gewordene Zwei in die Pluralität, die erst mit der Drei beginnt, abebbt, aber so, dass das Prinzip des Lebens: das die reine Lebendigkeit des Eins-werdens von Zwei ist, zur Fortdauer des Menschengeschlechts notwendig auch in der Pluralität erhalten bleiben muss.

[9]

Mittel – Zweck in der Politik:
Herstellen: Mittel – Zweck vollkommen berechtigt. Das Hergestellte kann man vernichten. Herstellen hat niemals die Qualität des Nicht-wieder-rückgängigmachen-Könnens.

Handeln: Spielt sich nur zwischen Menschen ab. Dies Zwischen hat seine eigene, objektive, aber ungreifbare Realität. Hier gilt, dass nichts ungeschehen gemacht werden kann. Alles ist einmalig und dann für alle Ewigkeit geschehen, gehandelt, eingegangen in »man's enduring chronicle«[1]. Dies ist der Grund, warum die Mittel-Zweck-Kategorie so verhängnisvoll ist: Der Zweck, der die Mittel heiligt, soll eigentlich die nur mittelnden »zweckentsprechenden« Handlungen an ihnen selbst rückgängig machen. Und kommt natürlich immer zu spät: Die Ewigkeit alles Gehandelten ist ihm immer schon zuvorgekommen.

Das Element der Zerstörung in allem Herstellen: Der Baum wird zerstört, um Holz zu werden. Nur Holz, aber nicht der Baum, ist Materie. Materie also ist gerade schon ein Produkt des Menschen, Materie ist zerstörte Natur. »The human artifice«[2] entsteht, indem der Mensch lebendige Natur so behandelt, als sei sie ihm als Material gegeben, d. h. indem er sie als Natur zerstört. Das Holz ist der Tod des Baumes.

So wie Gott den Menschen geschaffen hat, aber nicht die Menschen und sicher nicht Völker, so hat Gott die Natur geschaffen, aber nicht die Materie.

Wenn Gott aus Nichts schafft, dann schafft der Mensch,

indem er Geschaffenes vernichtet. Erst in dieser Vernichtung verwandelt sich das Geschaffene in Gegebenes: geschaffene Natur in gegebene Materie. Gott schuf Bäume; der Mensch vernichtet Bäume, um Holz zu gewinnen. Holz hat bereits die Zweck-Indikation: Tisch; Baum hat keinerlei Zweck-Indikation.

[10]

Hegel, *Rechtsphilosophie*: Denken – Handeln. Zusatz zu §4: Denken fängt beim Gegenstand an, macht ihn zum Gedanken, nimmt ihm das Eigene, macht ihn zum Meinigen. – Handeln fängt beim Ich (= Denken) an, der Wille stellt seine Zwecke vor, entlässt sie als die seinigen in die Aussenwelt. Denken und Handeln werden identisch, weil gesehen von der Vorstellung: der gedachte = vorgestellte Gegenstand, der gewollte = vorgestellte Zweck.

Heidegger, *Holzwege*: Führt ein den Willen des Absoluten zur Parusie. Ohne dies in der Tat die Hegelsche Geist-Philosophie unverständlich. Daran gerade wird deutlich, dass Hegels Philosophie entweder Theologie ist oder unverständlich! 147/8: »Die Gewalt ist ... der Wille des Absoluten, das in seiner Absolutheit an und für sich bei uns sein will, bei uns, die wir ständig in der Weise des natürlichen Bewußtseins inmitten des Seienden uns aufhalten.«[1]

[11]

Macht – Allmacht:
Die abendländischen Machtspekulationen sind nur dadurch so gefährlich geworden, dass sie sich mit der Philosophie des Menschen verbanden; dadurch hatte jede Überlegung, die dem Menschen mehr Macht zuschrieb, als nach christlicher Überlieferung schicklich war, die Gefahr in sich, in die Allmacht überzuschnappen. Das eigentlich menschliche Phänomen scheint

Hegel, Rechtsphilosophie:

Denken – Handeln. Zusatz zu § 4:
Denken fängt beim Gegenstand an, macht ihn
zum Gedanken, nimmt ihm das Eigene,
macht ihn zum Meinigen. – Handeln
fängt beim Ich (= Denken) an, der
Wille stellt seine Zwecke vor, entläßt
sie als die seinigen in die Aussenwelt.
Denken – Handeln werden identisch wenn
gesehen von der Vorstellung: der
gedachte = vorgestellte Gegenstand, der
gewollte = vorgestellte Zweck.

Heidegger, Holzwege: Führt alles auf den
Willen des Absoluten zur Parusie.
Ohne das ist in der Tat die Hegelsche
Geist-Philosophie unverständlich.
Daran gerade wird deutlich, dass Hegels
Philos. entweder Theologie ist oder
unverständlich: 147/8: „die Gewalt
ist ... der Wille des Absoluten, das in seiner
Absolutheit an und für sich bei uns sein will,

erstens, dass nur die Menschen Macht haben, dass der konkrete Mensch als Einzelner immer machtlos ist; und zweitens, dass diese Macht, so wie sie unter Menschen entsteht, durch Menschen begrenzt ist – und nicht durch die Natur. Diese Begrenzung setzt auch der menschlichen Vernunft ihre Grenze. Die Vernunft von sich aus (viel mehr als der Wille) strebt zur Allmacht. Der Wille will nur mehr Macht als..., rechnet also immer schon mit anderen Menschen. Aus seinen Komparativen wird sich nie ein Superlativ entwickeln, auch bei Nietzsche nicht.

[12]

Die christliche – im Grunde die nachplatonische (und schon platonische?) philosophische Haltung zur Politik: »nobis nulla magis res aliena quam publica«. »Unam omnium rem publicam agnoscimus mundum.« (Tertullian, *Apologeticum*, 38[1]) Gegensatz von Welt und Republik.

Auch in der marxistischen Lehre von dem notwendigen Untergang der kapitalistischen Welt (innere Widersprüche) noch deutlich die christliche Stellung zum Römischen Reich »as doomed to extinction by reason of its inherent deficiencies«[A] (Cochrane, 177)[2].

[A] als dem Untergang geweiht, wegen der ihm innewohnenden Unzulänglichkeiten

April 1951

[13]

April.

Heidegger – Gang durch Sein und Zeit, p. 16:[1]
»Das Selbe ist nicht das Einerlei des Gleichen, sondern das Einzige im Verschiedenen und das verborgene Nahe im Fremden.« Von hier aus wäre ein neuer Gleichheitsbegriff zu entwickeln, der den Schrecken, die ursprüngliche Angst vor der Menschheit sowohl wie die Notwendigkeit ihrer bewahren könnte.

Wir können uns mit der Nähe (dem Gemeinsamen) nur abfinden, weil sie im Fremden verborgen ist und als Fremdes sich präsentiert. Wir können uns mit dem Fremden nur abfinden, weil es Nahes verbirgt, Gemeinsames ankündigt.

[14]

Gott als Schöpfer der Welt: nur wenn wir darauf bestehen, nach Ursachen zu fragen. Dies tun wir, weil wir selbst immer Ursache sind.

[15]

Geschichte und Geschick: Geschichte gibt es nur, weil, was wir tun, Anderen zum Geschickten wird. Und insofern wir nie aufhörende Spontaneität sind, wird uns auch das von uns selbst Getane zum Geschick.

Herodots ἔϱγα ϰαὶ γιγνόμενα: Das Getane wird zum Geschehen[1] – aber so, dass das Geschehen ursprünglicher ist als das Tun, dessen Werke vielmehr in das Geflecht des Geschehens hineingeflochten werden.

[16]

Pluralität:
Augustin, *De civitate Dei*, XII, cap. XXI. Menschen: »... non est arduum videre multo fuisse melius quod factum est, ut ex uno homine quem primum condidit, multiplicaret genus humanum, quam si id inchoasset a pluribus«[1]. Tiere: »non ex singulis propagavit, sed plura simul iussit existere. Hominem vero, ... unum ac singulum creavit, non utique solum sine humana societate deserendum, sed ut eo modo vehementius ei commendaretur ipsius societatis unitas vinculumque concordiae, si non tantum inter se naturae similitudine, verum etiam cognationis affectu homines necterentur« (daher selbst die Frau nicht extra geschaffen, sondern aus Adam »ut omne ex homine uno diffunderetur genus humanum«).[2]

[17]

Spontaneität: Augustin, *De civitate Dei*, XII, cap. XX: »(Initium) ergo ut esset, creatus est homo, ante quem nullus fuit.«[1] Der Mensch wurde geschaffen, damit überhaupt etwas begann. Mit dem Menschen kam der Anfang in die Welt. Hierauf beruht die Heiligkeit menschlicher Spontaneität. Die totalitäre Ausrottung des Menschen als Menschen ist die Ausrottung seiner Spontaneität. Dies besagt zugleich die Rückgängigmachung der Schöpfung als Schöpfung, als Einen-Anfang-gesetzt-Haben. Hier vielleicht der Zusammenhang zwischen dem Versuch der Zerstörung des Menschen und dem Versuch der Zerstörung der Natur.

[18]

Die Welt- und Politikfremdheit als Basis aller politischen Philosophie:
(Siehe Tertullians: »nobis nulla magis res aliena quam publica«[1].)

Augustin, *De civitate Dei*, XV; cap. 7: »Et hoc est terrenae proprium civitatis, Deum vel deos colere ... non charitate consulendi, sed dominandi cupiditate. Boni quippe ad hoc utuntur mundo, ut fruantur Deo; mali autem contra, ut fruantur mundo, uti volunt Deo.«[2] Augustins Definition der Funkion der »terrena civitas« – »haec cum timentur, et coercentur mali ac quietius inter malos vivunt boni« (*Epistula* 153, 6[3]) – durchaus in Harmonie mit der Auffassung der antiken Philosophen.

Und dies obgleich der Begriff der Erbsünde eine neue Solidarität zwischen den »boni« und »mali qua homines« fordert.

Die Augustinisch-christliche Auffassung vom Staat »merely as an instrument for regulating the relations of ... the ›exterior‹ man (exterior homo)«[A] nur die Radikalisierung, nicht der antiken Staatswirklichkeit, wohl aber der Position der antiken Philosophie (Cochrane, S. 509[4]).

[19]

Denken und Handeln: Mitteilung ist die erste und darum entscheidende Realitätsgewinnung des rein Gedachten. Mitteilung steht in der Mitte zwischen Denken und Handeln, weil beides ohne sie nicht wäre. Sie weist sofort nach beiden Seiten.

Faulkner: [Text bricht hier ab]

[A] als lediglich eines Instrumentes zur Ordnung der Beziehungen des ... »äußeren« Menschen (exterior homo)

[20]

Totalitarismus als Grenzphänomen der Politik (das radikal Böse) kann nicht einfach in die Geschichte verweisen, wo man seine Ätiologie fein säuberlich studieren könnte. Daher das Unchronologische der Origins[1].

[21]

Geschichte: Nach Heidegger müsste der Mensch das Ereignis des Seins sein. Dies könnte klären den Ereignis-Charakter des menschlichen Lebens wie der menschlichen Geschichte. Handeln aber bleibt zweideutig: vermutlich gedacht als Antwortendes, Entgegnendes. Reine Spontaneität im Kantschen Sinne von »eine Reihe von sich aus anfangen«[1] wäre dann bereits Revolte, deren Möglichkeit darin bestände, dass das Sein, indem es sich in dem Menschen »ereignete«, dem Menschen gewissermassen sich auslieferte. Der Ursprung des Menschen müsste dann das Ereignis sein und die Seinsvergessenheit das Selbe wie das Vergessen des eigenen Ursprungs, das Vergessen des ursprünglichen Ereignisses. Handeln im Sinne der reinen, autonomen Spontaneität wäre als Revolte die höchste Undankbarkeit gegen das, dem man sein Dasein verdankt.

Dies würde den Schöpfungscharakter der Welt, sofern er wesentlich ein Akt und ein Sich-Ereignen ist, unangetastet lassen. Das »ex nihilo« wäre deshalb keine Schwierigkeit, weil Heidegger »nihil« ohnehin mit Sein gleichsetzt, sofern das Nichts das Nicht des Seienden und als solches Sein ist.

[22]

»Die Pfade des Unrechts: antisemitisch, imperialistisch, weltgeschichtlich (= marxistisch), totalitär«[1]: Das Furchtbare ist, dass nur sie überhaupt Pfade waren, dass alles andere nur Morast,

Dickicht, das Chaos des Verfalls ist. Es wird keinen Ausweg geben, bevor wir nicht wissen, warum aus der grossen Tradition keine Wege gebahnt werden konnten, sodass die Hintertreppen-Tradition die Pfade vorzeichnen konnte.

Was so schwer zu verstehen ist, ist, dass Unrecht Permanenz und sogar Kontinuität haben kann. Dies nennt man Schuld – Unrecht als Kontinuität des Nicht-wieder-ungeschehen-machen-Könnens. Dadurch bekommt das blosse Unrecht-tun die Realität des Schuldig-seins. Dies kann verhindert werden nur durch gegenseitige Hilfe: Ob das Unrecht, das getan wurde, zur Schuld wird, hängt 1. davon ab, ob der Andere sofort bereit ist zu korrigieren, 2. ob ich bereit bin, dann nicht weiter zu insistieren, d.h. mich nicht als einer verhalte, dem hier Unrecht geschehen ist. Dies ist der Sinn der Versöhnung, bei der, im Unterschied zum Verzeihen, immer beide Teile beteiligt sind. Dies jedenfalls meinte Jesus mit dem »wie wir vergeben unseren Schuldigern« auf der einen Seite und dem »gehe hin und sündige fortan nicht mehr« auf der anderen. Was er gerade aus der Welt entfernen wollte, war das Schuldig-sein.

Man tut oft so, als ob das, was sich zwischen Menschen begibt, sofort zum gleichsam kosmischen Ereignis wird in einer Geschichte, die bereits über dem Kopf des Menschen sich vollzieht, wenn er nur den ersten kleinen Finger gerührt hat. Nun ist es wahr, dass es solche Ereignisse wirklich gibt, aber sie gerade sprengen die Geschichte.

Den wirklich Schuldigen, nicht den, der Unrecht getan hat, stösst die Gesellschaft aus ihrer Mitte und muss es tun, weil mit ihm Geschichte nicht mehr möglich ist.

Dem christlichen Begriff von einem »natura« pervertierten, sündigen Sein des Menschen entspricht die Unfähigkeit, Unrecht-tun oder -getan-Haben von Schuldig-geworden-Sein zu scheiden. Jedes Unrecht-getan-Haben wird zum Beweis und damit zur Aktualisierung des Schuldig-seins. Während Jesus umgekehrt sogar versuchte, das Schuldig-sein in ein blosses Unrecht-getan-Haben aufzulösen. Das Unrecht heftet sich nur deshalb an den Menschen wie das Fleckfieber, weil er sich einredet, er sei sündig schon gewesen, bevor er irgendetwas Unrechtes tat.

[23]

Mittel – Zweck: Machiavelli, *Il principe*, ch. XVIII: »and in the actions of men, and especially of princes, from which there is no appeal, the end justifies the means.«[1]

[24]

Wo ist die Wende vom Unrecht-tun zum Schuldig-sein? Sicher nicht im Unrecht-getan-Haben.

[25]

Jüdisch-christlicher Schöpfungsmythos und Begriff des Politischen: Alles hängt an der Schwierigkeit, die spezifisch menschliche Pluralität zu begreifen. Die Menschen im Gegensatz zu den Tieren (»plura simul iussit existere«[1]) stammen von Einem Menschen ab (»ex uno homine«) und haben in diesem Ursprung 1. die Garantie der Gottähnlichkeit, weil Gott auch nur Einer ist, und 2. die Garantie, dass Völker nicht zu Rassen entarten oder nicht zu entarten brauchen. In dem »ex uno homine«, in der Tatsache, dass die Pluralität sekundär ist, liegt die Garantie der »Menschlichkeit«.

Der Staat, oder das öffentliche Leben, beruht auf der Familie, d.h. auf dem, was der Mensch, der eben doch (leider?) im Plural existiert (und erst nach der Vertreibung aus dem Paradies und auf Grund des Sündenfalls in die Pluralität gezwungen wurde!), mit dem Tier gemein hat. (Pluralität als das Tierische!) Der Staat als »civitas terrena« ist dazu da, sich unserer Tierheit auf eine möglichst menschenwürdige Weise anzunehmen, den Menschen gerade in seinem Tierischsein, d.h. seiner Pluralität, zu wahren. Darum ist die »civitas terrena« mit allem, was dazu gehört, öffentliches Leben, Geschichte etc., das eigentliche Feld menschlicher Sünde. Darum muss für den Christen die Sphäre des Politischen die »res aliena« par excellence sein. (Die Juden haben sich vor dieser Konsequenz nur gedrückt, indem sie einerseits unpolitisch wurden als Volk Gottes und andererseits als Volk Gottes einen blödsinnigen Volksbegriff entwickelten, d.h. sie haben sich mit Hilfe der Auserwähltheit aus der Verlegenheit der Pluralität wieder eine Einzigkeit herausgeschwindelt: Das Volk der Juden wird so zum Ebenbild Adams, wie Adam das Ebenbild Gottes war. Dies ist der politische Sinn jeglicher Auserwähltheitstheorie, die darum immer schon den Keim des Mordes in sich trägt, einfach weil sie pluralitäts-feindlich ist. – Andererseits entspringen hier natürlich auch alle »organischen« Volks- und Geschichtstheorien.)

Das grosse, ungeheuer grosse und ganz verschüttete Verdienst Marx': Das öffentliche Leben und Sein des Menschen auf die Arbeit und nicht auf die Familie zu gründen. Die Befreiung vom Fluche der Arbeit und der Tyrannei der Familie. Die Emanzipation vom Besitz als einer Grundlage des politischen Lebens ist nur eine Konsequenz der Emanzipation des Politischen von der Familie.

[26]

Der Circulus vitiosus der Philosophie ist identisch mit dem Problem des Anfangens und nur abgeleitet ein Problem des Massstabs oder der Kriterien. In der Politik stehen wir vor der gleichen Schwierigkeit: Demokratie kann nur funktionieren mit einem für Demokratie erzogenen Volke. Ein Volk kann zur Demokratie nur in einer Demokratie erzogen werden. Die Diktatur im römischen Sinn und in der Formulierung Machiavellis ist die Kunst, diesen Circulus vitiosus zu durchbrechen und einen Anfang zu setzen. Das Problem der Diktatur ist so zentral, weil es das Problem des Anfangs ist. Nur so ist Lenins Diktatur der Partei zu verstehen, durchaus im Sinne der abendländischen Tradition und als echtes Problem. Dagegen Marx' Diktatur des Proletariats: stammt deutlich aus der Sphäre des »weltgeschichtlichen Denkens« und ist daher viel gefährlicher.

[27]

»Die Pfade des Unrechts« – antisemitisch – imperialistisch – weltgeschichtlich – totalitär –.[1] Wie kommt es, dass nur die Pfade des Unrechts gangbar waren, relevant waren, überhaupt noch einen Bezug zu den wirklichen Fragen, Schwierigkeiten und Katastrophen hatten und dass es Pfade des Rechten überhaupt nicht gab und nicht gibt? Dies ist die Kardinalfrage.

[28]

Weltgeschichtlich: Es gibt nur einen wesentlichen Unterschied zwischen Hegel und Marx, der allerdings katastrophal entscheidende Bedeutung hat, und das ist, dass Hegel seine weltgeschichtliche Betrachtung nur auf die Vergangenheit projizierte und in der Gegenwart als ihrer Vollendung ausklingen liess, während Marx umgekehrt sie »prophetisch« auf die Zukunft projizierte und die Gegenwart nur als Sprungbrett verstand. So empörend Hegels Zufriedenheit mit den gegenwärtig bestehenden Zuständen erscheinen mochte, so richtig war sein politischer Instinkt, seine Methode in dem zu halten, was rein kontemplativ erfassbar ist, und sie nicht zu benutzen, um dem politischen Willen Zwecke zu setzen oder die Zukunft für ihn scheinbar aufzubessern. Politisch hatte Hegel dadurch, dass er die Gegenwart notwendigerweise als das Ende der Geschichte begreifen musste, seine weltgeschichtliche Betrachtung bereits diskreditiert und widerlegt, als Marx sie benutzte, um mit ihrer Hilfe das eigentlich tödliche anti-politische Prinzip in der Politik einzuführen.

[29]

Pluralität: Das grundlegende Paradox der Erfahrung ist, dass man, solange und sowie man allein in einem strengen Sinne, d.h. ohne alle konkreten Vorstellungen eines Anderen, ist, man sich notwendigerweise als Zwei erfährt. Denken in der Einsamkeit ist immer ein Gespräch mit sich selbst. Dies auch der Sinn vielleicht aller Reflexiv-Verben, die gar nicht zurück-bezogen sind, sondern ursprünglich das sogenannte Ich als zwei ansetzen. Erst in der Begegnung mit meinesgleichen (nicht in der Begegnung mit sonst Lebenden oder Existierenden: Die schönste und erschreckendste Natur bringt mich nie zur Aussprache, nur zur Zwiesprache mit mir selbst, in der Gedoppeltheit meines Ich) werde ich sozusagen mit mir identisch, werde ich Einer. Erst wenn ich mich einem Andern ausspreche, bin ich qua ich wirklich existent.

Damit hängt zusammen:

Erst wenn ich im Versprechen an Andere gebunden oder im Willen mich an mich selbst gebunden habe, höre ich auf, für mich so unübersehbar und so unvoraussehbar zu sein, wie alle anderen Menschen notwendigerweise für mich bleiben müssen. Der blosse Wille, der in der Tat im »Sich-selbst-Befehlen« (ergo zwei bereits vorausgesetzt) besteht, unterscheidet sich vom Versprechen wesentlich dadurch, dass ich in ihm in meiner einsamen Gedoppeltheit verharre. Dies ist auch der Grund, dass aus dem Willen Herrschsucht und Machtwillen unmittelbar entspringen. Im Versprechen dagegen, das ich einem Andern aus der Begegnung mit ihm gebe, handele ich als Einer, ohne die Doppeltheit (und das heisst jetzt: ohne die ursprüngliche Zweideutigkeit) der Einsamkeit. Darum ist auf das Versprechen Verlass, auf den Willen aber nicht. Dagegen spricht nicht, dass ich ja auch das Versprechen halten wollen muss; denn hier ist Wille etwas ganz anderes, lediglich ein Mittel, eine Technik wie Energie und Tüchtigkeit, nicht eine elementare Kraft. Das Elementare liegt hier im Impuls (diesem nur scheinbar Flüchtigen), der spontan etwas verspricht. Halte ich das Versprechen nicht, so begebe ich mich aus dem durch das Erlebnis des Andern Einergeworden-Sein wieder in die Zwiefalt und die Zweideutigkeit der Einsamkeit zurück.

Die Herrschsucht und der Machtwille der Einsamen entspringen aus der Zweideutigkeit, aus der Zwiefalt ihrer selbst. Diese nämlich hat zur Folge, dass sie für sich so unberechenbar unvoraussehbar sind wie für uns alle andern Menschen. Die Unvoraussehbarkeit der Andern – d.h. ihre Freiheit – können wir nur ertragen, wenn wir uns wenigstens auf uns selbst verlassen können. Dies realisiert sich im Versprechen und im Versprechen-halten. Ohne diese Verlässlichkeit, die nur der Einer gewordene Mensch im Verkehr mit dem Andern erfahren kann, ist die Welt der Menschen schlechthin ein Chaos. In der Politik gilt gerade, dies Chaos im wesentlichen zu belassen, weil es keine andere Garantie der Freiheit gibt, und alle Ordnung aus dem Eins-werden des Einzelnen mit sich selbst im Begegnen des Andern entspringen zu lassen und sich im übrigen darauf zu verlassen, dass ja jeder im Einer-werden jenes Minimum an Verlässlichkeit in sich hat, ohne das er verloren wäre.

Der Machtwille in der Politik will immer die Welt so verlässlich machen, wie der Wille gerne sein möchte, aber in der Einsamkeit, die wesensmässig zweideutig bleibt, nicht sein kann. Um so unverlässlich bleiben zu können, wie der Tyrann gerne möchte, muss er Spontaneität (den Grund der Unverlässlichkeit und der Freiheit) nach Möglichkeit in der Welt ausrotten. Das Sekuritätsstreben wird masslos, wenn es nicht einmal mehr seiner selbst sicher sein kann.

[30]

Hegel, *Rechtsphilosophie*[1], § 5: »Der Wille enthält a) das Element der reinen Unbestimmtheit oder der reinen Reflexion des Ich in sich, in welcher jede Beschränkung … aufgelöst ist.« (Nennt dies das »reine Denken seiner selbst«.) Die ganze Rechtsphilosophie auf dem Willen gegründet.[2]

[31]

Marx: Zentral nur der Begriff der Arbeit. Versuch, nicht so sehr die Bewegungsgesetze der Ökonomie (und des Kapitalismus) zu finden, als darüber hinaus aus dem Zentrum der Arbeit die Bewegungsgesetze der gesamten Geschichte. Arbeit selbst ganz individualistisch im traditionellen Sinne verstanden: Der Mensch arbeitet. Dass dies nicht ein Begriff ist, hinter dem sich die Menschen verbergen, geht klar aus folgenden Ableitungen hervor:

1) Die Ware ist das durch die Gesellschaft pervertierte Arbeitsprodukt, von dem nichts übrig geblieben ist als seine »gespenstische Gegenständlichkeit«. (*Kapital* I, 6)

2) Der Wert des Arbeitsprodukts ist lediglich »festgeronnene Arbeitszeit«. (*Kapital* I, 7) Der Wert ist also unabhängig von dem Gebrauchtwerden des Produkts, unabhängig von den Andern, von der gesellschaftlichen Funktion des Produkts.

3) Diese gesellschaftliche Funktion heftet sich dem Produkt erst als Tauschwert an. Vorausgesetzt sind also voneinander unabhängige Einzelne, die erst durch das Bedürfnis für ein anderes Ding, das sie nicht hergestellt haben, zueinander kommen. Die Grundvorstellung bleibt immer Robinson. Dies der Marxsche Platonismus.

4) Dies wird am deutlichsten in der Preistheorie, die versucht, Angebot und Nachfrage so sehr wie möglich auszuschalten und alles auf Arbeitszeit + Profit (= Ausbeutung) zu reduzieren.

Das Grossartige des Gesamtentwurfs:

Der Mensch als der arbeitende Produzent seiner Welt, die ihm durch die Menschen (die Gesellschaft) aus der Hand geschlagen wird, pervertiert in die »gespenstische Gegenständlichkeit«. Dies impliziert, dass nur das Subjekt als Subjekt einer Tätigkeit »menschlich« ist und dass Menschen, insofern sie nicht nur und nicht wesentlich als Subjekte von Tätigkeiten zusammen sind, dieses Tätig-sein pervertieren. Wie aber sollen Menschen als reine tätigende Subjekte je anders zusammen kommen, wenn ihre Tätigkeit (Arbeit) immer dem eigenen Bedürfnis ursprünglich entspringt und nur sekundär – Tausch – sich auf den Andern richtet, nämlich nur insofern das vom Andern Produzierte benötigt wird? Dies ist der eigentliche Grund für den utopischen Charakter der Marxschen »kommunistischen Gesellschaft«.

Heft IV

Mai 1951 bis Juni 1951

Heft IV

Mai 1951

[1]

Mai 1951

Marx und die Folgen:[1]
Weil Marx' zentrale Entdeckung in der Beschreibung des Menschen als eines arbeitenden Wesens besteht – daher die zentrale Stellung der Arbeiterklasse und des sogenannten Materialismus (Stoffwechsel mit der Natur) –, sieht er den Menschen wesentlich isoliert. Der Arbeitende, gesehen und beschrieben nach dem alten griechischen Modell des Herstellers, ist in der Tat prinzipiell allein mit dem, was er produziert; die Andern erscheinen nur als Helfer (Meister und Gehilfe). Die Mittel-Zweck-Kategorien, die dem Herstellen völlig angemessen sind, greifen im Arbeitsprozess auf den Menschen über; nirgends liegt es so nahe und ist [es] gewissermassen legitim, Menschen als Mittel zu behandeln, wie im Arbeitsprozess. Dies ist gleichsam die Kardinalsünde der Arbeit, die erst in der modernen Organisation des Arbeitsprozesses voll ans Tageslicht tritt. Wenn Marx von der Befreiung des Menschen spricht, so hat er im Auge diesen herstellenden Arbeiter, den »fabricator mundi«, wie er meint, in Wahrheit den Hersteller von Objekten. Dieser Arbeiter ist in der Tat Materialist, weil seine gesamte Tätigkeit gebunden ist an die Materie, die er verarbeitet.

Die Gesellschaft ist für Marx primär das Monster, das diesem Arbeiter sein in der absoluten Einsamkeit der Subjekt-Objekt-Beziehung hergestelltes Produkt aus der Hand schlägt. Die Gesellschaft ist natürlich nichts anderes als die jeweilig anders geordnete und organisierte Pluralität. Diese Pluralität ist seit Plato (und bis Heidegger) dem Menschen im Wege – in dem Sinne, dass sie ihm nicht seine Souveränität lassen will.

Souverän aber ist der Mensch nur als ein Herstellender, d.h. als ein Arbeiter. Werden die Kategorien der herstellenden Arbeit auf die Politik angewendet, so wird 1) Pluralität wesentlich als eine Summierung der Vereinzelten, nämlich in der Subjekt-Objekt-Spaltung vereinzelt Herstellenden, gesehen. Oder Pluralität wird 2) pervertiert in ein Monster-Individuum, das man Menschheit nennt. Dies entsteht, wenn man den modernen Arbeitsprozess bewusst oder unbewusst zum Modell nimmt, welcher die Herstellenden durch die Verteilung der Arbeit in ein Massen-Subjekt organisiert. – Es wird 3) eine Gesellschafts- und Staatsform entworfen, die man glaubt, im Sinne eines Arbeitsproduktes herstellen zu können, nur dass nun statt der Materie der Natur die Menschen selbst als Material herhalten müssen. Dadurch entsteht 4) eine Vorstellung vom Handeln, die der Verfahrungsweise des Herstellens so angeähnelt ist, dass die moralische Frage: Was ist erlaubt, mit der nur scheinbar un-moralischen, in Wahrheit a-moralischen Antwort: Alles ist erlaubt, was dem Zweck dient, beantwortet werden muss. Da 5) das Herstellen und seine primäre und authentische Isolierung das Modell bleibt, an dem alles abgelesen wird und von dem aus Pluralität gar nicht verstanden werden kann, führt dies in jedem Fall zur Tyrannei: Der Staatsmann stellt die ideale Gesellschaftsform her, zu der er alle Andern nur als Helfer braucht und missbraucht. In dem Sinne kann der Marxismus nur in einer Art aufgeklärter Despotie enden, in welcher der Despot mit der Arbeiterklasse als Instrument das gigantische Massen-Individuum, genannt Menschheit, herstellt. Und so hätte die Geschichte auch geendet, wenn es bei Lenin geblieben wäre. Stalin erst fällt heraus.

Damit hat sich der Kreis der abendländischen politischen Philosophie, die mit Plato als dem Verkünder der Tyrannei begann, geschlossen. Nach Plato ist der Staatsmann derjenige, der Rat weiss (und der Ratgebende braucht keine Freunde wie der Handelnde) und Macht hat (und darum der Freunde, die zum Handeln wegen mangelnder Macht des Einzelnen erforderlich sind, entbehren kann). Für Plato blieb eine unüberwindliche Schwierigkeit in der Frage, wie der Staatsmann, der Rat weiss, zur Macht und damit zum Handeln kommen kann. Aus dieser Verlegenheit sind alle die ritualistisch anmutenden Institutionen der νόμοι entsprungen, sie sind eigentlich ein Versuch, auf Handeln überhaupt zu verzichten durch die Errichtung einer Institution, die das Leben des Einzelnen absolut und unveränderbar sichert. Zwar wurden Handeln und Herstellen identifiziert, aber der Sache kam keine so katastrophale Bedeutung zu, weil man den Menschen nicht primär als Herstellenden, nicht als Arbeiter sah. Dies führte eigentlich erst das Christentum ein, für das der Mensch als »fabricator mundi« dem »creator universi« entsprach. (Erst mit dem Christentum stellte sich ausserdem die Frage nach der besten Staatsform in allem Ernst?) Jedenfalls hat erst Hobbes einen Ausweg aus dem Platonischen Dilemma von Rat und Macht gefunden. Die Grösse der Hobbesschen Konzeption, die ohne Machiavelli nie möglich gewesen wäre, liegt darin, dass er erkannte, dass Macht wesentlich politisch ist, d. h. dass der Macht des Menschen nicht die Natur, sondern die Menschen, also nicht die Materie, sondern die unvoraussagbare Spontaneität der Andern im Wege steht. In diesem negativen Sinne ist er der einzige, der die Pluralität als das zentrale Problem erkennt. Dies Problem wird durch die Entmachtung Aller zugunsten Eines gelöst. Erst bei Hobbes ist die Tyrannei eine Art Kastration.

Für Herstellen (vom Arbeitsprodukt bis zum Kunstwerk) gilt: Der Zweck bestimmt die Mittel, und das Ganze ist mehr als seine Teile. Das schönste Mittel ist vergeudet, wenn es nicht im richtigen Verhältnis zu seinem Zweck angesetzt ist. Kein Teil kann mehr sein als das Ganze, das vielmehr selbst die Summierung aller Teile immer übersteigt.

Für Handeln gilt umgekehrt: Eine gute Tat für einen bösen Zweck fügt der Welt Güte zu; eine böse Tat für einen guten Zweck fügt der Welt Bosheit zu.[2] Und zwar beides definitiv. Hiervon hat nur Kant eine Ahnung gehabt, und dies ist auch die einzige Rechtfertigung für den kategorischen Imperativ mit seiner kategorischen Ablehnung aller Kompromisse.

Viel wesentlicher ist, dass Kant verstanden hat, dass – im Gegensatz zum Herstellen – der Mensch im Reich des Handelns zwar frei, aber nicht souverän ist. Es gibt da keine nur von mir entscheidbaren Objekte, deren Autor ich allein bin. Was aus meiner Handlung wird, was dabei herauskommt, ist prinzipiell von mir so lange nicht zu übersehen oder allseitig zu entscheiden, als ich nicht sämtliche anderen Menschen endgültig vergewaltigt habe. Die Freiheit des Herstellens ist niemals dadurch zu beeinträchtigen, dass Andere auch herstellen können; die Freiheit des Handelns ist absolut und primär durch das Handeln jedes andern Menschen gebunden und beschnitten. Deshalb führt jede Identifizierung von Handeln und Herstellen zur Ausrottung der Freiheit.

Die zweite fast noch entscheidendere katastrophale Folge dieser Identifizierung ist, dass man das Vorhersehbare und Berechenbare der Arbeitsproduktion auf [den] Bereich des Handelns projiziert und nun nur noch solches »Handeln« anerkennt, das wenigstens behauptet, alles ausrechnen zu können. Diese Seite der Sache leitet von der Despotie in den Totalitarismus über. Hier liegt die Differenz zwischen Lenin und Stalin.

Auch hier hatte Kant eine richtige Ahnung, als er insistierte, dass wir des Resultats unserer Handlungen nie sicher sein können. Zwar nicht deshalb, weil wir nur unsere Motive kennten (die wir nie voll kennen) und immer in eine unserer subjektiven Spontaneität prinzipiell fremde Welt der Naturgesetzlichkeit hineinhandeln. Wäre das so, so wäre ja alles gerade berechenbar; es käme nur darauf an, unsere Handlungen in die objektive Naturwelt hineinzupassen, gleichsam dem guten Willen einen Platz in der Welt zu verschaffen. Der Grund für die Unübersehbarkeit der Handlungen ist die Ko-Existenz anderer Handelnder, die nicht nur mein Gehandeltes verändern (vom Intendierten abbiegen), sondern ohne die ich überhaupt nicht handeln könnte. Burkes: »to act means ›to act in concert‹«.[3]

Im Bereich der Pluralität gilt ferner: Jeder sogenannte »Teil«

kann mehr sein als das »Ganze«, zu dem er gehört. Mit andern Worten: Mensch – Volk – Menschheit verhalten sich nie wie Teile und Ganzes.

[2]

Liebe: Die Verwandlung der Liebe ins Gefühl, um der Macht der Liebe zu entgehen: Bei dieser Verwandlung verliert die Liebe wesensmässig ihren »Gegenstand«. Mit andern Worten, man versucht, eine Macht in die Intentionalität des Subjektiven zu spannen, auf das Prokrustes-Bett des sentimentalen Bewusstseins, und erreicht damit ein »Gefühl«, das sofort den »Gegenstand« übersteigt. Hier gilt allerdings: »Denn unser Herz übersteigt uns noch immer wie jene…«[1] Dann können in der Tat nur die Verlassenen »lieben«. Damit wird ein hybrides Gefühl erzeugt, dem sozusagen kein »Gegenstand« gut genug ist und welches das ursprüngliche Beisammen derer, die von der Liebe zueinander ergriffen (καὶ σ᾽ οὔτ᾽ φύξιμος οὐδείς[2]) sind, im Keim zerstört. Das wird dann zum Transzendieren umgelogen; in Wahrheit will man seine Einsamkeit (Souveränität) nicht aufgeben.

[3]

Hegel, *Rechtsphilosophie*[1], Wahrheit:
Einleitung §7: »Jedes Selbstbewußtsein weiß sich als Allgemeines«, nämlich obwohl ein Mensch, als der Mensch. »Das Konkrete und Wahre (und alles Wahre ist konkret) ist die Allgemeinheit, welche zum Gegensatze das Besondere hat, das aber durch seine Reflexion in sich mit dem Allgemeinen ausgeglichen ist.«[2] Das einzig Konkrete, das nicht Besonderes ist, ist der Mensch, d.h. das Selbstbewusstsein, durch das ein besonderer Mensch sich als der Mensch weiss. »Alles Wahre ist konkret… und alles Wahre, insofern es begriffen wird, kann nur spekulativ

gedacht werden«[3]: nämlich weil das Wahre konkret ist, sonst könnte es mit den Verstandesbegriffen der Allgemeinheit gedacht werden. Spekulativ meint hier: als Prozess im Selbstbewusstsein, als ein Stadium des Selbstbewusstseins. Dadurch, dass das Wahre aufgefasst wird als ein Stadium des Selbstbewusstseins, bleibt es konkret – aber verliert seinen Realitätscharakter – und wird spekulativ – nämlich subjektiviert. Hier ist der Kern der Geschichtsauffassung: Geschichte als die Geschichte des Wahren verliert ihre Realität und wird eine Geschichte des Selbstbewusstseins; [das] heisst für das Essentielle der Geschichte braucht es wieder nur den Menschen. Sofern sich im spekulativen Begreifen der Geschichte als des sich entwickelnden konkreten Wahren das Geschehen erst wirklich in seiner Bedeutung zeigt, ist die Pluralität ausgeschaltet. Die Menschen waren erforderlich nur für das Geschehen; das Wahre bedarf nur des Menschen – nämlich des Selbstbewusstseins, in dem ich mich als der Mensch (nicht als ein Mensch) weiss.

§22: »Der an und für sich seiende Wille ist wahrhaft unendlich, weil sein Gegenstand er selbst ... ist. Er ist ferner nicht bloße Möglichkeit, Anlage, Vermögen (potentia), sondern das Wirklich-Unendliche (infinitum actu)... Im freien Willen hat das wahrhaft Unendliche Wirklichkeit und Gegenwart ...«[4]

Die Philosophie des Menschen endet bei der Willensphilosophie, weil in der Tat nur der Wille sich selbst wollen kann oder »sich auf nichts als sich selbst bezieht« (§23[5]); im Willen verwirklicht sich die von der Pluralität schlechthin unabhängige Souveränität, das »infinitum actu«, das »sich zur Endlichkeit« nur vermöge der »denkenden Vernunft« entschliesst. (§13[6]) Dies aber heisst, dass Souveränität primär am Willen und nicht an der Vernunft hängt. Die Vernunft gerade vermittelt (verschafft Einsicht in) die Endlichkeit, die der Wille, indem er sich zu ihr »entschließt«, gerade nicht anerkennt. Die Endlichkeit ist politisch gesprochen weder im Faktum des Todes noch im Faktum des Geschaffenseins gegeben – geschaffen bin ich ja als Wille, d.h. als »infinitum actu«, wodurch ich sowohl den Tod wie meine Kreatürlichkeit »überwinden« kann –, sondern nur in der Pluralität, die als Faktum nur durch absolute Beherrschung »überwunden« werden kann. »(Der Wille) ist ... die Wahrheit selbst.« (§ 23[7])

§ 26: ad Dialektik: Die »dialektische Natur« von Bestimmungen ist identisch mit ihrer »Endlichkeit«, d. h. die Dialektik erlöst gleichsam die Welt aus ihrer Endlichkeit.

§ 30: »nur das Recht des Weltgeistes ist das uneingeschränkt absolute«[8].

[4]

Denken und Wille: [Hegel, *Rechtsphilosophie*[1]] Zusatz zu § 4: Denken macht die Welt heimisch: »Indem ich einen Gegenstand denke, mache ich ihn zum Gedanken, ... zu etwas, das wesentlich und unmittelbar das Meinige ist: ... das Begreifen ist das Durchbohren des Gegenstandes, der nicht mehr mir gegenübersteht und dem ich das Eigene genommen habe, das er für sich gegen mich hatte ... Ich ist in der Welt zu Hause ..., wenn es sie begriffen hat.«[2]

Wille nun prägt der so gedachten, d. h. ihrer Fremdheit entkleideten Welt »die Spur meines Geistes« auf. Der Wille hat eine Priorität vor dem Denken (er »hält das Theoretische in sich«), weil er sich seinen eigenen Gegenstand bildet in der Vorstellung.[3]

»die unendliche Habsucht der Subjektivität, alles in dieser einfachen Quelle des reinen Ich zusammenzufassen und zu verzehren« (Zusatz zu § 26)[4].

»das Wahre in Form eines Resultates sehen wollen«, d. h. als verwirklicht im doppelten Sinne: als verwirklicht im Prozess der Wirklichkeit und damit koinzidierend im begreifenden Begriff im Prozess des Selbstbewusstseins (Zusatz zu § 32)[5].

[5]

Interest: The ancients knew quite well the importance of needs in politics – ἀναγκαῖα; what is new is the interpretation of needs as interests. This confusion goes back to Machiavelli who first (?) talked of interests in politics in a double sense: interest of the prince in the interplay of power and interest of the nation in the interplay of power politics between nations. This interest remained purely political even in Rohan[1] as an objective factor.

It was only Marx who identified interest with need. This, far from making politics more »objective,« in fact subjectivized both concepts: The objective factor of need, of a natural condition, became subjective interest, and the objective interest within the framework of power became the (irresistible, namely based on ἀναγκαῖα) power-and-interest drive of individuals. The point is: with the ancients, food (*Nahrung*); with the moderns, hunger. Food becomes hunger and power interest.

[*Interesse: Die alten Griechen wußten recht gut, welche Bedeutung die Bedürfnisse – ἀναγκαῖα – in der Politik haben; neu ist die Interpretation von Bedürfnissen als Interessen. Diese Verwirrung geht auf Machiavelli zurück, der als erster (?) von Interessen in der Politik in einem doppelten Sinn sprach: vom Interesse des Fürsten im Kräftespiel der Macht und vom Interesse der Nation im Kräftespiel der Machtpolitik zwischen den Nationen. Dieses Interesse blieb noch bei Rohan[1] rein politisch als ein objektiver Faktor.*

Erst Marx setzte Interesse und Bedürfnis gleich. Damit wurden beide Begriffe subjektiviert, und die Politik blieb weit davon entfernt, »objektiver« gemacht zu werden. Der objektive Faktor der Bedürftigkeit, einer natürlichen Bedingtheit, wurde subjektives Interesse, und im Rahmen der Macht wurde das objektive Interesse zum (unwiderstehlichen, d. h. auf ἀναγκαῖα gegründeten) Macht- und Interessenantrieb von Individuen. Das Entscheidende ist: im Altertum – Nahrung, in der Moderne: Hunger. Aus Nahrung wird Hunger und aus Macht Interesse.]

[6]

Marx: *Critique of Political Economy* (translation N. I. Stone[I])
Sein – Bewusstsein
Existence – consciousness:
Existence = material power of production at any given state = relations into which men enter = productive relations, the sum total of which constitutes the economic structure of society = social existence. In this existence = production there exists one basic conflict: the material power of production versus the productive relations.

[*Sein – Bewußtsein*
Sein = materielle Produktivkraft auf jeder gegebenen Entwicklungsstufe = Beziehungen, in die die Menschen eintreten = Produktionsverhältnisse, deren Gesamtheit die ökonomische Struktur der Gesellschaft ausmacht = gesellschaftliches Sein. In diesem Sein = Produktion gibt es einen grundlegenden Widerspruch: die materielle Produktivkraft gegen die Produktionsverhältnisse.]

Sein ist niemals bei Marx »materialistisch« gedacht, sondern immer als Produktionsprozess, d.h. als in der Arbeit verzehrte Materie.

Consciousness: What determines it is not production, i.e. the material power of production as such, but »the sum total of the productive relations«: law, politics, philosophy, etc. are forms of consciousness whose content (*Inhalt*) is not Being but the sum total of the products of labor (world as *fabricatum hominum*).
Man = *fabricator*
Men = *fabricatores mundi*
Sein = World
World = *fabricatum hominum*

[*Bewußtsein: Was es determiniert, ist nicht die Produktion, d. h. die materielle Produktivkraft als solche, sondern »die Gesamtheit der Produktionsverhältnisse«: Recht, Politik, Philosophie etc. sind Formen des Bewußtseins, deren Inhalt nicht Sein ist, sondern die Gesamtheit der Arbeitsprodukte (die Welt als Fabrikat der Menschen).*
Mensch = Hersteller
Menschen = Hersteller der Welt
Sein = Welt
Welt = Fabrikat der Menschen]

Sein bestimmt das Bewusstsein heisst: Das Fabrikat aller Menschen bestimmt das Sein (des Individuums) des Menschen, der als Individuum einen Platz in der Welt hat, im Fabrikat aller Menschen.

Der Grund dieses Verhältnisses ist die Bedürftigkeit des Menschen. In der Gesellschaft verwandeln sich die Bedürfnisse in Interessen.

[7]

Marx: Immer die alte Frage: Was leitet die Handlungen der Menschen? Marx mokiert sich über die »Idealisten«, die an die Stimme des Gewissens und (oder) der Vernunft glauben, und führt die Stimme des Interesses ein. So hofft er, aus der blödsinnigen Frage, ob der Mensch gut oder schlecht sei, rauszukommen und einen »objektiven« Führer für seine Handlungen gefunden zu haben, insofern die Stimme des Interesses dem »objektiven« System der Bedürfnisse entspricht. (So entsprach die Stimme des Gewissens der objektiven Heilsordnung, die Stimme der Vernunft der objektiven Weltordnung des Naturrechts.)

[8]

Methode in den Geschichtswissenschaften[I]: Die Frage des adäquaten Respons ist niemals aufgekommen, weil man sie für »subjektiv« hielt. Wesentlich ist zu verstehen, dass »moral indignation«[A] zum Beispiel ein essentielles Ingrediens der »poverty«[B] ist, sofern man Armut selbst als ein menschliches Phänomen erfassen will. Nur wenn man Armut »objektiv« gemacht, d.h. dehumanisiert, d.h. aus dem Zusammenhang des öffentlichen Lebens, d.h. aus dem menschlichen Solidaritätszusammenhang gerissen, d.h. denaturiert (ihrer, der Armut, eigentümlichen Natur entkleidet) hat, kommt man zu der schwachsinnigen Forderung der Wertfreiheit, d.h. beginnt man, den zu dem menschlichen Phänomen unweigerlich zugehörigen menschlichen Respons für subjektiv anzusehen. Das alles hat mit Urteilen gar nichts zu tun. Sondern: Ohne »moral indignation« wird Armut als Armut gar nicht sichtbar.

[9]

Unermessbar, Weite, nur
wenn wir zu messen trachten
was zu fassen unser Herz hier ward bestellt.

Unergründlich, Tiefe, nur
wenn wir ergründend loten
was uns Fallende als Grund empfängt.

Unerreichbar, Höhe, nur
wenn unsere Augen mühsam absehn
was als Flamme übersteigt das Firmament.

[A] moralische Entrüstung
[B] Armut

Unentrinnbar, Tod, nur
wenn wir zukunfts-gierig
eines Augenblickes reines Bleiben nicht ertragen.

[10]

Aus Rilkes letztem Gedicht:

»wiedererholtes Herz
ist das bewohnteste:
freier durch Widerruf
freut sich die Fähigkeit.
Über dem Nirgendssein
spannt sich das Überall!
Auch der geworfene,
ach der gewagte Ball,
füllt er die Hände nicht
anders mit Wiederkehr:
rein um sein Heimgewicht
ist er mehr.«[1]

[11]

Broch starb am 30. Mai und wurde am 2. Juni 1951 beerdigt.[1]

Juni 1951

[12]

Juni.

Auch das Einzigartige, das wir als das Absolute wissen, geschieht noch im Rahmen irgendeiner, ganz zu [ihm] passenden Allgemeinheit. Dies macht die Komik aller menschlichen Angelegenheiten aus.

[13]

Die Gedanken kommen zu mir,
ich bin ihnen nicht mehr fremd.
Ich wachse ihnen als Stätte zu
wie ein bebautes Feld.

[14]

Komm und wohne
in der schrägen dunklen Kammer meines Herzens,
dass der Wellen Weite noch
zum Raum[1] sich schliesst.

Komm und falle
in die bunten Gründe meines Schlafes,
der sich ängstigt vor des Abgrunds
Steile unserer Welt.

Komm und fliege
in die ferne Kurve meiner Sehnsucht,
dass der Brand aufleuchte in die
Höhe einer Flamme.

Steh und bleibe.
Warte, dass die Ankunft unentrinnbar
zukommt aus dem Zuwurf
eines Augenblicks.

[15]

Überleben.

Wie aber lebt man mit den Toten? Sag,
wo ist[1] der Laut, der ihren Umgang schwichtet,
wie[2] die Gebärde, wenn durch sie gerichtet
wir wünschen, dass die Nähe selbst sich uns versag?

Wer weiss die Klage, die sie uns entfernt
und zieht den Schleier vor das leere Blicken?
Was hilft[3], dass wir uns in ihr Fortsein schicken,
und dreht das Fühlen um, das Überleben lernt.

Das umgedrehte Fühlen ist doch wie der Dolch, den man im Herzen umdreht.[4]

[16]

Seit Brochs Tod[1]: unerwartet für ihn, der die Todesnähe wusste, aber an die Plötzlichkeit des Tot-seins (nicht Sterbens) nicht glaubte, unerwarteter für mich, der er von der Todesnähe gesagt hatte und die es nicht glauben wollte (obwohl ich die Plötzlichkeit des Tot-seins befürchtete) und ihm so das Bisschen Freundschaft und Hören und Nähe entzog, auf das er ein Recht hatte, weil er ja doch ein Freund war, obwohl er nichts hätte damit anfangen können, er – unbewegbar, steinern-verschlossen hinter der Fassade des Wienerischen, Liebenswürdigen, hinter der ewig bewegten Oberfläche einer ausserordentlichen Gabe für

Intimität; er – wer einer ist, weiss man doch erst, wenn er tot ist – verzweifelt in den Netzen eines vielfältigst verstrickten Lebens hängend, die sich über ihm geschlossen hatten, weil er einen Kardinalfehler[2] gemacht hatte. Vielleicht auch, weil er gleich einem alternden Entfesselungskünstler auf dem Jahrmarkt, dessen Beruf es ist, sich fesseln zu lassen, um zu zeigen, wie grossartig er sich der stärksten Fesseln noch zu entledigen weiss, für das eigentliche Kunststück seines Lebens, das in seiner waghalsigen Absurdität die Bedingung seines Werkes war, zu alt geworden war, nicht mehr kräftig genug und auch einfach zu arm. Jedenfalls verfestigte sich im letzten Jahr seines Lebens das Netz, das er mit dem Faden seiner Imagination in die Wirklichkeit hineingesponnen hatte, ohne sein Wollen zur Wirklichkeit, wurde eine Art Welt und damit, vermöge der ursprünglichen Anlage, zu einem Labyrinth, das er Atlas-gleich auf seinen Schultern trug, bis er unter ihm zusammenbrach.

[17]

Freiheit: Psychologisch-negativ ist die Freiheit von dem, »wofür man einen hält«, d.h. Freiheit von der Gesellschaft sowohl wie von dem doch notwendigen Spiegel im Andern; sich nie dadurch binden zu lassen in dem, was man ist, sondern sich an reale personale Verpflichtungen, die wesentlich aus dem Ereignis stammen und sich als Versprechungen äussern können, aber nicht müssen, halten.

Freiheit: Psychologisch-positiv ist das »Sich-Freuen der Fähigkeit« – d.h. Gelöstheit und Souveränität, d.h. wesentlich mehr sein, als was man kann; die Fähigkeit hört erst auf, Last und Verpflichtung zu sein, wenn etwas in uns (?) über ihr, jenseits ihrer steht.

[18]

Freiheit und Ereignis: Die Quelle der Freiheit, die sich als Spontaneität – eine Reihe von selbst anfangen können[1] – äussert, ist das Ereignis. Dieses gibt der Freiheit gleichsam das Material, an dem allein sich Spontaneität entzünden kann. Nur im Ereignis selbst, und zwar unabhängig von allen berechnenden Erwägungen, fallen die wenigen Grundentscheidungen, von denen ich deshalb weiss, dass sie freie waren, weil ich sie nicht widerrufen kann. Es ist nicht wahr, dass alles im Leben unwiderrufbar sei: Das allermeiste ist widerrufbar, wieder gut zu machen, und zwar genau deshalb, weil man sich nicht frei, sondern gezwungen durch innere oder äussere Umstände entschieden hat. Mit diesen entschuldigt man sich dann auch, um Entscheidungen aufzuheben – mit gutem Recht. Freiheit erkennt man an der Unwiderrufbarkeit einer ereigneten Entscheidung.

[19]

Marx' verzweifelter Versuch, »Materialist« zu werden, ist in Wahrheit nur der sehr ehrenwerte Versuch, der Herrschaft der Logik (in ihrer höchsten, d.h. Hegelschen Gestaltung) zu entkommen. Die Flucht aus der Logik in die Geschichte. Was Marx ebenso übersah wie Hegel, ist die »Wirklichkeit«.

[20]

Ad Anfang:
Heidegger: Durch das Sein des Menschen geschieht »der eröffnende Einbruch in das Seiende« (und die Metaphysik »ist das Grundgeschehen beim Einbruch in das Seiende«) – *Kant und das Problem der Metaphysik*, pp. 206 resp. 218.[1]

Hegel: »... dieses Letzte, was alle Besonderheiten in dem einfachen Selbst aufhebt, das Abwägen der Gründe und Gegenstände, zwischen denen sich immer herüber und hinüber schwanken läßt, abbricht und sie durch das: Ich will, beschließt, und alle Handlung und Wirklichkeit anfängt …« Es ist der Begriff des Monarchen, »nicht ein Abgeleitetes, sondern das schlechthin aus sich Anfangende zu sein.« *Rechtsphilosophie*, § 279.[2] Dazu Zusatz 170: »Dieses ›Ich will‹ macht den großen Unterschied der alten und modernen Welt aus, und so muß es in dem großen Gebäude des Staats seine eigentümliche Existenz haben.«[3]

Augustin: Gott schuf den Menschen »ut initium esset«.[4]

[21]

Handeln – Wille – Zweck – Mittel:
Hegel, *Rechtsphilosophie*: Der Wille – nämlich »das letzte grundlose Selbst des Willens« (§ 281[1]) – stellt sich seinen Zweck vor, um damit das Sich-selbst-Wollen des Willens zu vergegenständlichen = realisieren. Um diesen vorgestellten Zweck zu verwirklichen, braucht man Mittel, die der Wirklichkeit, also dem Bereich, der dem Willen fremd ist, verhaftet sind. Aus der vom Willen gezeugten Vorstellung entspringt der Gegenstand, der seine Gegenständlichkeit dem Nicht-Subjektiven, seine Existenz aber dem Subjekt verdankt. Wenn der Zweck die Mittel heiligt, so darum, weil alles Nicht-Subjektive dem Subjekt (dem Willen, der einen Anfang setzt) geopfert werden darf.

Marx' Tragödie, dass er an dieser Hegelschen Konzeption des Handelns nie gezweifelt hat: »Ein Zweck, der kein besonderer ist, ist kein Zweck, wie ein Handeln ohne Zweck ein zweckloses, sinnloses Handeln ist.« (Aus der Kritik der Hegelschen Rechtsphilosophie, in: *Werke*, I, 1, p. 440[2])

[22]

Hegels Verteidigung des Monarchen (§281f. der *Rechtsphilosophie*) zu vergleichen a) mit Platos Lehre vom Tyrannen, b) mit Hobbes' Lehre vom Tyrannen. Plato: Das Gesetz kann eigentlich nur von Einem gehalten werden, wie auch nur Einer weise sein kann. Hobbes: Macht kann und muss durch Einen zentralisiert werden. Hegel: Eine Entscheidung kann nur gefällt werden aus »dem letzten grundlosen Selbst des Willens«, der der »ebenso grundlosen Existenz als der Natur« entspricht[1] (Marx: »der Zufall des Willens, die Willkür, und der Zufall der Natur, die Geburt, also Seine Majestät der Zufall«, *Werke*, I, 1, 441[2]), weil alles übrige unabsehbar wäre. In allen Fällen also der Versuch, Politik als das Problem der Pluralität zu' eskamotieren.

Hegel sehr konsequent: »die eigentümliche Majestät des Monarchen, als die letzte entscheidende Subjektivität, ist aber über alle Verantwortlichkeit für die Regierungshandlungen erhoben« (§284[3]). »Die letzte entscheidende Subjektivität« ist die »echte« Quelle der Handlung, wenn Handeln ohne Rücksicht auf Pluralität statthat; alles andere, nämlich, in Hegels Sprache, »Objektive« sind dann nur die Umstände, die berechnet, gekannt etc. werden müssen. Nur für diese Sphäre der Kenntnisse und Berechnungen gibt es für Hegel Verantwortung. Über ihr, d.h. eigentlich über der einen Bureaukratie von Experten (die natürlich von sich aus zu keiner politischen Entscheidung kommen kann), thront der »grundlose Wille«, die Souveränität der »entscheidenden Subjektivität« eines Subjektes, nämlich des Tyrannen.

[23]

Methode in den Geschichtswissenschaften: Alle Kausalität vergessen. An ihre Stelle: Analyse der Elemente des Ereignisses. Zentral ist das Ereignis, in dem sich die Elemente jäh kristallisiert haben. Titel meines Buches grundfalsch; hätte heissen müssen: The Elements of Totalitarianism[1].

[24]

Hegel – Marx: Nirgends zeigt sich die gemeinsame Ausschaltung des eigentlich politischen Bereichs klarer als in § 289 der *Rechtsphilosophie*[1] und Marx' Kommentar, *Werke*, I, 1, 450[2]: Hegel schaltet die Sphäre der Interessenpolitik (»Verwaltung der Korporations-Angelegenheiten«) als »Tummelplatz« der »kleinen Leidenschaften« aus, und Marx protestiert nicht, obwohl er sieht, dass nur hier der Bürger noch öffentlich und politisch tätig ist.

Heft V

Juli 1951 bis August 1951

Heft V

Juli 1951

[1] *Juli 1951*

Hegel: Mittel – Zweck (Pluralität, Wille):
Rechtsphilosophie[1], § 189: Der Wille erhält sein Gewolltes (seinen Zweck) durch das Bedürfnis; die Befriedigung des Bedürfnisses führt zu den Mitteln; erst die Mittel führen in die Welt, weil sie in »äußeren Dingen« bestehen, welche Eigentum oder Produkt Anderer sind. Erst »in der Beziehung auf die Bedürfnisse und die freie Willkür anderer [macht] die Allgemeinheit [id est Pluralität, H. A.] sich geltend«. Also: Der Wille erhält seinen Zweck aus dem einsamen Bedürfnis, und der Einzelne betritt die Welt der Pluralität (Allgemeinheit) nur, weil er in seiner einsamen Bedürftigkeit sich nach Mitteln zu ihrer Befriedigung umsieht. Also die Pluralität ist von vornherein als die Sphäre der Mittel, die Individualität als die des Zweckes definiert.

Ferner: Da der Wille sein Besonderes nur durch das Bedürfnis findet, bleibt der souveränen Entscheidung (also eigentlich der Sphäre der Freiheit) nur der grundlose Wille, die Willkür übrig.

Ferner im Zusatz zu § 189: Das so vorausgesetzte »Wimmeln von Willkür« (nämlich die Anarchie der individuellen Bedürfnisse) wird von einer »Notwendigkeit gehalten«, die es »dem Planetensystem« ähnlich macht, »das immer dem Auge nur unregelmäßige Bewegungen zeigt, aber dessen Gesetze doch erkannt werden können«, nämlich von der Nationalökonomie. – Daraus folgt, dass Politik auseinanderfällt in die grundlose Entscheidung des einzig bedürfnislosen und daher souveränen Individuums, des Monarchen, auf der einen Seite, und ein wissenschaftlich zum mindesten erkennbares, wenn auch noch nicht beherrschbares »System von Bedürfnissen« auf der anderen.

Hegel, Pluralität: *Rechtsphilosophie*, § 13: »Durch das Beschließen setzt der Wille sich als Willen eines bestimmten Individuums und als sich hinaus gegen anderes unterscheidenden.« Nur als Wille entdeckt der Mensch den Anderen, und als Wille, weil er Bedürfnisse hat; d. h. Pluralität entsteht aus der Bedürftigkeit des Menschen, oder – richtiger – nur seine Bedürftigkeit ist der Grund der Pluralität, und diese – dass es viele Menschen gibt – das Siegel der Endlichkeit des Menschen. Hieraus folgt, dass alle Nicht-endlichkeit und alle Nicht-bedürftigkeit Einer sein muss – Gott im Sinne des Monotheismus; und der »Monarch« sein Ebenbild auf Erden. Ihm haben die Andern alle Bedürfnisse abgenommen, damit er als Statthalter Gottes dessen Geschäfte auf der Erde besorgen könne. Er allein, befreit von den Bedürfnissen der Menschen, die dem Willen aller Andern sein Gewolltes (seine Zwecke) vorgeben und ihn damit einschränken, ist wahrhaft frei. »Im freien Willen hat das wahrhaft Unendliche [Gott, H. A.] Wirklichkeit und Gegenwart …« (§ 22)

Die Welt der Andern, der Pluralität, ist ebenso sehr eine der Mittel und Bedürfnisse wie die Sphäre des Einzelnen als dem Subjekt die Sphäre des freien (von Bedürfnissen unabhängigen) Willens ist und seiner Zwecke. Das Bedürfnis verhält sich zum Willen wie das Mittel zum Zweck: Bedürfnis und Mittel realisieren in der mit Anderen geteilten Welt den Willen und den Zweck: »Die Bedürfnisse und die Mittel werden als reelles Dasein ein Sein für andere, durch deren Bedürfnisse und Arbeit die Befriedigung gegenseitig bedingt ist.« (§ 192)

[2]

Die totalitären Elemente bei Marx (die Ersetzung der Politik durch Geschichte: Wo gehobelt wird, da fallen Späne) sind im wesentlichen enthalten in a) Definition des Menschen als arbeitendem Wesen, Identifizierung von Arbeit mit Herstellen einerseits, Verwechslung von Arbeit mit Handeln andererseits; b) in der unkritischen Übernahme des Hegelschen Bildes vom Menschen als einem isoliert Zwecke setzenden Wesen, das nur durch die Notwendigkeit, diese Zwecke zu realisieren, in die »Welt« der Andern und d. h. der Mittel gezwungen wird.

[3]

Gott – Götter: Gegen den Monotheismus spricht nur, dass Gott sich nicht offenbart, ja sogar als der Unbekannte, Sich-nie-Offenbarende definiert werden kann, während die Götter sich allerdings offenbaren. – Oder: So sicher es zu sein scheint, dass alle Vielfältigkeit, die wir kennen, auf einem dunklen Eins als ihrem Grunde ruht, so sicher ist, dass dies Eins dunkel bleibt und dass alles, was sich uns offenbart, Pluralität voraussetzt und im Plural sich zeigt.

[4]

Es ist eine eigentümliche Gestuftheit in allem, was ist. Jedes Seiende wird und vergeht, geht auf und unter, erscheint und verschwindet. Das, worin es erscheint und aus dem es verschwindet, ist zwar auch durch Auf- und Untergang bestimmt, ist aber jeweils ein wenig stabiler, so dass es für das weniger Stabile oder kürzer Befristete eine »Welt« darstellt. So überlebt die lebende Natur den Menschen – und nur weil der Baum und der Stein den Menschen überleben, kann das aus Holz und Stein gemachte Haus dem Menschen Obdach gewähren, nämlich länger sein als er selbst –; so überlebt der Stein den Baum; so überlebt das Gebirge den Stein, die Sonne wahrscheinlich die Erde und das Universum unser Sonnensystem.

Die Tatsache, dass jeglicher Auf- und Untergang sich gleichsam im Rahmen eines Bleibenderen vollzieht, scheint zu indizieren, dass Sein eigentlich Bleiben meint, es hierzu, zum Bleiben, aber immer nur unvollständig, immer nur in Relation zu einem Schwindenden bringt.

Die eigentliche Auszeichnung des Menschengeschlechts vor allen andern Geschlechtern des Seienden, den Geschlechtern des Organischen wie des Anorganischen, scheint zu sein, dass das Geschlecht der Menschen im Gedächtnis als Anlage jedes Menschen demjenigen wenigstens, das innerhalb des Werdens und Verschwindens eines Menschen, innerhalb seines Lebens auf- und untergeht, eine Bleibe sichern kann.

Dies Gedächtnis, oder diese Bleibe, aber bliebe ganz imaginär ohne die Sprache, die das Gedächtnis an Verschwundenes realisieren kann. Dadurch wird auf einmal das ganze Menschengeschlecht, solange es überhaupt existiert, zum Bleibendsten, das wir kennen, gleichsam der Hort des Seins, in das sich alles andere retten kann.

Was für die »memoria« gilt, gilt ganz und gar nicht für das Bewusstsein. Das »con-scire«[1] ist wesentlich sprunghaft und ohne Kontinuität. Die Verwandlung oder Verfälschung des Gedächtnisses in das Bewusstsein schneidet den Umgang, die Kommunikation des Menschen mit der »Welt« ab und ist darum das Zeichen der Isoliertheit des Individuums oder besser: des Gefangenseins des Individuums in sich selbst. Bewusstsein aber könnte auch ein einziges Individuum haben, wenn es ganz ohne seinesgleichen zu leben gezwungen wäre. Gedächtnis und Sprache indizieren die »Stellung des Menschen im Kosmos« als eine Stellung von vielen Menschen, indizieren Pluralität, indizieren die Stellung des Menschengeschlechts in der Gestuftheit des Erscheinenden und Verschwindenden. Darin liegt auch beschlossen, dass die Pluralität, in der alles Seiende begegnet, erst in der Pluralität der aufeinander folgenden Geschlechter der Menschen einen Sinn zu haben scheint, nämlich den Sinn, Bleiben auf der Erde wenigstens für die Dauer des Menschengeschlechts zu ermöglichen.

[5]

Zur Frage der Methode in den Geschichtswissenschaften:[1] Erst wenn sich mir die Ereignis- und Elementen-Theorie zusammenschliesst mit der Entdeckung der Denaturierung geschichtlicher Phänomene durch Verweigerung des adäquaten Respons' (Elend – Empörung etc.), werde ich irgendetwas davon wissen.

[6]

Amerika. Die Passion, »to make the world a better place to live in«[1], hat erst einmal die Welt wirklich verbessert, aber auch zur Folge gehabt, dass im Prozess der Weltverbesserung alle vergessen haben, was es heisst »to live«. So stehen die Amerikaner heute wirklich in einer »besten aller möglichen Welten«[2] und haben das Leben selbst verloren. Das ist eine Hölle.

[7]

Die wesentliche Antinomie zwischen Arbeiten und Herstellen in der abendländischen Tradition: Arbeit galt immer als ein Fluch (jüdisch-christlich) oder als eine Schande (griechisch-aristokratisch), obwohl sie ja nichts ist als organisiertes Herstellen. Herstellen galt immer als Zeichen der Kreativität und daher der göttlichen Ebenbildlichkeit (jüdisch-christlich: Homo faber im Ebenbild des Deus creator) oder als Kunst = höchste Aktivität des Menschen (griechisch τέχνη). (Der sachliche Unterschied scheint immer der zwischen Landarbeit und [städtischem?] Handwerk zu sein.) Marx ist der erste, der der Arbeit den Adel des (handwerklichen) Herstellens verleiht. Dies liegt der sozialistischen Tradition und ihrem grundsätzlichen Kategorien-Paar: Produktivität – Parasitentum zugrunde. Aber diese neue Bewertung der Arbeit entspringt nicht einem neuen Bild vom Menschen, in welchem der Homo faber in den arbeitenden

Menschen verwandelt würde, entspringt nicht der Entdeckung einer wesentlichen Aktivität, sondern »nur« der Empörung über die Ungerechtigkeit gesellschaftlicher Zustände. Wie sehr auch und gerade Marx in der Tradition steht, der Arbeit als Fluch oder Schande und Herstellen als höchste Auszeichnung des Menschen gelten, geht aus seinem grotesk-utopischen Zukunftsbild einer klassenlosen Gesellschaft hervor, in welcher jeder jederzeit machen kann, was ihm beliebt. Marx glaubte, dass mit der Abschaffung der Arbeitsteilung alle (wieder) Herstellende werden![1]

Was die Arbeit im Gegensatz zum Herstellen diffamiert, ist die Bedürftigkeit des Menschen. Daher braucht Marx den gesellschaftlichen Überfluss als Bedingung der Abschaffung der Arbeit. Dies, und nicht die Beseitigung des Elends, ist das eigentlich utopische Element.

[8]

Hegel, Arbeit: Wie das Bedürfnis den Menschen auf Andere und die Welt verweist, also die Angewiesenheit und Endlichkeit des Menschen ausdrückt, so vermittelt die Arbeit die »Allgemeinheit«, lässt den Einzelnen an der »Allgemeinheit« aller teilnehmen; die »Teilung der Arbeit« verschärft die Angewiesenheit »zur unbedingten Abhängigkeit von dem gesellschaftlichen Zusammenhange« (*Enzyklopädie*, § 526[1]).

Die Entwicklung ist also folgendermassen: Der souveräne Wille des Menschen setzt seine Zwecke frei; erhält aber seinen Inhalt (determiniert) von dem Bedürfnis; das Bedürfnis weist auf die Welt, der die Mittel entstammen, die Zwecke des Willens zu realisieren; diese Mittel werden entweder erworben oder erarbeitet; der Erwerb wie die Arbeit sind auf Andere angewiesen; durch die Arbeit wird dem Zwecke setzenden Willen der gesellschaftliche Zusammenhang vermittelt, innerhalb dessen er die Mittel findet für seine Zwecke; in der Teilung der Arbeit, die im gesellschaftlichen Zusammenhang notwendig wird, wird der Wille, seine absolute Souveränität der Zwecke unbeschadet, unbedingt abhängig – nämlich von der Welt der Mittel. Mit andern Worten: Ein unbedingt abhängiger Mensch sieht sich vor die Aufgabe gestellt, einen unbedingt unabhängigen Zweck zu realisieren – die Quadratur des Kreises[A].

[9]

Nietzsche, *Wille zur Macht*, 55 (p. 45, Kröner 1930[1]): »denn die Ohnmacht gegen Menschen, nicht die Ohnmacht gegen die Natur, erzeugt die desperateste Verbitterung gegen das Dasein.«

Und passim: Die »Starken«[B] überall definiert als die, »welche einen guten Teil Zufall, Unsinn nicht nur zugestehn, sondern lieben« (ibid. p. 48).

Gegen die Vergiftung des Seins des Menschen durch die Sünde, d.h. durch das, was einer tut: »Wenn wir uns, aus dem Instinkte der Gemeinschaft heraus, Vorschriften machen und gewisse Handlungen verbieten, so verbieten wir ... nicht eine Art zu ›sein‹, ... wir wollen durchaus nicht besser sein, wir sind sehr zufrieden mit uns, wir wollen uns nur nicht untereinander Schaden tun ... wären wir Mondkälber genug, mit jenen Handlungen ihre Quelle, das ›Herz‹, die ›Gesinnung‹ zu verurteilen, so hieße das unser Dasein verurteilen und mit ihm seine oberste Voraussetzung – eine Gesinnung, ein Herz, eine Leidenschaft, die wir mit den höchsten Ehren ehren.« (*Wille zur Macht*, 281, p. 199/200)

Handlung: »Man weiß die Herkunft nicht, man weiß die Folgen nicht: – hat folglich die Handlung überhaupt einen Wert?« Die Herkunft (Motive etc.) sind unergründlich, die Folgen sind immer unabsehbar. (ibid. 291, p. 206)

[A] im Original: Quadratur des Circels

[B] Nietzsche: »Stärksten«

Nietzsches Haupteinwand gegen Moral: »Man muß sehr unmoralisch sein, um durch die Tat Moral zu machen... Die Mittel der Moralisten sind die furchtbarsten Mittel...[A]; wer den Mut nicht zur Unmoralität der Tat hat,...[A] taugt nicht zum Moralisten.« (397, p. 270) Die Insistenz auf der notwendigen Unmoralität der Mittel für gute Zwecke durchgehend.

Also: Der gute Zweck kann nur mit bösen Mitteln realisiert werden; der (gute?) Zweck in seiner Subjektivität will sich in der Realität durchsetzen. Die Mittel gehören der Welt, der Realität an, ihre »Bösheit« ist objektiv, sie sind wirklich; der Zweck ist subjektiv, ein Phantom, eine Illusion etc. Es gilt, die Qualität der Mittel festzuhalten und zu bejahen, weil sie allein der Wirklichkeit angehören.

Der Zweck ist subjektiv, die Mittel sind objektiv – reiner Hegelianismus. Nur in die Konsequenz getrieben: Alle Moral (Zwecke) ist Illusion, weil ihre Realisierung (Mittel) in die prinzipiell a-moralische Welt führt.

Dagegen – um aus diesem ganzen Zweck-Mittel-Denken herauszukommen: Eine Handlung mit guten »Mitteln« um eines »bösen« Zweckes willen fügt der Welt Güte zu; eine Handlung mit »bösen« Mitteln um eines »guten« Zweckes willen fügt der Welt Bösheit zu.[2]

[10]

Ad Amerika: Bei dem erfolgreichen Bemühen, »to make the world a better place to live in«[1], ist herausgekommen, dass man das menschliche Geschehen in der Welt so transformierte, dass Ereignisse nicht mehr in es eindringen können. (Warum? Warum?) »Nothing ever happens.« Nur im Ereignis aber, in dem die Elemente des Geschehens zusammenschiessen, leuchtet der Sinn des Geschehens auf; daher die Sinn-Entleertheit des amerikanischen Lebens.

[A] Auslassungspunkte von H. A.

Ferner: Nur Ereignisse »organisieren« das Geschehen, geben ihm Form – und dem Menschen Haltung. Daher die Formlosigkeit der amerikanischen Gesellschaft und die Stillosigkeit der Menschen. Überhaupt das Anarchische des amerikanischen Privatlebens.

[11]

Kant, Selbstzweck: Mit welcher Konsequenz das eigentümliche Zwischen der Pluralität übersehen wird! Das absolut isolierte und selbstherrliche Subjekt begegnet einem zweiten in der Welt, gedenkt also sofort, sich dieses zweiten als Mittel zu bedienen; denn wofür sollte es sonst gut sein, da es doch sichtlich aus der Welt her begegnet? In der Begegnung zweier Menschen, zweier Selbstzwecke, öffnet sich die Welt wie ein Abgrund, der die Zwecke auf ewig voneinander durch die Summe der Mittel, die die Welt ist, fernhält. Die Achtung und der Respekt der »Menschenwürde« ist wie ein ohnmächtiger Gruss über den Abgrund hinweg. Das Böse bei Kant ist, dieses ohnmächtigen Grusses aus der absoluten Distanz unfähig zu sein und dadurch, nämlich durch den Willen zur rücksichtslosen Realisierung der Zwecke, nämlich durch die Revolte gegen die eigene Ohnmacht, den Anderen in den Abgrund der Mittel zu reissen, ihn zu verweltlichen, zu ent-subjektivieren, ihn zu einem Objekt des Willens zu machen.

[12]

Nietzsche: »wir, deren Aufgabe das Wachsein selbst ist«[1] –

[13]

Wenn man (mit Recht) sagt, dass nur die Liebe vergeben kann, vergisst man meist: Nur denen, die geliebt werden, kann vergeben werden; nur denen, die man liebt, kann (und darf) man vergeben; nicht das Unrecht, das ich getan habe, kann vergeben werden, sondern nur mir, der geliebt wird. – Dies alles wird meist vergessen, weil man vergisst, dass Liebe, wenn sie schon ein »Gefühl« sein soll, nur als gegenseitiges Gefühl existiert. – Das Wort der Evangelien: Ihr wird viel vergeben werden, denn sie hat viel geliebt,[1] ergibt einen Sinn erst, wenn man interpretiert: Also wird ihr von Vielen vergeben werden. Es wird ihr bestimmt nicht um ihres berühmten »Gefühls« willen vergeben werden.

[14]

Marx: »Die Scham ist schon eine Revolution … Scham ist eine Art Zorn, der in sich gekehrte. Und wenn eine ganze Nation sich wirklich schämte, so wäre sie der Löwe, der sich zum Sprunge in sich zurückzieht.« (Marx an Ruge, 1843, *Werke*, I, 1, p. 557[1])

[15]

Marx, *Kapital*: Bestimmung der »condition humaine«: »Die Arbeit (ist) … eine von allen Gesellschaftsformen unabhängige Existenzbedingung des Menschen, ewige Naturnotwendigkeit, um den Stoffwechsel zwischen Mensch und Natur, also das menschliche Leben zu vermitteln.« (1. Kapitel[1]) Dies kann erst in Erscheinung treten, wenn »der Begriff der menschlichen Gleichheit bereits die Festigkeit eines Volksvorurteils besitzt«[2]. Deshalb konnte Aristoteles die Arbeitskraft als die Kommensurabilität zweier verschiedener Dinge – Polster und Haus –

nicht entdecken. (1. Kapitel[3]) Geld ist nur möglich, »weil alle Waren als Werte vergegenständlichte menschliche Arbeit, daher an und für sich kommensurabel sind«. (3. Kapitel[4]) In der Warengesellschaft werden aus »Arbeitern« »Besitzer der eigenen Arbeitskräfte«, weil sie »Geld- oder Warenbesitzern« gegenübertreten.

[16]

Wert: Marx: definiert als Gebrauchswert und Produkt der Arbeit. Genau dies weist dann Nietzsche für die »höchsten Werte« nach.[1] Damit aber wird »Wert« als eine Kategorie unbrauchbar. Da ferner alle Arbeit an einem Vorgefundenen vonstatten geht, fügt sie in der Tat »Wert« einem »wertlosen« Ding zu, d.h. »entwertet« die Natur als solche. (Holz ist wertlos, wenn es nicht zum Tisch verarbeitet wird. So wird schliesslich »Natur«, wenn sie nicht in den menschlichen Arbeitsprozess als gebrauchte und verwertete eingesogen wird, »entwertet«.)

In der Arbeit vergegenständlicht sich menschliche Tätigkeit. Wert ist nur das Abstraktum dieses »Gegenstandes«, d.h. des Dinglichen, das als Resultat der Arbeit sich dem natürlichen Dinge zufügt, um es brauchbar zu machen. Wert kann also nie Masstab werden, und sicher nicht der Masstab eines Handelns. Denn Werte ausserhalb und überhalb des menschlichen Produktionsprozesses gibt es nicht. – Der Wert ist nicht der Tisch selbst, sondern das, um dessentwillen der Tisch hergestellt wird. Der Wert des Tisches ist, dass man etwas drauf legen kann. Der Wert, um dessentwillen etwas hergestellt wird, verwandelt das (einsame) Herstellen in ein »gesellschaftliches«. Oder: Im Wert, den der Einzelne in seinem Herstellen als den künftigen Gebrauch des Herzustellenden im Blick hat, zeigt sich bereits die Pluralität. In diesem Sinne liegt im Wert als Gebrauchswert für Andere, inclusive meiner selbst, bereits ein Hinweis, inwiefern Handeln auch das Herstellen durchherrscht. Ein reines, nämlich »wertfreies« Herstellen, nämlich ein auf

Pluralität (auf die Mitexistenz von meinesgleichen) unbezogenes Herstellen gäbe es nur für Gott und Robinson.

Marx, Arbeit = Wertschöpfung. (*Kapital*, Kapitel 6) Wertschöpfung = Umsatz von Arbeitskraft (id est »in menschlichen Organismus umgesetzter Naturstoff«) in Arbeit. (Kapitel 7, Note[2])

Marx: Verhältnis von Arbeit und Wert: 1. »Wert ... existiert nur in einem Gebrauchswert, einem Ding.« (6. Kapitel[3]) 2. »›Wertschöpfung‹ ist Umsatz von Arbeitskraft in Arbeit.« (7. Kapitel, Anm.[4]) 3. »Die Arbeit ist die Substanz und das immanente Maß der Werte, aber sie selbst hat keinen Wert.« (17. Kapitel[5]) »... der Wert der Arbeit (ist) nur ein irrationeller Ausdruck für den Wert der Arbeitskraft.« (ibid.[6])

(Unbemerkte Verschiebung der Terminologie: von Wert = Gebrauchswert zu Wert = was etwas in einer bestimmten Gesellschaft »wert« ist. Marx' ursprüngliche Unterscheidung zwischen: »echtem Wert« = Gebrauchswert und bloss gesellschaftlichem Wert = Tauschwert = Ware. Der Sündenfall der Ware entsteht aus dem Tauschwert – d.h. der Sündenfall ist die Pluralität.

Wesentlich die Alternative von Gebrauchs- und Tauschwert – wobei natürlich von Marx bemerkt wird, dass nur ein Gebrauchswert ein Tauschwert werden kann. Als stelle erst der Tausch die Gesellschaft her, während doch in Wahrheit der Tauschwert nur eine spezielle Art des Gebrauchswerts ist; dem Tausch liegt zugrunde [der Tausch realisiert], dass das von mir Gebrauchte von allen Andern ebenso gebraucht werden kann.)

[17]

Ad kausale Geschichtsschreibung: Nietzsche: »Es gibt nicht, wie Kant meint, einen Kausalitäts-Sinn. Man wundert sich, man ist beunruhigt, man will etwas Bekanntes, woran man sich halten kann ... Sobald im Neuen uns etwas Altes aufgezeigt wird, sind wir beruhigt. Der angebliche Kausalitäts-Instinkt ist nur die Furcht vor dem Ungewohnten und der Versuch, in ihm etwas Bekanntes zu entdecken, – ein Suchen nicht nach Ursachen, sondern nach Bekanntem.« (*Wille zur Macht*, 551[1])

Cf. 608! »Die Entwicklung der Wissenschaft löst das ›Bekannte‹ immer mehr in ein Unbekanntes auf: – sie will aber gerade das Umgekehrte und geht von dem Instinkt aus, das Unbekannte auf das Bekannte zurückzuführen.«

617: »Daß alles wiederkehrt, ist die extremste Annäherung einer Welt des Werdens an die des Seins: – Gipfel der Betrachtung.«

627: »... die psychologische Nötigung zu einem Glauben an Kausalität liegt in der Unvorstellbarkeit eines Geschehens ohne Absichten ... Der Glaube an causae fällt mit dem Glauben an τέλη[A] (gegen Spinoza und dessen Kausalismus).«

631. »Die Trennung des ›Tuns‹ vom ›Tuenden‹, des Geschehens von einem, der geschehen macht, des Prozesses von einem Etwas, das nicht Prozess, sondern dauernd, Substanz, Ding, Körper, Seele usw. ist ... diese alte Mythologie hat den Glauben an ›Ursache und Wirkung‹ festgestellt ...« 632. »Der Fehler steckt in der Hineindichtung eines Subjekts.«

666. »... man muss einsehen, daß eine Handlung niemals verursacht wird durch einen Zweck; dass Zweck und Mittel Auslegungen sind ...; daß jedesmal, wenn etwas auf einen Zweck hin getan wird, etwas Grundverschiedenes und andres geschieht.«

[18]

Entfernt man aus der Kausalitäts- und der teleologischen Betrachtung, welche beide uns lehren, die Geschichte als eine kausal und teleologisch zusammenhängende und explizierbare Kette von Ereignissen zu betrachten, die Erste Ursache, welche

[A] [tele], Nominativ und Akkusativ Plural von τέλος, Ende, Zweck

die »causa sui« sein muss, einerseits und den letzten Zweck, der der Zweck um seiner selbst willen sein muss, andererseits, d.h. entfernt man die uns unbekannte und unbeweisbare Grösse am Anfang und am Ende der Kette – so ist es unvermeidlich, dass der ganze Prozess in einen Kreislauf zurückschlägt. Nur Gott am Anfang und Gott am Ende hat verhindern können, dass Ursache und Wirkung einerseits, Mittel und Zweck andererseits in einem dauernden Kreisen zusammenfielen, sich dauernd ineinander verwandelten, und dies ohne jede dialektische Gestuftheit, in der etwa die Wirkung einer Ursache zu einer Ursache einer höheren Wirkung werden kann oder der erreichte Zweck benutzt werden kann als Mittel eines höheren, nämlich dem angeblichen Endzweck angenäherteren Zweckes.

Die Frage, warum Kausalitätsbetrachtung in der Geschichte beibehalten wurde, trotz stillschweigender Eliminierung der »causa sui« und des Endzwecks, hat Nietzsche beantwortet: als Mittel, das Neue, Unbekannte, das recht eigentlich die spezifische Qualität des Ereignisses ist, zu umgehen und sich in das Alt-Bekannte zu flüchten durch Auflösung aller unbekannten, neuen Faktoren in blosse, nämlich errechenbare Wirkungen bekannter Ursachen.

Spengler ist der einzige Historiker, der die Konsequenzen der »Säkularisierung«, heisst, der Eliminierung Gottes aus der Geschichte der Menschen, zog – die Konsequenz nämlich, die sich ergibt, wenn man auf die kausale Betrachtung nicht verzichten will. Dies ist der Grund, warum er Nietzsches Ewige Wiederkehr und den Kreislauf des Geschehens in die Geschichtswissenschaft hineintrug.

Es versteht sich, dass die grosse Verführung für diesen Kreislaufbegriff aus der Anschauung des natürlichen Kreislaufs von Tag und Nacht und der Jahreszeiten stammt, in die alles Leben, das per definitionem einen Anfang und ein Ende hat, hineingeboren ist, als sei die Atmosphäre des Ewig-wechselnd-Gleichen, des ohne Anfang und ohne Ende Kreisenden notwendig, um überhaupt Anfang und Ende zu ermöglichen.

Jedenfalls ging die theologisch gebundene Einsicht: »ut initium esset, homo creatus est«[I], verloren. Und damit überhaupt die Einsicht in den Ereignischarakter der Geschichte.

Ferner: Die Anwendung des Kausalitätsprinzips auf den Kreislauf kann nur im vollkommenen Schwindel enden, weil im Kreislauf der Unterschied zwischen Ursache und Wirkung prinzipiell und in jedem Augenblick nur eine Frage der Aspekte ist, also jederzeit willkürlich vertauschbar, der »Subjektivität« des Historikers ausgeliefert. Mit anderen Worten: Das Kausalitätsprinzip, der »causa prima« und des letzten τέλος beraubt, ist komplett direktionslos und kann nur desorientieren. Dies wird verhüllt, wenn der Historiker sich das Air gibt, immer nur Alt-Bekanntes zu erzählen zu haben, das er komplett zu erklären imstande sei; d.h. durch eine zur Methode gewordene Besserwisserei.

Viel schlimmer die Perversion, die eintritt, wenn jeder Zweck im Kreislauf (d.h. ohne letzte Rechtfertigung) zum Mittel wird und jedes Mittel auch als Zweck angesetzt werden kann. Während die Vertauschbarkeit von »causa« und »effectus«[A] nur die Geschichte durcheinanderbringt – d.h. nur das irrsinnige Kausalitätsprinzip der Erklärung in die ihr inhärente Absurdität treibt, bringt die Vertauschbarkeit von Mittel und Zweck die Politik durcheinander, d.h. treibt die der Identifizierung von Handeln mit Herstellen inhärente Unmenschlichkeit ins Extreme.

[19]

Die Philosophen und die Politik:
Nietzsche: »Die Politik so geordnet, dass mässige Intellekte ihr genügen, und nicht Jedermann jeden Tag drum zu wissen braucht.«[I] Politik eine Sache von Experten, der der Bürger entraten kann. Darauf läuft die gesamte Tradition des politischen Denkens des Abendlandes hinaus, Marx inclusive!

[A] im Original: effect

[20]

Gegen eine ontologische Betrachtung von Gut und Böse spricht, dass Gut und Böse eigentlich immer nur zwischen Menschen auftauchen kann, also wesentlich immer Recht und Unrecht ist.

Gegen dies und für ein ontologisches Deuten von Gut und Böse spricht, dass das radikal Böse mit Recht und Unrecht nichts mehr zu tun hat, nicht mehr zwischen Menschen auftaucht oder aufzutauchen braucht, überhaupt mit anthropologischen Kategorien – und alle »moralischen« Kategorien sind anthropologische Kategorien – nicht mehr zu fassen ist.

[21]

Ad Logik und Einsamkeit: »Kurz, ein solcher Mensch [id est ein einsamer, H. A.] folgert immer eins aus dem andern und denkt alles zum ärgsten.« Die Logik ist die Sünde der Einsamkeit; daher die Tyrannei des zwingend Beweisbaren: die Eroberung durch den Einsamen. (Zitat aus Luther, »Warum die Einsamkeit zu fliehen?«, 1534, *Erbauliche Schriften* 6, 158[I]) In jeder Gemeinsamkeit stellt sich die Unzulänglichkeit der Logik in der Form einer Pluralität von Meinungen, die zwingend nicht unter einen Hut gebracht werden können, heraus. »Immer eins aus dem andern folgern« heisst von den Menschen und der Welt absehen, heisst eine beliebige Meinung zur Prämisse erheben.

August 1951

[22] *August, 1951*

Ad: Heidegger, Heraklit, Λόγος.[1]

1. λέγειν = legen. p. 5. »Anwesendes als Anwesendes mit Anwesendem zum Vorliegen bringen, es als ein Vorliegendes liegen lassen.... dieses Legen, worin wir überall das von sich her Anwesende als Anwesendes beisammen vorliegen lassen, ist das höchste und weiteste Legen ... [Es soll gemessen werden] an dem, was für sich von uns ein Vorliegenlassen verlangt.

Überall wo es gilt, Anwesendes als Anwesendes anwesen zu lassen, ist für uns ein Vorliegenlassen nötig. Dieses Liegenlassen bleibt wesentlich schwerer als jede andere Art von Legen ... Dem ... Vorliegen-lassen liegt ... einzig daran, das Anwesende in seinem Anwesen zu gewahren; um es darin zu wahren. Wenn wir Anwesendes als solches vorliegen lassen, dann liegt jeweils Anwesendes bei Anwesendem vor. Anwesendes west beisammen. Für das Vorliegenlassen zeigt sich dieses Beisammen.«

a) Können wir nicht nur deswegen Vorliegenlassen, weil wir zum Vorliegenbringen können? Können wir nicht nur dort lassen, wo wir auch bringen? Sind nicht Gast und Tisch und Frucht erst dadurch beisammen, dass wir die Frucht dem Gast auf dem Tisch vorgelegt haben?

Könnte nicht das Liegen-lassen darum so »schwer« sein, weil es nur durch Legen überhaupt zu erreichen ist?

Diese Schwierigkeit wäre vielleicht zu lösen, wenn man »lassen« in dem vollen Doppelsinn versteht von zulassen und veranlassen. Wie wenn ich sage: Ich lasse mich operieren (lasse es zu und veranlasse den Arzt) oder ich lasse meine Schuhe reparieren. Vorliegenlassen wäre dann: zuzulassen und zu veranlassen, dass »Anwesendes als Anwesendes anwest«, d.h. dass ein Beisammen statt hat.

b) Wer oder was »verlangt für sich von uns« das Vorliegenlassen? Doch nicht das Beisammen, denn dies ist dasjenige, was offenbar erst vollbracht wird.

c) λέγειν jedenfalls macht das »Geworfensein« zu einem »Beisammensein«. Wenn der Mensch in der »Behausung« der Sprache wohnt und »die Sprache das Haus des Seins« ist (Humanismusbrief), so besagt das Beisammen des Anwesens, dass erst im λέγειν, im beisammen vorliegen lassen, das einzeln Seiende ist – in dem Sinne, wie die einzelnen Glieder einer Familie erst in dem gemeinsamen Haus eine Familie sind. Erst in seinem Haus, wo es beisammen ist, ist Sein.

d) Was ist der Gegensatz zum Beisammen? (oder zum Zusammenlegen und Voneinandertrennen, Identifizieren und Unterscheiden?) Vermutlich das logische Schlussfolgern, in dem nicht mehr Anwesendes mit Anwesendem beisammen ist, sondern ein Einzelnes aus dem Zusammenhang gerissen hypertrophisch alles in sich verschluckt: und zwar stets, auch in der Logik, in der Form der Organisation. Zusammenhang mit dem radikal Bösen.

2. p. 6: »Das einbringende Bergen ist das dem Range nach erste im Lesen.« Man könnte einwenden: Brot und Wein sind dem Range nach das erste in der Ähren- und Traubenlese. Dagegen Heideggers Anliegen, das menschliche Tun ohne »das Bewirken einer Wirkung« zu denken, ausserhalb jeglichen teleologischen Zusammenhanges als reine Tätigkeit – »vollbringen« (*Brief über den Humanismus*). Heidegger denkt hier selbst das Herstellen (von Brot und Wein) noch im Sinne der »Handlung«, während gewöhnlich die Handlung am Modell des Herstellens (Mittel – Zweck) vorgestellt wird. Das Modell: »Bewirken einer Wirkung« ist bereits spezifisch modern; in ihm ist gleichsam das Herstellen in eine Bewegung gerissen, in welcher alle spezifischen Zwecke als Wirkungen, die ihrerseits neu bewirken, aufgelöst werden. Dies die neuzeitliche Geschichtsvorstellung.

Heidegger muss so viel daran liegen, das Produkt aus dem Tätigkeitsvorgang auszuschalten, um den Subjektivismus zu vermeiden, der in der τέχνη mit ihrem vom Menschen vorgeschriebenen εἶδος liegt.

[23]

Ach, wie die
Zeit sich eilt,
unverweilt
Jahr um Jahr
an ihre
Kette reiht.
Ach, wie bald
ist das Haar
weiss und verweht.

Doch wenn die
Zeit sich teilt
jählings in
Tag und Nacht,
wenn uns das
Herz verweilt –
spielt es nicht
mit der Zeit
Ewigkeit?

[24]

Aristoteles: *Πολιτικῶν* [Politica], 1253a:
Ἐκ τούτων οὖν φανερόν, ὅτι τῶν φύσει ἡ πόλις ἐστί, καὶ ὅτι ὁ ἄνθρωπος φύσει πολιτικὸν ζῷον, [...] Διότι δὲ πολιτικὸν ὁ ἄνθρωπος ζῷον πάσης μελίττης καὶ παντὸς ἀγελαίου ζῴου μᾶλλον, δῆλον. [...] λόγον δὲ μόνον ἄνθρωπος ἔχει τῶν ζῴων· [...] ὁ δὲ λόγος ἐπὶ τῷ δηλοῦν ἐστι τὸ συμφέρον καὶ τὸ βλαβερόν, ὥστε καὶ τὸ δίκαιον καὶ τὸ ἄδικον· [...] ἡ δὲ τούτων

Aristoteles: Πολιτικων:

1253 a 1: εκ τουτων ουν φανερον
ὅτι των φυσει ἡ πολις εστι, και
ὅτι ανθρωπος φυσει πολιτικον ζῳον
. . . διοτι δε πολιτικον ὁ ανθρωπος
ζῳον πασης μελιττης και παντος
αγελαιου ζῳου μαλλον, δηλον. . . .
λογον δε μονον ανθρωπος εχει των
ζῳων. . . . ὁ δε λογος επι τῳ δηλουν
ἐστι το συμφερον και το βλαβερον,
ὡστε και το δικαιον και το αδικον.
. . . ἡ δε τουτων κοινωνια ποιει οἰκιαν
και πολιν. και προτερον δε τῃ φυσει
πολις ἢ οἰκια και ἑκαστος ἡμων ἐστιν.
το γαρ ὅλον προτερον αναγκαιον ειναι
του μερους . . . ει γαρ μη αυταρκης
ἑκαστος χωρισθεις, ὁμοιως τοις αλλοις
μερεσιν ἑξει προς το ὅλον . . .
ἡ δε ~~[illegible]~~ δικαιοσυνη πολιτικον· ἡ γαρ
δικη πολιτικης κοινωνιας ταξις εστιν·
ἡ δε δικη του δικαιου κρισις.

κοινωνία ποιεῖ οἰκίαν καὶ πόλιν. Καὶ πρότερον δὲ τῇ φύσει πόλις ἢ οἰκία καὶ ἕκαστος ἡμῶν ἐστιν. Τὸ γὰρ ὅλον πρότερον ἀναγκαῖον εἶναι τοῦ μέρους· [...] εἰ γὰρ μὴ αὐτάρκης ἕκαστος χωρισθείς, ὁμοίως τοῖς ἄλλοις μέρεσιν ἕξει πρὸς τὸ ὅλον, [...] Ἡ δὲ δικαιοσύνη πολιτικόν· ἡ γὰρ δίκη πολιτικῆς κοινωνίας τάξις ἐστίν, ἡ δὲ δικαιοσύνη τοῦ δικαίου κρίσις.[1]

1. Der Mensch φύσει politisch, weil er nur gemeinsam mit Anderen Autarkie erreichen kann. Allein, abgetrennt, ist er wie die abgehauene Hand.

2. Der Mensch »politischer« als anderes Lebende, weil er λόγος hat und daher unterscheiden kann zwischen nützlich und schädlich, gerecht und ungerecht. Die κοινωνία also beruht auf der Fähigkeit, das eigene Interesse wahrzunehmen (αἴσθησις) – zwischen Recht und Unrecht zu unterscheiden. All dies auf Grund des λόγος, der nicht nur wie die Stimme anzeigt, sondern unterscheidet.

3. Spezifisch für die πόλις ist δικαιοσύνη; die δίκη ist die Ordnung der κοινωνία, die man πολιτική heisst. Sie besteht in der Ausscheidung des Gerechten.

4. Die Polis ist mehr als die οἰκία und mehr als der Einzelne, als Ganzes, das sich zu seinen Teilen verhält.

5. Die κοινωνία ist da, um zu leben; die πόλις , um »gut« zu leben.

Die gesamte nach-aristotelische politische Philosophie hat all dies als selbstverständlich übernommen und nur eine neue Entdeckung gemacht: Macht.

Macht kann nicht entdeckt werden, weil ἄρχειν und ἄρχεσθαι durch Geburt geschieden sind: Daher wird das Problem immer erst unter Bedingungen der Gleichheit wesentlich werden.

[25]

Ad Sorels: »force – violence«[1]: »force« zum Schutz des Bestehenden, »violence« zur Durchsetzung des Neuen:

ἀρχή: Anfang und Herrschaft[2]

»ut initium esset«[3]: Anfang der Herrschaft über die Erde

Macht bei Machiavelli: Um etwas zu begründen, braucht man Diktatur.[4]

»Violence« – Sorel für Revolution.

Dies die antike Tradition. Zu scheiden von der christlichen und stoischen: Macht als Ausfluss der Allmacht Gottes oder das Naturgesetz.

Heft VI

September 1951 bis November 1951

Heft VI

September 1951

[1] *September 1951*

Drei Aspekte:
Der welthistorische: Wo gehobelt wird, da fallen Späne.[1]
Der moralische: Was du nicht willst, dass man dir tu, das füg auch keinem Andern zu.
Der politische: »L'affaire d'un seul est l'affaire de tous.«[2]

[2]

Denkt man erst einmal das Handeln in den Mittel-Zweck-Kategorien und die politische Grundsituation in der Kategorie von Teil – Ganzem (Individuum – Gesellschaft etc.), so kann man gar nicht mehr vermeiden, einen Menschen als Mittel zu benutzen und ihn als Teil einem Ganzen aufzuopfern.

[3]

Man hat so viel Aufhebens um den Glauben an Gott gemacht, weil es so schwer ist, sich zuzugestehen, dass alle menschlich-personalen Beziehungen auf Glauben gegründet sind. Die Möglichkeit der Reservatio mentalis beruht auf der Unmöglichkeit, in das menschliche Herz wissend zu blicken, auch in das eigene Herz. Die Unmöglichkeit der wissenden Sicherheit um einen Menschen beruht auf der Fähigkeit der Freiheit. Beides zusammen, die Freiheit und die Dunkelheit des Herzens, macht die

Erforschung des Menschen unmöglich und erzeugt als höchste Tugenden im Personalen Glaube, Liebe, Hoffnung. Wenn diese Tugenden auf Gott bezogen werden, so ist Gott nur der Inbegriff menschlicher Verhältnisse. Das Schlimme daran ist nur, dass, als man Gott als den grossen Unbekannten ansetzte, man so getan hat, als kennte man den Menschen.

Luther hat dies sehr gut gewusst, als er meinte, die Existenz Gottes sei notwendig, weil es ein Wesen geben müsse, dem der Mensch trauen kann. Nur ist nicht einzusehen, warum es solch ein Wesen geben muss. Könnte es nicht sein, dass gerade die wesentliche Unbekanntheit des Menschen seine Ebenbildlichkeit ausmacht?

Von den drei Tugenden ist die Tugend des Glaubens die geringste und die unerlässlichste. Ohne Glauben könnten menschliche Verhältnisse auf keiner Stufe auch nur minutenweise bestehen. Vollkommenes Misstrauen ist vollkommene Kontaktlosigkeit, so wie vollkommenes Vertrauen vollkommene Narrheit ist. Der Glaube ist keine Tugend, recht besehen, sondern entspringt der Angewiesenheit der Menschen aufeinander. Der blosse Glaube, unerlässlich für jegliche Beziehung, kann immer korrigiert werden.

Die Liebe macht den Glauben fest, entzieht ihn der ständigen Korrigierbarkeit und ist gerade darum so gefährlich. Liebe ist nicht blind und macht nicht blind; das Gegenteil ist eher wahr; aber Liebe verschreibt [sich] der Dunkelheit des Herzens, das auch ihr sich nur augenblicksweise erhellt und erleuchtet. Das Aufleuchten der Dunkelheit des Herzens ist der »coup de foudre«. Wo immer ein solches Aufleuchten stattfindet, d. h. wo immer sich das Herz im wahrsten Sinn des Wortes öffnet, ist Liebe.

Ohne Hoffnung ist weder Glaube noch Liebe möglich. Die Hoffnung ist die Zuversicht, dass der Glaube auch morgen noch standhalten wird, oder das bebende Abwarten, ob die Herzen sich nicht wieder schliessen.

Die Politik ist dazu da, ein Minimum an Vertrauen zu garantieren. Das Gesetz, das sagt: Wenn Du das und das tust, wird

Dir das und das geschehen; der Vertrag, der sagt: Wenn Du dies und dies erfüllst, werde ich das und das erfüllen, schaffen einen Rahmen der Voraussehbarkeit im Unvoraussehbaren. Dies tun auch Sitten; und Politik und Verfassungen werden darum umso unerlässlicher, je weniger Verlass auf Sitten ist – also in allen Zeiten der Erweiterung der Welt, wo der Zusammenstoss der Sitten und Sittlichkeiten einander relativieren.

Der Betrug ist die Reservatio mentalis. Er ist im politisch Öffentlichen, im Gesetz und im Vertrag vorgesehen; auf ihn stehen sofort bestimmte, vorhergesagte Sanktionen. Er ist furchtbar nur im Personalen, weil es da keine mögliche Sanktion gibt.

Das Wagnis der Liebe, ihre »Blindheit«, ist, dass sie mit dem Betrug nicht rechnet und nicht rechnen kann. Darum stimmt: »Wer sich der Liebe ergibt, hält er sein Leben zu Rat?«[1]

Die Descartessche Vorstellung eines konsequent uns narrenden Gottes ist auch nur der Inbegriff des in allen menschlichen Beziehungen immer präsenten Alptraums des Misstrauens, der Inbegriff der Angst vor der Reservatio mentalis.

[4]

Solidarität: Alle Solidaritätsbegriffe tragen noch deutliche Spuren der ersten und ursprünglichsten Solidarität aller Menschen (also des Menschen) gegen die Natur. Solche Solidarität von Einem gegen alles Andere ist aber unter Menschen nie erlaubt. Es gibt keine unbedingte Solidarität. Das »wir sitzen alle in einem Boot« ist ein Beispiel der falschen, verabsolutierenden Solidarität.

Der Gruppenbegriff mitsamt seiner Bezogenheit auf die Teil-Ganzes-Kategorie stammt aus der Solidarität des Menschen gegen die Natur.

[5]

Unterschied zwischen dem radikal Bösen und der Schlechtigkeit: Die Schlechtigkeit ist immer selbstisch und bleibt gerade dadurch an Andere gebunden; sie ist nie radikal, weil sie immer Motiven entspringt, also keinen eigenen Ursprung hat. Die Schlechtigkeit entspricht genau in Mass und Qualität der menschlichen Güte, von der es mit Recht heisst: »Nennt mich nicht gut. Gut ist allein Gott, unser Vater im Himmel.«[1] Menschliche Güte wie Schlechtigkeit sind durch das Selbst limitiert.

Das radikal Böse aber nicht. Das Beunruhigende ist, dass ihm kein radikal Gutes entspricht. Die Merkmale des radikal Bösen sind:
1. Motiv-losigkeit und Selbstlosigkeit.
2. Völliger Mangel an Einbildungskraft, aus dem völliges Versagen des Mitleids, auch des Mitleids mit sich selbst!, entspringt.
3. Konsequenz alles rein Logischen, die letzten Folgerungen aus den einmal angenommenen Prämissen ziehen und die Anderen mit dem Argument: Wer A gesagt hat, muss auch B sagen, bei der Stange halten.

Dies sind nur die psychologischen Symptome, nicht die eigentlichen Zwecke und nicht das Wesen des radikal Bösen.

[6]

Der Irrtum der Philosophen ist immer gewesen, dass sie dachten, der Mensch verhalte sich zu den Menschen wie das Sein zum Seienden; nämlich so, wie das Sein als das waltende Grundprinzip das Seiende erst zum Seienden macht, so macht der Mensch (id est das Humane als Ideal) erst die Menschen zu Menschen. Und so wie man sich, um der Vielheit des Seienden Rechnung zu tragen, damit begnügte, den Grundbestimmungen von »ens«, »unum«, »verum« noch das »alter« zuzufügen, so glaubte man, der Pluralität der Menschen Genüge zu tun, wenn man zu dem Selbst noch den Andern hinzutat.

Der Mensch kann sich zu den Menschen immer nur wie der Löwe zu den Löwen verhalten. Der Begriff Mensch bleibt hier wesentlich ein Gattungsbegriff, d.h. ein animalischer. Weil man den Menschen brauchte wie das Sein, blieb der Begriff vom Menschen in der Vorstellung einer abgewandelten Tierart stekken; während man dann den Begriff der Mensch, aus dem man das Menschliche ableitete, zu einem »Ideal« erhob. In das Ideal ging dann jeweilig all das hinein, was den Menschen vom Tiere unterscheiden sollte: das Rationale, die Sprache, der Vorsatz, der Zweck etc. Dies »Idealische« kommt nur daher, dass wir einen Begriff von den Menschen ohne Bezug auf tierisches Leben noch nicht haben.

Politisch hat dies meist bedeutet, dass »Menschsein« von bestimmten Gruppen monopolisiert wird. Dies natürlich am deutlichsten in Aristoteles' Sklaventheorie.[1] Dies liegt nicht nur an antiken Verhältnissen, sondern auch daran, dass Aristoteles sich noch nicht scheute, die Konsequenzen seiner Konzeption offen zu ziehen.

[7][1]

Was ist gegeben? Niemals Material, das erst entsteht aus einer Teil-Zerstörung der Natur. (Um Holz für den Tisch zu gewinnen, muss ich den Baum als Baum zerstören.) Materie wiederum ist nur die Abstraktion von Material. Sollte die Attraktion der »Materialisten« darin bestehen, dass man weiss, dass Materie als »prima causa« etwas von Menschen Erzeugtes ist? Das Produkt menschlicher Arbeit für den Zweck weiterer Arbeit? Oder die vom Menschen selbst geschaffene Grundlage für das »human artifice«?

[8]

Das Verallgemeinernde in der Arbeit: Aus individuellen Bäumen machen wir Holz, aus individuellen Rindern Fleisch, aus individuellen Pflanzen Garn. Je organisierter die Arbeit ist, desto stärker setzt sich diese Verallgemeinerung als Materialisierung durch.

[9]

Gegeben scheint uns überhaupt nur: die Erde, um eine Stelle zu gewähren, an der wir im Universum unsere Zelte aufschlagen können (also der Raum); das Leben als die Spanne für unser Verweilen (also die Zeit); und die »Vernunft«, um erst uns zu leiten, uns hier für eine Weile häuslich einzurichten, und dann, wenn das Wohnen endlich besorgt ist, im Verwundern zu enden, dass überhaupt so etwas wie Erde, Universum, Leben und Mensch existieren. Mehr »Zweck« dürfte aus der ganzen Veranstaltung beim besten Willen nicht herauszulesen sein.

[10]

»Seinlassen«: nämlich aus den Universalien das »alter«, das Anderssein als ... streichen. Diese Bezugslosigkeit ist nicht Isolieren, sondern nur das Wegräumen der Zwecke, die Dinge aus dem Zweckzusammenhang lösen. Dies tat immer schon das »Schöne«, jedenfalls in der Kantschen Definition. Hier liegt der Zusammenhang zwischen dem Wahren und dem Schönen.

[11]

America: Das politisch Neue:[1]
1) Die Tatsache der Konstitution, das Etablieren des höchsten

Gesetzes, das gegen alle Herrschaftsansprüche – die des Einzelnen, die der Wenigen und die der Mehrheit – gesichert sein muss. Erst im Moment der Konstitution wurde ein Anfang gesetzt und zwar zum ersten Mal ohne Gewalt, ohne ἄρχειν und ἄρχεσθαι.

2) Die Teilung der Gewalten als Teilung der Souveränität. Entscheidend hierfür ist nicht die Montesquieusche Formel von Exekutive, Legislative und Judiciary, sondern die unbekümmerte Aufteilung von Befugnissen zwischen Federal Government und Staaten.

3) Das höchste Gesetz des Landes sind nicht nur Verfassung und verfassungsgerechte Gesetze, sondern auch Verträge. Dies der Grund für die Zwei-Drittel-Mehrheit des Senates. Hier ist zum ersten Mal Aussenpolitik zur Innenpolitik geworden. Hier liegt in der Tat eine Anweisung auf eine politische Organisation der Menschheit.

[12]

Marx stellt Hegel auf den Kopf, und Nietzsche dreht den Platonismus um – so vollzieht sich das Ende der abendländischen Philosophie. Beide wollten damit das bisher nur Gedachte verwirklichen und bereiteten – oder ahnten? – damit den totalitären Weg, der auch Gedachtes, wenn auch nur Ausgedachtes, zur Realität machen will.

Von hier aus gesehen ist Nietzsches Einwand gegen Plato [zu verstehen]: Das »Übersinnliche« gibt es nicht, es verdankt seinen Ursprung den Sinnen (daher das Gewicht, das Nietzsche immer auf die Genesis der Moral, der »Wertbegriffe« etc. legte); das erkennbar »Übersinnliche« ist in Wahrheit das Gesetz des Sinnlichen, vor dem wir uns keineswegs als Erkennende zu verhalten haben, sondern das wir im Sinnlichen verwirklichen können, wenn wir es kennen und unser Vorurteil, es mit etwas Übersinnlichem [zu tun zu haben] – d.h. mit etwas, das der Befugnis des Menschen wesentlich entzogen bleibt –, aufgeben.

Das Gute, Wahre, Schöne ist im Sinnlichen greifbar und im Sinnlichen erschaffbar. Das Schaffen des Guten, Wahren, Schönen ist mehr als das Erkennen, ja das Gegengift zum Erkennen, die Gegenbewegung zum Nihilismus, in dem das Erkennen endet. Der Nihilismus ist das Ende einer Erkenntnis, die behauptete, dass das Sinnliche nicht eigentlich sei und dass das eigentlich Seiende, das »Übersinnliche«, dem Menschen nicht fassbar, nicht die Welt der Menschen ist.

Marx' Einwand gegen Hegel sagt: Die Dialektik des Weltgeistes bewegt sich nicht listig hinter dem Rücken der Menschen, deren scheinbar eigenständige Willens-Handlungen sie für ihre Zwecke benutzt, sondern ist die menschliche Art und Weise der Tätigkeit. Solange diese Tätigkeit »unbewusst« war (d.h. solange die Gesetze der Dialektik nicht entdeckt waren), stellte sich diese Tätigkeit als ein Geschehen dar, in der das »Absolute« sich offenbart. Wenn wir uns des Vorurteils entledigen, dass ein »Absolutes« hinter unserem Rücken durch uns sich offenbart, und die Gesetze der Dialektik kennen, können wir das Absolute verwirklichen.

Im Moment des Handelns stellt sich fatalerweise heraus:

1. Dass das »Absolute« und das »Übersinnliche«, das Wahre, Gute, Schöne nicht fassbar sind, weil niemand konkret weiss, was es ist. Jeder hat zwar einen Begriff davon, aber stellt sich konkret etwas ganz anderes darunter vor. Sofern Handeln auf die Pluralität der Menschen angewiesen ist, ist die erste Katastrophe der abendländischen Philosophie, die schliesslich in ihren letzten Denkern sich des Handelns bemächtigen will, dass Einigung prinzipiell unmöglich und Tyrannei prinzipiell notwendig wird.

2. Dass zum Zwecke des Handelns jegliches als das Absolute gelten kann – Rasse, klassenlose Gesellschaft, etc. Alles ist gleich zweckmässig, »everything goes«. Die Wirklichkeit scheint dem Handeln so wenig Widerstand entgegenzusetzen wie den verrücktesten Theorien, die ein Scharlatan sich ausdenken mag. Alles ist möglich.

3. Dadurch, dass man Absolutes – Gerechtigkeit z.B. oder das

»Ideal« überhaupt wie bei Nietzsche – zum Zweck ansetzt, ermöglicht man vorerst ungerechte, bestialische Handlungen, weil das »Ideal«, die Gerechtigkeit ja als Masstäbe nicht mehr existieren, sondern zu innerweltlich erreichbaren, herstellbaren Zwecken geworden sind.

Mit anderen Worten, die Realisierung der Philosophie schafft die Philosophie, die Realisierung des »Absoluten« schafft das Absolute wirklich tatsächlich aus der Welt. So schafft schliesslich die vorgebliche Realisierung des Menschen die Menschen einfach ab.

[13]

Nietzsches umgekehrter Platonismus nach der Heidegger-Vorlesung[1], abgelesen an Kunst – Wahrheit:

Plato: Gott – ἰδέα (Wahrheit); Handwerker – ὄν (ausgerichtet an der ἰδέα, an der Wahrheit, ihr gemäss); Künstler – εἴδωλον (Versuch der Herstellung der ἰδέα, bei der nur ein Schein herauskommen kann).

Nietzsche: Wenn es Gott nicht gibt, der die ἰδέαι bereitstellt, gibt es auch keine Wahrheit. Dann stellt der Handwerker nicht mehr Dinge gemäss ihrem Wahrsein, gemäss der ἰδέα, die ihn beim Herstellen leitet, her, sondern gemäss ihres Nutzens; Funktionalisierung der Welt. (Hier zeigt sich, dass die konsequente Vulgarisierung der Welt in eine Zweckwelt erst anheben kann, wenn das platonische Weltbild nicht mehr gilt.) Um der der Wahrheit – des wahren Seins – beraubten Welt wieder Wahrheit – Sein – zu geben, bedarf es des Künstlers, der nun nicht mehr in der μίμησις einen Schein der im Vielerlei der Erscheinungen erblickten einheitlichen ἰδέα gibt; sondern diesen Schein frei schafft, ohne ihm Seinsrang geben zu können. So wird der Schaffer der εἴδωλα der höchste Typ Mensch. Dabei bleibt die Kunst Schein, εἴδωλον; aber dieser Schein tritt nun an die Stelle der Wahrheit.

Dagegen wäre zu setzen die Goethesche Kunstauffassung:

Der Künstler bildet nicht nach (μίμησις) das in der Natur Erkannte, sondern das Sich-zeigen der Natur, d.h. die Natur, sofern sie in den Bereich des Menschen tritt, und zwar dieses Eintreten selbst. Ihr Gegenstand, mit anderen Worten, ist nicht der Gegenstand der Erfahrung, sondern die Erfahrung selbst. (Heinrich [Blücher]) Sie gibt die Wahrheit des Seins, sofern dies Sein dem Menschen sich darbietet. (»Ins Innere der Natur dringt kein erschaffener Geist.«[2])

[14]

»Stumm geboren« sind wir alle. Das Sprechen lernen wir in dem Masse, in dem wir erfahren, dass alles Nicht-gesagte eigentümlich realitätslos bleibt, also in dem Masse, in dem wir hungrig sind nach Wirklichkeit. Es gibt keine stumme Wirklichkeit.

Dann gibt es noch die falsche Identifizierung von Sich-verbergen mit Geborgensein. Bergen kann man sich nur, indem man sich zeigt, das Sich-zeigen riskiert. Bergen können uns nur die Anderen, ihre Liebe, denen wir uns durch das Verbergen entziehen. Geborgenheit ist in der schlechthinnigen Souveränität des Stolzes, der in der Verborgenheit blüht und gedeiht, nicht möglich.

[15]

Nietzsches Wille zur Macht ist wesentlich der Wille über sich hinaus – nicht der Wille, als ein »Selbst« Andere zu beherrschen. Über sich hinaus, aber wohin? Das Über-sich-Hinaus durchstösst zwar die Grenzen des Selbst, aber stösst ins Leere. Darum kann man sich schwer des Verdachts erwehren, dass auch dies nur die grösste der modernen Veranstaltungen ist, sich selbst los zu werden. Wenn die Einsamkeit ohne Gott nicht zu ertragen ist, liegt der Schluss nahe, dass die Gesellschaft des eigenen Selbst, die erst in der Einsamkeit ohne Gott voll zur Geltung kommt, das wahrhaft Unerträgliche an der Einsamkeit ist.

[16]

Aus der 2. Abhandlung *Zur Genealogie der Moral.*

»Ein Tier heranzüchten, das versprechen darf – ist das nicht ... das eigentliche Problem vom Menschen? ... Eben dieses notwendig vergeßliche Tier, an dem das Vergessen eine Kraft, eine Form der starken Gesundheit darstellt, hat sich nun ein Gegenvermögen angezüchtet, ein Gedächtnis, mit Hülfe dessen für gewisse Fälle die Vergeßlichkeit ausgehängt wird, – für die Fälle nämlich, dass versprochen werden soll: somit ... ein aktives Nicht-wieder-los-werden-wollen, ein Fort-und-fort-wollen des ein Mal Gewollten, ein eigentliches Gedächtnis des Willens: so dass zwischen das ursprüngliche ›ich will‹ ›ich werde tun‹ und die eigentliche Entladung des Willens, seinen Akt, unbedenklich eine Welt von neuen fremden Dingen, Umständen, selbst Willensakten dazwischengelegt werden darf, ohne daß diese lange Kette des Willens springt ... Wie muß der Mensch, um dermaßen über die Zukunft voraus zu verfügen, ... selbst vorerst berechenbar, regelmäßig, notwendig geworden sein, ... um ... für sich als Zukunft gut sagen zu können!«[1]

Hier, und nicht in der Umwertung der Werte und nicht im verkehrten Platonismus, liegt die Stiftung einer neuen »Moral«. Das Versprechen ist so zentral das moralische Phänomen par excellence, wie der aus dem Vermögen zum Versprechen hervorgehende Kontrakt das zentrale politische Phänomen ist. (Wie merkwürdig, dass Nietzsche, nachdem er die *Genealogie der Moral* ausdrücklich mit dem Versprechen als einem positiven Phänomen begonnen hatte, sich so nachlässig verächtlich über die Vertragstheorie äussern konnte.) Hier liegt auch der echte, nicht »weltgeschichtliche«, Zusammenhang zwischen Geschichte und Politik; insofern das Versprechen das »Gedächtnis des Willens« ist, stiftet es Geschichte. Das Gedächtnis auf die

Zukunft, das der Zukunft die Gegenwart und die Vergangenheit im Modus des Nicht-vergessen-Wollens garantiert.

Dabei ist wesentlich, dass man – im Gegensatz zu Nietzsche – weder sich selbst noch die Umstände als »berechenbar« vorstellt; das Grossartige am Versprechen ist, dass es gerade im Material des Unberechenbaren, zu dem man selbst noch gehört, etwas Verlässliches aufstellt. Das Wesentliche aller Moral sollte sein, dass nur Versprechen gelten innerhalb einer Welt, die man prinzipiell »unberechenbar«, »unregelmässig«, »un-notwendig« belässt; innerhalb der Menschenwelt heisst das, dass es ausserhalb des Versprechens keine »Moralisiererei« geben darf, dass das Spontane nur an dem Versprechen seine Grenze finden darf, dass andererseits diese Grenze absolut sein muss. In diesem Sinne ist auch das Folgende allein zu verstehen: »Dieser Freigewordne, der wirklich versprechen darf, dieser Herr des freien Willens, dieser Souverän – wie sollte er es nicht wissen, welche Überlegenheit er damit vor Allem voraus hat, was nicht ... für sich selbst gutsagen darf. ... Der ›freie‹ Mensch, der Inhaber eines langen, unzerbrechlichen Willens, hat in diesem Besitz auch sein Wertmass.«[2]

Der Stolz (die Ehre des Menschen) ist gerade, im Unberechenbaren Verantwortung zu übernehmen, das »stolze Wissen ... dieser Macht über sich und das Geschick«.[3]

[17]

Über die Beurteilung von Handlungen:
(Moral): Die Verantwortungsethik[1] nennt eine Handlung gut, die, unabhängig von allen Motiven, in die »Welt« passt, sich ihr einfügt und in ihr vollbringt, was intendiert war. Sie setzt voraus, setzt in aller Unschuld voraus, dass der Mensch in die Welt passt, von dieser Welt ist und das, was er will, vollbringen kann. Oder, auf einer früheren, »primitiveren« Stufe (und alle »primitive Moral« ist Verantwortungsethik, ist pragmatisch) wird vorausgesetzt, dass es nur auf das rechte Gefüge der Welt ankommt

und dass Unrecht das objektive, beurteilbare, freiwillig oder unfreiwillig begangene Vergehen gegen dies Gefüge ist, in das der Mensch miteingefügt ist. Jegliche Verantwortungsethik ist in diesem Sinne weltlich und pragmatisch.

In Amerika entstand der Pragmatismus aus dem Verantwortungsgefühl und nicht umgekehrt. Die amerikanische Gottlosigkeit, die so wenig mit europäischem Atheismus zu tun hat, ist eng mit beiden verknüpft und besagt nur ein entschlossenes Von-dieser-Welt-Sein. Nun allerdings nicht – oder nicht mehr – im Sinne des Eingefügtseins in ein Bestehendes und Vorgegebenes, sondern im Sinne des Verantwortung-für-die-Welt-Übernehmens. Das Böse ist infolgedessen nie »wickedness«, Schlechtigkeit, an die man in Amerika nicht glaubt, sondern »evil«, das Übel, das man objektiv sowohl in der Natur als in der Natur des Menschen vorfindet und das als objektiv feststellbarer Bestandteil aus der Welt eliminiert werden muss.

Schlechtes Gewissen ist das schlechte Gewissen des eigenen Versagens, nicht »Schuld«, kein Zweifel an den eigenen Motiven, Ausdruck der Schwäche eher als »Schuld«. – An die Stelle des Glaubens an das Eingefügtsein in diese Welt tritt das Vertrauen, dass menschliche Kraft mit der gegebenen Welt und dem Übel in ihr fertig werden kann.

Die Gesinnungsethik beurteilt eigentlich Handlungen überhaupt nicht, sondern nur den Willen, der sie veranlasst. Da der Mensch nicht von dieser Welt ist, kann er in Handlungen nur das vollbringen, was er eigentlich nicht gewollt hat, und wird durch seine Handlungen in die Welt, in die Fremde und in die Schuld verstrickt. Obwohl der Mensch nicht von dieser Welt ist, kann er nur die Dinge dieser Welt, wenn auch vorläufig, erkennen und beurteilen. Seine eigene Heimat kennt er nicht. Aus dieser Überzeugung heraus ist die »Dunkelheit des menschlichen Herzens« entdeckt worden. Eigentlich kann der Mensch auch seinen eigenen Willen nicht beurteilen; er aber steht allein zum Urteil da; dies Urteil ist Gott vorbehalten. Das Jüngste Gericht ist wesentlich der Tag, an dem wir überhaupt erst erfahren werden, was Recht und Unrecht war.

Das berechtigte Misstrauen gegen alles Moralisieren entstammt nicht so sehr dem Misstrauen gegen die Masstäbe für Gut und Böse als dem Misstrauen gegen die Kapazität des Menschen für moralisches Urteil, für die Beurteilungen von Handlungen unter dem Gesichtspunkt der Moral. Der Verantwortungsethiker und Pragmatiker interessiert sich nicht für Motive, und der Gesinnungsethiker kann sie nicht kennen. Oder, der Pragmatiker braucht kein moralisches Urteil, weil er von dem nicht-menschlichen, »natürlichen«, »unschuldigen« Ursprung des Übels überzeugt ist; und der Gesinnungsethiker kann seine Masstäbe konkret niemals anwenden.

Aus diesem Dilemma hat es in neuerer Zeit drei grosse Auswege gegeben – Kant, Hegel, Nietzsche.

Das Grossartige der Kantschen Lösung besteht darin, dass der Kategorische Imperativ – handle so, dass die Prinzipien Deiner Handlung allgemeines Gesetz werden können – die Moralfrage aus der Gewissensfrage des Individuums (vis-à-vis Gott) herausnimmt und in die Pluralität der Menschen stellt. Und dies, obzwar auch bei Kant die vom Menschen und seinem Willen initiierte Kausalität in eine ihm prinzipiell fremde Kausalität der Natur hineinhandelt, welche alle Handlung entstellt und alles Vollbringen frustriert. Dadurch aber, dass Kant hier an die Stelle des Menschen die Menschen, beziehungsweise die Menschheit, setzt, deutet er die Möglichkeit einer Gegenwelt zur gegebenen Welt an. Nicht der Mensch, sondern die Menschen sind nicht von dieser Welt – und damit imstande, in und gegen die Welt ihre eigene »moralische« Welt zu errichten.

Das Furcht-einflössende der Kantschen Lösung ist, dass hier die Menschen weder von dieser noch von jener Welt sind, sondern Einwohner einer zukünftigen, dass ihnen gewissermassen die Heimat, sofern Heimat immer den vergangenen Ursprung mit beinhaltet, unter den Füssen weggeschlagen ist.

Hegel: Hegels Ausweg ändert den Sinn von Urteilen überhaupt, und in seiner Nachfolge hat man Beurteilen von Handlungen als »Moralisieren« depraviert.

Hegels Ausweg ist der Kantschen Lösung genau entgegengesetzt. Von Kant übernimmt er die Diskrepanz zwischen Wollen und Vollbringen, die im Geschehen als dem Sich-offenbaren des Geistes, der Gott ist, nicht sowohl aufgelöst wird als ihrer Bedeutung entleert wird. Da menschliche Handlungen ihren Sinn nur in dem vom Geiste gewebten Teppich des Geschehens haben, in welchem sie als Material gebraucht und verbraucht werden, ist ihr menschlich intendierter, gewollter Sinn moralisch neutral. Gut und Böse erscheinen, werden verbraucht im Pattern des Teppichs, in dem alles sinnvoll, also gut ist. Damit ist Urteil aus der Welt geschafft. Selbst Gott könnte nicht mehr urteilen. Gott offenbart sich, und der Mensch erfreut sich des Schauspiels. Sinn gibt es nur für die Kontemplation; aller intendierte Sinn ist Illusion. Wenn alles Sein in Wahrheit Werden ist, dann ist alles Handeln in Wahrheit Geschehen. Die Moral hat nicht Nietzsche, sondern Hegel abgeschafft.

Nietzsche folgt Hegel und missachtet Kant, weil er die Moral erledigen will. Man kann aber die Moral nur erledigen, wenn man Handeln abschafft. Nietzsche dreht Hegel insofern um, als bei ihm nicht mehr der Mensch das göttliche Spektakel der Selbstoffenbarung des Geistes betrachtet, sondern Gott das menschliche Schauspiel der »ewigen Wiederkehr«. Die »ewige Wiederkehr«, das ist der »circulus vitiosus deus«, das ewig sich wiederholende Spektakel des menschlichen Geschehens, zu dem »da capo« zu rufen göttlich ist, Beweis des Anteils am Göttlichen; ein Schauspiel, das sich immer wiederholt, weil es Einen gibt, der es »so wie es war und ist, wieder haben will, in alle Ewigkeit hinaus ..., der gerade dies Schauspiel nötig hat – und nötig macht: weil er immer wieder sich nötig hat – und nötig macht« (*Jenseits von Gut und Böse*, 56[2]). Dies ist Nietzsches Gottesbeweis! – Wie? Zu einem so grossartigen Schauspiel, wie es die Geschichte des Menschen ist, sollte es keinen Zuschauer geben, also keinen, der ausserhalb der Akteure, im Jenseits der Bühne, im Zuschauerraum sitzt? Der »Übermensch«, dessen wesentliches Zeichen »amor fati« ist, ist der göttliche Mensch, der imstande ist, Gott im Zuschauerraum Gesellschaft zu leisten. Dies ist Nietzsches Ausweg vor dem

»Nihilismus«, dessen einzig radikale Definition lautete: »Für das Nichts Gott opfern – dieses paradoxe Mysterium der letzten Grausamkeit blieb dem Geschlechte, welches jetzt eben heraufkommt, aufgespart.« (ibid. 5[3])

Alle neuen »Werte« Nietzsches sind die Qualitäten, die der Gott haben müsste, um sich des Schauspiels erfreuen zu können, und die der »Übermensch« sich »anzüchten« soll. Mitleid ist auch deshalb die grösste Gefahr, weil es verlockt, an Einzelheiten hängenbleibend das Grandiose des Ganzen zu übersehen. Nietzsches Verzweiflung ist der Zweifel darüber, ob es einen Gott gibt, der zuschaut. Gibt es aber einen Zuschauer, so ist der Sinn des Schauspiels gerettet, der Sinn des Geschehens auf Erden. Insofern die Ewige Wiederkehr in der Tat die nächste Annäherung des Werdens an das Sein ist, würde der »da capo« rufende Zuschauer »im Sein« sein, das heisst durch sein »Dacapo«-Rufen das Werden zum Sein erretten.

Dass hier von Beurteilung keine Rede mehr sein kann, ist evident. Das Rufen nach dem Zuschauer, der zugleich Zeugnis abzulegen hat – und dies ist der eigentliche Grund für die Nietzschesche Einschätzung der Kunst, die vom Künstler aus beurteilt wird (dem Zuschauer, dem, der nur die Erfahrung der Erfahrung akzeptiert und von ihr aus alles abschätzt, nicht beurteilt) –, stammt aus einer Einsamkeit, die vorher nie erfahren war und in der erst die grundsätzliche Vernachlässigung der Pluralität der Menschen durch die abendländische Philosophie aktiv verderblich werden konnte.

Radikale Einsamkeit gibt es erst, wenn dem Menschen weder Gott noch die Götter noch sein »Werk« (oder die imaginierte Menschheit, Nachwelt etc., der er etwas zu sagen hat) noch sein Selbst Gesellschaft leisten. In Nietzsches Philosophie löst sich das Selbst in die Sehnsucht nach dem Übermenschen auf; in dieser Selbst-Verlassenheit erst taucht das moderne Phänomen der Einsamkeit auf.

Wenn der Historismus die sogenannten Werte aufgelöst hat und damit der Urteilskraft ihren ihr selbst unbewussten Boden entzogen oder besser sie ihrer eigentlichen Kraft beraubt hat, so ist Nietzsches Ruf nach dem Zuschauer-Gott nur die letzte Konsequenz des Historismus.

Mit der Auflösung des Selbst, der modernen Selbst-losigkeit beginnt die Teufelei, weil ohne das Selbst ein Kontakt zu Anderen schlechterdings nicht mehr herstellbar ist. (So konnte christliche sogenannte Selbstlosigkeit nur funktionieren, weil sie sich um die höchst selbstische Sorge um das Heil der eigenen Seele zentrierte.) Kontaktlosigkeit ist psychologisch der Zustand, in dem alle Anderen überflüssig geworden sind.

Trotz allem ist es rätselhaft, warum nur Kant je auf die Idee gekommen ist, sich überhaupt mit der Urteilskraft als einem getrennten Vermögen zu beschäftigen.

[18]

Die zentrale Frage einer künftigen Politik wird immer wieder das Problem der Gesetzgebung sein. Die Antwort des Nationalstaats war, dass Gesetze gibt, wer Souverän ist – der Monarch, der Staat, das Volk, die »volonté générale«, die Nation – d.h. wer die Macht hat zu wollen. Impliziert ist, dass der Mensch – und weder Gott noch Natur – Souverän auf Erden ist; die Frage nur, wer diesen Souverän vertritt. Impliziert ist, dass Gesetze vom Willen abhängen und dass bestimmte Körperschaften oder Menschen mit der Macht zu wollen, für Andere zu wollen, ausgestattet werden müssen. Nietzsches Wille zur Macht ist nur die Umkehrung dieser Macht zu wollen, wie sie sich in allen souveränen Staaten zu seiner Zeit ausdrückte. Dies war eine typische Idee des 19. Jahrhunderts. Um nämlich die Macht zu wollen zu haben, muss es erst einmal einen Willen geben, der die Macht zu wollen will; oder um wollen zu können, muss ich wollen wollen. Daher Heideggers: Wille zum Willen ist Wille zur Macht.

Dass ich Macht haben muss, um wollen zu können, macht das Machtproblem zum zentralen politischen Faktum aller Politik, die auf Souveränität gründet – also aller mit Ausnahme der amerikanischen.

[19]

Nietzsche, *Fröhliche Wissenschaft*, 109: »Hüten wir uns zu sagen, dass Tod dem Leben entgegengesetzt sei. Das Lebende ist nur eine Art des Toten, und eine sehr seltene Art.«[1] – Dazu zu vergleichen (*Wille zur Macht* oder *Jenseits von Gut und Böse*) die Identifizierung von Sein und Leben – als das einzige, was uns als Sein bekannt sei. Der Widerspruch ist scheinbar; bei näherer Überlegung ergibt sich, dass hier der Punkt liegt, wo Nietzsches Moral beinahe ihre metaphysische Rechtfertigung gefunden hätte. Dass das Lebende das einzig Seiende sei, folgt natürlich aus der abendländischen Philosophie; es ist nur eine Neubenennung des alten »actu«, dem das nur »potentia« – anorganische Materie – entgegengesetzt ist; eigentlich ist das »actu« von der Materie als »potentia« umgeben (dies meint noch Jaspers' Umgreifendes). Wesentlich ist die Vorstellung von der Seltenheit des Lebenden. Damit ist die Brücke geschlagen zu dem Seltenen in der moralischen Wertschätzung und zu der Verachtung alles Durchschnittlichen. Wesentlicher: Damit ist die Brücke geschlagen zu einer »neuen« Art Wahrheit: Sie braucht sich nicht mehr am Durchschnittlichen, Alltäglichen, jedermann Bekannten, jederzeit Überprüfbaren zu erweisen. Die Wahrheit kann »rar«, »jäh«, wie »der Blitz« sein. Hier liegt die eigentliche Verbindung zwischen Nietzsche und Heidegger. Wenn Leben Sein ist, dann ist das »Lebendigste« das Seiendste. Wenn das Lebende nur eine sehr seltene Art des Toten ist, dann ist das Seltenste das Lebendigste und das Seiendste. (»Im Jähen, Raren zeigt sich Sein, / Wir spähen, wahren, schwingen ein.«[2]) Dann ist alles Durchschnittliche Décadence, Neigung zu der Allgemeinheit des Toten. Siehe auch Nietzsche, *Die ewige Wiederkehr, Aus dem Nachlass 1881*, 23: »Unsere ganze Welt ist die Asche unzähliger lebendiger Wesen …«[3]

Nietzsche: »Der politische Wahn … ist vor allem Verweltlichung … Sein Ziel ist das Wohlbefinden des flüchtigen Individuums …«[4]

Nietzsches kategorischer Imperativ: Die Frage bei allem, was du tun willst: Ist es so, dass ich es unzählige Male tun will?, ist das grösste Schwergewicht. (ibid. 28[5]) »... so leben, dass wir nochmals leben wollen und in alle Ewigkeit so leben wollen!« (ibid. 36[6])

Oktober 1951

[20] *October 1951.*

Faulkner: »The past is never dead; it is not even past.«[1]

November 1951

[21] *November 1951.*

Zu Heideggers »Bauen – Wohnen – Denken«[1]:

p. 2: »Die Sprache bleibt die Herrin des Menschen. Vielleicht ist es vor allem anderen die vom Menschen betriebene Verkehrung dieses Herrschaftsverhältnisses, was sein Wesen in das Unheimische jagt.«

Warum Herrschaftsverhältnis? 'Eν ἀρχῇ ἦν ὁ λόγος[A]? Und ist die »ursprüngliche« Sprache göttlichen Ursprungs, Gottes Wort, dem der Mensch in der Entwicklung des Wortes zur Sprache gehorsam oder ungehorsam sein kann? Soll dies »ursprüngliche Wort«, der λόγος ἐν ἀρχῇ, den Masstab des Denkens abgeben, und zwar als aussermenschlicher, »übermenschlicher« Masstab?

[A] [en arche en ho logos], im Anfang war das Wort

p. 3: »Die Weise, nach der wir Menschen eigentlich auf der Erde sind, ist … das Wohnen. Menschsein: Als Sterblicher auf der Erde sein, heisst: Wohnen.« Menschsein = die Erde bewohnen = als Sterblicher auf der Erde sein; die Flüchtigkeit des menschlichen Bezugs zur Erde, der Mensch ist »nicht von dieser Welt«, er ist auf ihr nur im Modus des Wohnens. Dies besagt seine Sterblichkeit. Dagegen die Götter, deren Unsterblichkeit gerade ihre Irdischkeit verbürgt. Sie garantieren den Sterblichen die Unsterblichkeit der Behausung, in die die Sterblichen ein- und aus der sie wieder ausziehen. Daher des Menschen doppelter Bezug: zu den irdischen unsterblichen Göttern aus Dankbarkeit für die Erde und zu dem ausserirdischen ewigen (nicht unsterblichen!) Gott, der den Sterblichen nur auf Grund ihrer Sterblichkeit »sichtbar« wird.

Dass der Mensch »den Tod vermag« (Achill), gibt ihm eine Überlegenheit nicht nur über alle anderen Bewohner der Erde, sondern über die Götter; gibt ihm einen Bezug zu etwas Nichtirdischem. Daher sind die Götter gottlos, aber der Mensch nur Gott-verlassen.

Wenn der Mensch die Erde entgöttert, hat er ihr ihre Unsterblichkeit geraubt und damit sich die Bleibe für seine Sterblichkeit. Dies kann aus einem Missverständnis Gottes geschehen: Im Christentum machte sich der Mensch bewusst fast heimatlos auf der Erde; dies natürlich gelang nicht, aber die Entgötterung der Erde, d. h. der Verlust der unsterblichen Heimat der Sterblichen vollzog sich doch.

Auf dieser entgötterten Erde, die keine Bleibe mehr bot, hat man sich dann auch noch ohne Gott eingerichtet.

p. 3: Wohnen = als Nachbar in der Nähe sein.

p. 12: »Vielmehr gehört es zum Wesen unseres Denkens an die genannte Brücke, dass es die Ferne zu diesem Ort durchsteht.«

Denken an = die Ferne zu etwas durchstehen ist die reale Einbildungskraft im Gegensatz zur Vorstellung einerseits und zur Erinnerung andererseits.

[22]

Montesquieu, *De l'Esprit des lois*, I, chapitre 2: gegen Hobbes: Der ursprüngliche Impuls des Menschen ist nicht der Krieg aller gegen alle, sondern die Flucht aller vor allen. Der Beginn der Gesellschaft ist daher nicht der Verzicht auf Macht um der Sicherheit wegen, sondern die Erkenntnis der gemeinsamen Furcht. »La crainte porterait les hommes à se fuir; mais les marques d'une crainte réciproque les engageraient bientôt à s'approcher.«[1]

Chapitre 3: »L'objet de la guerre, c'est la victoire; celui de la victoire, la conquête; celui de la conquête, la conservation.«[2]

»La loi, en général, est la raison humaine, en tant qu'elle gouverne tous les peuples de la terre.«[3]

Heft VII

November 1951 bis Januar 1952

Heft VII

November 1951

[1] *Nov. 51.*

Jeder Mensch ist natürlicherweise mehr als alles, was er tut oder denkt, mehr als alles, was er je tun oder denken könnte. Dies ist sein eigentlicher Stolz, der Stolz des Natürlich-Irdisch-Menschlichen, dass das eigentliche Wesen, das jeder ist, dass die eigentliche Grösse, die jeder hat, mit ihm aus der Welt geht, ihn nicht überlebt wie ein Ding, sondern sterblich ist wie er und so unrettbar verloren geht, wie dies »Wesen«, solange er lebt, unbezweifelbar wirklich ist.

Das dämonische Element im Genie ist, dass das Genie dauernd in der Gefahr steht, dass sich dies Verhältnis bei ihm umkehrt, dass das, was es erzeugt, in Wahrheit (und nicht nur im Vorurteil der Narren) mehr ist als es selbst. Sein Fluch ist es, als Mensch dauernd in Konkurrenz zu stehen mit seinen Taten und Werken, gejagt von der Angst, dieser nicht würdig zu sein. (Hieraus entspringt dann die sich selbst missverstehende Furcht so vieler »schöpferischer« Menschen, dass das neueste Werk nicht »besser« als alle vorangegangenen ist, oder die dieser Furcht zugrundeliegende permanente Angst, die Produktivität könnte plötzlich aussetzen.) Die Angst ist berechtigt, obwohl im Genie gerade sich das natürliche Grundverhältnis zwischen Werk und Schöpfer nie umkehrt.

Denn sobald dies eintritt, haben wir statt des Genies den Literaten, den Intellektuellen vor uns, ganz gleich, wie »gut« die Leistung sein mag. Das spezifisch Empörend-Widerwärtige des Intellektuellen besteht darin, dass selbst seine schlechtesten Sachen noch besser sind als er selbst. Hier also tritt die Verkehrung eines menschlichen Grundverhältnisses, von der das Genie ständig bedroht ist, wirklich ein. Daher der weitverbreitete Hass auf die Intellektuellen und der Ekel, den der Umgang mit ihnen unweigerlich auslöst.

[2]

Gesetze regeln den »politischen«, d.h. den Bereich des Zwischen der menschlichen Welt. Wo immer dies Zwischen, das zugleich Abstand und Verbindung herstellt und als solches den Raum konstituiert, in dem wir uns miteinander bewegen und gegeneinander verhalten, durchschlagen wird, also in der Liebe zum Beispiel, gelten Gesetze nicht mehr, verlieren sie ihre Relevanz.

Gesetze dürfen nie erlassen werden für irgendeinen Bereich ausser dem strikt »politischen«. Sie schützen mich vor dem Unrecht der Anderen, sie schützen die Anderen vor dem Unrecht, das ich ihnen tun kann. Sie dürfen aber nie vorgeben, mich vor mir selbst zu schützen – wie alle Gesetzgebung gegen Laster, Spiel, Trunksucht etc. Aller Einbruch der Moral ins Politische, d.h. moralisierenden Raisonierens, das über den Begriff des Unrechts, verübt am Andern, hinausgeht, ist immer ein Angriff auf die Freiheit.

Praktisch würde dies heissen: Eine Rauschgiftgesetzgebung darf bestrafen nur den, der Rauschgift auf dem Schwarzen Markt verkauft – also einem Andern schadet dadurch, dass er sich an seiner Sucht bereichert –, nicht den Käufer, der das Morphium sich selbst spritzt. Dies geht niemanden etwas an, solange der Morphinist nicht kriminell wird.

Montesquieu zu der Frage: »Il est aisé de régler par des lois ce qu'on doit aux autres; il est difficile d'y comprendre tout ce qu'on se doit à soi-même.« (*Esprit des lois*, VII, ch. 10[1])

Dezember 1951

[3] *Dec. 51.*

Montesquieu, *De l'Esprit des lois*:

I, 1: »... les lois sont les rapports qui se trouvent entre! ... [une raison primitive] et les différents êtres, et les rapports de ces divers êtres entre eux.«[A1]

(Gesetze regeln den Bereich des Zwischen!)

I, 3: »L'objet de la guerre, c'est la victoire; celui de la victoire, la conquête; celui de la conquête, la conservation.«[2]

(Dies gerade trifft nicht mehr zu. The aim of war is extermination even at the cost of victory. The aim of victory is annihilation even at the cost of making the victory meaningless; the aim of conquest is the permanent transforming of reality into the totalitarian fiction even at the price of not being able to conserve what one has.[B])

I, 3: »La loi, en général, est la raison humaine, en tant qu'elle gouverne tous les peuples de la terre.«[3]

(Das Zwischen wird geregelt von der Vernunft, auf die sich alle einigen können. Sie ist wie bei Hobbes der Deus ex machina. Bei Hobbes erlöst sie vom Krieg aller gegen alle; bei Montesquieu ist sie positiv die Quelle des Gesetzes. Da ja aber die Gesetze verschieden sind in den verschiedenen Staatsformen, setzt die Vernunft den Willen oder das Ereignis, das eine spezifische Staatsform gewollt oder als daseiende akzeptiert, voraus.)

[A] diese Passage ist mit Bleistift am Rand angestrichen

[B] das Ziel des Krieges ist die Zerstörung, sogar auf Kosten des Sieges; Ziel des Sieges ist die Verwüstung, sogar auf Kosten der Tatsache, daß damit der Sieg seines Sinnes beraubt wird; Ziel der Eroberung ist das ständige Verändern von Wirklichkeit in die totalitäre Fiktion, sogar um den Preis, daß man das, was man hat, nicht bewahren kann

II, 2: »… la division de ceux qui ont droit de suffrage est, dans la république, une loi fondamentale«[4] (nämlich um eine »klassenlose Gesellschaft« im Staate der »Egalité« zu verhindern).

II, 4: Die Macht der Priester, gefährlich in der Republik, in einer Despotie die einzige, »qui arrête seul la puissance arbitraire«[5].

(Hat man erst einmal willkürliche Macht, dann wird alles zum Segen, was nicht willkürlich ist. Montesquieu gibt Portugal und Spanien als Beispiele.)

III, 1: »Il y a cette différence entre la nature du gouvernement et son principe, que sa nature est ce qui le fait être tel; et son principe, ce qui le fait agir. L'une est sa structure particulière, et l'autre les passions humaines qui le font mouvoir.«[6A]

(Vgl. hierzu d'Alemberts *Analyse*: »Quant au principe des trois gouvernements, celui de la démocratie est l'amour de la république, c'est-à-dire de l'égalité.«[7] »Amour« = »amor appetitus quidam«[8], ὄρεξις[B]. Alle staatsbildenden Passionen – »Vertu« oder »passion de l'égalité«, »Honneur« oder »Passion de distinction«, »Crainte« oder »Passion de déstruction« (?) ganz abstrakt, richten sich nie auf Menschen, sondern was den Menschen, die zusammen in diesem Staat leben, gemeinsam ist.)

IV, 3. Despotismus: »Il n'a point à délibérer, à douter, ni à raisonner; il n'a qu'à vouloir.«[9]

(Dies Wollen gerade in den totalitären Staatsformen aufgehoben, die vorgeben, den »Willen« der Natur oder der Geschichte zu vollziehen!)

IV, 8: Arbeit: Xenophon, *Memorabilia*, V: »La plupart des arts … corrompent le corps de ceux qui les exercent; ils obligent de s'asseoir à l'ombre, ou près du feu: on n'a de temps ni pour ses amis, ni pour la république.« Zitiert auch Aristoteles, *Politica*, III, 4.[10]

[A] diese Passage ist mit Bleistift am Seitenrand angestrichen

[B] [orexis], Streben (nach etwas)

»On était donc fort embarrassé dans les républiques grecques. On ne voulait pas que les citoyens travaillassent au commerce, à l'agriculture, ni aux arts; on ne voulait pas non plus qu'ils fussent oisifs.... Il faut donc regarder les Grecs comme une société d'athlètes et de combattants.«[11]

V, 9: »La pesanteur des charges produit d'abord le travail; le travail, l'accablement; l'accablement, l'esprit de paresse.«[12]

V, 10: »Le gouvernement monarchique a un grand avantage sur le républicain: les affaires étant menées par un seul, il y a plus de promptitude dans l'exécution. Mais, comme cette promptitude pourrait dégénérer en rapidité, les lois y mettront une certaine lenteur.«[13]

V, 13: »Quand les sauvages de la Louisiane veulent avoir du fruit, ils coupent l'arbre au pied, et cueillent le fruit. Voilà le gouvernment despotique.«[14] 14: »... on tire tout de la terre, on ne lui rend rien; tout est en friche, tout est désert.«[15]

V, 14: »Le gouvernement despotique a pour principe la crainte.... Tout y doit rouler sur deux ou trois idées; il n'en faut donc pas de nouvelles!...

Un pareil État sera dans la meilleure situation, lorsqu'il pourra se regarder comme seul dans le monde...

Comme le principe du gouvernement despotique est la crainte, le but en est la tranquillité; mais ce n'est point une paix, c'est le silence de ces villes que l'ennemi est près d'occuper.«[16]

V, 16: »Dans le gouvernement despotique, le pouvoir passe tout entier dans les mains de celui à qui on le confie. Le vizir est le despote lui-même, et chaque officier particulier est le vizir.... Enfin, la loi étant la volonté momentanée du prince, il est nécessaire que ceux qui veulent pour lui, veuillent subitement comme lui.«[17]

(Dagegen das totalitäre Führerprinzip: Jeder Unterführer verkörpert den Willen des Führers, weil der Führer den Willen der Natur oder der Geschichte verkörpert. – Die Naturgesetze und Geschichtsgesetze, die nachgeahmt werden, sind Bewegungsgesetze: daher Bewegungen!)

VI, 5: »Machiavel: ce grand homme«[18]

VII, 4: »Les républiques finissent par le luxe; les monarchies par la pauvreté.«[19]

VII, 9: Femmes: »... cet art qu'ont les petites âmes d'intéresser les grandes ...«[20]

VIII, 1: »La corruption de chaque gouvernement commence presque toujours par celle des principes.«[21]

VIII, 3: »Dans l'état de nature, les hommes naissent bien dans l'égalité, mais ils n'y sauraient rester. La société la leur fait perdre, et ils ne redeviennent égaux que par les lois.«[22]

(Cf. D'Alembert, *Analyse*: »L'intérêt, le besoin, et le plaisir, ont rapproché les hommes; mais ces mêmes motifs les poussent sans cesse à vouloir jouir des avantages de la société sans en porter les charges; et c'est en ce sens qu'on peut dire, avec l'auteur, que les hommes dès qu'ils sont en société, sont en état de guerre.«[23] Also genau die Umkehrung der Hobbesschen These.)

VIII, 5: »Plus ces États [despotiques, H. A.] ont de sûreté, plus, comme des eaux trop tranquilles, ils sont sujets à se corrompre.«[24]

(Cf. D'Alembert, *Analyse*: »Un seul gouvernement ... fait du genre humain qu'un corps exténué et languissant, étendu sans vigueur sur la surface de la terre.«[25])

(All dies wahrscheinlich nicht mehr zutreffend wegen der Einführung des Prinzips der Bewegung. Möglich ist nur, dass eine auf sich zurückgeschlagene Bewegung schliesslich alles in Staub zerreibt.)

VIII, 8[A]: »La plupart des peuples d'Europe sont encore gouvernés par les mœurs. Mais si par un long abus du pouvoir, si par une grande conquête, le despotisme s'établissait à un certain point, il n'y aurait pas de mœurs ni de climat qui tinssent; et, dans cette belle partie du monde, la nature humaine souffrirait, au moins pour un temps, les insultes qu'on lui fait dans les trois autres.«[26]

[A] über dieses Exzerpt, das auf Seite 14 des Originalheftes beginnt, hat H. A. zwei Zeilen in Kurzschrift geschrieben, die nicht entziffert werden konnten

(Cf. Hegel,[A] *Vorlesungen zur Geschichte der Philosophie. Einleitung*, C. I., 233[27])

VIII, 10: »Le principe du gouvernement despotique se corrompt sans cesse,[B] parce qu'il est corrompu par sa nature. Les autres gouvernements périssent, parce que des accidents particuliers en violent le principe: celui-ci périt par son vice intérieur, lorsque quelques causes accidentelles n'empêchent point son principe de se corrompre.«[28]

(Cf. D'Alembert, *Analyse*: »La perfection de ce gouvernement [id est tyrannique, H. A.] en est la ruine.«[29])

VIII, 20: »Que si la propriété naturelle des petits états est d'être gouvernés en république; celle des médiocres, d'être soumis à un monarque; celle des grands empires, d'être dominés par un despote; il suit que, pour conserver les principes du gouvernement établi, il faut maintenir l'état dans la grandeur qu'il avait déjà.«[30]

VIII, 21: »le souhait de Néron, que le genre humain n'eût qu'une tête«[C][31]

Préface: »L'homme, cet être flexible, se pliant, dans la société, aux pensées et aux impressions des autres, est également capable de connaître sa propre nature lorsqu'on la lui montre, et d'en perdre jusqu'au sentiment lorsqu'on la lui dérobe.«[32]

X, 3 (Droit de conquête).

»Car, de ce que la société serait anéantie, il ne s'ensuivrait pas que les hommes qui la forment dussent aussi être anéantis. La société est l'union des hommes[D], et non pas les hommes; le citoyen peut périr, et l'homme rester.«[33]

X, 16: »Lorsque la conquête est immense, elle suppose le despotisme. Pour lors l'armée répandue dans les provinces ne suffit pas. Il faut … [une] milice [qui] doit … faire trembler tous

[A] an dieser Stelle folgen eineinhalb Zeilen in Kurzschrift, die nicht entziffert werden konnten

[B] Satzteil im Original mit Blei am Rand angestrichen

[C] im Original mit Tinte am Rand angestrichen

[D] Satz im Original nachträglich mit Bleistift unterstrichen

ceux à qui on a été obligé de laisser quelque autorité dans l'empire.«[34]

XI, 5: »Il y a aussi une nation dans le monde qui a pour objet direct de sa constitution la liberté politique.«[35]

XI, 6: »La loi, qui est en même temps clairvoyante et aveugle...

... moi qui crois que l'excès même de la raison n'est pas toujours désirable ...«[36]

XII, 2: »La liberté philosophique consiste dans l'exercise de sa volonté... La liberté politique consiste dans la sûreté ...«[37]

XII, 4: »C'est le triomphe de la liberté, lorsque les lois criminelles tirent chaque peine de la nature particulière du crime. Tout l'arbitraire cesse: la peine ne descend point du caprice du législateur, mais de la nature de la chose; et ce n'est point l'homme qui fait violence à l'homme.«[38]

XII, 19: »... il y a des cas où il faut mettre, pour un moment, un voile sur la liberté, comme l'on cache les statues des dieux.«[39]

XII, 30 (footnote, Despotie in Persien): »On mit Cavade, dit Procope, dans le château de l'oubli. Il y a une loi qui défend de parler de ceux qui y sont enfermés, et même de prononcer leur nom.«[40]

XV, 2: »La liberté de chaque citoyen est une partie de la liberté publique...[41]

Ce qui fait que la mort d'un criminel est une chose licite, c'est que la loi qui le punit a été faite en sa faveur.«[42]

XIX, 9: »La paresse est l'effet de l'orgueil; le travail est une suite de la vanité.«[43]

XIX, 6: »Il y a cette différence entre les lois et les mœurs, que les lois règlent plus les actions du citoyen, et que les mœurs règlent plus les actions de l'homme. Il y a cette différence entre les mœurs et les manières, que les premières regardent plus la conduite intérieure, les autres l'extérieure.«[44]

XXIII, 17 (De la Grèce et du nombre de ses habitants):

»Il ne devait y avoir qu'un certain nombre d'hommes libres, pour que les esclaves fussent en état de leur fournir la subsistance.«[45]

XXIV, 10: »Il n'y ... a jamais eu [de sectes de philosophie] dont les principes fussent plus dignes de l'homme, et plus propres à former des gens de bien, que celle des stoïciens.«[46]

XXVI, 20: »La liberté consiste principalement à ne pouvoir être forcé à faire une chose que la loi n'ordonne pas; et on n'est dans cet état que parce qu'on est gouverné par les lois civiles: nous sommes donc libres, parce que nous vivons sous des lois civiles.

Il suit de là que les princes, qui ne vivent point entre eux sous des lois civiles, ne sont point libres; ils sont gouvernés par la force; ils peuvent continuellement forcer ou être forcés. De là il suit que les traités qu'ils ont fait par force sont aussi obligatoires que ceux qu'ils auraient faits de bon gré ... un prince, qui est toujours dans cet état dans lequel il force ou il est forcé, ne peut pas se plaindre d'un traité qu'on lui a fait faire par violence. C'est comme s'il se plaignait de son état naturel.«[47]

[4]

Der Zwang des Zwingend-Einsehbaren, wie er den Einsamen überfällt und in die durch keine Erfahrung kontrollierte Absurdität der Unternehmung treibt, dürfte der Identifizierung von Freiheit und Notwendigkeit oder allen Versuchen, Freiheit aus der Notwendigkeit abzuleiten, zugrunde liegen.

Die Tyrannei der Vernunft in uns, der Zwang des zwangsläufigen Schlußfolgerns, ist in Wahrheit eine »Beherrschung und Unterwerfung seiner selbst«[1], die allem von der Macht der Natur und der Menschen Beherrscht- und Unterdrücktwerden vorausgeht und sie auch überdauert.

Das eigentliche Gegen-Prinzip gegen diesen Zwang ist der Anfang. »Ut initium esset, homo creatus est.«[2] Im Anfang liegt immer die Quelle der Freiheit. Über diesen Anfang hat die Tyrannei der Vernunft keine Gewalt, weil er aus ihrer Logik nie deduzierbar ist und weil sie ihn immer schon voraussetzen muss, um überhaupt das Zwangsläufige zum Funktionieren zu bringen.

Aus diesen Grundbestimmungen kommt das große Pathos aller Gründungen, aller Revolutionen – sofern sie etwas Neues wollen –, aller Schöpfungen.

[5]

Es ist furchtbar, dass die Menschen, nur um sich vor dem Morden und Gemordetwerden zu schützen, sich in Bedingungen brachten, unter denen immer einer des Andern Richter ist. Das Furchtbare an den Gesetzen ist nicht die Strafe oder die Rigorosität der legalen Forderung, sondern dass es Beurteilen und Verurteilen impliziert.

[6]

Die Vernunft ist in der politischen Philosophie immer der Deus ex machina, im Falle Hobbes, um uns von den Übeln des Naturzustandes, im Falle Montesquieus, um uns von den Übeln der Gesellschaft zu erlösen.

[7]

Vor dem Überflüssigwerden der Menschen zugunsten des Menschen, wie ihn das philosophische Denken herauspräpariert hat, haben uns in der abendländischen Geschichte nur zwei Dinge geschützt, die es beide nicht mehr gibt. Erstens die griechische Eros-Tradition, die von der Bedürftigkeit des Einen für den Andern, wie sie in der Tatsache der Geschlechter gegeben ist, ausging; und zweitens die diesem Gedanken entgegengesetzte und ihn schliesslich ausrottende Vorstellung von der Einzigartigkeit und Absolutheit des Individuums, jedes Menschen, wie die christliche Lehre vom Seelenheil es verstand. Dieser Lehre liegt die Souveränität des Menschen, jedes Menschen, zugrunde – der der andern Menschen nicht bedarf, sondern nur der Hilfe – Gnade, Erlösung etc. – Gottes. Dieses irdisch gesehene unabhängige, souveräne Individuum, dessen Beziehung zum Andern von der Beziehung zu sich selbst – liebe Deinen Nächsten wie Dich selbst – bestimmt und geleitet ist, machte der Liebe im griechischen Sinne ein Ende und machte sie schliesslich auf der Erde heimatlos. Die Pluralität der Menschen aber war grossartigst garantiert durch Gottes Interesse an jedem Einzelnen. Um Gottes willen durfte man nicht töten. – Bei den Griechen hat das Verbot des Mordes nie eine große Rolle gespielt. Aber überflüssig konnten Menschen im Plural solange nicht werden, als an der menschlichen Bedürftigkeit für einander, wie der Eros sie verwaltet, festgehalten war.

Die innermenschliche Verbundenheit, wie die Griechen sie kannten und gegen die sich aufzulehnen Hybris war – Hybris als Gegensatz zum Eros –, ist längst dahin, und an den christlichen Gott, ohne dessen Willen kein Sperling vom Dach fällt, glaubt kein Mensch mehr. Dies ist die doppelte moderne Verlassenheit, die Gottes-Verlassenheit inmitten eines unübersehbar massenhaften Getriebes unbezogener, kontaktloser Individuen. Souveränität ist umgeschlagen in Verlassenheit, in der man noch nicht einmal mehr bedürftig ist.

Erst in dieser Situation kann sich die Lehre der Philosophen von dem Menschen und die Vernachlässigung der Menschen so auswirken, dass Menschen im Plural vor dem Monster des Menschen in einem hybriden Singular überflüssig werden.

Januar 1952

[8]

Januar 1952.

Grotius, Prolegomena zu *De jure belli ac pacis*, I, I, X: »Est autem jus naturale adeo immutabile, ut ne a Deo quidem mutari queat. Quanquam enim immensa est Dei potentia, dici tamen quaedam possunt ad quae se illa non extendit... Sicut ergo ut bis duo non sint quatuor ne a Deo quidem potest effici; ita ne hoc quidem, ut quod intrinseca ratione malum est malum non sit.« (C. J. Friedrich, *Inevitable Peace*, 1948, p. 120): Natural law is so firmly rooted in natural reason that it »would have a degree of validity even if we should concede... that there is no God«. Grotius quotes from Cicero (ibid. 124), *De re publica.* »There is in fact, a true law – namely right reason – which is in accordance with nature, applies to all men, and is unchangeable and eternal.«[1]

[9]

Macht:
Der Grund, dass Politik im Bereich des Zwischen entsteht: Macht kommt zustande, wenn immer Menschen etwas zusammen unternehmen, ist gleichsam das Urphänomen der Pluralität. Kein Mensch allein hat Macht, als Einzelner ist der Mensch ohnmächtig. Ohnmacht ist die Grunderfahrung des Einsamen, aus ihr – d. h. aus der Einsamkeit in der Pluralität – entspringt das Ressentiment. Aus der Ohnmacht des Einzelnen, d. h. aus der Ohnmacht des Menschen, entspringt das Missverständnis von der Ohnmacht des Geistes. Weder der Geist noch der Mensch ist »ohnmächtig« – die Machtfrage kann hier noch gar nicht gestellt werden –, sondern jeder einzelne Mensch, auch der stärkste. Stärke wird zur Macht nur im Zusammen. Nichts ist falscher – und zeigt besser die eigentliche Hybris unserer

politischen Philosophie – als »der Starke ist am mächtigsten allein«[1].

Hobbes hat dies Phänomen gesehen, aber nicht verstanden. Seinem mechanistischen Denken stellte es sich so dar, als ob alle Menschen ein bestimmtes, wesentlich gleiches Macht-Quantum besitzen, das, da es Macht-Quantum ist, per definitionem gegen alle anderen Macht-Quanten gerichtet ist. Die Lösung des »Konflikts« ist dann, diese Quanten abzugeben an einen Macht-Monopolisator – den Tyrannen –, wonach alle machtlos zurückbleiben.

In Wahrheit hat der Einzelne nicht nur keine Macht, er kann sie als Einsamer, in der Singularität, nicht einmal erfahren. Versucht er seine Stärke zu erproben, so wird er stets nur seine Ohnmacht erfahren.

Macht entspringt im Zwischen der Pluralität. In Wahrheit kann keiner sie sich aneignen, weil sie sich in blauen Dunst auflöst, sobald sie aus diesem Zwischen in »Subjekte« verlegt werden soll. In der Pluralität, in deren Zwischen Macht entsteht, bewältigen die Menschen die Natur und errichten die Welt, oder sie beherrschen die Natur und errichten eine sich selbst vernichtende Welt. Das »initium«, das der Mensch ist, verwirklicht sich nur in dieser Sphäre des Zwischen. Mit dem Ursprung der Macht im Zwischen entspringt der Anfang. Daher heisst ἀρχή Anfang und Herrschaft, nur dass im Wort Herrschaft bereits eine Miss-Interpretation unterläuft. ἀρχή ist Anfang und Macht in Einem.

Nietzsches Interpretation des Ressentiment ist richtig für den Einsamen, der sich vergleicht mit der Pluralität und hier seine Ohnmacht als Negation der Macht erfährt. Das ursprüngliche Gefühl der Ohnmacht des Menschen – etwa im Anblick der Natur – ist gerade umgekehrt durchaus positiv und ähnelt dem Gefühl des Erhabenen.

Nietzsches Identifikation von Ressentiment und Revolte gilt auch nur für den Einsamen. Sobald eine Gruppe revoltiert, entspringt Macht, und das Gefühl, das sie beseelt, ist nie Ressentiment, höchstens Hass. Um das Phänomen der Macht in der revoltierenden Gruppe zu vernichten, muss man die Gruppe zerschlagen, alle in Einzelne verwandeln; es genügt nie, die Gruppe zu entmachten. Macht würde sich sofort neu bilden.

Befehl – Gehorsam: Macht liegt nicht im Befehlenden und nicht im Befehl, sondern entspringt dadurch, dass der Befehl ein Zusammen und damit das Zwischen, wo Macht entspringt, stiftet.

Herrschsucht ist eines der Laster der Einsamkeit. Es gibt nur zwei reine Typen des Einsamen – den Tyrannen und den Philosophen. Der Tyrann ist einfach ein Parasit des Zwischen, aus dessen vielfachen Verstrickungen er sich draussen hält. Seine Grunderfahrung ist die Ohnmacht des Einzelnen; seine Grundlage ist vorzugeben, das zu haben, was als Habe eines Menschen gar nicht existieren kann, nämlich Macht. Dadurch, dass er alle Menschen voneinander isolieren muss, um sie so machtlos zu machen, wie er selbst ist, zerstört er dauernd das Zwischen, wo sich Macht bildet, sodass eine Despotie im Ganzen immer am leichtesten zu besiegen ist. Sie ist im eigentlichen Verstand des Wortes macht-los, sie hat die Dimension zerstört, in der Macht entspringt. Das Parasitentum des Tyrannen, der in der Herrschsucht den Ersatz für die Machtsphäre des Zwischen sucht, ist eine Sucht.

Der Philosoph ist einsam, weil ihn das Fragen der Philosophie zwingt, sich aus allen Antworten der Menschen herauszuhalten. Da er sich vor den Meinungen der Menschen (mit Recht) fürchtet, glaubt er, es mit dem Menschen zu tun zu haben, der sich ihm nur in der allen angeblich gemeinsamen Vernunft repräsentieren kann. Der Philosoph wird herrschsüchtig, weil er über das Meinungschaos Gewalt haben will. Zu diesem Zweck bringt er in den an sich freien Geist den Zwangscharakter der Logik, sodass er nun jedem Menschen im Innern seinen eigenen Tyrannen schafft, der ihm sagt, was er denken und was er nicht denken darf. Erst wenn die Logik als Zwang die Menschen in ihrer Gewalt hat, denkt in jedem Menschen scheinbar der Mensch. Das ist der Sieg der Philosophen – und das Ende des Denkens als freier, spontaner Tätigkeit.

[10]

Kant (Cassirer Ausgabe, vol. VI): »Über den Gemeinspruch: Das mag in der Theorie richtig sein, taugt aber nicht für die Praxis«, 357 ff.

357: Das »Mittelglied der Verknüpfung« ist die Urteilskraft, die eine »Naturgabe« ist. Dies aber nur wesentlich für das nicht-moralische Handeln. Im Moralischen wird die Urteilskraft durch »Pflicht« überflüssig gemacht, deren Distinktionsvermögen »mit der gröbsten und leserlichsten Schrift in die Seele des Menschen geschrieben« ist! (370) Die Vermittlung von Theorie und Praxis wird also entweder von einer nur Einzelnen zukommenden oder einer »groben«, allen gemeinsamen »Naturgabe« geleistet.

»Nun findet jeder Mensch in seiner Vernunft die Idee der Pflicht und zittert beim Anhören ihrer ehernen Stimme.« Dies ist – im Gegensatz zur Urteilskraft, die Naturanlage des Einzelnen ist – »die innere Anlage der Menschheit«. Und da hier allein theoretische und praktische Vernunft verbunden sind, liegt hier auch der Archimedische Punkt[1], »woran die Vernunft ihren Hebel ansetzen kann«, nämlich »ihre innere Idee der Freiheit«. (»Von einem neuerdings erhobenen vornehmen Ton in der Philosophie«, pp. 491–2)

Die »leere Idealität« des Pflichtbegriffs (359): Das »Gegebene«, das, was die Pflicht vor der Leere schützt, ist vor allem das »ultra posse nemo obligatur«[A], d. h. dass die Vernunft findet, dass im Sollen auch das Können beschlossen liegt (cf. *Zum ewigen Frieden*, p. 456) – dies nebenbei die schärfste anti-christliche Position oder die ins Extrem getriebene »moralische« Position gegen alle religiöse, die das »posse« keineswegs voraussetzt, sondern sogar leugnet. – Anders ausgedrückt: Gegeben ist die »mögliche« Wirkung des Willens einerseits (359) (»posse«) und

[A] über sein Können hinaus ist niemand (zu einer Leistung) verpflichtet (Übers. K. Bayer)

die »Empfänglichkeit des Willens« für das »moralische Gefühl« (Sollen) andererseits (366).

Ad Moral und Christentum: Da Moral nach Kant nichts ist als die allgemeine Gesetzgebung der Vernunft (vgl. 361), kann nichts »Unvernünftiges« – »ultra posse« – verlangt werden.

Alle politischen Einteilungen Kants mit direktem Bezug auf das Menschengeschlecht: Er untersucht Theorie und Praxis 1. in der Moral = jeder Mensch, 2. in der Politik = Staaten, 3. in kosmopolitischer Betrachtung = Menschengeschlecht (360). Cf. *Zum ewigen Frieden*, 434: »Alle rechtliche Verfassung«: 1. »Staatsbürgerrecht« = »citoyen«; 2. »Völkerrecht« = national; 3. »Weltbürgerrecht, sofern Menschen und Staaten, in äußerem, aufeinander einfließendem Verhältnis stehend, als Bürger eines allgemeinen Menschenstaats [der natürlich kein Weltstaat ist!, H. A.] anzusehen sind« = Mensch.

Der »moralische Endzweck« = »Zweck an sich selbst«. Bei Kant zwei voneinander geschiedene Gedankengänge: 1. Ausgehend vom Menschengeschlecht: Der moralische Endzweck kann nur die Glückseligkeit aller Menschen sein. Die eigene Glückseligkeit kann als Zweck keine Rolle spielen, da sie immer mit dem »Zweck an sich« in Konflikt kommen kann. Pflicht ist daher »Einschränkung des Willens« gegen alle (362–3), so wie Recht »Einschränkung der Freiheit ... auf die Bedingung ihrer Zusammenstimmung mit der Freiheit von jedermann« ist (373). Die Grenze des Einzelnen ist nicht ein Anderer (und dessen Wollen, Machtstreben, etc.), sondern alle Andern, d.h. die Pluralität selbst, deren Inbegriff die Vernunft als Idee der Pflicht vorstellt.

2. Die Ausschaltung aller Zwecke, auch des Endzwecks, im kategorischen Imperativ: »Handle so, daß Du wollen kannst, Deine Maxime solle ein allgemeines Gesetz werden (der Zweck mag sein, welcher er wolle).« (*Zum ewigen Frieden*, 464) Dies ist eigentlich die kopernikanische Wendung in der Moral, nämlich die Eliminierung der ganzen Fragestellung nach Zweck – Mitteln. Nur ist hier eben wieder, wie in der kopernikanischen Wendung in der *Kritik der reinen Vernunft*, der Mensch im Zen-

trum und weder die Menschheit noch die Menschen, noch jedermann. Der letzte Zweck wird gleichsam zum »Ding an sich« in der Moral. – Mit diesem letztern steht im Zusammenhang:

Autarkie des Menschen: Die Priorität der Tugend vor der Glückseligkeit steckt im folgenden, in einer Anmerkung versteckten Satz verborgen: »Die Glückseligkeit enthält alles (und auch nichts mehr als) was uns die Natur verschaffen, Tugend aber das, was niemand als der Mensch selbst sich geben oder nehmen kann.« (366) Hierin liegt die Gnadenlosigkeit aller Moral gegenüber aller Religion beschlossen. Dies hat eine unmittelbare Wirkung auf die Politik, und zwar über den Begriff der Arbeit.

Bürger kann nach Kant nur sein, wer »sein eigener Herr« ist – also moralisch nur der Tugendhafte, materiell nur, wer »ein Eigentum [hat], (wozu auch jede Kunst, Handwerk, oder schöne Kunst, oder Wissenschaft gezählt werden kann)« (378–9), aber nicht der Besitz der Arbeitskraft, weil diese ja nicht materiell erworben, sondern Natur-gabe ist. Sie würde im Moralischen der Glückseligkeit entsprechen. »Derjenige, welcher ein opus verfertigt, kann es durch Veräußerung an einen anderen bringen, gleich als ob es sein Eigentum wäre. Die praestatio operae aber ist keine Veräußerung. Der Hausbediente, der Ladendiener, der Taglöhner, selbst der Friseur sind bloß operarii, nicht artifices … mithin auch nicht Bürger zu sein qualifiziert. … Der … Gewerbetreibende verkehrt also sein Eigentum mit dem anderen (opus), der [Taglöhner] den Gebrauch seiner Kräfte, den er einem anderen bewilligt (operam).« (379 Anm.)

Die List der Natur, welche den Fortschritt der Menschheit im Ganzen hinter dem Rücken der Menschen, die »mit ihren Entwürfen nur von den Teilen ausgehen«, selbst »wider Willen« bewirkt (395): So wird dem »Zweck der Menschheit im Ganzen, … welchem die Zwecke der Menschen abgesondert betrachtet, gerade entgegenwirken«, gedient (397). »Die Natur will unwiderstehlich, daß das Recht zuletzt die Obergewalt erhalte.« (*Zum ewigen Frieden*, 453) »Auf die Art garantiert die Natur durch den Mechanism der menschlichen Neigungen selbst den ewigen Frieden.« (ibid. 454)

Politisch kommt dies darin zum Ausdruck, dass es »der a priori gegebene allgemeine Wille ... ist, der allein, was unter Menschen Rechtens ist, bestimmt« (465), d.h. allein Quelle der Autorität des Gesetzes ist. Und dies alles ist nur möglich, wenn man annimmt, dass »das moralisch Böse ... die von seiner Natur unabtrennliche Eigenschaft [hat], daß es ... sich selbst zuwider und zerstörend ist und so dem ... Prinzip des Guten ... Platz macht.« (466) Es ist offenbar, dass aus dem ersten Teil des Satzes – der allgemeinen und daher auch der Selbst-Zerstörung – keineswegs sein zweiter folgt, dass das Gute automatisch in die durch Zerstörung frei gewordene Lücke gleichsam einbricht. Aus dem destruktiven Charakter des Bösen folgt nichts als Destruktion – des Guten erst, und dann auch des Bösen. Wenn das Böse das Feld geräumt hat, ist nichts übrig; das Gute ist bereits vorher verschwunden. Dies alles ist natürlich nur richtig, wenn man die Hypothese eines kausal-mechanischen Prozesses hinter dem Rücken der Menschen, gleich ob durch die List der Natur oder der Vernunft geleitet, annimmt. Es beweist aber schlagend, nicht nur, wie schnell und sicher Fortschritt in Untergang umschlagen kann, sondern dass Untergang unter solchen Voraussetzungen das sehr viel Wahrscheinlichere ist. Die Fortschritts-Theorie kann keinen noch so verschleierten und verharmlosenden Begriff des Bösen vertragen.

Ad »europäisches Gleichgewicht«[A]: »Denn ein dauernder allgemeiner Friede, durch die sogenannte Balance der Mächte in Europa, ist, wie Swifts Haus, welches von einem Baumeister so vollkommen nach allen Gesetzen des Gleichgewichts erbauet war, daß, als sich ein Sperling draufsetzte, es sofort einfiel, ein bloßes Hirngespinst.« (397)

Ad Fortschritt: »Die Vorstellung eines unendlichen Fortschreitens zum Endzweck ist doch zugleich ein Prospekt in eine unendliche Reihe von Übeln, die, ob sie zwar von dem grö-

[A] bei Kant: »Balance der Mächte in Europa«

ßeren Guten überwogen werden, doch die Zufriedenheit nicht stattfinden lassen, die er sich nur dadurch, daß der Endzweck endlich einmal erreicht wird, denken kann.« (»Das Ende aller Dinge«, 420) Dies dürfte wohl Kants endgültige Meinung sein; und sie ist in der Tat dem unendlichen Fortschritt tödlich, d.h. macht ihn zu dem gleichen »Possenspiel«, das er an Mendelssohns geschichtsfremdem »ewigen Einerlei« rügte (393, »Über den Gemeinspruch etc.«) und dem er mit einem nie abbrechenden Fortschreiten zu begegnen glaubte.

Philosophie als »Magd der Theologie«: »Man sieht aber nicht recht, ›ob sie ihrer gnädigen Frauen die Fackel vorträgt oder die Schleppe nachträgt‹.« (*Zum ewigen Frieden*, 456)

»das Heiligste, was Gott auf Erden hat, das Recht der Menschen« (ibid. 438)

Von den drei Ideen Gott – Freiheit – Unsterblichkeit »führt ... die mittlere, nämlich die der Freiheit, weil die Existenz derselben in dem kategorischen Imperativ enthalten ist, der keinem Zweifel Raum läßt, die zwei übrigen in ihrem Gefolge bei sich.« (»Verkündigung des nahen Abschlußes eines Traktates zum ewigen Frieden in der Philosophie«, 509)

»Die Lüge (›vom Vater der Lügen, durch den alles Böse in die Welt gekommen ist‹) ist der eigentliche faule Fleck in der menschlichen Natur.« (ibid. 513)

[11]

Alle konsequent durchgehaltene Einsamkeit endet in Verzweiflung und Verlassenheit – einfach weil man sich nicht selbst um den Hals fallen kann.

[12]

Das Empörende und Blasphemische, das in allen Reden über die Macht oder Allmacht Gottes liegt, gründet darin, dass es Macht eines Einzelnen überhaupt nicht oder nur parasitär (Tyrann) gibt. Dies heisst natürlich nicht, dass Gott »machtlos« ist – obwohl alle mystischen Spekulationen über die Bedürftigkeit Gottes und seine Angewiesenheit auf die Hilfe der Menschen für seine eigene Schöpfung vermutlich auf eine wirkliche Einsicht in das ausschliesslich menschlich-irdische, nicht-göttliche Wesen der Macht zurückzuführen sind. Fest steht jedenfalls, dass man ein Phänomen, das nur durch den Plural überhaupt denkbar ist, nicht auf den einzigen Singular beziehen kann, von dem wir uns überhaupt einen Begriff zu machen imstande sind.

[13]

Kant, *Zum ewigen Frieden* (Cassirer, VI, 427 ff.)

»Naturzustand«: In Hobbes' Sinne und ganz dem Begriff der Natur widersprechend, der in der List der Natur etc. gedacht ist. Im Gegensatz zu Hobbes versteht Kant, dass die Pluralität der Menschen ohne Gemeinwesen unerträglich wäre. Dies Gemeinwesen ergibt sich nicht aus der Natur, sondern muss »gestiftet« werden. (433) Entscheidend ist der Satz in der Anmerkung 434: »Der Mensch aber (oder das Volk)... lädiert mich schon durch eben diesen Zustand, indem er neben mir ist, obgleich nicht tätig (facto), doch durch die Gesetzlosigkeit des Zustandes (statu iniusto)..., und ich kann ihn nötigen, entweder mit mir in einen gemeinschaftlich-gesetzlichen Zustand zu treten, oder aus meiner Nachbarschaft zu weichen.« Der Naturzustand ist also der »verworfene Zustand«, in dem Menschen sich »schon durch ihr Nebeneinandersein lädieren«. (439)

Hiermit gehört zusammen das »Besuchsrecht«[1], das Kant ableitet aus dem »gemeinschaftlichen Besitze der Oberfläche der Erde, auf der als Kugelfläche [die Menschen] sich nicht ins Unendliche zerstreuen können, sondern endlich sich doch nebeneinander dulden müssen«. Das Besuchsrecht nimmt das Nebeneinander der Menschen wahr, die keinen Kontrakt miteinander haben. Es ist abgeleitet lediglich aus dem prinzipiell limitierten Raum auf der gemeinsam bewohnten Erde. Dies ist charakteristischerweise das einzig »bodenständige« Recht bei Kant – und der Boden ist die ganze Erde! »Das Recht der Oberfläche« (444)! Hiermit hängt zusammen, »daß die Rechtsverletzung an einem Platz der Erde an allen gefühlt wird«. (446)[A]

Der »Naturzustand« ist der historisch feststellbare (?) Zustand der Menschen – weder des Menschen noch der Menschheit. Er spielt daher in Kants Philosophie kaum eine Rolle. Angeborene Rechte können daher auch nicht die Menschen (im Naturzustande) haben, sondern nur die Menschheit: »diese angebornen, zur Menschheit notwendig gehörenden und unveräußerlichen Rechte« (435) – ohne dass sich anscheinend Kant von der Bedeutung seiner Änderung der Theorie von den angeborenen Menschenrechten Rechenschaft gegeben hätte.

Staatsformen (437): Kant unterscheidet: »Formen der Beherrschung« (Autokratie, Aristokratie, Demokratie) nach dem Kriterion »wer hat die Macht« – der Fürst, der Adel oder das Volk. Und »Formen der Regierung«: republikanisch und despotisch. Republikanisch = Teilung der Gewalten; Despotism: öffentlicher Wille wird zum Privatwillen. Beide Regierungsformen können eigentlich in allen Herrschaftsformen präsent sein: Entscheidend ist nicht, wer die Macht (Exekutivgewalt) hat, sondern, wie sie sich zum Gesetz (Teilung der Legislative von der Exekutive) verhält. Und nur in der Teilung der Gewalten gibt es überhaupt ein Verhältnis der Macht zum Recht. Alle Reden darüber, dass Macht Recht sei, gründen darauf, dass Gesetze von dem gemacht werden, der die Macht hat. Wenn derjenige, der Gesetze macht, keine Macht hat, wird das ganze Gerede praktisch-politisch hinfällig.

[A] der letzte Satz wurde nachträglich eingefügt

Heft VIII

Januar 1952 bis April 1952

Heft VIII

Januar 1952

[1]

Januar 1952

Kant (cont.)[1]
Anstatt, was doch so nahelag, das Recht der Oberfläche, das Gesetz der Erde zum Garanten des Menschheitsrechts und des ewigen Friedens zu machen, bemüht Kant »die große Künstlerin Natur« (446f.), die wir uns jedoch (im Gegensatz zur Erde) nur »hinzudenken« können (448) und die nicht mehr ist als »der Ausdruck einer für uns erkennbaren Vorsehung« (448–9). Der Grund für diese Verzweiflung liegt in dem »zur Praxis ohnmächtigen allgemeinen, in der Vernunft gegründeten Willen« (452). Unser einziger Trost ist, dass die hinzugedachte Vorsehung handelt (?), »wir mögen wollen oder nicht« (452!), womit dann wieder einmal die Freiheit durch die Notwendigkeit garantiert worden ist.

Jaspers' wesentliche Differenz von Kant besteht nur darin, dass er daran nicht mehr glaubt.

[2]

Philosophen unter sich – als ob sich nichts geändert hätte. In »Von einem neuerdings erhobenen vornehmen Ton in der Philosophie« (p. 483)[1]: Zwei Sorten von Philosophen, erstens die, welche »die Philosophie aus Gefühlen, die uns gerade zur Sache selbst (sic!) führt«, »in dem Tone eines Gebieters« vortragen, »der der Beschwerde überhoben ist, den Titel seines Besitzes zu beweisen«; und zweitens die, »welche sich allererst rechtfer-

VIII Januar 1952

Kant (cont'd):

Anstatt, was doch so nahe lag, das Recht der Oberfläche, das Gesetz der Erde, zum Garanten des Menschheitsrechts und des ewigen Friedens zu machen, bemüht Kant "die grosse Künstlerin Natur" (446 f.), die wir uns gerade (im Gegensatz zu Gott) nur "hinzudenken" können (448) und die nicht mehr ist als "der Ausdruck einer für uns erkennbaren Vorsehung." (448–9) Der Grund für diese Verzweiflung liegt da in dem "zur Praxis ohnmächtigen, allgemeinen, in der Vernunft gegründeten Willen." (452) Unser einziger Trost ist, dass die ~~Natur~~ "hinzugedachte Vorsehung" handelt (!) "wir mögen wollen oder nicht" (452 f.), womit dann wieder einmal die Freiheit durch die Notwendigkeit garantiert worden ist.

Jaspers' wesentliche Differenz von Kant besteht nur darin, dass er daran nicht mehr glaubt.

=

tigen müssen, um sich der Wahrheit ihrer Behauptungen berühmen zu dürfen«. Wenn diese Rechtfertigung glückt, sehen sie sie natürlich als zwingend einsichtig an. Die einen tun vornehm, die andern wollen zwingen. Alles im Namen der Freiheit natürlich.

[3]

Ad Freiheit: Der Gegensatz zwischen Freiheit und Notwendigkeit ist eine der dümmsten Fallen, die unsere philosophische Vergangenheit uns stellt. Der Gegensatz zur Freiheit ist Schicksal, und Schicksal ist nichts anderes als der Fortgang dessen, was wir in Freiheit anfingen. – Der eigentliche Gegensatz zur Notwendigkeit ist der Zufall.

Der Grund für die Falle wird ganz klar in Schellings »Wesen der menschlichen Freiheit«. Das »lebendigste Gefühl der Freiheit« steht im Gegensatz zur »Allmacht Gottes«, die, wie »die Sonne am Firmament alle Himmelslichter auslöscht«, als »unendliche Macht« jede »endliche Macht« vernichtet. »Absolute Kausalität in Einem Wesen lässt allen anderen nur unbedingte Passivität übrig.« Freiheit ist identifiziert mit Macht und Macht mit Kausalität. (Abt. I, 7. Bd., 339[1])

Schicksal ist nur die Art und Weise, wie wir die Folgen einer Freiheit (= Anfang) erfahren: Es ist die »ewige, mit der Schöpfung gleichzeitige, Handlung, die das Wesen des Menschen selbst ausmacht.« (387) Schelling verlegt den »Anfang« in die Ewigkeit, in den Anfang der Schöpfung, aus folgenden Gründen: Er hat Angst (mit Recht) vor der psychologisch-biographischen Festlegung des Anfangs, die zwar dem Einzelnen evident sein mag, aber nie zu beweisen ist. Er weiss ferner, dass jeder Mensch ein »Anfang« ist, als ob die Welt mit ihm neu entstünde. Dies drückt er leider metaphorisch aus, d.h. verlegt diesen »ewigen Anfang« an einen gedachten Beginn der Schöpfung. Schliesslich weiss er um die »Ewigkeit« des Menschen, sofern er ein Anfang ist. Diese Ewigkeit kann man so ausdrücken: Dass ein Mensch lebt, kann in alle Ewigkeit nicht rückgängig gemacht werden – daraus folgt aber keineswegs, dass er in aller Ewigkeit vorgesehen worden sein muss. Man könnte auch sagen: Die Zeit, die dem Menschen hier gegeben ist, ist seine Ewigkeit. Von dieser Ewigkeit, die gleichsam unausrottbar ist, gibt der Mensch, solange er lebt, der Welt ab und trägt so zum Bestand der Geschichte bei. Von hier aus gesehen wäre Geschichte die Ewigkeit des Menschengeschlechts – das, was alle Menschen an Ewigkeit auf Erden zurücklassen.

[4]

Schelling, *Philosophische Untersuchungen über das Wesen der menschlichen Freiheit.*[1]

»Gott ist nicht ein Gott der Toten, sondern der Lebendigen... Die Folge der Dinge aus Gott ist eine Selbstoffenbarung Gottes. Gott aber kann nur sich offenbar werden in dem, was ihm ähnlich ist, in freien aus sich selbst handelnden Wesen; für deren Sein es keinen Grund gibt als Gott, die aber sind, so wie Gott ist.« (346–7)

Wesentlich für die Stichhaltigkeit der ganzen »Argumentation«, dass Gott in der Offenbarung erst sich selbst offenbart. Ohne diese Gleichsetzung: »Selbstoffenbarung« als Offenbarung des Selbst und für sich selbst gäbe es keine Verbindung mit Menschen.

»Es gibt in der letzten und höchsten Instanz gar kein anderes Sein als Wollen. Wollen ist Ursein.... Die ganze Philosophie strebt nur dahin, diesen höchsten Ausdruck zu finden.« (350) Für Schelling, dessen Grundproblem immer das Leben als Lebendig-sein ist, sind also die Dinge das Gewollte (gefrorener Wille sozusagen) und das Leben der Wille. (Ich denke, also bin ich. Ich will, also lebe ich. Im Denken habe ich nur die Evidenz des toten Seins – daher seine Vorwürfe an Spinoza –, der Dinge, und mache mich selbst zu einem Ding. Im Wollen habe ich die Evidenz, dass ich lebend bin.)

Das Prinzip des Willens, das, was ich wollend erfahre, ist die

Freiheit, »ein Vermögen des Guten und Bösen«. (352) »Nur wer Freiheit gekostet hat, kann das Verlangen empfinden, ihr alles analog zu machen, sie über das Universum zu verbreiten.« (351)

»In dem Zirkel, daraus alles wird, ist es kein Widerspruch, daß das, wodurch das Eine erzeugt wird, selbst wieder von ihm gezeugt werde.« (358)

Der Verstand ist »eigentlich der Wille in dem Willen.« (359) Dasjenige »an den Dingen« daher, was sich »nicht in Verstand auflösen lässt«, d. h. nicht als Gewolltes zu begreifen ist, ist »die unergreifliche Basis der Realität, der nie aufgehende Rest«, der »ewig im Grunde bleibt«. (360)

»Das Prinzip, sofern es aus dem Grunde stammt und dunkel ist, ist der Eigenwille der Kreatur, der ... blinder Wille ist. (Ihm) steht der Verstand als Universalwille entgegen, der jenen gebraucht und als bloßes Werkzeug sich unterordnet.« (363) Der blinde Wille, der sich nicht unterordnen lässt, d. h. rein Eigenwille bleibt, als der böse Wille, »die Erhebung des Eigenwillens (ist) das Böse«. (365)

Gegen das Böse als Privation: »Der Teufel nach der christlichen Ansicht war nicht die limitierteste Kreatur, sondern vielmehr die illimitierteste.« (368)

Das zentrale Vorurteil: »Das Positive ist immer das Ganze oder die Einheit; das ihm Entgegenstehende ist Zertrennung des Ganzen, Disharmonie, Ataxie der Kräfte.« (370)

Gegen die Identifizierung des Bösen mit dem Sinnlich-Irdischen: Jene, die »dem Himmel nicht, wie sich gebührte, die Hölle, sondern die Erde entgegensetzen«. (371)

Die eigentliche Unmöglichkeit dieses Ansatzes des lebendigen Willens als Sein ist, dass der Tod schlechterdings unbegreiflich wird. Unter diesen Bedingungen könnte in der Tat »das Band der Kräfte, welche das Leben ausmachen, ... ebensowohl unauflöslich sein, und ... ein Geschöpf, welches das fehlerhaft Gewordne in sich durch eigene Kräfte wieder ergänzt [das Böse war mit der Krankheit gleichgesetzt], dazu bestimmt, ein Perpetuum mobile zu sein«. (377) Damit hätte sich eigentlich die ganze Willens- (und Kraft = Energie-)Philosophie erledigen müssen.

Der Verstand war der Universalwille gegen den Eigenwillen: »Gottes Wille ist, alles zu universalisieren, ... der Wille des Grundes aber, alles zu partikularisieren ...« Der Verstand als »lumen naturale«, das eigentlich göttliche, der göttliche Wille. Die Rede ist daher nie von Gut und Böse im Sinne von Recht und Unrecht. Dies kommt bei Schelling gar nicht vor. Daher, und nur daher tut er in seiner Kritik Kant Unrecht, der wiederum unter Gut und Böse lediglich Recht und Unrecht verstand.

Ad Perpetuum mobile: Tod »als das Absterben der Eigenheit« ist »ein Feuer«, durch welches menschlicher Wille hindurchgehen muss, »um geläutert zu werden«. (381) Ergo: lebt der menschliche Wille, seiner Eigenheit beraubt!, ewig. Hier ganz deutlich die abscheulichen Konsequenzen eines Begriffs von Ewigkeit, der das Einzelne – das Einmal-gewesen-Sein, das unwiderrufbar ist – also das gerade, was unwiderrufbar für alle Zeit ist, ausschliesst.

Zufall: »ist unmöglich, widerstreitet der Vernunft wie der notwendigen Einheit des Ganzen«; dagegen »jene höhere Notwendigkeit, die ... aus dem Wesen des Handelnden selbst quellende Notwendigkeit ist«. (383)

»Die Tat, wodurch sein Leben in der Zeit bestimmt ist, gehört selbst nicht der Zeit, sondern der Ewigkeit an: Sie geht dem Leben auch nicht der Zeit nach voran, sondern durch die Zeit (unergriffen von ihr) hindurch als eine der Natur nach ewige Tat. [Grossartig!] Durch sie reicht das Leben des Menschen bis an den Anfang der Schöpfung; daher er durch sie auch außer dem Erschaffenen, frei und selbst ewiger Anfang ist.« (385-6) – Nur noch Augustin.

Von hier aus aber schliesst er auf »ein Leben vor diesem Leben«, in dem durch jene Tat »sogar die Art und Beschaffenheit seiner [des Menschen] Korporisation bestimmt ist«. (387)

Menschliche oder göttliche Hilfe: »einer Hilfe bedarf der Mensch immer.« (389)

»Glaube, nicht im Sinn eines Fürwahrhaltens ... dem zur Gewißheit etwas abgeht ... sondern in seiner ursprünglichen Bedeutung als Zutrauen, Zuversicht auf das Göttliche, die alle Wahl ausschließt.« (394)

Gott: »als lebendige Einheit von Kräften«. (394)

»Die Schöpfung ist keine Begebenheit, sondern eine Tat«. (396)

»Denn dies ist die Endabsicht der Schöpfung, dass, was nicht für sich sein könnte, für sich sei,[2] indem es aus der Finsternis, als einem von Gott unabhängigen Grunde, ins Dasein erhoben wird.« (404) »Das Ende der Offenbarung ist daher die Ausstoßung des Bösen vom Guten, die Erklärung desselben als gänzlicher Unrealität.« (405)

»Dies ist das Geheimnis der Liebe, daß sie solche verbindet, deren jedes für sich sein könnte und doch nicht ist, und nicht sein kann ohne das andere.« (408) Cf. »Aphorismen über die Naturphilosophie«, [Nr.] 163: »Wäre nicht jedes ein Ganzes, sondern nur Teil des Ganzen, so wäre nicht Liebe: Darum aber ist Liebe, weil jedes ein Ganzes ist, und dennoch nicht ist, und nicht sein kann ohne das andere«.[3]

»Das Böse aber ist kein Wesen, sondern ein Unwesen, das nur im Gegensatz eine Realität ist, nicht an sich«. (409)

»Der Mensch ist also der Erlöser der Natur«[A], nämlich weil er alles, was ist, in Gewolltes verwandelt – und was heisst das anders, als in Sinnvolles verwandelt, das er nun verstehen kann?

[5]

Recht und Unrecht, das Menschen einander antun, haben ihre Masstäbe im Zwischen, richten sich nach dem, was zwischen Menschen beschlossen wurde – Vertrag, Kontrakt, »agree-

[A] an dieser Stelle hat H. A. später mit Sternchen hinzugefügt: Sobald man hier den Seinsbegriff als Gewolltes entfernt, kommt man zu: »Der Mensch ist der Hirte des Seins« (Heidegger[4])

ment« –, was sie einander garantieren und was ausserhalb des Reiches, d.h. des zwischen Menschen bestehenden und von ihnen kreierten Gebiets, dem Zwischen-Reich, nicht existiert. Das Zwischen ist das eigentlich Historisch-Politische – nicht der Mensch ist ein ζῷον πολιτικόν, oder »historisch«, wohl aber die Menschen, sofern sie sich im Gebiet zwischen ihnen bewegen –, und als solches kann es nur »relative« Masstäbe abgeben. Recht und Unrecht sind nicht so sehr »zeitlich bedingt« oder örtlich (Montesquieu), als dass sie durchaus abhängig sind und bleiben von der ursprünglichen, das Zwischen in seiner Spezifität stiftenden Abmachung und Garantie. Alles, was beschlossen wird, wird zwischen Menschen beschlossen und gilt, solange dies Zwischen gilt. Unabhängig von diesem Zwischen gibt es nicht Recht und Unrecht. Sobald es schwindet, verschwinden mit ihm die Massstäbe im buchstäblichsten Sinne. Es gibt kein Gewissen, das diesen Schwund, gleichsam im leeren Raum, überleben könnte.

Etwas ganz anderes ist es um Gut und Böse. Kants kategorischer Imperativ bringt nur die Masstäbe für Recht und Unrecht auf ihre formalste, gültigste Formel: Handle so, dass die Maxime deines Handelns dem gerade zwischen Menschen geltenden Recht so entspricht, dass man aus ihr ein konkretes Gesetz, das immer Recht konkretisiert (aber nicht das Gute, das sich allem Juristischen entzieht), ableiten kann. Das »Du sollst« entspricht hier in der Tat, wie Kant immer wieder betont, einem »Du kannst«. Das Sollen ist sogar der Masstab des Könnens, und nicht umgekehrt, weil das Können sonst ganz blind und direktionslos wäre. Auch die Übertretung, auch das »Ich will aber« richtet sich immer schon an einem »Du sollst« aus, sonst würde es sich überhaupt nicht im Zwischen bewegen, sondern beispielsweise auf dem Mond. Alle Du-sollst-Gebote sind irdische Gebote, beziehen sich auf das Zwischen-Reich, mit dem oder in dem sich die Menschen jeweils auf der Erde eingerichtet haben. Das sogenannte Problem zwischen Sein und Sollen ist ein Scheinproblem. Aber die »innere« Stimme des Gewissens ist auch ein Schein. Im Gewissen bekundet sich, dass ich dem Zwischen angehöre, und seine Stimme ist bestenfalls die Stimme der »Menschheit«, so wie sie jeweils in der Idee existiert, schlimmstenfalls – und eigentlich immer – der Inbegriff aller Gebräuche, Gesetze, Vereinbarungen, die gerade gelten. (Heidegger irrte sich in *Sein und Zeit*: Die Stimme des Gewissens gerade ist »das Man«, und zwar auf dem Gipfel seiner Herrschaft.) Das »Gewissen« also konnte sehr gut von den Nazis oder von jedem anderen gebraucht werden: Es entspricht immer und richtet sich immer nach der Realität als dem Reich des Zwischen. Nur wer seinem Gewissen nicht mehr gehorcht, schliesst sich aus dem Reich der Politik und des Zwischen aus. Das Gewissen dessen, der in Rebellion ist und sich gegen das legale Unrecht empört, ist einer anderen Realität, einem anderen Zwischen verhaftet, das er zur Realität zu bringen wünscht. Das aber heisst unter gar keinen Umständen: Ein Mann allein gegen das Unrecht aller Anderen – diese Vorstellung ist ganz präzise eine Irrenhausvorstellung –, sondern ein Mann, verbündet mit anderen Menschen, seien es Zeitgenossen oder die Genossen der Vergangenheit, zwischen denen sich bereits oder noch, im Experiment einer Gegenwart oder in der Sehnsucht, die sich auf Vergangenes beruft, ein Zwischen wiederum bildet oder gebildet hat, das seinerseits bereits die Masstäbe für Recht und Unrecht abgibt.

Als Kant das »radikal Böse« erwähnte,[1] hat er sich zwar nicht seinen »Philosophenmantel beschlabbert«[2], aber er hat auch nicht gesehen, dass er damit auf etwas stiess, was nicht in der Sittenlehre und nicht in der Moral beheimatet ist und nicht der praktischen Vernunft entspringt. Dies konnte er nicht sehen, weil er nicht wusste, dass »das moralische Gesetz« keineswegs »in uns« sitzt, wohl aber ein »Gefühl« (?) für Gutes und Böses. Warum spricht er nie vom »radikal Guten«?

Weil er dann unfehlbar gesehen hätte, dass nicht nur »das radikal Böse« dem moralischen Gesetz entgegensteht – tut es es immer? –, sondern auch das »radikal Gute«. Zum Beispiel: »Liebet eure Feinde.« (Zwar ist das kein wahres Beispiel des radikal Guten, weil diese »Liebe« die Freundesliebe zerstört, beziehungsweise von der »Lieblosigkeit« [Heinrichs[3] These der Lieblosigkeit Jesu aus seiner Bedürfnislosigkeit, ergo seiner Kälte des Herzens, entwickelt] als einer Voraussetzung ausgeht, davon dass »Liebe nicht der Liebe bedarf« [Martin[4]]). Dennoch kann dieses Wort, weil es so gemeint war, als ein Spruch des radikal, alle Gesetze übersteigenden Guten gelten. Es ist klar, dass hier sofort Unrecht begangen wird – wer seine Feinde liebt, verteidigt seine Freunde nicht mehr. Schlimmer, der ganze Bereich des Zwischen, der auf Geben und Nehmen und einem »agreement« aufgebaut ist, wird gleichsam durchschlagen. Das Unrecht, das die Feinde getan haben, wird dadurch, dass es nicht verfolgt wird, durch kein Recht ersetzt. Die Grundverfassung des Zwischen wird zerstört. Dike braucht Vergeltung nicht aus Rachsucht, sondern um das Gleichgewicht wiederherzustellen. Das radikal Gute gerät in Konflikt damit, dass es Unrecht nicht bekämpft und sich um Recht ganz und gar nicht kümmert.

Das »radikal Gute« bei Kant ist der gute Wille. Der kategorische Imperativ ist eigentlich nichts als »volonté générale«. Nämlich: Die praktische Vernunft als die Stimme aller (bei Rousseau) oder die Stimme der Menschheit im Einzelnen (bei Kant) schreibt vor, was zu wollen ist; das Kantsche Soll setzt den vernehmend-vernünftigen Willen voraus; als »guter Wille« ist der Wille Rousseaus »volonté générale« und der Realisator der Maxime des kategorischen Imperativs.

Februar 1952

[6] *Februar 1952.*

Ad Arbeit: Max Weber (*Wirtschaftsgeschichte*) berichtet von den Sklaven in Griechenland, die in ihrem Wirtschaftshandeln frei waren und dem Herren nur eine Rente zahlen mussten.[1]

Dies zeigt an, was Sklaverei in Griechenland und dem Altertum wesentlich war: Nur der Sklave war ein Arbeiter, und jeder Arbeiter war ein Sklave. Der Handwerker = Hersteller war frei – obwohl es handwerkende Sklaven gab, niemals aber arbeitende Freie. (Wichtig auch der Staatsbesitz im Bergbau, der, mit Sklaven betrieben, jedem Freien etwas abwarf. Der Profit wurde verteilt. Der Staat hatte dafür zu sorgen, dass die Freien im Genuss der ἀναγκαῖα waren.) Die Sklaven-Arbeiter produzieren ἀναγκαῖα für alle, die keine Bauern sind. Bauern sind eigentlich keine πολῖται, keine Stadtbewohner, also keine Bürger. Wer arbeitet, um für sich selbst die ἀναγκαῖα zu beschaffen, ist nicht frei. Wer arbeitet, um für Andere ἀναγκαῖα zu beschaffen, ist ein Sklave. Freiheit ist also als Emanzipation von den ἀναγκαῖα nur möglich durch Sklaverei. Alle Arten des Herstellens, vom Handwerk bis zum Kunstwerk, können offen bleiben, weil sie nicht von der ἀνάγκη geleitet sind.

Aristoteles – *Politica* (1253b) I, 4 – beginnt seine Erörterung über Sklaverei mit den Worten: ἄνευ γὰρ τῶν ἀναγκαίων ἀδύνατον καὶ ζῆν καὶ εὖ ζῆν[2]. Diesem Satz entspricht I, 5 (1254a): τὸ γὰρ ἄρχειν καὶ ἄρχεσθαι οὐ μόνον τῶν ἀναγκαίων [nämlich für ζῆν, H. A.], ἀλλὰ καὶ τῶν συμφερόντων [nämlich für εὖ ζῆν, H. A.] ἐστίν[3]. Hieraus folgt, dass Sklaverei nicht παρὰ φύσιν (ibid.), gegen die Natur ist. Aristoteles sieht die Frage nicht von der Gerechtigkeit für die Sklaven her (sind die Sklaven nicht ebenso gut wie Freie? oder ähnliches) oder der Natur der Sklaven, sondern von der Beschaffenheit des menschlichen Lebens, sofern es sich in der πόλις abspielt, also die Möglichkeit der Freiheit hat. Arbeit ist Sklaverei, unabhängig von ihrer Legalisierung, weil sie den ἀναγκαῖα verhaftet bleibt und als solche keine Möglichkeit des ἄρχειν hat – des freien Verfügens und Neu-anfangens. So wie der Mensch beherrscht ist (ἄρχεσθαι) von den ἀναγκαῖα, so kann er seinerseits wiederum nur frei werden durch ἄρχειν (Beherrschen) derer, die sich den ἀναγκαῖα zu unterwerfen haben.

Diese Vorstellung von der Arbeit ist noch bei Kant festzustellen. Erst Marx' Wort von der Arbeit im *Kommunistischen Mani-*

fest als der »einzigen Schöpferin aller Bildung und Kultur«[4] ist dem modernen Umschwung adäquat.

[7]

Die beiden grossen Entdeckungen Montesquieus:

1. Dass er sich mit der Essenz der Regierungsformen, dem was macht, dass sie sind, was sie sind, nicht begnügte, sondern durch die Einführung ihres »principle« sie zu historisch handelnden Körperschaften erhebt. Hier zeigt sich Montesquieus historischer Sinn und nicht in den Bemerkungen über Klima etc.

2. Die Lehre von der Teilung der Gewalten. Das Wesentliche ist, erkannt zu haben, dass Macht nicht nur kontrollierbar ist – dies wussten die Römer sehr gut –, sondern auch teilbar, ohne dass dadurch eine Einbusse an Macht stattfindet oder Macht an Qualität verlöre. Dies heisst, dass Souveränität nicht eine primäre Bestimmung der Macht ist. Macht ist kein Willensphänomen, weder wird sie durch Willen erzeugt, noch ist sie primär das Objekt eines Willens.

In der Teilung der Gewalten kommt Macht zustande dadurch, dass die drei Zweige der Regierung, unter die die Gewalten geteilt worden sind, die Exekutive, die Legislative und die Rechtsprechende, zusammen handeln. Macht entsteht so wieder ursprünglicherweise dadurch, dass »in concert«[1] von mehreren gehandelt wird. Dadurch ist das eigentlich Destruktive der Macht, ihre Subjektivität, ausgeschaltet und erkannt, dass diese Subjektivität auf einer illegitimen Monopolisierung beruht. Diese Monopolisierung aber ist nicht, wie Hobbes meinte, das Monopol Eines Willens, der alle übrigen Willen entmachtet hat, sondern die subjektivierende Aneignung von etwas »Objektivem«, das es nur zwischen, aber nicht in oder an Menschen geben darf.

Wenn Kant schliesslich nur zwei Regierungsformen anerkennt, die republikanische, die er mit Teilung der Gewalten überhaupt identifiziert, und die despotische, unter der er alle Formen begreift, in denen Macht ungeteilt von einem Einzelnen oder einer Körperschaft ausgeübt wird – also wo immer derselbe Mensch oder dieselbe Institution Gesetze erlässt, ausführt und die Gesetzlichkeit der Ausführung richtend beurteilt –, so hat er im Grunde nur die Konsequenzen des Montesquieuschen Ansatzes gezogen. (Wie wenig politisches Denken bei Philosophen auf der Höhe ihrer eigenen Philosophie ist! Dies allein hätte Kant eigentlich dazu bewegen müssen, seinen Willensbegriff zu revidieren und seine Vorstellung von der Souveränität der Person. Politische Erfahrung, selbst wenn sie so ernst gemacht wurde wie bei Kant und Plato, wurde niemals zum Grunde philosophischer Aussagen. Dies ist nur bei Hobbes anders, der einzig darum der grösste politische Philosoph bleibt.)

[8]

Die Konfusion in der Diskussion des Machtbegriffs entstammt nicht nur der Subjektivisierung der modernen Philosophie und dem Willen zur Macht als Willen zum Willen – Heidegger hat hier als einziger das zentral Wesentliche gesehen –, sondern auch der Identifizierung von Macht und Autorität. Autorität, im Gegensatz zur Macht, ist allerdings stets an die Person gebunden. Sie wird dadurch nicht subjektiv, weil die Autorität ja einen objektiv gültigen, von allen geglaubten Inhalt hat. Es gibt eigentlich nur religiöse Autorität, alles andere ist Schwindel. Das heisst, Gott hat Autorität und spricht durch einen Menschen. Dies aber ist nicht wesentlich, denn Macht könnte man geradezu definieren als eine autoritäts-lose Gewalt; solange es Autorität gibt, stellt sich die Frage gar nicht; Macht zusammen mit Autorität ist nur sekundär Macht. Erst wenn es keine Autorität gibt, erhebt sich das Problem der Macht.

Macht wurde dadurch subjektiviert, dass man sie als Ersatz der Autorität missbrauchte oder Autorität heuchelte, um Macht zu verbergen. Da ja aber diese Macht keinerlei objektiv gültigen Inhalt hatte, wurde sie – was die Autorität nie war – souverän und so grenzenlos, nämlich durch nichts »Objektives« eingegrenzt, wie die moderne Subjektivität. Dies lief natürlich auf Willkür heraus. Worauf denn sonst? Machtgesetze, die etwa der Macht selbst innewohnen, gibt es nicht – es sei denn, man bezeichnet es als ein Gesetz, dass der Stärkere stärker ist als der Schwächere. Dieser Art Macht, die sich als souverän und als Autorität aufspielt, eignet es in der Tat, immer Unrecht zu tun. Daher kam die Macht »moralisch« in Verruf. Ganz ungerechtfertigterweise. Wenn Menschen zusammen handeln, entsteht immer Macht; sonst gäbe es gar kein Handeln.

[9]

Kann es einen grösseren, entscheidenderen Gegensatz geben als den zwischen einer Gesellschaft, die nur den als frei und der Bürgerrechte für würdig erklärt, dessen ἀναγκαῖα ein für allemal gesichert sind – sei es durch Besitz oder den Anspruch auf die Arbeit Anderer –, und einer Gesellschaft, die de facto wie überall oder de iure wie in Sowjet-Russland dem, der nicht durch Arbeit den ἀναγκαῖα verhaftet bleibt, noch nicht einmal das Recht auf Leben zugesteht? Dies aber ist der Gegensatz zwischen der Welt des 20. Jahrhunderts und der Welt aller Jahrhunderte zuvor. In der Antike bedurfte es umständlicher moralisch-humanistischer Reflexionen, um dem Sklaven auch nur sein Recht auf Leben zu sichern, das immerhin noch am besten gesichert schien durch das handgreifliche wirtschaftliche Interesse der Sklavenhalter. Was wird aus den Reichen werden, die am Leben zu erhalten niemand ein Interesse hat, wenn sie die Macht verloren haben, die ihren Reichtum schützt? Die einzige Art, Künstler, Philosophen und andere »Parasiten« zu schützen, ist bereits der Nachweis, dass auch sie »notwendig« seien, d.h. eine Erweiterung des Begriffs der ἀναγκαῖα.

Dies ist ein entscheidender Unterschied des antiken und

abendländischen gegen den eigentlich modernen Weltbegriff der Freiheit: Jene sagten, wessen Leben direkt an die ἀναγκαῖα gebunden ist, ist nicht frei. Wir sagen: Wer Andere unterdrückt, ausbeutet etc., d. h. wer nicht alles, auch die Notwendigkeiten des physischen Lebens, nur sich selbst verdankt, ist nicht frei.

[10]

Ad Macht: Die ohnmächtige Vernunft, die das »Gute« einsieht, und der mächtige Wille, der das »Böse« will. Daher dann immer wieder die Identifizierung der Ohnmacht mit dem Guten und der Macht mit dem Bösen.

Hierzu Kants Lösung: die Vernunft mit dem Willen zu koppeln dadurch, dass die Vernunft dem Willen vorschreibt, was er zu wollen hat. – Was sie ihm aber nicht vorschreiben kann, ist zu wollen. Die Konsequenz von Kant ist eine Entmachtung des Willens, die Destruktion des Machtzentrums. Deshalb braucht er die »List der Natur«, durch die dann de facto allein der Vernunft Macht verheissen wird und der Wille in seiner Mächtigkeit unangetastet bleibt. Der Zweck der List der Natur ist also durchaus doppelt: Es ist ebenso wichtig, den Willen als Willen, d. h. als Machtzentrum bestehen zu lassen, damit nur irgendetwas überhaupt geschieht und gehandelt werden kann, wie diesem Handeln eine Vernünftigkeit zu verleihen.

Dagegen Hegels Lösung: Sobald die Vernunft sich verwirklicht, wird sie eo ipso Macht; Macht ist nichts anderes als Wirklichkeit. Verwirklichte Vernunft ist vernünftiger Wille. Und da das Absolute sich in der Geschichte verwirklicht, ist die Vernunft zwar nicht bei sich in der Reflexion, aber an sich in der Wirklichkeit, die sie begreift, mächtig. – Macht verliert hier in der Tat das Stigma des Bösen, aber nur weil es dem Bereich des einzeln Handelnden oder Wollenden überhaupt entzogen ist. Angesichts der in der Geschichte sich bezeugenden Wirklichkeit, die allein Macht ist, sind Wille und Vernunft gleich ohnmächtig.

Nietzsches Kritik, die alles »umkehrt«, tastet weder die ohnmächtige Vernünftigkeit der Vernunft noch die böse Macht des Willens an, sondern sagt nur, mit vollem Recht: Der Wille ist »böse« nur unter der Voraussetzung der guten Ohnmacht der Vernunft und unterstellt fortan die ohnmächtige Vernunft dem Richterspruch des mächtigen Willens. Damit ist wesentlich nichts geändert, ausser dass gesagt ist, dass umgekehrt auch ein Schuh daraus wird.

Anders steht die Sache bei Marx: Für ihn ist Macht Produkt der Arbeit, und gerechte oder ungerechte Macht richtet sich fortan nach gerechter oder ungerechter Verteilung der Arbeitsprodukte. Hieraus kann man gut sehen, wie sich durch die Einführung der Arbeit alles ändert; oder umgekehrt, wie sehr die gesamte Philosophie darauf beruht, dass Arbeit im modernen Sinne – d. h. nicht Herstellen, nicht Homo faber – unbekannt war.

Der klassische Ausweg der Philosophie aus dem Dilemma Vernunft – Willen oder ihre »Lösung« des Machtproblems liegt in der »Erfindung« der Logik und der logisch-zwingenden Evidenz. Noch Kant will im Grunde den Willen zwingen mit evident-vernünftigem Argument. Gegen diesen Zwang, mit dem man Macht bezwingen will, hat sich im Grunde Nietzsche empört. Um mit dem Willen fertig zu werden, in anderen Worten, brachte man die freie Vernunft unter die Zwangsgesetze der Argumente. Man überzeugte, statt »einzuleuchten«. Daher verschwindet aus der Philosophie der Spruch, der hineinleuchtet, aufleuchten lässt und einleuchtet; an seine Stelle setzen sich Beweisketten, die durchaus Ketten sind, im doppelten Wortsinn.

[11]

Die »eisernen Gesetze« des ökonomisch bedingten geschichtlichen Ablaufs, sofern sie natürlich immer die Gesetze sind, die unsere Vernunft vernimmt oder unser Verstand herein- und herausinterpretiert, sind nichts anderes als die Zwangsgesetze, die sich das freie Denken gab, als es mit Logik zur Vernunft avancierte. Daher wird »Ideologie« zur »logicality«.

[12]

ad Arbeit: Altes Testament, Genesis:

Gott: ברא [bara]: ursprünglich scheiden, dann schaffen. Oft synonym mit עשׂה [assah]: ursprünglich stark sein, dann tun (nämlich eigene Kraft anwenden), dann arbeiten.

Mensch: עבד [avad]: ursprünglich dienen, unterworfen sein; dann arbeiten, sich mühen etc.

2/5: וְאָדָם אַיִן לַעֲבֹד אֶת־הָאֲדָמָה [we'adam aijn le'avod et haadamah] (Buber): »Und Adam war nicht Adamah (Acker) zu bauen« (?) (la'avod), (zu dienen?).[1]

2/7 (Buber): »und Er, Gott, bildete den Menschen (Adam) aus Staub vom Acker (Adamah)«.[2]

2/15 (Buber): »Er, Gott, nahm den Menschen und setzte ihn in den Garten von Eden, dass er ihn baue (?) und hüte« לְעָבְדָהּ וּלְשָׁמְרָהּ[3] [le 'ovdah ule'schamrah] – eigentlich, dass er ihm diene, ihm unterworfen sei.

3/17–19: Im Fluch wird das Wort עבד [avad] nicht erwähnt. Nur der Acker wird verflucht, so dass jetzt der Dienst an ihm עֲבוֹדָה [awodah] zum »Schweiß des Angesichts«[4] wird. Dass der Mensch, Adam, zum Acker, Adamah, gehört, ist unabhängig vom Fluch. Auch der »Dienst« am Acker. Adamah ist offenbar die Erde, sofern der Mensch auf ihr wohnt. Diese Erde ist ihm nie zur »Herrschaft« gegeben. In *Genesis I* wird ihm alles Lebendige untertan (?) gemacht. In *Genesis II* schafft Gott Lebendiges – Tiere – dem Menschen zu Hilfe, und zwar (II, 19), nachdem er ihn (II, 15) in den Garten Eden gesetzt hatte, »zu dienen und bewahren«.[5] Nie wird ihm Adamah untertan gemacht. Der Fluch sagt nur, dass nun der Dienst, zu dem er ohnehin bestimmt war (2/4), schwer wird, nämlich wegen des Unkrauts!

Arbeit ursprünglich Dienst an der Erde, am Acker, Adamah.

Dies die Bestimmung des Menschen bereits im Paradies. Der Fluch macht aus dem Dienst die Knechtschaft. Nach hebräischer Auffassung also ist der Mensch der Irdische, Adam – Adamah, und auf dem, was die Griechen ἀναγκαῖα nennen, liegt der irdische Segen. עֲבוֹדָה [awodah] (Arbeit) ist Dienst am Irdischen.

Dagegen: πολλὰ τὰ δεινά[6]: Heideggers Übersetzung: »Der Götter auch die erhabenste, die Erde, abmüdet er die unzerstörlich Mühelose, umstürzend sie von Jahr zu Jahr, hintreibend und her mit den Rossen die Pflüge.«[7]

[13]

»Ora et labora« der christlichen Mönchsorden: hat eine Bedeutung nur, insofern es dem antiken Müssiggang, der σχολή, entgegensteht, die jetzt als Versuchung gewertet wird. Beten schützt vor den Versuchungen der Phantasie und des Geistes, Arbeiten dient der Mortifikation des Körpers. Beides zusammen ist Askese.

[14]

ad Pluralität: schon im hebräischen Sprachgebrauch der Mensch vorgezeichnet. Adam אָדָם [adam] hat keinen Plural! In der Schöpfungsgeschichte schafft Gott alle Tiere im Plural, aber den Menschen, dem er dann noch ausdrücklich eine אשה[A] schaffen muss oder den er als Einen männlich und weiblich schuf.

Adam – adamah: Adam = Irdischer, weil er מִין־הָאֲדָמָה [B] ist. Oder (Fr. Delitzsch[1]) gemeinsame Wurzel אדם [adam] = Erzeugen: der Mensch = der Erzeugte wie אדמה [adamah] = die bebaute Erde oder die Frucht-tragende Erde.

[A] [ischah], Frau

[B] [min-haadamah], von der Erde

[15]

Die Doppelbedeutung von »true«: treu und wahr auch im אֱמֶת [ämät] = Beständigkeit und Wahrheit.

[16]

»... Imagination, which, in truth,
Is but another name for absolute power
And clearest insight, amplitude of mind,
And Reason in her most exalted mood.«
William Wordsworth[1]

[17]

»Denn der hat viel gewonnen, der das Leben verstehen kann ohne zu trauern.«
(Hölderlin[1])

[18]

»'Tis dream to think that Reason can govern the reasoning creature, man.«
Melville[1]

[19] *21. 2. 52.*

Es sieht aus, als sollte sich alles wiederholen. Und ich frage mich, was wird mit Dir in sieben Jahren sein. Wird Dich wieder der nächste Sturm, der schon aus allen Ecken bläst, als übe er sich im Blasen und Wegfegen, ansaugen und mitwirbeln, weil Du in der Seefahrt – und auch in der Not der Seefahrt – alles hast über

Bord gehen lassen und ohne Eigengewicht geblieben bist? Oder, um eine andere und sehr viel grausamere Sprache zu sprechen, die nicht meine Sprache ist, willst Du Dich wirklich zum »Gefäss« machen (und das ist etwas sehr anderes als »höchstens Mund dem Wagnis eines Lautes der mich unbedingter überfiel«[1]) und das Wesen (Schicksal?) des Gefässes teilen, das Leere ist?

Schieb dies nicht gleich weg. Wenn Du diesen Weg gehen willst (musst?), hast du nur eine Chance – treffbar zu bleiben.

Stärke wird zur Macht erst, wenn sie sich mit Anderen verbündet. Stärke, die nicht zur Macht werden kann, geht an sich selbst in sich selbst zugrunde.

[20]

Nur wem der Sturz im Flug sich fängt,
 Gehen die Gründe auf.
 Ihm steigen sie herrlich ans Licht.
Die Erde, wem der Flug misslingt,
 Öffnet die Abgründe weit.
 Ihn nimmt sie zurück in den Schoss.

März 1952

[21] *March 52.*

Milton, *Paradise Lost*,
 I, 190:
  »What reinforcement we may gain from hope,
  If not what revolution from despair.«
 I, 236:
  »Better to reign in Hell, than serve in Heaven.«

II, 894:

»... where eldest Night
And Chaos, ancestors of Nature, hold
Eternal anarchy ...«[I]

[22]

Faulkner, *Light in August*: »... that blending of pride and hope and vanity and fear, that strength to cling to either defeat or victory, which is the I-Am, and the relinquishment of which is usually death.«[I]

[23] *Ile de France.*[A]

Ideologie = Logik einer Idee. Die Logik als ein Prozess bringt die Idee in Bewegung und zerreibt dabei die Substanz. Dieser Substanzverlust ist grundsätzlich.

Ist die Logik das »Subjektive«, mit dem wir die Idee ergreifen? Oder sitzt eine Logik bereits in der Idee?

»Die Idee ergreift die Massen«[I] – nämlich durch Logik, deren Unausweichlichkeit zum Halt wird – wie der Strick dem Gehängten.

Oder: Als Logik ergreift die Idee die Massen, wobei Logik gleichzeitig dasjenige darstellt, was uns alle verbindet – in Wahrheit: »the lowest common denominator«[B].

[A] auf der »Ile de France«, einem Überseedampfer der »French Line«, reiste H. A. Ende März 1952 zum zweiten Mal von New York nach Europa; zu Einzelheiten der Reise siehe im Anmerkungsteil S. 968

[B] der kleinste gemeinsame Nenner

[24]

Zwei Jahre in ihren Gezeiten
Von Stunden und Tagen erfüllt.
Sie kommen und sie entgleiten
Im Gischt, der das Schiff umspült.

Erst trugen sie mich über die Wellen,
Entfalteten dann gross ihren Schmerz.
Nun lassen sie mich ohne Gesellen
Zurück mit vereinsamtem Herz.

[25]

Die alte Maxime: Immer besser, nur etwas tun als gar nicht handeln – stimmt nur für Situationen, in denen es das Rechte, was zu tun ist, gibt. Dann bewegt sich alles Handeln, auch wenn es dies Rechte verfehlt, doch gleichsam im Raum, den das Rechte beherrscht oder der von dem Rechten geordnet wird.

Wir aber haben Situationen erlebt, wo umgekehrt gilt: Wie man's macht, ist's falsch. Dies sind Situationen, die vom Unrechten beherrscht, Räume, die vom Unrecht her geordnet werden. Es ist die Situation des totalen Unrechts – nämlich genau das, was eigentlich nie vorkommen darf. Dann scheint Garnicht-Handeln empfehlenswerter. Hier wird auch das Rechte zum Unrecht. In diese Situation sind die Alliierten z.B. mit den Entnazifizierungsverfahren geraten: Was immer man gemacht hätte, wäre falsch gewesen und hätte neues Unrecht erzeugt. Man handelte nämlich in den Raum totalen Unrechts hinein, so wie er von den Nazis geschaffen worden war.[1]

[26]

Ad Arbeit: Jünger, *Der Waldgang*, p. 132[1]: »Wo die Enteignung das Eigentum als Idee treffen soll, wird die Sklaverei die notwendige Folge sein. Das letzte sichtbare Eigentum bleibt der Körper und seine Arbeitskraft.«

[27]

Ad Wille: Was immer wieder verführt, im Willen die eigentlich menschliche Qualität im Menschen zu sehen, ist die Einsicht, dass wir weder Körper noch Geist sein können – und am allerwenigsten ein Konglomerat aus Seele und Körper –, weil wir ganz offenbar Körper und Geist haben. Der primäre Modus, in dem wir Geist und Körper haben, scheint der Wille zu sein, insofern er (oder wir durch ihn?) Körper und Geist in Bewegung setzen können. Dem würde als sekundärer Modus des Habens das Bewusstsein entsprechen, in welchem wir uns dieses Habens und dieser Bewegungen bewusst sind und sie erinnern, d.h. eine identische Einheit unserer selbst konstruieren. Von hier aus gesehen erscheint die Willensphilosophie nur als eine radikalisierte Bewusstseinsphilosophie; oder besser als eine aktivierte Bewusstseinsphilosophie, sofern die Willenstheorie darauf sieht, was dem Bewusstsein seinen Inhalt gibt.

[28]

Heidegger: »Wir sind – im strengen Sinne des Wortes – die Be-Dingten. Wir haben die Anmaßung alles Unbedingten hinter uns gelassen.«[1]

»... aus dem nur vorstellenden, d.h. erklärenden Denken in das andenkende Denken.«[2]

(Dies die wirkliche Kehre. Warum aber sie ein »Schritt zurück«[3] sein soll, ist unerfindlich. Es sei denn, dass die Ausdrucksformen dieses Denkens die Spruchform wird und an das Alte erinnert.)

[29]

Die verschiedenen Arten des sogenannten zeitgenössischen Denkens:

1. Das Rechnen und Berechnen, wobei alles im vorhinein darauf angelegt ist, dass die Rechnung aufgeht zum Vorteil des Rechnenden. So »denkt« im praktisch Alltäglichen fast jedermann; ob die Rechnung dann wirklich aufgeht oder nicht, hängt nur von »Tatkraft«, d.h. Rücksichtslosigkeit, sich durchzusetzen, ab. Bei absoluter Rücksichtslosigkeit geht die Rechnung immer 100% auf.

2. Das Argumentieren, das im vorhinein so angelegt ist, dass man immer recht behält. Ob das Argument recht behält, hängt nur von seiner inneren Konsequenz (»consistency«) ab, d.h. von der rücksichtslosen Ausschaltung aller anderen Argumente, die aus einer anderen Erfahrung stammen, von einer anderen Prämisse ausgehen. So wie der Erfolg des rechnenden Denkens auf der rücksichtslosen Ausschaltung anderer Menschen beruht, so der Erfolg des argumentierenden auf der rücksichtslosen Ausschaltung der Erfahrung.

3. Das Erklären, das im vorhinein so angelegt ist, dass vom Erklärten nichts übrig ist, wenn das Erklären mit ihm fertig ist. So wie das argumentierende Denken auf der rücksichtslosen Ausschaltung aller differierenden Prämissen, d.h. Erfahrungen, beruht, so der Erfolg des erklärenden Denkens auf der rücksichtslosen Vernichtung des erklärten Gegenstandes.

Jünger: »Der Geist gleicht einer Fliege, die in einer Flasche gefangen ist und sich im Besitze eines unbegrenzten Horizontes wähnt.« (*Am Kieselstrand* [1])

April 1952

[30] *April. Paris.*[A]

Fahrt durch Frankreich[1]

Erde dichtet Feld an Feld,
flicht die Bäume ein daneben,
lässt uns unsere Wege weben
um die Äcker in die Welt.

Blüten jubeln in dem Winde,
Gras schiesst auf, sie weich zu betten,
Himmel blaut und grüsst mit Linde,
Sonne spinnt die sanften Ketten.

Menschen gehen unverloren –
Erde Himmel Licht und Wald –
jeden Frühling neu geboren
spielend in das Spiel der Urgewalt.

[A] Paris war die erste und letzte Station von H. A. auf ihrer zweiten Europareise (März bis August 1952), zu Einzelheiten siehe im Anmerkungsteil S. 968

Heft IX

April 1952 bis August 1952

Heft IX

April 1952

[1] *April 1952. Paris.*[A]

Die ᾿Ανάγκη ist die Göttin der ἀναγκαῖα und als solche furchtbar. Πόλλ᾿ ἀεκαζομένη, κρατερὴ δ᾿ ἐπικείσετ᾿ ἀνάγκη.[1] Simone Weil hat dies einen Moment verstanden – und sich dann in den sozialen Konsequenzen einer elementaren Notwendigkeit, die sich als Ungerechtigkeit äussert, verfangen,[2] weil sie – wie alle Europäer – nicht wusste, wieviel man abstellen kann.

Dann aber, wenn das abstellbare Elend beseitigt ist, zeigt die ᾿Ανάγκη erst ihr wahres Gesicht. Es ist, als beruhe aller Zwang und alle Gewalt zwischen den Menschen auf dem elementaren von den ἀναγκαῖα Gezwungensein. Hier liegt die Wahrheit des Materialismus.

Freiheit und Gerechtigkeit scheinen unvereinbar, weil Freiheit nur möglich ist, wenn das eigentlich Zwingende der ἀναγκαῖα auf Andere abgeschoben ist. So wird die Sklaverei die einzige Institution, welche Freiheit garantieren kann. Der Sinn von Simone Weils Buch ist: Wer arbeitet, kann nicht frei sein. Die Versklavung des Menschen unter den Menschen ist bedingt durch die ursprünglichere Versklavung des Menschen durch die ἀναγκαῖα. Die Griechen verstanden dies so gut, dass sie selbst noch den Künstler, der ja nicht eigentlich »arbeitet«, sondern herstellt, in diesem Sinne verstanden. Selbst dem Herstellen haftete noch das Stigma der Arbeit und damit der ἀναγκαῖα an. Wir, umgekehrt, sehen noch im Arbeiter das »Schöpferische«, so wenig wollen wir wahrhaben, wo der

A siehe oben S. 197 und im Anmerkungsteil S. 968

eigentliche Zwang herkommt. Gerade das Elementare, und elementare Furchtbare, versuchen wir totzuschweigen.

In dem amerikanischen Experiment scheint die Würde des Menschen wiederhergestellt und zwar 1. durch die tatsächliche Macht der organisierten Arbeiterschaft; 2. durch die relative Aufhebung der Klassen, d. h. durch die Realisierung des Grundsatzes: Arbeit schändet nicht; 3. durch die im Reichtum möglich gewordene – insulare Lage, kolonisatorische Ausnutzung eines neuen Kontinentes – Abschaffung des Elends; und 4. durch die durch all diese Faktoren erzielte Marktsituation, in der Arbeitskraft die teuerste »Ware« geworden ist. Dies ist in gewissem Sinne zum ersten Mal die Herstellung einer relativen Gerechtigkeit.

Die handgreifliche Gefahr ist, dass nun alle gleichmässig zu Sklaven der ἀναγκαῖα werden. Darauf deutet äusserlich schon hin die furchtbare Überschätzung des »job«, die Unfähigkeit aller, mit Musse etwas anzufangen, »the general pressure of life« etc. – als hätten sich die Bedingungen der »condition ouvrière« zugleich gemildert und verallgemeinert.

Ferner: Durch die Anerkennung der »Würde der Arbeit« verharmlost man die 'Ανάγκη und damit alles, wessen man nicht Herr werden kann – Tod, Leiden etc., die alte Geschichte.

[2]

Marx: Wenn man den Menschen im wesentlichen als arbeitendes Wesen definiert, kann man gar nicht anders, als die Geschichte zu einer Geschichte der Notwendigkeit machen. Gerade als Arbeiter ist der Mensch der 'Ανάγκη unterstellt.

Dies versucht Marx dadurch zu vermeiden, dass er die Arbeit wesentlich als Herstellung ansieht. Das kann er, weil die Griechen selbst noch die Herstellung als Arbeit diffamierten. Entscheidend ist, hier eine gültige Unterscheidung zu finden. Sofern Machen wirklich nichts ist als »Stoffwechsel mit der Natur«[1], ist der Mensch qua Arbeiter nicht Homo faber. Die

Maschine erleichtert nur die Mühe, ändert aber nichts; das »abrutissement«[2] bleibt vermutlich das Gleiche, es kann in das »abrutissement« der Vergnügungen umschlagen beziehungsweise in sie verlängert werden.

[3]

Das eigentlich Verderbliche scheint zu sein, die Beziehungen zwischen Menschen als Beziehungen zwischen Arbeitern zu definieren. Die Elementarbeziehung zwischen Menschen ruht nicht auf den ἀναγκαῖα, sondern darin, dass die 'Ανάγκη sich hier nicht als Zwang, sondern als Bedürfen, also wesentlich als Eros zeigt und dass andererseits die Menschen gemeinsam im »human artifice« auf begrenzte Weise der ἀναγκαῖα Herr werden können. Menschen finden zueinander als Personen, weil sie einander bedürfen (Liebe), und leben zusammen als »citizens«, weil sie der ἀναγκαῖα Herr werden und bleiben müssen. Diese gemeinsame Herrschaft aber hat direkt weder mit Arbeit zu tun, die Arbeit vielmehr wird von dieser Herrschaft und ihren Formen bestimmt, noch mit Herstellen, das unbestimmbar der Initiative und Kunst des Einzelnen überlassen bleiben muss, sondern ist das eigentliche Gebiet des Handelns.

In der Arbeit, den ἀναγκαῖα unterworfen, ist der Mensch immer isoliert und von Sorge und Angst getrieben.

Im Herstellen, in der Freiheit der Spontaneität, »eine Reihe von sich aus anzufangen«[1], ist der Mensch allein und vom Werk als Schöpfung beflügelt.

Im Handeln, unter den Anspruch der Gerechtigkeit gestellt und dauernd versucht von der Möglichkeit, sich durch Gewalt von dem Zwang der ἀναγκαῖα zu befreien, ist der Mensch mit Anderen zusammen in der politischen Verantwortung.

In der Liebe, nur in ihr, gibt es wirkliche Gegenseitigkeit, die auf dem Einander-Bedürfen beruht. Ein Mensch sein heisst zugleich, eines (andern) Menschen bedürfen.

Schematisch könnte man sagen: Als Arbeitende, den

ἀναγκαῖα versklavt, sind Menschen fast wie Tiere. – Als Herstellende, allein dem Werk (d.h. durchaus einer Schöpfung aus »nichts«, auch wenn Vorgegebenes gebraucht und verbraucht wird – der Tisch entsteht aus seinem Nicht-Tisch-gewesen-Sein und nicht aus dem Holz; Material ist beliebig, könnte auch Stein sein; als Tisch wird der Tisch aus dem Nichts geschaffen und daher, d.h. in Analogie mit menschlichem Schaffen, hat man sich Gott als »creator ex nihilo« vorgestellt) gegenüber, sind Menschen fast wie Götter. – Als Handelnde, die nur innerhalb der gemeinsam bewohnten Welt und nur durch ausdrückliche Realisierung dieses Gemeinsam-seins handeln können, sind Menschen wirklich Menschen im Sinne einer spezifischen Menschlichkeit. – Und als Liebende, die als Eine die Zwei brauchen, um sich von der Natur die Drei usw. schenken zu lassen, nämlich aus der Einzigkeit sofort in die Mehrheit, aus dem Singular in den Plural müssen, [sind die Menschen,] ist jeder Mensch – auf eine nicht auszudenkende ironische Weise – auch der Mensch.

[4]

Theorie und Praxis in aller totalitären und d.h. eigentlich nur wesentlich ideologischen Politik: Der Schritt von der Theorie in die Praxis ist genau der Schritt vom A- zum B-Sagen. Die Logik durchherrscht nicht nur die Praxis selbst und treibt sie in die »logischen« Extreme, sondern ist überhaupt die einzige Möglichkeit, aus dem Theoretischen in das Praktische überzutreten.

Anders ausgedrückt: Die Deduktion von der Prämisse, als Deduzieren, stiftet Bewegung als einen voraussehbaren, von einer (beliebigen) Prämisse geleiteten Prozess.

Mai 1952

[5] *Mai 1952*

Bin nur Eines
Von den Dingen,
Den geringen,
Das gelang
Aus Überschwang.
Schliesse mich in Deine Hände,
Dass sie schwingend
Überschwingen
Ins Gelingen,
Wenn Dir bang ist.

[6]

Nie wieder werden wir so frei sein wie die Griechen; kein technischer Fortschritt wird uns je wieder helfen, der Sklaverei durch die ἀναγκαῖα zu entrinnen.

[7]

Zwischen dem Zwang der ἀναγκαῖα und der zwingenden »Evidenz« der Logik muss ein Zusammenhang bestehen. Darin könnte die Wahrheit des materialistischen »Überbaus« liegen.

[8]

Die Wahrheit aller Offenbarungsreligionen liegt darin, dass Wahrheit uns überhaupt nur als Offenbarung sich kundtut.

[9]

Den Überfluss ertragen
wenn Well' um Well' sich bricht,
das Zeigen sich versagen,
im Schweigen zu verharren –
O Gott, Du hörst uns nicht.

Aus Überfluss errettet
uns Gottes Stimme nicht.
Sie spricht nur zu den Darbenden,
den Sehnsüchtigen, den Harrenden.
O Gott, vergiss uns nicht.

[10]

Paris – Nürnberg.

[Plato] *Πολιτεία*
[Buch] A. 342 C (Auf Thrasymachos' These, dass das den Herrschenden ξυμφέρον[A] das Gerechte sei.) Herrschen = τέχνη. τέχνη: οὐδὲ ἄλλη τέχνη οὐδεμία [id est τὸ ξυμφέρον σκοπεῖ, H. A.] ἑαυτῇ, οὐδὲ γὰρ προσδεῖται, ἀλλ' ἐκείνῳ οὗ τέχνη ἐστίν ... ἄρχουσί γε αἱ τέχναι καὶ κρατοῦσιν ἐκείνου οὗπέρ εἰσιν τέχναι.[1] (Keine Techne ist auf sich selbst bezogen, sondern auf das, dessen Techne sie ist.) Die τέχναι ἄρχουσιν (herrschen im Sinne von anfangen) καὶ κρατοῦσιν (und regieren im Sinne von das Begonnene fortsetzen) [sind] dasjenige, wovon sie Künste sind. (Pferde, Schiffe, Kranke)

Hierzu:

1. ἄρχειν heisst ganz offenbar herrschen und κρατεῖν regieren. Regierung beruht auf Herrschaft, die den Anfang setzt. In ἄρχειν (und nicht in κρατεῖν) schwingt Gewalt mit.
2. Herrschaft und Technik im engst möglichen Zusammenhang. Die Herrschaft als politische so aus der Technik abgeleitet, dass

[A] [to xympheron], das Zuträgliche, das Nützliche, das Vorteilhafte

Technik erst einmal als ein Herrschen und Regieren bestimmt ist. Politisches Handeln gilt als eine Form des tuenden Umgangs mit der Welt, der ein wissender Umgang ist, wenn der Mensch in ihm sich als der Herr der Dinge erweist. Dies scheint ganz für Heideggers These zu sprechen, dass der Herrschaftsbegriff in der Technik gründet. Zweifellos hat es Plato so dargestellt.
3. Entscheidend, wie passim, dass politisches Handeln von vornherein Handeln eines Einzelnen ist, der das ξυμφέρον feststellt. »Act in concert«[2] wird nie erwogen. Es gibt Befehlende (die Herrschenden), Gehorchende (die Beherrschten) und Ratgeber, welche gleichsam die Herrschenden in der Kunst, dasjenige zu finden, was befohlen werden soll, das ξυμφέρον, unterrichten. Dies sind die Philosophen.

Gefolgert wird dann: Keiner herrscht nach den Regeln der Zuträglichkeit für die Herrschaft selbst, weil die Herrschaft ja nicht auf sich bezogen ist, sondern [Herrschen] besteht im Erblicken des ξυμφέρον für den Beherrschten, ᾧ ἂν αὐτὸς δημιουργῇ, dessen Meister der Herrscher ist. 342 E.

Darauf Thrasymachos: Dies wäre immer richtig, wenn der Hirte ausschliesslich und definitiv das Wohl der Schafe und Lämmer im Auge hätte, während er doch in Wirklichkeit dies Wohl nur relativ auf den Menschen und temporär wahrt. Mit anderen Worten, jedes technisch-herrschende Handeln setzt einen Funktionszusammenhang voraus, dem es nicht entkommt. Die Einführung des »wahrhaften (ἀληθῶς) Hirten« etc. ist ein Trick – das ist der sokratische Optimismus.

Ad Arbeit: 346! Keine dieser τέχναι hat irgend etwas mit Lohn zu tun. Die ὠφέλεια, der Nutzen, der Arztkunst ist die Gesundheit etc. Für Lohn gibt es eine besondere Kunst: τέχνη μισθαρνητική (346 D) – Lohn ist notwendig, weil keine τέχνη den Vorteil des »Künstlers« besorgt; er wird bezahlt für seine Uneigennützigkeit.

Ad Politik: Der einzige Ansporn zum Regieren ist die Furcht, von Schlechteren regiert zu werden! 347 C

[11] *München.*

Simone Weil, *Condition ouvrière*: »En tant que révolte contre l'injustice sociale l'idée révolutionnaire est bonne et saine. En tant que révolte contre le malheur essentiel à la condition même des travailleurs, elle est un mensonge. Car aucune révolution n'abolira ce malheur. Mais ce mensonge est ce qui a la plus grande emprise ... Le nom d'opium du peuple ... convient essentiellement à la révolution. L'espoir de la révolution est toujours un stupéfiant.« (p. 263[1])

Dies ist sicher wahr. Es besagt, dass die Revolution des 20. Jahrhunderts, oder seit Marx, als Revolution der Arbeiterklasse die Revolte des Menschen qua arbeitendem Wesen, also die Revolte gegen die »condition humaine«, gegen die ἀνάγκη der »condition humaine«, immer schon in sich trug. Das wirkliche Problem, die wirkliche Ratlosigkeit beginnt nach der Lösung des sozialen Problems. Daher unser Schrecken, dass Amerika soziale Ungerechtigkeit fast beseitigt hat. Alle soziale Ungerechtigkeit ist letztlich gegründet in dem Versuch, der ἀναγκαῖα so Herr zu werden, dass es zu einer Revolte gegen die »condition humaine« überhaupt nicht zu kommen braucht. Unsere Not besteht darin, dass uns dieser Weg unter gar keinen Umständen mehr offen steht.

[12]

Händels *Messias*. Das Halleluja nur zu verstehen aus dem Text: Es ist uns ein Kind geboren. Die tiefe Wahrheit dieses Teils der Christuslegende: Aller Anfang ist heil, um des Anfangs willen, um dieses Heiles willen, hat Gott den Menschen in die Welt hinein geschaffen. Jede neue Geburt ist wie eine Garantie des Heiles in der Welt, wie ein Versprechen der Erlösung für die, welche nicht mehr Anfang sind.[1]

[13] *München – Freiburg*

[Plato] *Πολιτεία* [Buch] B.
367 E. Ende der Rede des Glaukon: Sokrates hätte sich in seinem ganzen Leben mit nichts anderem als der Gerechtigkeit beschäftigt. Nun soll er sagen, was sie »an und für sich« sei = αὐτὴ δι' αὑτήν, nämlich dann, ἐάντε λανθάνῃ ἐάντε μὴ θεούς τε καὶ ἀνθρώπους – wenn sie Göttern und Menschen verborgen bliebe[A]. Was sie dann ausrichte (ποιοῦσα) für (?) den, der sie hat.[1] Cf. 427 D

[14] *Freiburg.*

Man könnte auch denken, dass der Fluch, der erst gesprochen wird, wenn das Elend mittels der Arbeit beseitigt ist, darin besteht, dass nun jede Tätigkeit Arbeit geworden und die ἀναγκαῖα alle anderen Sachen verdrängt haben. Dies ist gleichsam ihre Rache. Arbeit in Herstellen, Arbeiter in Handwerker umzulügen, ändert an der Sache ebensowenig. Diese Illusion ist, wie Simone Weil richtig für die Revolution erkannte, das neumodische Opium fürs Volk.[1]

[15]

χάρις χάριν γάρ ἐστιν ἡ τίκτουσ' ἀεί. »Huld denn ist's, die Huld hervor-ruft immer.« Dazu: »Wahrhaft mögen wir nur jenes, was je zuvor von sich aus uns mag.« (Aufhebung der sogenannten Intentionalität nirgends deutlicher.) (Heidegger – Dichterisch wohnen[1])

[A] Übersetzung eigentlich: ob sie nun Göttern und Menschen verborgen bliebe oder nicht

[16] *Freib. – Lugano.*

[Plato] *Πολιτεία* [Buch] B, 369 B,C: Polis entsteht, weil »jeder von uns sich nicht selbst genug ist« (ἡμῶν ἕκαστος οὐκ αὐτάρκης): ἡ ἡμετέρα χρεία: unsere Bedürftigkeit.[1] Politik wird notwendig wegen unserer Angewiesenheit auf die ἀναγκαῖα, deren wir allein nicht Herr werden können. Pluralität also gewissermassen nur eine Folge unserer Bedürftigkeit; dadurch von vornherein festgelegt: 1. Der »Materialismus«, die Interessengebundenheit aller Politik und 2.,viel wichtiger, dass Politik um der Bedürfnisse des einzelnen und nicht im Plural eingesetzten[A] Menschen da ist, und das heisst, dass Politik keine spontane, spezifisch menschliche Tätigkeit ist.

[370 B: ἐάν τίς τινος παρῇ ἔργου καιρόν, διόλλυται[2]][B]

371 B: πῶς ἀλλήλοις μεταδώσουσιν ὧν ἂν ἕκαστοι ἐργάζωνται; ὧν δὴ ἕνεκα καὶ κοινωνίαν ποιησάμενοι πόλιν ᾠκίσαμεν.[3] Die Polis wurde gegründet, um einander mitzuteilen, was jeder für sich verfertigt hatte.

372 A: Und in diesem Mitteilen entsteht das Gerechte und das Ungerechte, sagt Glaukon. Nämlich: ἐν αὐτῶν τούτων χρείᾳ τινὶ τῇ πρὸς ἀλλήλους – in der Bedürftigkeit dieser Sachen, die jeder für die Anderen hat.[4]

[17] *30. 5. 52*

Heidegger Kolleg.[1]
Der Gedanke entfaltet sich im Gedächtnis, das währt als die Andacht.

Gedächtnis-Dank: Im Dank gedenken wir dessen, worin unser Gemüt versammelt bleibt. Dies an-denkende Gedächtnis [Gedenken] ist der ursprüngliche Dank. – (Denken entspringt aus dem Gedanken [Gedanc].)

[A] Wort nicht eindeutig entzifferbar, kann auch »angesetzten« heißen
[B] eckige Klammern von H. A.

(Hören wir in den Spielraum des Gesprochenen.)

[Das] Bedenklichste gibt zu denken. Wir denken es an. – So gedenken wir dessen, dem wir die Mitgift unseres Wesens verdanken. Wir denken zu (als danken) – was das Bedenklichste zu denken gibt. Das Denken ist Danken – Entgegentragen.

Das Denken wohnt im Gedächtnis als Gemüt, = das Wesende des ganzen Menschenwesens. (»Animus« gegen »anima« = Bestimmungsgrund jeden Lebewesens.)

Mensch als Menschenwesen, nicht als Lebewesen, das west, indem es in das zeigt, was ist, sodass sich das Seiende als solches zeigt.

Dazu gehört, was sein muss, soll etc.

Verwahrnis: birgt und verbirgt, was zu denken gibt, gibt das Bedenklichste als Gabe frei; ist das Bedenklichste selbst, sofern es sich selbst als das je und je zu Denkende gibt. Der Mensch bewohnt – aber erzeugt nicht diese Verwahrnis. Bewahrt vor der Vergessenheit.

Der Anfang verbirgt sich im Beginn.[2]

Die Sprache ist nicht etwas anderes als sie selbst; die Sprache ist Sprache.

Logik: ἐπιστήμη λογική – [das Verstehen, das den] λόγος betrifft.[3] Also »über etwas her etwas sagen«: das darunter liegt – ὑπο-κείμενον, »subjectum«.

λέγειν τι κατά τινος: aussagen etwas über etwas.

Denken als Aussagen von etwas über etwas. Subjekt und Prädikat müssen im Sprechen in Einklang gebracht werden!

Das Dreieck lacht: sprechen als widersprechen. Das Aussagen muss Widerspruch vermeiden. Nur weil Denken als Sprechen bestimmt, spielt der Satz vom Widerspruch die Rolle als Denkregel.

Denken als λόγος. Das λέγειν des λόγος entfaltet sich als διαλέγεσθαι – die Logik wird Dialektik. Zweideutigkeit von »Gott ist das Absolute«. (Gott allein, oder aus der Absolutheit des Absoluten hat Gott sein Wesen.) Solche Aussagen: hindurchgehen. Als διαλέγεσθαι geht das λέγειν als Aussagen in seinem eigenen Bezirk hin und her; das Denken ist dialektisch, aber alle Dialektik in ihrem Wesen Logik. Auch in der Dialektik von der Aussage her bestimmt.

[18]

[Plato, *Πολιτεία*] 371 Ef.: Die Frage ist eigentlich: Womit zusammen entsteht (τίνι ἅμα ἐγγενομένη...) Gerechtigkeit und Ungerechtigkeit; also der ganze Bereich von Gerechtigkeit und Ungerechtigkeit in dem Bedürftigsein der Menschen (χρεία) auf die ἀναγκαῖα verwiesen. Sokrates weicht hier aus! 372 A. Kommt 427 D zurück. Siehe da. Folgt Schilderung eines Staates, der sich mit dem Notwendigen begnügt und »gesund« genannt wird. 372 E. Von dort her alles Zusammensein (Mengen und Menschen), ἃ οὐκέτι τοῦ ἀναγκαίου ἕνεκά ἐστιν ἐν ταῖς πόλεσιν [373 B[1]] abgelehnt. (Dann aber folgt doch Schilderung dieser anderen πόλις!)

373 E: ὑπερβάντες τὸν τῶν ἀναγκαίων ὅρον: erzeugt ἀδικία und ist γένεσις τοῦ πολέμου.[2]

[375 B: θυμός: ὡς ἄμαχόν τε καὶ ἀνίκητον θυμός, οὗ παρόντος ψυχὴ πᾶσα πρὸς πάντα ἄφοβός τέ ἐστι καὶ ἀήττητος[3]][A]

387 E: (ὁ ἐπιεικὴς ἀνήρ – der »rechtschaffene« [?][B] Mann) μάλιστα αὐτὸς αὑτῷ αὐτάρκης πρὸς τὸ εὖ ζῆν καὶ διαφερόντως τῶν ἄλλων ἥκιστα ἑτέρου προσδεῖται[4]: d.h. er ist am wenigsten dem Bereich der ἀναγκαῖα unterworfen, weil er sich auf das Notwendigste beschränkt.

405 A: Kein schlechteres Zeichen für eine Polis, als wenn sie viele Ärzte und Richter braucht, die nämlich – da sie ja gebieten

[A] eckige Klammern von H. A.

[B] Fragezeichen in Klammern von H. A.; es gilt wahrscheinlich der Übersetzung des Adjektivs ἐπιεικής (epieikes, passend, in Ordnung) durch Schleiermacher; Rufener übersetzt: der »anständig denkende« Mann. Hierzu K. Bayer: ἐπιεικής ist ein Bürger, wie ihn der (gerecht) Herrschende sich wünscht, kein Sturkopf, sondern ein sich an die Regeln haltender, der auch einmal nachzugeben weiß

und Autorität haben – eigentlich nur für die Unfreien da sein sollten. 405 B: ἢ οὐκ αἰσχρὸν δοκεῖ καὶ ἀπαιδευσίας μέγα τεκμήριον τὸ ἐπακτῷ παρ' ἄλλων, ὡς δεσποτῶν τε καὶ κριτῶν, τῷ δικαίῳ ἀναγκάζεσθαι χρῆσθαι, καὶ ἀπορίᾳ οἰκείων. – Oder scheint es Dir nicht schandbar und ein grosses Zeichen von Unbildung, wenn man genötigt werden muss, das von Andern, wie von Despoten und Beurteilern, (agierte[A]?) Recht zu brauchen, und im Mangel an eigenem ist?[5]

405 C: Über die Arztkunst, die darin besteht, die Gesunden zu heilen und die Kranken sterben zu lassen, weil sie [die Kranken] weder für die πόλις, noch für sich selbst zu etwas nütze sind: so typisch für ein Volk, für das »Du sollst nicht töten« keineswegs im Mittelpunkt der »Moral« steht.

Juni 1952

[19] *Juni 1952. Stuttgart.*

Ad Logik: Die Logik kann zur Dialektik nur werden, weil in der Einsamkeit des Denkens immer ein Dialog entsteht, eben weil man in der Einsamkeit gerade immer Zwei ist. In diesem Dialog des διαλέγεσθαι waltet ursprünglich keinerlei Zwang. In der Einsamkeit gibt es die Freiheit des denkenden Zwiegesprächs. Dies Zwiegespräch, nie aber der Dialog mit einem anderen Menschen, ist dialektisch, weil in ihm, aber auch nur in ihm, an einer Sache festgehalten werden kann, die sich dann im διαλέγεσθαι, also im Durchsprechen mit sich selbst, entfaltet

[A] dieses Wort, von H. A. mit Fragezeichen versehen und in Klammern gesetzt, konnte nicht zweifelsfrei entziffert werden; es steht für das griechische Adjektiv ἐπακτός (epaktos, herbeigeholt), siehe unter Anm. 5 im Anmerkungsteil S. 975

und ihre inhärenten Widersprüche zeigt etc. Alles Reden mit Anderen ist immer schon Reden über etwas beiden Gemeinsames, also nicht Reden aus und in der Sache selbst. Der Unterschied zwischen Denken und Reden ist genau dies: Denken ist dies Durchsprechen einer Sache mit sich selbst; Reden ist Reden über. Beides ist Sprechen! Will man das »über« vermeiden, so zwingt man den Andern in das eigene Denken; hier entsteht der Zwang des fremden Denkens. Dabei wird gerade das, was ich mit dem Andern in der Form des »über« gemeinsam habe, aufgegeben. Man erzwingt eine falsche Identifizierung. Der Zwang besteht darin, dass man den Andern als das eigene Alter ego behandelt. Ohne die Form des »über« gibt es kein Gespräch. Im »über« drückt sich aus, dass wir die Welt gemeinsam haben, dass wir zusammen die Erde bewohnen.

Nur die Rede der Liebenden ist frei von dem »über«; in ihr spricht man mit dem Du wie mit sich selbst, weil dies Du das Du nur eines Ichs ist, so wie das Selbst das Selbst nur eines Ichs ist. Die Rede der Liebenden erlöst von beidem zugleich, von dem »über«, in dem man die Welt mit Vielen (Fremden) gemeinsam hat, und von der Zwiespältigkeit der Einsamkeit. (Dass die Liebe von der Verlassenheit erlöst, ist ein Vorurteil. Der wirklich Verlassene kann nicht lieben, so wenig wie der, der völlig in der gemeinsamen Welt sich aufgegeben hat. Dieser Zusammenhang zwischen Verlassenheit und Verlorensein in der gemeinsamen Welt ist das eigentlich amerikanische Phänomen. Daher die Unfähigkeit der Amerikaner zu lieben.)

Die Rede der Liebenden ist daher von sich aus »poetisch«; in ihr gibt es weder denkendes διαλέγεσθαι noch Sprechen-über. Es ist, als ob in ihr erst Menschen dazu werden, als was sie sich als Dichtende geben: Sie reden nicht, und sie sprechen nicht, sondern sie ertönen. In der Liebe gilt für jeden: »höchstens Mund dem Wagnis eines Lautes, der mich unbedingter überfiel.« (Rilke[1])

So wie die Dialektik, d.h. διαλέγεσθαι, die Form des einsamen Denkens, so ist Logik, das reine Schlussfolgern, die Form des verlassenen Denkens. Das erwidernde Selbst, das der Partner des einsamen Zwiegesprächs ist, geht verloren, und der sogenannte Zwang des zwingend Stimmigen und Richtigen ist in Wahrheit ein wild losgelassener, von nirgends mehr eindämmbarer – der Verlassene hat weder die Welt der Andern, noch sich selbst, noch Gott – Prozess der Selbst-zerstörung und Welt-zerstörung.

Dass Liebe in der Welt nicht Bestand haben kann, ist dasselbe wie, dass Einsamkeit nicht Bestand haben kann. So wie jede Einsamkeit aus ihrer Zwiespältigkeit – wirklich Ent-zweitheit, aus der dann auch der Zweifel entspringt – wieder in das Mit-Andern drängt, um durch den Andern Einer zu werden, so drängt das reine Ertönen der Liebe immer wieder in die Mit-teilung, in der man mit dem Andern sich in ein Gemeinsames teilt. Aus dem Du des Ich wird der Andere – wenn es gut geht, der Nächste.

Rilkes »Verlassene«, die er »so viel liebender« fand »als die Gestillten«[2], sind der Logik des Liebens als eines Prozesses verfallen, und dieser Prozess ist ebenso zerstörerisch wie der des »logischen Denkens«.

[20]

Goethes »Der Handelnde ist immer schuldig«[1] ist bereits aus einem Aspekt gesprochen, in dem es absolute Masstäbe nicht mehr gibt. Sieht man Recht und Unrecht nur in Bezug auf Menschen, dann verliert sich alles in Beziehungen, wo immer gilt: Was dem Einen sin Uhl, ist dem Andern sin Nachtigall. In diesem Chaos von Beziehungen, in dem jeder Mensch lebt, kann ausserdem dann noch jeder willkürlich entscheiden, ob ihm Unrecht geschehen ist; er braucht nur auf die reale Verletzung hinzuweisen. Was sonst bliebe denn übrig?

[21] *Manchester*

As long as we inhabit this earth, we are as much in need of each other as we shall be in need of God at the hour of our death, i.e., when [we] depart from the earth.

[Solange wir diese Erde bewohnen, bedürfen wir einander ebenso, wie wir Gottes bedürfen in der Stunde unseres Todes, d. h. wenn wir die Erde verlassen.]

Juli 1952

[22] *Marburg. Juli 1952.*

Ad Imperialismus: Der Imperialismus, d. h. die von der Nation getragene Reichsidee, ist daran zugrunde gegangen, dass die Nation, wo immer sie auftritt, gemäss ihres eigenen Prinzips Nationen erzeugt. So vollzog sich konkret die »Eroberung« der Welt durch das Abendland, nur dass es sich eben nicht um eine echte Eroberung handelte und Assimilation an das Eroberervolk so unmöglich war wie Einführung des eigenen Rechts.

Die eigentliche Tragödie in diesem Prozess liegt darin beschlossen, dass das Abendland seinen Siegeszug über die Erde erst in dem Moment antritt, als Expansion der einzige Ausweg aus den unlösbar gewordenen nationalen Problemen geworden war. Die Nation verbreitete sich über die Erde, als erwiesen war, dass Nationalstaaten keine Möglichkeit haben, Weltpolitik zu treiben. Damit exportierte Europa per definitionem nicht einfach die nationale Idee, sondern den »Nationalismus« als die Verzweiflungs-Ausflucht aus dem Scheitern des Nationalstaates. In diesem Prozess, oder an seinem Ende, trennte sich die »Nation« vom »Staat« – in der Hoffnung, es läge am Staatsbegriff. Damit begann das völkische Stadium des Nationalismus; einen Schritt weiter auf dieser ausserordentlich schiefen Ebene erschien die Rasse, in welcher das Volk sich auch vom Boden getrennt hatte und zu einer verwüstenden Horde geworden war. So also ging die heilige nationale Dreieinigkeit von Volk-Staat-Territorium zugrunde. Heute, nach dem Scheitern des imperialistischen Experimentes und im Zeichen der total-totalitären Bedrohung, haben wir Staaten, hinter denen das Volk nicht mehr steht; Territorien, welche von ihren Bewohnern gegen fremde Eroberer nicht mehr verteidigt werden wollen; und Völker, welche weder vom Staat organisiert und beschützt noch im Boden »verwurzelt« sind. Dies ist der Raum der Wüste, in dem die Sandstürme entfesselt werden.

[23]

Ad Schmitts Polemik gegen den »gerechten Krieg«: Der eigentliche Haken liegt im Folgenden: Die amerikanische Auffassung vom »gerechten Krieg« ist wesentlich – nicht »a war to end wars« oder »a war to make the world safe for democracy« – von der Kriminalisierung des Angriffskriegs als Angriff, als Friedens- und Vertragsbruch bestimmt, wobei nach angelsächsischer Auffassung der Vertragsbruch schwerer wiegt als der Friedensbruch. Verwischt man diese Sache, wie Schmitt es konsequenterweise tut, so hat man aus »Vertrag« und »Frieden« eine »causa (iusta)« gemacht, die sie nicht sind. Erst wenn Frieden ideologisiert wird, also von der Realität gelöst, so dass es einer klaren Gefahr und Bedrohung nicht mehr bedarf, um die Welt zu pazifizieren, wird er zur »causa«. Umgekehrt erreicht Schmitt es, auf seine Weise den »ungerechten Krieg« zu glorifizieren, indem er ihn an einem »justum bellum«, also einem ideologischen Krieg – da es echte Glaubenskriege nicht mehr geben kann – misst, dessen nur totalitäre Herrschaften fähig sind. So stellte er bereits vor 1945 zum Zwecke der Verteidigung der Nazis alles auf den Kopf. Im *Nomos der Erde* ist dann der eigentliche Unsinn, von seiner ursprünglichen Veranlassung gelöst, nur noch schwer zu entdecken.[1]

[24] *Frankfurt.*

Goethe: »Im Bewegen und Werden gibt's kein Bleiben, die Natur hat ihren Fluch gehängt an das Stillstehen.«[1]

»Unbedingte Tätigkeit, von welcher Art sie sei, macht zuletzt bankerott.« *Maximen und Reflexionen* XXI, no. 461.[2]

[25]

Der elementare Fehler der Heideggerschen Man-Analyse, die als solche ausserordentlich zutreffend ist, ist, dass das Man in der Spanne Man – Selbst gesehen ist. Dem Man aber, der das »Niemand« ist (*Sein und Zeit*, 253[1]), steht der Jedermann (und nicht das Selbst) gegenüber, der wir alle immer auch sind, insofern wir gleich jedermann an die ἀναγκαῖα gebunden sind. Dem Man tritt nie das Selbst entgegen, sondern der Jedermann.

August 1952

[26] *Paris. August 1952.*

Ad Pluralität: Die Pluralität, die sich am reinsten in der ins Unendliche sich fortsetzenden und aus sich selbst sich erzeugenden Zahlenreihe darstellt, ist ursprünglich nicht in der Vielheit der Dinge, sondern in der Bedürftigkeit des Menschen, der als Einer geboren den Zweiten braucht, um sich des Fortgangs in den Dritten, Vierten und so fort zu sichern. Der Vielheit der

Dinge gegenüber ist die Zahl in der Tat »abstrakt«. Wer wäre je darauf verfallen, völlig Verschiedenes – Flasche, Tisch, Stuhl, Baum und Blume – einfach als Fünf zu bezeichnen? Auch ist das eigentlich Fortgehende der Zahlenreihe, das ihr Wesentliches ist, in diesem »Abstraktum« gar nicht zu begreifen. Schliesslich kann das Prinzip des ins Unendliche sich fortsetzenden Und-so-Weiter nur verstanden werden, wenn man als seinen Ursprung eine sich ins Unendliche fortzeugende Menschheit ansieht, von der das Bild der Zahlenreihe nur das rein abstrakte Zeichen ist. Die Zahl ist also ursprünglich nie ein Mass, das wir an die Dinge anlegen könnten, sondern dasjenige, was wir ständig rein und neu erzeugen dadurch, dass wir als Eine auf die Welt gekommen sind, die der Zweiten bedürfen und die Fähigkeit haben, die Dritten zu erzeugen. Bei den Dritten geht nun, vom Einen gesehen, die Zahlenreihe ins Unendliche weiter – gegründet ist sie immer nur auf 1 + 2 = 3, obwohl mit jedem Drei sie auch wieder von vorne anfängt, weil das Prinzip, das jeder Eins ist, nie durchbrochen werden kann. So ist in der Tat die unendliche Reihe in der Eins beschlossen, sofern sie die Zwei sucht. Was aber hier, im Ursprung der Zeugung, gezählt wird, beziehungsweise sich zählt, ist niemals das völlig Disparate, dem die Zahl zu einer abstrakten Einheit verhülfe – 5 Gegenstände, addiert aus Flasche, Tisch, Stuhl, Baum und Blume –, sondern das wesensmässig »Selbe« (wie Heidegger sagt[1], im Gegensatz zu dem bloss Gleichen), das sich in biblischer Sprache als: »im Ebenbild«, κατ' εἰκόνα, ausspricht. Diese Ebenbildlichkeit auf die Schöpfung des Menschen durch Gott zu beziehen, ist der tiefste und darum verderblichste Anthropomorphismus in dem abendländischen Gottesgedanken. In unserem Ebenbilde erzeugen wir unsere Kinder – nicht das uns »Gleiche«, aber das Selbe, was wir sind. Gott aber ist gerade das absolut Nicht-»Selbe«. Durch diesen Anthropomorphismus kam der verderbliche Unsinn von dem Menschen in die Metaphysik: Da Gott als Einer gedacht war in einem un-menschlichen Sinn, d.h. als die einzige Eins, die keine Zwei neben sich dulden konnte – und dieser Gedanke war wiederum ganz »richtig«, wenn man den genauen Gegensatz vom Menschen, den es nur im Plural geben kann, denken wollte (auch hier also noch ein Anthropomorphismus) –, wurde der in seinem Ebenbild erschaffene Mensch unvermerkt ebenfalls zu dem Einen Menschen, der verbunden war seinem Einen Einzigen Gott. Der Anthropomorphismus ist also doppelt: 1. der gleichsam negative: der Eine-Einzige Gott als Symbol für das der Pluralität der Menschen schlechthin Entgegengesetzte; und dann 2. der Mensch, den Gott geschaffen haben soll nach den Regeln der Ebenbildlichkeit, die de facto aus der Grunderfahrung menschlicher Zeugung stammen.

Unsere kreatürliche Pluralität zeigt sich, wenn wir allein sind, in der notwendig dialogischen Form alles Denkens, also darin, dass wir nur in der dumpfen Angst der Verlassenheit wirklich allein und nur Eins sind, in der Einsamkeit aber mit uns selbst in der Zwiespältigkeit und Zweideutigkeit sind. Allerdings käme es in diesem Denken, in dem Nur-mit-uns-selbst-Sein, nie zu einem Dritten. Die Drei könnten wir nie aus uns selbst hervorbringen, nur die Zwei. Die Zahlenreihe, sofern sie in eine wahrhaft wirkliche Unendlichkeit fortgeht, fängt daher auch erst mit der Drei an.

Die Zwei aber, in der sich der Zwiespalt unseres Denkenkönnens bekundet und die in Wahrheit unserem Selbst entspricht, wird wieder anthropomorphisch als Gott missverstanden. In dem Dialog mit uns selbst, der Denken ist, glauben wir, mit Gott zu sprechen. Das sogenannte Du Gottes ist nur das blasphemisch verabsolutierte Du des denkenden Dialogs mit uns selbst.

Das Entscheidende der sogenannten religiösen Krise der Zeit ist nicht, dass wir nicht mehr »wüssten«, wer Gott ist, sondern dass sich im Zusammenbruch – im berechtigten Zusammenbruch – aller Frömmigkeit herausstellt, dass wir nicht wissen und nie gewusst haben, wie Gott zu denken sei.

New York, Aug. 1952.

Of Logic: Stalin about Lenin: "I was captivated by that irresistible force of logic in (Lenin's speeches) which ... thoroughly overpowered his audience. .. I remember that many of the delegates said: 'The logic of Lenin's speeches is like a mighty tentacle which seizes you on all sides as in a vise and from whose grip you are powerless to tear yourself away; you must either surrender or make up your mind to utter defeat.' I think that this characteristic of Lenin's speeches was the strongest feature of his art as an ~~...~~ orator." (Speech Jan. 28, 1924. Quoted from Lenin, Sel. Works, vol. I, p. 33, Moscow 1947)

[27]

Ad Krieg: Wir sind heute so sicher, dass Bürgerkriege blutiger sind als andere. Wie kurios diese Annahme ist, kann man sehen in der *Republik [Πολιτεία]*, wo Plato gerade umgekehrt argumentiert: Im Krieg zwischen Hellenen, der eigentlich nur eine Fehde zwischen Verwandten ist, soll weniger grausam verfahren werden als im Krieg gegen Barbaren, wo der Krieg gleichsam natürlich ist, weil beide einander fremd sind (Fünftes Buch, 470 B ff.).

Die moderne Schwierigkeit ist natürlich, dass dieser alte Verwandtschaftsbegriff, der ohnehin nicht stimmt, dann und vor allem heute auf die ganze Menschheit ausgeweitet werden muss. Dadurch fällt der äussere Feind, der in Wahrheit den »Verwandten« ihre Verwandtschaft garantierte, fort. Bei einem Angriff von Marsbewohnern auf die Erdbewohner stellte sich Platos Begriff sofort wieder her. Er stimmt unter der Voraussetzung eines absoluten Fremden.

[28]

New York, Aug. 1952.

Ad Logik: Stalin about Lenin: »I was captivated by that irresistible force of logic in [Lenin's speeches] which ... thoroughly overpowered his audience ... I remember that many of the delegates said: ›The logic of Lenin's speeches is like a mighty tentacle which seizes you on all sides as in a vise and from whose grip you are powerless to tear yourself away; you must either surrender or make up your mind to utter defeat.‹ I think that this characteristic of Lenin's speeches was the strongest feature of his art as an orator.« (Speech, Jan. 28, 1924. Quoted from Lenin, *Selected Works*, vol. I, p. 33, Moscow 1947.[1])

[29]

Ad Freiheit: Immer festhalten, dass es Freiheit nur in der Pluralität geben kann, in dem Raum, der zwischen Menschen entsteht, sofern sie miteinander leben und handeln. Nur Handeln steht unter der Kategorie der Freiheit. Alle Versuche, Freiheit in die Arbeit oder das Herstellen (Homo faber) hineinzugeheimnissen, sind verlogen; es läuft immer auf die »in der Notwendigkeit verborgene Freiheit« und ähnliche Kunststücke hinaus. (Bezeichnend, weil absurd: *L'Etre et le travail* von Jules Vuillemin[1]. Arbeit ist den ἀναγκαῖα und Herstellen dem Vorgegebenen verhaftet. Freiheit hat da nichts zu suchen.)

Heft X

August 1952 bis September 1952

Heft X

August 1952

[1] *Palenville*[A]. *Aug. 52.*

[Dostojewski,] *Schuld und Sühne*: ad »Moral«: Nur theologisch-metaphysisch gesprochen ist der Mord das grösste Vergehen. »Moralisch«, und das heisst »charakterlich«, gesehen ist Luschin, der Sonja fälschlich des Diebstahls beschuldigt und bewusst eine Situation herbeiführt, in der sie als Diebin erscheinen muss, und nicht Raskolnikow der Verbrecher des Buches. Im Sinne Dostojewskis ist der Mord als Rebellion gegen das Leben eine Schuld, die die Erde besudelt (Sonja) und gesühnt werden kann; sie entspringt der Verlassenheit und verliert ihre Realität gleichsam (erscheint Raskolnikow als rein »äusserliches« Geschehnis) im Moment, wo er bereit ist, Sonja zu lieben. Aber Vergehen innerhalb der Menschenwelt, wie z. B. an der Türe-horchen, scheinen unverzeihlich, so dass in der Tat Swidrigailow recht hat, wenn er meint, Raskolnikow sei der Überzeugung, »man dürfe zwar nicht an Türen horchen, aber dafür ... alte Weiber totschlagen«. (II, 402) Den Menschen gegenüber ist und bleibt Raskolnikow der Meinung, dass er ihnen gegenüber, die »Millionen von Menschen [umbringen und] das noch für ein Verdienst [halten]«, keinerlei Schuld hat. (II, 279) Darum ist die Umkehr auch nicht Reue, sondern Liebe, und d. h. »Ja« sagen zum Leben, sich nicht gegen die Schöpfung überhaupt auflehnen. Rein menschlich gesprochen, behält Raskolnikow recht: Die Alte war »eine

[A] zu Palenville, dem Urlaubsort von Hannah Arendt, siehe im Anmerkungsteil S. 977

Laus«, nur haben Menschen nicht das Recht, so etwas zu entscheiden.[1]

[2]

[Plato,] *Πολιτεία*, Buch 4.

427 D: kommt auf die 372 A offengelassene Hauptfrage nach δικαιοσύνη zurück: wo sie sei und wo die ἀδικία, und was das die beiden voneinander Unterscheidende sei: τί ἀλλήλοιν διαφέρετον, καὶ πότερον δεῖ κεκτῆσθαι τὸν μέλλοντα εὐδαίμονα εἶναι, ἐάντε λανθάνῃ ἐάντε μὴ πάντας θεούς τε καὶ ἀνθρώπους[I], und ob derjenige, der im Begriff steht, εὐδαίμων[A] zu sein, sie (?) erworben haben muss, wenn er (sie?) auch allen Göttern und Menschen verborgen bleibt oder auch nicht bleibt. (Cf. 367 E)

Weicht wieder aus, da er ja nun den, der die Gerechtigkeit gefunden hat, so bestimmt hat, dass er weder die Stadt der Menschen noch die der Götter noch nötig hat. Ist Gerechtigkeit auch in der absoluten Verborgenheit möglich, dann hat sie jedenfalls nichts mehr mit Politik zu tun. Sie ist Wahrheit geworden.

428 B: Statt Gerechtigkeit wird σοφία und εὐβουλία, Weisheit und Wohlberatenheit, eingeführt. Es liegt im Wesen der ἐπιστήμη, dass sie immer bei der kleinen Zahl nur ist (ἐπιστήμη unvermittelt mit σοφία identifiziert, d.h. σοφία konstruiert nach ἐπιστήμη). Es liegt ferner (428 E) in der Natur der Sache, dass dem kleinsten Teil zufällt die ἐπιστήμη des Verstehens und ἄρχειν, und nach ihr wird die ganze Stadt σοφή genannt. Diese ἐπιστήμη, die sich auf das Verhalten der πόλις im Verstehen und ἄρχειν bezieht, verdient allein, σοφία genannt zu werden. (429 A)

429 C: Σωτηρίαν ἔγωγ', εἶπον, λέγω τινὰ εἶναι τὴν ἀνδρείαν – die Tapferkeit, sage ich, ist eine Art Retten.[2]

430 D: Kommt zurück zur Gerechtigkeit, um deretwillen

[A] [eudaimon], glücklich

Πολιτεία, Buch 4.

427 D: Kommt auf die 372 A offengelassene Hauptfrage nach δικαιοσύνη zurück: wo sie sei u. wo die ἀδικία und was das die beiden voneinander Unterscheidende sei: τί ἀλλήλοιν διαφέρετον, καὶ πότερον δεῖ κεκτῆσθαι τὸν μέλλοντα εὐδαίμονα εἶναι, ἐάν τε λανθάνῃ ἐάν τε μὴ πάντας θεούς τε καὶ ἀνθρώπους, und ob derjenige, der im Begriff steht εὐδαίμων zu sein, sie (?) erworben (sic?) haben muss, wenn er auch allen Göttern u. Menschen verborgen bleibt oder auch nicht bleibt. (cf. 367 E)

Weicht wieder aus, da er ja nun den, der die Gerechtigkeit gefunden hat, so bestimmt hat, dass er weder die Idee der Menschen noch die der Götter nötig hat. ~~Damit~~ ist Gerechtigkeit auch in der absoluten Verborgenheit möglich; dann hat sie jedenfalls nichts mehr mit Politik zu tun. Sie ist Weisheitsersatz

alles andere untersucht wird. Weicht aus und spricht über σωφροσύνη. Sie kommt nicht wie σοφία oder ἀνδρεία nur einem Teil zu, sondern ist die alle Teile zur ἁρμονία[A] abstimmende, in allen Teilen verbreitete ὁμόνοια, Einmütigkeit. (431 E–432 A)

433 B: δικαιοσύνη: = τὸ τὰ αὑτοῦ πράττειν – das Seinige (?) tun, denn dieses ist das, ὃ πᾶσιν ἐκείνοις [id est der σωφροσύνη, der ἀνδρεία und der φρόνησις – statt σοφία plötzlich? –, H. A.]. τὴν δύναμιν παρέσχεν ὥστε ἐγγενέσθαι, καὶ ἐγγενομένοις γε σωτηρίαν παρέξειν, ἕωσπερ ἂν ἐνῇ – nämlich das allen jenen die δύναμις darreicht, sodass sie werden, und den Gewordenen eine Rettung darreicht, solange es ist.[3] – Dies die erste Bestimmung von Gerechtigkeit.

Das δικάζειν[B] (433 E): Dass ein Jeglicher weder etwas Fremdes erhält noch ihm etwas von dem Seinigen geraubt wird. Daher δικαιοσύνη: τοῦ οἰκείου τε καὶ ἑαυτοῦ ἕξις τε καὶ πρᾶξις[4]. – Dies die zweite Bestimmung von Gerechtigkeit.

439 C: ad Vorrang des λογιστικόν[C] über die Begierden: Der λογισμός[D] befiehlt, während die Begierden nur παθήματα sind, nur erlitten werden. Dies ist der eigentliche Grund, dass dem λογιστικόν das ἄρχειν zukommt – 441 E. Um dann schliesslich dies Dem-λογιστικόν-Gehorchen mit der Gerechtigkeit zu identifizieren (443 B): dass nämlich ein jeglicher Teil der Seele τὰ αὑτοῦ πράττει ἀρχῆς τε πέρι καὶ τοῦ ἄρχεσθαι[5]. – Und das läuft schliesslich darauf hinaus, παντάπασιν ἕνα γενόμενον ἐκ πολλῶν (443 E), nämlich gänzlich aus Vielen Einer geworden zu sein.[6]

445 D: Beginn des Versuchs, eine philosophische Begründung, d.h. eine menschlich einsichtige, der Staatsformen zu finden: πέντε μέν, ἦν δ᾽ ἐγώ, [τρόποι] πολιτειῶν, πέντε δὲ ψυχῆς.[7] Dies gerade wird von Aristoteles nicht übernommen:

[A] [harmonia], Übereinstimmung, Harmonie
[B] [dikazein], Recht sprechen, richten, entscheiden
[C] [logistikos, e, on], zum Rechnen oder Berechnen gehörend
[D] [logismos], Rechnung, Vernunftschluß

1) βασιλεία = ἀνδρὸς ἑνὸς ἐν τοῖς ἄρχουσι διαφέροντος – unter den Herrschenden zeichnet sich Einer aus; keine Rede davon, dass nur Einer herrscht! Primus inter pares. Dies der ursprüngliche [Sinn] des Königtums zum Unterschied von der Monarchie. Das Königtum hier eigentlich nur eine konsequente Aristokratie! 2) Aristokratie daher πλειόνων διαφερόντων[A]. Beides nennt Plato: ἓν εἶδος – die gleiche Sache. – In beiden Fällen setzt er eigentlich durch das ἐν τοῖς ἄρχουσιν[B] eine »herrschende Klasse« voraus, in welcher das Prinzip des διαφέρειν[C] gültig ist – einer oder mehrere. Die Macht liegt bei der herrschenden Klasse.

[3]

[Plato, *Πολιτεία*,] Buch 5 (E).
Alle übrigen Staatsformen gelten als schlechte.

Nun werden sie auseinander abgeleitet (449 B) – ἐξ ἀλλήλων μεταβαίνειν. Fortsetzung 8. Buch (H), 543 C.

[4]

Ad Denken: καὶ τάχ' ἂν παρ' ἄλληλα σκοποῦντες καὶ τρίβοντες ὥσπερ ἐκ πυρείων ἐκλάμψαι ποιήσαιμεν τὴν δικαιοσύνην ([Plato, *Πολιτεία*], 435 A) – und vielleicht wenn wir beides gegeneinander betrachten und reiben, werden wir wie aus Feuersteinen die Gerechtigkeit herausblitzen machen –

So verhält sich jeder Gedanke zum Denken: Er ist immer der Funke, der dem Dialog der Einsamkeit entspringt; er ist nie Resultat eines Prozesses. Er hat qualitätsmässig mit dem Denken so viel und so wenig gemein, wie das Reiben der Feuersteine

[A] [pleionon diapheronton], wenn mehrere sich auszeichnen
[B] [en tois archusin], unter den Herrschenden
[C] [diapherein], sich unterscheiden, sich auszeichnen

mit dem Erblitzen des Funkens. Ein Gedanke kann nie »bewiesen«, er kann nur wie der Funke erzeugt werden.

[5]

[Plato, *Πολιτεία*] Buch 5 (E).
Der beste Staat am Bild des einzelnen Menschen konstruiert, wo sich alle Bürger verhalten, als seien sie Ein Mensch (wie der ganze Mensch Schmerzen hat, wenn das Einzelglied verwundet ist). Aber von Plato nicht organisch gemeint, sondern nur als Prinzip des Einen und Ungeteilten, als Negation der Pluralität, die ja in Wirklichkeit vorliegt.

462 C: Καὶ ἥτις δὴ ἐγγύτατα ἑνὸς ἀνθρώπου ἔχει; Οἷον ὅταν που ἡμῶν δάκτυλός που πληγῇ, πᾶσα ἡ κοινωνία ἡ κατὰ τὸ σῶμα πρὸς τὴν ψυχὴν τεταμένη εἰς μίαν σύνταξιν τὴν τοῦ ἄρχοντος ἐν αὐτῇ ᾔσθετό τε καὶ πᾶσα ἅμα ξυνήλγησεν μέρους πονήσαντος ὅλη, καὶ οὕτω δὴ λέγομεν ὅτι ὁ ἄνθρωπος τὸν δάκτυλον ἀλγεῖ...[1] Dieses Eins-sein wird befördert durch Weibergemeinschaft, weil ja jeder jedes Bruder oder Vater sein kann. (463 C) Ferner Abschaffung des Eigentums als »principium individuationis«. Scheinbare Abschaffung der Familie, in Wahrheit Konstruktion des gesamten Staates nach dem Vorbild der Familie und den in der Familie waltenden Gesetzen. Denn alle Zwietracht wird verhütet durch δέος τε καὶ αἰδώς, Furcht und Scham; Scham, man könnte sich am eigenen Vater vergreifen, Furcht, dem Angegriffenen werden Mitbürger beistehen – τοὺς μὲν ὡς ὑεῖς, τοὺς δὲ ὡς ἀδελφούς, τοὺς δὲ ὡς πατέρας (465 B).[2]

472 B: Nachdem Sokrates Abschweifungen vorgeworfen wurden, wieder Frage nach der Gerechtigkeit – siehe die Bestimmungen 433 ff. Jetzt aber die Frage nach der möglichen Verwirklichung gestellt.

472 D: Die bisherige Darstellung zeigte ein παράδειγμα. 473 [A]: φύσιν ἔχει πρᾶξιν λέξεως ἧττον ἀληθείας ἐφάπτεσθαι – die Natur der πρᾶξις ist, dass sie weniger an der Wahrheit haftet

als die λέξις. (Cf. 372 E, wo ein nicht-idealer, guter Staat geschildert wird.) Die Antwort (473 D): Ἐὰν μὴ... ἢ οἱ φιλόσοφοι βασιλεύσωσιν ἐν ταῖς πόλεσιν ἢ οἱ βασιλῆς τε νῦν λεγόμενοι καὶ δυνάσται φιλοσοφήσωσι... καὶ τοῦτο εἰς ταὐτὸν ξυμπέσῃ, δύναμίς τε πολιτικὴ καὶ φιλοσοφία, τῶν δὲ νῦν πορευομένων χωρὶς ἐφ' ἑκάτερον αἱ πολλαὶ φύσεις ἐξ ἀνάγκης ἀποκλεισθῶσιν, οὐκ ἔστι κακῶν παῦλα... ταῖς πόλεσι, δοκῶ δ' οὐδὲ τῷ ἀνθρωπίνῳ γένει ... – Wenn nicht entweder die Philosophen als »Könige« regieren in den πόλεις oder die jetzt sogenannten Könige und Machthaber philosophieren und dieses mit jenem zusammenfällt (das βασιλεύειν[A] und φιλοσοφεῖν), nämlich die Macht in der πόλις und die Philosophie, die vielen Naturen aber von denen, die jetzt von aussen zu jedem von den beiden gehen, durch ἀνάγκη ausgeschlossen werden, wird es keine Erholung von den Übeln geben für die πόλεις oder das Menschengeschlecht... Diese Verbindung, vor allem, dass man nicht zur Philosophie darf, ohne sich zum βασιλεύειν vorzubereiten und umgekehrt, hat eigentlich eine Basis in Platos Philosophie nicht. Dies nur, um den κακά zu entrinnen. Die Zentralstelle seiner politischen Philosophie gerade hat philosophisch keine Basis. Dabei bleibt der Vorrang der Philosophie selbstverständlich!

474 C: ὅτι τοῖς μὲν προσήκει φύσει ἅπτεσθαί τε φιλοσοφίας ἡγεμονεύειν τ' ἐν πόλει, τοῖς δ' ἄλλοις μήτε ἅπτεσθαι ἀκολουθεῖν τε τῷ ἡγουμένῳ – dass denen, welche von Natur an der Philosophie haften, es zukommt, in der Stadt zu führen, den Anderen aber, sich nicht an jene [die Philosophie] zu heften und[B] dem Führenden zu folgen.

(δύναμις wie im Deutschen: Macht von Vermögen. Siehe besonders 476 ff.)

478. Δόξα: zwischen ἐπιστήμη und ἄγνοια[C] – So sicher ist der Weltbezug, dass von der Existenz der δόξα auf ein

[A] [basileuein], König sein

[B] Übersetzung genau: »sondern« statt »und«

[C] [anoia], Unwissenheit, Unverstand

δοξαστόν[A] geschlossen wird, das zwischen dem ὄν der ἐπιστήμη und dem μὴ ὄν der ἄγνοια liegen muss, als etwas [τὸ] ἀμφοτέρων μετέχον, τοῦ εἶναί τε καὶ μὴ εἶναι – 478 E[3].

In diesem Zwischenreich aber zwischen εἶναι und μὴ εἶναι liegen alle die vielen menschlich existierenden Dinge, πολλὰ καλὰ πολλὰ δίκαια etc., die, wenn sie nicht auf αὐτὸ τὸ καλόν oder das αὐτὸ τὸ δίκαιον bezogen sind, einmal so und danach wieder anders erscheinen, so wie Grosses und Kleines immer nur relativ gross oder klein sein können, ein Grosses aber auch klein, wenn verglichen mit einem Grösseren. In dieser Welt der Perspektiven ist alles δοξαστόν, und in ihr herrscht die δόξα.

[6]

[Plato, *Πολιτεία*] Buch 6 (ζ).
Über die φύσις der Philosophen: 485 B: ὅτι μαθήματός γε ἀεὶ ἐρῶσιν ὃ ἂν αὐτοῖς δηλοῖ ἐκείνης τῆς οὐσίας τῆς ἀεὶ οὔσης καὶ μὴ πλανωμένης ὑπὸ γενέσεως καὶ φθορᾶς – dass [sie] immer lieben, was ihnen offenbart von jener οὐσία, die immer ist und nicht umherirrt unter Entstehen und Vergehen. Folglich wäre die Aufgabe der Philosophen, sobald sie βασιλεύουσιν, die Verhältnisse der Menschen von dem Joch des Entstehens und Vergehens möglichst zu retten.

486 A: Ἧι οὖν ὑπάρχει διανοίᾳ μεγαλοπρέπεια καὶ θεωρία παντὸς μὲν χρόνου, πάσης δὲ οὐσίας, οἷόν τε οἴει τούτῳ μέγα τι δοκεῖν εἶναι τὸν ἀνθρώπινον βίον; ... Οὐκοῦν καὶ θάνατον οὐ δεινόν τι ἡγήσεται ὁ τοιοῦτος – Derjenige [ist] dazu berufen, die menschlichen Angelegenheiten zu verwalten, dem das menschliche Leben und der Tod angesichts der ganzen Zeit und des ganzen Seins nicht viel gilt!

Gegen diejenigen, welche an der Berufung der Philosophen zu herrschen zweifeln, weil die Philosophen sich um die Herrschaft

[A] [doxaston], Neutrum des Adjektivs δοξαστός [doxastos], vermutet, gemeint

nicht bemühen: Wer immer es nötig hat, beherrscht zu werden – wie der Kranke den Arzt [nötig hat] –, muss sich an den zur Herrschaft Berufenen wenden und nicht umgekehrt. 489 B–C.

(Über die eigene Berufung zur Philosophie – nachdem er eine Reihe günstiger äusserer Umstände angeführt hat, wie Verbannung, Kränklichkeit oder sonstige Abhaltung vom tätigen Leben: Τὸ δ' ἡμέτερον οὐκ ἄξιον λέγειν, τὸ δαιμόνιον σημεῖον· ἢ γάρ πού τινι ἄλλῳ ἢ οὐδενὶ τῶν ἔμπροσθεν γέγονεν. [496 C[1]])

[7]

[Plato, *Πολιτεία*,] 7. Buch (Z). Höhlengleichnis.
(τέχνη τῆς περιαγωγῆς: 518 D: die Technik der Herumwendung – !)

[8]

[Plato, *Πολιτεία*] 8. Buch (H).
543 C: Lass uns nach der Abschweifung zurückkehren zu 449 B.

544 D: Οἶσθ' οὖν ... ὅτι καὶ ἀνθρώπων εἴδη τοσαῦτα ἀνάγκη τρόπων εἶναι, ὅσαπερ καὶ πολιτειῶν; ἢ οἴει ἐκ δρυός ποθεν ἢ ἐκ πέτρας τὰς πολιτείας γίγνεσθαι, ἀλλ' οὐχὶ ἐκ τῶν ἠθῶν τῶν ἐν ταῖς πόλεσιν ... Οὐκοῦν εἰ τὰ τῶν πόλεων πέντε, καὶ αἱ τῶν ἰδιωτῶν κατασκευαὶ τῆς ψυχῆς πέντε ἂν εἶεν.[1] (Cf. 445 D) – Die Staatsformen sind ja Formen menschlichen Zusammenlebens, sie können nicht gut aus Eiche oder Fels entstanden sein, sondern nur aus Grundverfassungen der menschlichen Seele. Dass Plato von den Verfassungen der Seele spricht statt von den Grunderfahrungen im Zusammensein, ist umso erstaunlicher, als er ja bereits Montesquieus Prinzip der »distinction« gefunden hat – als das Prinzip einer monarchischen Aristokratie, sofern der βασιλεύς als διαφέρων[A] unter den Anderen, Pri-

[A] [diapheron], sich auszeichnend, ausgezeichnet

mus inter pares, gekennzeichnet ist. Der Begriff des Königs als desjenigen, der die Macht monopolisiert, also wirklich Monarch ist, entstammt ganz anderen und Plato fremden Überlegungen.

Immer wieder die beiden, in sich ganz verschiedenen Zugänge zur Politik in der abendländischen Tradition, symbolisiert durch Plato einerseits, Machiavelli andererseits. Plato an Macht so uninteressiert wie Machiavelli am Wesen des Menschen. (Wenn Machiavelli die Bösartigkeit aller Menschen »natura« behauptet, so nur, um dem Christentum eine Verbeugung zu machen und einen Ansatz zu gewinnen für das ausschliessliche Interesse an dem Machtproblem.)

Wie nun der Ehrgeiz gleichsam das Laster der Auszeichnung ist, so entartet eine Aristokratie in eine τιμοκρατία[A] oder τιμαρχία[B] (545 B). Danach die ὀλιγαρχία; auf sie folgt die δημοκρατία, die in der τυραννίς endet. Jener entspricht der ἀνὴρ δημοκρατικός[C], [dieser] die ψυχὴ τυραννική[D] etc. (545 C). Die Timarchie ist eine Art Militärherrschaft, die Oligarchie eine Geldherrschaft und die Demokratie die Herrschaft des Pöbels.

562 Aff.: Tyrannis: ἡ καλλίστη δή ... πολιτεία τε καὶ ὁ κάλλιστος ἀνὴρ ... τυραννίς τε καὶ τύραννος [Anspielung auf Euripides: Ironie (568 A), H. A.] ... ὅτι μὲν γὰρ ἐκ δημοκρατίας μεταβάλλει σχεδὸν δῆλον.[2] So wie die Oligarchie sich durch Unersättlichkeit am Gelde auflöst, so die Demokratie durch die Unersättlichkeit an Freiheit. (562 B)

564 A: ... οὐκ ἐξ ἄλλης πολιτείας τυραννὶς καθίσταται ἢ ἐκ δημοκρατίας, ἐξ, οἶμαι, τῆς ἀκροτάτης ἐλευθερίας δουλεία πλείστη τε καὶ ἀγριωτάτη (aus der auf die Spitze getriebenen Freiheit die völligste und wildeste Knechtschaft).[3] Aus einem Volksvorsteher (προστάτης) wird ein Tyrann (565 Df.). Dadurch, dass er Unrecht tun muss und ihm dann nur übrigbleibt,

A [timokratia], Timokratie

B [timarchia], Timarchie

C [aner demokratikos], demokratischer Mann

D [psyche tyrannike], tyrannische Seele

ἢ ἀπολωλέναι ὑπὸ τῶν ἐχθρῶν ἢ τυραννεῖν καὶ λύκῳ ἐξ ἀνθρώπου γενέσθαι (566 A)[4]. Die dauernde Alternative des Tyrannen – entweder gemordet zu werden oder Tyrann zu sein und aus einem Menschen ein Wolf zu werden!!

Der Machtzwang aus Angst und der Vorstellung: entweder »sie« oder »ich«. Bild des Volkes in der Tyrannis [569 C]: ὁ δῆμος φεύγων ἂν καπνὸν δουλείας ἐλευθέρων εἰς πῦρ δούλων δεσποτείας ἂν ἐμπεπτωκὼς εἴη – das Volk, fliehend den Rauch der Knechtschaft der Freien, stürzt in das Feuer der Despotie der Knechte. Tyrannis = Despotie der Sklaven.

[9]

[Plato, *Πολιτεία*] 9. Buch (Θ): ὁ τυραννικὸς ἀνήρ[A]: 571 A: erklärt aus den ἐπιθυμίαι παράνομοι[B], die im Schlaf frei werden. Sie werden im wesentlichen mit Eros identifiziert. Καὶ τὸ πάλαι διὰ τὸ τοιοῦτον τύραννος ὁ Ἔρως λέγεται.[1] Also das Modell des Tyrannen ist der Eros. (573 B) Und dann mit Anspielung auf Sophokles (?)[2]: καὶ μὴν ὅ γε μαινόμενος καὶ ὑποκεκινηκὼς οὐ μόνον ἀνθρώπων, ἀλλὰ καὶ θεῶν ἐπιχειρεῖ τε καὶ ἐλπίζει δυνατὸς εἶναι ἄρχειν (573 C)[3]. Wie ein Wahnsinniger will er herrschen über Götter und Menschen.

(Es ist schwer, bei Platos Ausführungen über die Dichter, besonders aber im 10. Buch der *Πολιτεία* bei den Ausführungen über Homer – der ja sein Lieblingsdichter war –, sich des Eindrucks zu erwehren, hier ist der Philosoph einfach auf den Dichter neidisch. Die Fadenscheinigkeit der Argumentation – dass Homer keinen wirklichen Krieg geführt und keiner wirklichen Stadt Gesetze gegeben habe – ist umso frappanter, als Plato diesen Einwand als gegen ihn selbst gerichtet am Ende des 9. Buches bereits beantwortet, und zwar in einer Weise, die wahrhaftig auch des Homer würdig gewesen wäre: 'Αλλ'... ἐν

[A] [ho tyrannikos aner], der tyrannische Mann

[B] [epithymiai paranomoi], gesetzwidrige Begierden

οὐρανῷ ἴσως παράδειγμα ἀνάκειται τῷ βουλομένῳ ὁρᾶν καὶ ὁρῶντι ἑαυτὸν κατοικίζειν. Διαφέρει δὲ οὐδὲν εἴτε που ἔστιν εἴτε ἔσται· τὰ γὰρ ταύτης μόνης ἂν πράξειεν, ἄλλης δὲ οὐδεμιᾶς [592 B].[4] Ganz deutlich wird dieser Neid da, wo er davon spricht, dass Homer Hellas erzogen haben soll – 606 E –, und noch deutlicher, wo er von der παλαιὰ διαφορά[A] und ἐναντίωσις[B] zwischen Philosophie und Dichtkunst spricht – 607 C.)

574 E: Der ἀνὴρ τυραννικός ist vom Eros tyrannisiert und lebt, wie Andere nur träumen.

Monarch: μόναρχος = Alleinherrscher, hier vom tyrannischen Eros gesagt, identisch mit Tyrann und nicht mit βασιλεύς (siehe oben). 575 A. Der Tyrann aber ist das genaue Gegenteil des βασιλεύς: 576 D. 576 A: Die tyrannische Natur: Ἐν παντὶ ἄρα τῷ βίῳ ζῶσι φίλοι μὲν οὐδέποτε οὐδενί, ἀεὶ δέ του δεσπόζοντες ἢ δουλεύοντες ἄλλῳ, ἐλευθερίας δὲ καὶ φιλίας ἀληθοῦς τυραννικὴ φύσις ἀεὶ ἄγευστος – in ihrem ganzen Leben niemals jemandes Freund, immer aber einen despotisierend oder einem Andern als Knecht dienend, die Freiheit und die wahre Freundschaft niemals kostend –

580 D ff.: Drei ἡδοναί = drei Arten der Lust (?), Freude (?):
1) μανθάνειν = εἰδέναι τὴν ἀλήθειαν = φιλόσοφος
2) θυμεῖν = φιλόνικον = φιλότιμον
3) ἐπιθυμεῖν = φιλοχρήματος = φιλοκερδές.[5]

Die beiden letzteren nennt der Philosoph ἡδονὰς [...] ἀναγκαίας ὡς οὐδὲν τῶν ἄλλων δεόμενον, εἰ μὴ ἀνάγκη ἦν[6] – da er ihrer gar nicht bedürfen würde, wenn die Ἀνάγκη nicht wäre.

Wegen der alles beherrschenden Ἀνάγκη aber ist der Philosoph von den drei Typen der einzige, der Erfahrungen in allen drei Erfahrungsfeldern hat, da ja auch er den ἀναγκαῖα unterworfen ist. 582.

[A] [palaia diaphora], alte Verschiedenheit

[B] [enantiosis], Hader

(λόγου δὲ τούτου – τοῦ φιλοσόφου – μάλιστα ὄργανον [582 D].[7])

590 C: Der Grund für die Verachtung der Arbeit, dass sie mit den ἀναγκαῖα und daher mit ἐπιθυμεῖν[A] und θυμός in Zusammenhang steht: Βαναυσία δὲ καὶ χειροτεχνία διὰ τί, οἴει, ὄνειδος φέρει; ἢ δι' ἄλλο τι φήσομεν ἢ ὅταν τις ἀσθενὲς φύσει ἔχῃ τὸ τοῦ βελτίστου εἶδος, ὥστε μὴ ἂν δύνασθαι ἄρχειν τῶν ἐν αὑτῷ θρεμμάτων, ἀλλὰ θεραπεύειν ἐκεῖνα, καὶ τὰ θωπεύματα αὐτῶν μόνον δύνηται μανθάνειν. – Warum wohl, glaubst Du, liegt ein Schimpf auf Arbeit und Handwerk? Wenn nicht deshalb, weil einer von Natur schwach ist für das Εἶδος des Besten, sodass er nicht vermag, über die »Tiere« [= Triebe, H. A.] in ihm zu herrschen, sondern nur ihnen zu dienen und die Dienstleistungen für sie zu erlernen vermag.

590 D: Die wahre Herrschaft nützlich auch für die Beherrschten, am besten οἰκεῖον ἔχοντος ἐν αὑτῷ – wenn einer es als Eigenes in sich selbst hat: so nämlich bei den Herrschern. Sodass der sich selbst Beherrschende identisch wird mit dem guten Herrscher: Er führt bei Anderen nur aus, was er bei sich selbst getan und was sie eigentlich auch leisten müssten. Der wahre Herrscher als Selbst-beherrscher hilft allen, sich zu beherrschen.

[10]

[Plato, *Πολιτεία*] 10. Buch: Demiurg: 596 A: Eidos: ist etwas Eines für das Viele, das wir mit dem gleichen Namen nennen. (Ergo: entspricht das εἶδος dem ὄνομα[B], das Eidos ist die Wirklichkeit (?), die Wahrheit (?) des Namens?) Jeder χειροτέχνης[C] macht das Viele, indem er auf das Eine (εἶδος) sieht. Der δημιουργός[A] aber macht alles, nicht nur Erde und Himmel etc.,

[A] [epithymein], begehren
[B] [onoma], Name
[C] [cheirotechnes], Handarbeiter, Handwerker

sondern die Geräte und Götter und die εἴδη von allem, das ist. Sodass also für den Menschen ohnehin nur übrigbleibt, immer ein Eines zu vervielfältigen – dies ist die eigentliche μίμησις –, wobei jedesmal eine Art Realitätsverlust eintritt, weil Wahrheit und Realität identifiziert sind. Und dies folgendermassen: Da irgendein Bett niemals das Bett ist, ist es 1) weniger wahrhaftig Bett und 2) vergeht, hat also weniger Realität. Hier liegt die Wurzel der abendländischen Identifizierung von Sein und Wahrheit.

Eines kann der Demiurg immer nur machen, weil, wenn er zwei Betten machte, es ja sofort das (dritte ?) gäbe, auf die diese beiden sich beziehen müssen, um überhaupt Betten zu sein. 597 C.

Der Demiurg müsste, da er nur das εἶδος = die φύσις eines jeden Seienden erschafft, eigentlich φυτουργός[B] heissen. 597 D.

602 D: Die Mittel, um dem Bereich, wo alles relativ ist – das Grosse nur gross relativ zu Kleinerem, aber klein relativ zu Grösserem –, zu entfliehen, sind Messen, Zählen, Wägen. Daher der Vorrang der Mathematik, damit nämlich nicht (ἄρχειν ἐν ἡμῖν τὸ φαινόμενον μεῖζον ἢ ἔλαττον ἢ πλέον ἢ βαρύτερον) in uns herrsche das, was erscheint als grösser oder kleiner oder mehr oder schwerer, sondern τὸ λογισάμενον καὶ μετρῆσαν ἢ καὶ στῆσαν[C] – d. h. der Masstab für es.

So Mass nehmend, zählend, messend, wiegend sind wir herumspaziert, bis uns klar wurde – eigentlich seit Descartes oder Kant, handgreiflich aber seit Einstein –, dass diese Masstäbe selbst relativ auf etwas anderes sind, das wir nicht kennen und dessen Relativität sich daher – und das ist das Schlimmste – so zeigt, als sei Jegliches von Jeglichem abhängig und auf es in Relativität bezogen. Wir sind also genau bei den Komparativen – grösser als und zugleich kleiner als – wieder angekommen, von denen die Griechen ausgingen und denen wir mit Plato entflohen zu sein glaubten.

A [demiurgos], Demiurg

B [phyturgos], Gärtner; erster natürlicher Urheber

C [to logisamenon kai metresan e kai stesan], das Rechnende und Messende oder auch Wägende

[11]

Platos kategorischer Imperativ: Herrsche über Andere so, wie du über dich selbst herrschst. Herrschaft gegründet auf Selbstbeherrschung. Der Stolz, die Überzeugung, dass es zur Würde des Menschen gehört, niemandem zu gehorchen ausser sich selbst.

September 1952

[12] *Sept. 52.*

Madison in *The Federalist*: »But what is government itself but the greatest of all reflections on human nature? If men were angels, no government would be necessary. If angels were to govern men, neither external nor internal controls on government would be necessary.«[1]

Politik immer als etwas, das da ist »faute de mieux« – weil Menschen keine Engel sind oder weil Götter uns nicht regieren oder weil wir aneinander gebunden sind durch materielle Not und Zwang und also, da wir »eigentlich« autark zu sein bestimmt sind, weder ohne einander noch miteinander leben können.

Der entscheidende Unterschied zwischen Plato und aller nicht-griechischen politischen Philosophie ist, dass Plato noch meinte, dass einige Wenige »Engel« seien und daher des »government« nicht bedürftig. Da sie sich selbst beherrschen, bedürfen sie keiner Herrschaft. Sie muss man zwingen zur Herrschaft über Andere, da sie sonst von diesen anderen »wilden Tieren«, die sie in sich selbst gebändigt haben, zerrissen würden.

Die Selbst-Herrschaft geht dann durch alle »positive«, nicht völlig pessimistische politische Theorie. Gegen sie ist zu sagen, was unwiderleglich zu Rousseaus Kontrakt-Theorie als eigentlich einem Kontrakt mit mir selbst zu sagen ist und von ihm selbst zitiert wird: »Nul n'est tenu aux engagements pris avec lui-même.« (*Contrat Social*, Livre I, chapitre 7[2])

[13]

Rousseaus »volonté générale« ist die vielleicht mörderischste Lösung der Quadratur des Cirkels [Kreises], nämlich des Grundproblems aller politischen Philosophie des Abendlandes, wie man aus einer Pluralität eine Singularität machen könne – in Rousseaus Worten: »réunir une multitude en un corps« (*Contrat Social*, I, 7)[I]. Was diese Lösung so mörderisch macht, ist, dass der Souverän nicht mehr eine oder eine Vielheit von mich beherrschenden Personen ist, sondern gleichsam in mir sitzt – als der »citoyen«, der dem »homme particulier« entgegengesetzt wird. In der »volonté générale« wird in der Tat jeder sein eigener Henker.

[14]

»Nullum crimen sine lege«[A]: Also ist in der Tat das Gesetz früher als das Verbrechen oder in den Worten des Römerbriefs – durch das Gesetz kam die Sünde in die Welt.[I] Sagt man nun weiter, das Gesetz sei um des möglichen Verbrechens willen da, so hat man bereits die sündhafte Natur des Menschen stipuliert. (Paulus notabene interpretiert ganz offenbar das jüdische Gesetz auf hebräische Weise, d.h. auf eine Weise, in der das Gesetz als Zaun nicht existiert.) Andererseits: Wenn es kein Verbrechen gibt ohne Gesetz, gibt es ein Verbrechen an sich überhaupt nicht. –

Alle Moralität ist schlechterdings Sittengesetz – eine Frage der »mores« – und nichts sonst. Es hat mit dem Problem des Bösen überhaupt nichts zu tun. Dadurch, dass man in der Moral

[A] kein Verbrechen ohne Gesetz

Gut und Böse suchte und dann natürlich nur unendlich verschiedene Verbote, Tabus etc. entdeckte, hat man geglaubt, Gut und Böse gibt es nicht. In der Moral allerdings nicht.

[15]

Ad gerechter Krieg: Es kann nur Kriege für die Freiheit geben, nur Freiheit hat irgendetwas mit Gewalt zu tun. Einen gerechten Krieg kann es in der Tat nicht geben, weil das voraussetzte, dass Menschen abwägen können, ob das Leid des Krieges mit seinem Inhalt kommensurabel ist. Dies aber ist unmöglich. Hier steckt der Kardinalfehler von Schmitt.[1] Gerechtigkeit kann es nur innerhalb des Gesetzes geben. Jeder Krieg aber spielt sich ausserhalb des Gesetzes ab, auch ein Verteidigungskrieg, in dem ich eben gezwungen bin, den Rahmen – den Zaun des Gesetzes zu überschreiten.

[16]

Ad »volonté générale«: Die Schwierigkeit ist, dass Rousseau selbst nicht verstand, wovon er handelte, beziehungsweise im Verlauf des *Contrat Social* vergass, wovon er eigentlich ausgegangen war. Die »volonté générale« entdeckte er ursprünglich als das Subjekt des Gesetzes, das allgemein sein musste, weil das Gesetz bekanntlich allgemein ist. Dies wird klar in Folgendem: »Par le pacte social, nous avons donné l'existence et la vie au corps politique; il s'agit maintenant de lui donner le mouvement et la volonté par la législation …

… Alors la matière sur laquelle on statue est générale comme la volonté qui statue. C'est cet acte que j'appelle une loi.

Quand je dis que l'objet des lois est toujours général, j'entends que la loi considère les sujets en corps et les actions comme abstraites, jamais un homme comme individu ni une action particulière.« (I, 6[1])

Offenbar ist, dass Rousseau vom Inhalt des Gesetzes, das immer erst angewandt werden muss, um auf bestimmtes Einzelnes zu passen, auf den Gesetzgeber schliesst, und da er weder Gott noch Natur als Gesetzgeber zulässt, braucht er ein Allgemeines als Subjekt, und das ist die »volonté générale« – eigentlich ein Wille, der sich auf Allgemeines bezieht. Dadurch dass er diesen Willen mit »peuple« identifiziert, entstehen alle Schwierigkeiten.

[17]

Macht ist nicht ein Korrelat des Willens, aber das Vorurteil von der Unteilbarkeit der Macht kommt einerseits aus dem Irrtum, Macht als ein natürliches Korrelat des Willens zu sehen, und andererseits aus der richtigen Einsicht in die Unteilbarkeit des Willens. Die Teilbarkeit der Macht in der Teilung der Gewalten ist der beste Beweis hierfür, wie auch dafür, dass Macht nicht ein von einem wollenden Subjekt oder einem subjektiven Willen Erzeugtes ist, sondern das, was zwischen Menschen entsteht, wenn sie zusammen handeln.

[18]

Gerechtigkeit setzt immer einen »consensus« voraus. Darum ist sie ein so eminent politischer Begriff. Die Strafe für den Verbrecher ist ein Akt der Gerechtigkeit, insofern der Verbrecher ausgesprochen oder implizite dies Verbrechen als Verbrechen beurteilt, also mit seinen Richtern einig ist darüber, was in der menschlichen Gesellschaft ein Verbrechen ist. Bricht dieser »consensus«, so wird die Strafe zu einem Akt der Rache oder der Notwehr oder des Interesses einer Majorität, kurz, zu dem, als was moderne Psychologen und Soziologen sie ohnehin erklären, weil sie, ohne es zu wissen, bereits aus dem Zusammenbruch heraus argumentieren, in welchem mit dem »consensus« auch die Möglichkeit für Gerechtigkeit verschwunden ist. Der Massstab, an dem die Gerechtigkeit sich misst und der ihre Realität ist – wie das Zwischen die Wirklichkeit der Freiheit ist –, ist im »consensus« gegeben und kann durch nichts »Absolutes« ersetzt werden, wenn der »consensus« aueinanderbricht. Auch für das Gesetz Gottes bedarf es noch des hörenden, zustimmenden und (erst in letzter Linie) gehorchenden Menschen.

Die Anwendung von Gewalt, so wie sie der Krieg bringt, wo immer (nicht das Recht des Stärkeren gilt, aber) der Stärkere schliesslich recht behält, setzt auch immer voraus, dass ein »consensus« gebrochen oder willkürlich zerstört ist. Der Krieg ist also gleichsam die Folge davon, dass es Gerechtigkeit als Kategorie nicht mehr gibt. Daher gibt es in einem echten Sinne in der Tat weder gerechte noch ungerechte Kriege – ein gerechter Krieg wäre eine Polizei-Aktion und ein ungerechter Krieg ein Verbrechen.

Das internationale Recht beruhte im Kriege darauf, dass innerhalb der zivilisierten Welt, auch wenn der »consensus« zwischen den Staaten abgebrochen war, derjenige »consensus«, auf dem jeder von ihnen beruhte, unangetastet bleiben musste. Ohne dies wäre jeder Krieg zu einer Bedrohung des gesetzlich festgelegten Systems des Staates selbst geworden. Mit anderen Worten, der Krieg musste so geführt werden, dass Mord nicht vorkam. Daher der Unterschied zwischen wehrloser Zivilbevölkerung und Militär. Jede Kampfhandlung musste immer, vom Einzelnen aus gesehen, noch als Selbstverteidigung erscheinen können. Der Wehrlose hört auf, Feind zu sein. Dies ändert sich a) durch Technisierung des Krieges, b) durch das Eintreten totalitärer Herrschaftsapparate in die Weltpolitik.

Dies führt 1. zum Mord der Zivilbevölkerung, nachdem der Krieg bereits ein Massenschlachten geworden ist, und 2. zur Kriminalisierung des Gegners. Beides aber bereits nach dem Ersten Weltkrieg. Und dies bedeutet, dass [es eine] veränderte Kriegsfrage [gibt], unabhängig von den totalitären Herrschaftsformen, die von dieser Änderung nur profitieren – und die einzigen sind, die von ihr profitieren können.

[19]

Denken und Reden: Insofern das Denken immer in der Einsamkeit dialogisch ist, ist es per definitionem Zweifeln. Der Zweifel hat die Zwei, die beiden Möglichkeiten dauernd in der Unterschiedenheit und Unentschiedenheit festzuhalten; zwischen ihnen geht der Dialog hin und her, bis aus ihm – gleich dem Reiben der Platonischen Feuersteine[1] – der Funke des Gedankens herausspringt. Der Zweifel wird Verzweiflung, wenn er sich entscheidet für die Unentschiedenheit, d. h. die Geduld verliert. Verzweiflung ist eigentlich, wenn das Denken am Gedanken verzweifelt. Misstrauen hat mit Zweifel und Verzweiflung nichts zu tun. Es ist die Haltung des Verlassenen, das Gesetz, nach dem er sich unter Menschen bewegt, also nie die Stimmung des Einsamen.

Reden ist nicht Denken; sie [die Rede] teilt Gedanken mit, und das Worüber der Rede – λέγειν τι κατά τινος – ist dasjenige, was zwischen Menschen ist, sofern sie miteinander reden. Dies Worüber tritt erst zwischen Menschen überhaupt auf; das Denken denkt nicht über, es denkt die Sachen selbst, in dem direkten akkusativischen Bezug. Darum ist das Denken auch dem Tun verwandt – aber nicht dem Handeln. Das Reden ist das dem Denken entsprechende Handeln und hat Sinn nur in dem Kasus des Dativs.

Die Subjekt-Objekt-Spaltung und alle Kategorien, die aus ihr abgeleitet sind, identifiziert das Denken mit dem Reden, aber entfernt aus dem Worüber der Rede den dativischen Bezug, löst es also aus dem Zwischen-raum zwischen Menschen, die miteinander über etwas reden, heraus. Dies wird dann das isolierte Objekt, dem ein gleich isoliertes Subjekt gegenübersteht. Das Objekt hat den Zusammenhang im Zwischenraum zu Anderen verloren – das Subjekt, das eigentlich nicht denkend, sondern redend ist, den Zusammenhang und den Zweifel mit sich selbst. So ist beides isoliert, und so kann jedes jederzeit das Andere beherrschen.

Heft XI

September 1952 bis November 1952

Heft XI

September 1952

[1] *Palenville*[A], *Sept. 1952.*

Denken ist die einzige reine Tätigkeit, die wir kennen, weil der Gedanke, der immer ein Gedankenblitz ist – dies die Wahrheit der Offenbarungsreligionen, dass jeder Gedanke und jede Wahrheit nur im Blitz offenbaren, was immer sie offenbarend für einen Moment erhellen –, niemals ein eigentliches Resultat dieses Tuns ist – wie das Getreide das Resultat von Säen, Mähen und Ernten. Die Gedanken, sofern sie resultathaft wiedergegeben werden können, sind nur die Folgen[B], die unsere Erinnerung aus jener reinen Tätigkeit, die plötzlich sich aus sich selbst erhellt, herüberrettet. Als solche müssen sie dann »Rede stehen«; d.h. sie werden kontrolliert dadurch, dass die Rede (und nicht mehr der unendliche Dialog des Denkens) etwas über etwas aussagt. So zwingt die Rede den Gedanken wieder aus der Einsamkeit des Denkens in das Miteinander.

So wie Denken kein Objekt hat und daher reine Aktion[C] ist, so hat Liebe kein Subjekt und ist reine Passion. In diesem Sinne gibt es nur eine wirkliche Leidenschaft, und das ist die Liebe, alle andern sogenannten »Leidenschaften« sind Begierde – ὄρεξις[D]. Alle Subjekt-Objekt-Kategorien aber kommen aus der Erfahrung des Herstellens, wo allein ein Subjekt wirklich

A siehe im Anmerkungsteil S. 977

B kann auch »Fetzen« heißen

C ursprünglich »Tätigkeit« – dies Wort wurde von H. A. durchgestrichen und durch »Aktion« ersetzt

D [orexis], Streben (nach etwas), Trieb

ein Objekt erfährt, nämlich insofern das Subjekt das Objekt macht. So überwältigend war diese Erfahrung, dass alle anderen Erfahrungen von der Philosophie an ihrem Leitfaden interpretiert wurden. Homo wirklich und ausschliesslich Homo faber. Als solcher aber kann man weder denken – nämlich rein tätig sein – noch lieben – nämlich rein leiden.

So wie der Mensch als Homo faber das Objekt eigentlich konstituiert, so konstituiert der Wille, der seinen Grund in der ὄρεξις und damit das ihm allein Entsprechende in den ἀναγκαῖα hat, das Subjekt. In der Liebe vergeht der Wille so, wie im Denken das Herstellen vergeht. In der Liebe löst sich das »Subjekt« ebenso wie im Denken das »Objekt«; sie vergehen im wörtlichsten Sinne. Daher kehrt das Bild des Feuers und der Flamme immer wieder.

[2]

Cicero, *De re publica*. Ed. Karl Büchner, 1952.[1]
Liber I, 1: Hebt gleich an mit Abgrenzung gegen die Griechen und vor allem Plato durch eine neue Analyse der »virtus« und der Bedeutung des Politischen für den Menschen überhaupt: »tantam esse necessitatem virtutis generi hominum a natura tantumque amorem ad communem salutem defendendam datum, ut ea vis omnia blandimenta voluptatis otique vicerit«[2]: Bemerkenswert ist, 1. dass die »virtus« nicht dem Einzelnen, sondern dem »genus hominum« als Notwendigkeit verliehen ist; sofern der Mensch Teil des Menschengeschlechts ist, hat er »virtus«. 2. Diese Notwendigkeit ist eine Kraft, die die Verlockungen! (»blandimenta«!) der »voluptas« und des »otium« besiegt. Die Zusammenstellung von »otium« und »voluptas«! Und zu beiden wird man verlockt. Wie christlich das bereits klingt! Wie sehr überhaupt die christliche Religion, die als solche Moral werden konnte, römischen Ursprungs ist.

Ad »virtus«: I, 2: »Virtus in usu sui tota posita est; usus autem eius est maximus civitatis gubernatio.«[3] »Virtus« also nicht die

Frucht irgendeiner anderen Tätigkeit, sondern ganz und gar »im Gebrauch ihrer selbst«; und die höchste »virtus« ist die Lenkung des Staates – nicht etwa, dass höchste Tugend, die anderswo erworben werden könnte, für die Staatsgeschäfte vonnöten sei; sondern sie existiert gar nicht ausserhalb der politischen Tätigkeit und ist identisch mit ihr.

Ad »vita privata«: Definiert als das, was vom öffentlichen Leben übrig bleibt – und nicht umgekehrt! »Patria … tantumque nobis in nostrum privatum usum quantum ipsi superesse posset remitteret.« (I, 4[4]) Darum lehnt es auch Scipio[5] ab, den Staat aus der Familie zu entwickeln (I, 24), und entwickelt ihn stattdessen aus dem »genus hominum«. Familie wird in allen politischen Theorien sonst gebraucht, um den Übergang aus dem Privaten ins Öffentliche zu erklären. Hier wird umgekehrt vom Öffentlichen ausgegangen und das Private als Überbleibsel erklärt!

I, 7: »Neque enim est ulla res in qua propius ad deorum numen virtus accedat humana, quam civitatis aut condere novas aut conservare iam conditas.«[6] Also ist nicht mehr die Wahrheit das den Göttern Nächste, sondern das Zusammen selber und die in ihm[A] wirkende »virtus«.

I, 13: Dies geht, weil die Götter viel unmittelbarer mit in alles einbezogen sind. Denn die »domus«, Heimat der Menschen wird definiert: »Mundus hic totus, quod domicilium quamque patriam di nobis communem secum dederunt« – die Heimat der Menschen ist die ganze Welt als der gemeinsame Wohnsitz von Göttern und Menschen. Dies entspricht viel mehr römischem Gefühl als der aus Plato entlehnte Traum des Scipio[7] am Ende.

(Cato soll gesagt haben: »Numquam se plus agere quam nihil cum ageret, numquam minus solum esse quam cum solus esset«[8] – eine exakte Beschreibung der reinen Tätigkeit des denkenden Dialogs der Einsamkeit. I, 17)

[A] im Original: ihr.

(Gegen die Philosophen: »quod ea quaerebat quae numquam inveniret«, I, 18[9])

I, 25: Die Bestimmungen:

»res publica« = »res populi« (auch Königtum) – »populus« = »coetus multitudinis iuris consensu et utilitatis communione« – »causa coeundi«: »non tam, imbecillitas quam naturalis quaedam hominum quasi congregatio« (mit ausdrücklicher Hervorhebung, dass dies unabhängig ist von den ἀναγκαῖα und auch im Überfluss statthat).[10]

I, 26: »civitas« = »constitutio populi«[A]

Staatsformen: »iuris societas civium«[B] (I, 32)

I, 27: »regnum«: zu viele von »ius« und »consilium« ausgeschlossen und keine Freiheit, die nicht darin besteht, »ut iusto utamur domino sed ut nullo« (II, 23)[11].

»Optimatium«[C]: »multitudo« hat keinen Teil an der Freiheit

»civitas popularis«[D]: »aequabilitas est iniqua cum habet nullos gradus dignitatis.«[12]

»Ita caritate nos capiunt reges, consilio optimates, libertate populi …« – I, 35[13]

I, 32: »Lex« = »civilis societatis vinculum« – »ius« = »legis aequale, quo iure societas civium teneri potest«.[14]

I, 45: Hauptgrund für die Mischverfassung, dass alle drei Verfassungen ein Grundelement des Zusammens, der »res publica« überhaupt, verwirklichen – »Placet enim esse quiddam in re publica praestans et regale, esse aliud auctoritati principum inpartitum ac tributum, esse quasdam res servatas iudicio voluntatique multitudinis«.[15] Die drei Elemente der »res publica« sind: 1. das königliche, das etwas vor allen Andern hervorragt; 2. das aristokratische, das Autorität impliziert; 3. das Urteil und der Wille der Menge.

[A] Bürgerverband = Verfassung des Volkes

[B] Rechtsgemeinschaft der Bürger

[C] Optimatium (optimates), die aristokratische Partei, die Aristokraten

[D] die dem Volk gehörende Gemeinschaft, der dem Volk gehörende Staat, die Demokratie

Wesentlich ist hier, dass die allgemeinen Elemente [in] der Verfassung [der] »res publica« nicht wie bei Plato in der Verfassung des Homo privatus gesucht werden.

[3]

Ad »virtus« als »in usu sui tota posita est«[1]: »usus« nicht nur Gebrauch, sondern auch Erfahrung wie in [Cicero, *De re publica*] II, 1: »tantus erat in homine [sc. Catone] usus rei publicae«[2]. Und das »ingenium« in diesen Dingen ist nach Cato nicht »sine rerum usu ac vetustate« – ohne Erfahrung und Gebrauch und Umgang und Alter.

II: Wesentlich [ist die] Abgrenzung gegen die Griechen: II, 11: »ratio nova quae nusquam est in Graecorum libris«[3].

Und zwar 1. nicht ein ausgedachter Staat wie bei Plato, sondern das Auffinden der Ratio in der bestehenden römischen »res publica«; da »virtus tota posita est in usu«, kann man sie nur in der Erfahrung des Vergangenen finden. Daher kurze Geschichte Roms. Dabei – »revoces ad rationem quae a Romulo casu aut necessitate facta sunt, et disputes non vaganti oratione, sed defixa in una re publica«[4] – [Forts. auf S. 254]

[Zusatz, durch Pfeil markiert, im Original auf der folgenden Seite]

Dies wäre ein gutes Motto zu erklären, warum ich die totalitäre Staatsform zu verabsolutieren scheine[5] – nämlich »ad rationem revocare quae casu aut necessitate facta sunt«, statt sich zum Beispiel »platonisch« die schlechteste Staatsform auszudenken.

[Zusatz in Klammern, im Original auf der folgenden Seite]

(Marxismus war der Versuch, mit den Mitteln der grossen Tradition der neuen Fragen Herr zu werden. Darum war die Oktober-Revolution die grosse Hoffnung des 20. Jahrhunderts, und darum ist die Tatsache, dass auch dieser Weg im Totalitären endete, die wesentliche Enttäuschung des Zeitalters. 1. Welchen Weg man auch einschlug; wer zur Sache selbst redete und nicht in frommen Belanglosigkeiten liberaler oder konservativer Art, endete im Totalitarismus. 2. Die grosse Tradition selbst führte dahin, also musste etwas fundamental Falsches in aller politischen Philosophie des Abendlandes stecken.[6])

[Forts. von S. 253] rufst Du: Zurück zur Ratio dessen, was Romulus rein faktisch oder weil er gezwungen war tat. (Id est: Du entdeckst den wirklich politischen Sinn in dem, was Romulus entweder einfach tat oder wofür [wir] die ihn zwingenden Gründe wissen: Weder das rein Faktische, noch das rein Kausale hat Sinn. Dieser Sinn entsteht erst, wenn die ganze Sache im Rückerinnern in einen Sinnzusammenhang gerufen wird; dann aber irrt man nicht mit seinem Sinn auf der Erde umher, sondern hat ihn an einer Stelle, einer »res publica« festgemacht.)

2. Es handelt sich nicht darum, abstrakt einen besten Zustand festzustellen. Dazu bedürfte es keiner Beispiele. Sondern zu erkennen, »quale esset id quod ratio oratioque describeret« (II, 39) – wie beschaffen das sei, worum es sich handelt[A], nämlich in der Wirklichkeit, wo »itinera flexusque rerum publicarum«[B] das Ausschlaggebende sind (II, 25).

3. passim Mischverfassung.

4. passim: Der Staatsmann, der dauernd »in virtute« lebt, steht sozusagen höher als der Philosoph, die Aktivität höher als »otium«; Regieren, nicht Denken ist ein wahrhaft göttliches Geschäft.

5. »… illi [Graeci] verbis et artibus … hi autem institutis et legibus« (III, 4).[7]

Ad Krieg (II, 17): Kriegsrecht besteht darin, dass Kriege ohne Kriegserklärung ungerecht und unfromm sind.

[A] deutsche Übersetzung genau: wie beschaffen das sei, was Vernunft und Rede umschreiben

[B] die Abläufe und Wendungen der öffentlichen Angelegenheiten

Ad Demokratie (II, 22): »semper in re publica tenendum est, ne plurimum valeant plurimi«.[8]

Ad Tyrannis (II, 26): Tyrann ein wildes Tier, denn wer wollte den für einen Menschen halten, »qui sibi cum suis civibus, qui denique cum omni hominum genere nullam iuris communionem, nullam humanitatis societatem velit«[9]? Humanitas ist jene »Menschlichkeit« – jene Menschhaftigkeit, die erst entsteht in der Societas. Der wahre Unterschied zwischen den Griechen und den Römern liegt hier. Die Griechen wussten trotz aller Polis gar nicht, was das ist; es ist die neue römische Erfahrung, die sich sogleich verabsolutiert. Darum ist die »res publica« allen anderen Angelegenheiten vorangestellt.

[4]

Ad Genie-Problem: Die Identifikation des Genialen mit dem Schöpferischen hat nicht zur Vergöttlichung, sondern zu der tiefsten Demütigung des Menschen geführt. Solange der Mensch prinzipiell mehr ist als alles, was er macht, war er Gott näher, dessen Erhabenheit gerade darin besteht, dass sie aus seiner Schöpfung nicht enträtselbar ist, weil er so viel grösser sein muss als sie. Im Genie wird dies zweifelhaft: Gerade das Schöpferisch-Göttliche lässt daran zweifeln, dass der, der es hervorbrachte, wirklich sein Autor ist. Ist er es aber nicht, so ist er weniger, als was er schuf. Die Demütigung, die hierin liegt, hat meines Wissens nur Valéry gespürt: »Créateur créé. Qui vient d'achever un long ouvrage, le voit former enfin un être qu'il n'avait pas voulu, qu'il n'a pas conçu, précisément puisqu'il l'a enfanté, et ressent cette terrible humiliation de se sentir devenir le fils de son œuvre, de lui emprunter des traits irrécusables, une ressemblance, des manies, une borne, un miroir; et ce qu'il a de pire dans le miroir, s'y voir limité, tel et tel.« (*Tel Quel. II. Autres Rhumbs*, p. 149[1])

[5]

Cicero *[De re publica]*, cont.
Ad Tyrannis: Ohne »iustitia« gibt es überhaupt keine »res publica« (III, Zitat von Augustin, *De civitate Dei*, 2, 21[1]). »Ubi tyrannus est, ibi non vitiosam ... sed ... dicendum est plane nullam esse rem publicam« (III, 31), weil nämlich »populus non est ... nisi qui consensu iuris continetur« (III, 33), sodass unter der Tyrannis nur eine »multitudo« übrig bleibt, in der sich die »res populi« = »res publica« gar nicht bilden kann.[2]

Das dritte Buch enthält die Diskussion der Gerechtigkeit, in der die römische Auffassung sich am weitesten von der griechischen entfernt, wenigstens im Ansatz. Und zwar wird dies daran klargemacht, dass durch die Rede eines Advocatus Diaboli, gebildet nach dem Modell einer griechischen Rede, gezeigt wird, dass die griechische Auffassung unwiderleglich dazu führt, dass der Vorteil immer bei den Ungerechten liegt, sodass »iustus« und »stultus«[A], »sapiens et malus«[B] (III, 19, Lactantius, *Divinae institutiones*, 5, 16, 5 13)[3], identisch werden. Aus dieser Schwierigkeit kämen die Griechen nur dadurch heraus, dass sie die Tugend der »iustitia« nur Wenigen zuschrieben, die imstande sind, dem fremden Vorteil zu dienen (III, 7, Nonius, p. 299, 30)[4]. Dies aber läuft dem Wesen der »iustitia«, an der alle gleichmässig interessiert sind, zuwider.

III, 7, Plato und Aristoteles (nach Lactantius, *Epitome*[5], 50[55], 5 8) »summam illam virtutem, id est commune omnium bonum, paucis tribuerunt«, obwohl doch »nullus est hominum ne infirmorum quidem ac mendicorum, in quem iustitia cadere non potest«.[6] – Man kann daher Gerechtigkeit überhaupt nicht auf Vorteil gründen: »si omnia haec ad utilitatem referantur, virum bonum non posse reperiri« (III, 26)[7].

Von allen Tugenden ist die »iustitia« die einzige, die nicht

[A] gerecht und einfältig (töricht)
[B] weise und schlecht

»intus inclusa«[A] und »quasi tacita«[B] ist, sondern »foras spectat et proiecta tota est atque eminet« (zitiert von Nonius, p. 373, 30).[8]

Ferner, führt der Advocatus Diaboli an, gibt es so viele Gerechtigkeiten, als es Gesetze gibt, verschiedene in verschiedenen Ländern. »Iustitia« ist nicht »naturale«, sondern »civile«, es gibt nicht »iusti natura«[C] (III, 11).[9] Wenn die »iustitia« die Vorteile der Anderen in Betracht ziehen soll, so muss man doch wissen, dass die Vorteile des Einen immer der Nachteil eines Anderen ist (III, 12 [sic!], nach Lact.inst. 6, 6, 19 et 23). Die Gerechtigkeit kommt nur als Folge des Pakts zwischen den Menschen zustande, der daraus entsteht, dass jeder jeden fürchtet; die »iustitia« entsteht also aus der »imbecillitas«, Schwäche (III, 13).[10]

III, 17, das entscheidende Argument: Wer entscheidet über Gerechtigkeit und Ungerechtigkeit? Was wird aus dem Gerechten, der für ungerecht gehalten wird? »Quaero: si duo sint, quorum alter optimus vir…, alter insigni scelere…, et si in eo sit errore civitas, ut bonum illum virum sceleratum…putet«, etc.: »quis tandem erit tam demens qui dubitet utrum se esse malit?«[11]

Entscheidend ist, dass es weder innerhalb der griechischen noch der römischen Philosophie hierauf eine Antwort gab. Ciceros Antwort III, 22, dass »lex recta ratio, naturae congruens, diffusa in omnis,…constans, sempiterna…, deus«, sodass wer ihm nicht gehorcht, »ipse se fugiet«, ist immer wieder wiederholt worden, sie steht schon bei Plato.[12] Dass sie nicht genügt, zeigt das Ende der *Πολιτεία* wie der *Res publica*, in der eine jenseitige Welt versuchsweise wenigstens angenommen werden muss, in welcher das »sapiens et iustus« faktisch, und nicht nur allgemein in der Reflexion, zusammenfällt. Die [jenseitige Welt] hat dann das Christentum gesichert. Wie sehr eine solche »religio« nötig war im römischen Herrschaftsbereich, geht aus Scipios Traum[13] hervor.

[A] drinnen verschlossen

[B] gleichsam stumm

[C] Gerechte von Natur aus

Die rein römische Schlussfolgerung aber steht nicht in Scipios Traum, sondern III, 23 (nach Augustinus, *De civitate Dei*, 22, 6): Diese Schwierigkeiten mit der »iustitia« sind nur im Privatleben unlösbar wegen der »mortis celeritas«[A]. Wäre des Menschen Leben ewig, würde der Ungerechte schon immer seine Strafe bekommen. (Die sogenannten Jenseitsvorstellungen sind daher auch nur als Verlängerungen des natürlichen Lebens gedacht.) »Civitatibus autem mors ipsa poena est« (wie [sie, die sogenannten Jenseitsvorstellungen] dann Paulus im Tod, der der Sünde Sold ist, auf das menschliche Leben übertrug!), und sie gehen an der Ungerechtigkeit zugrunde. »Debet enim constituta sic esse civitas ut aeterna sit« heisst, sie [die »civitas«] muss auf Gerechtigkeit gegründet sein.[14] Aus diesem allein ergibt sich für den Römer der Vorrang der »vita publica«, in welcher der Mensch an der Ewigkeit der »civitas« teilhat.

[6]

[Cicero, *De re publica*] 6. Buch. Scipios Traum[1]: Wesentlich für die »religio« das »sic habeto«: nämlich, damit Du um so eifriger bist zum Bewahren der »res publica«, »sic habeto«, halte es so – nämlich, dass ein Himmel existiert etc.

Dies »habeto« – also eine bewusste Funktionalisierung! – schliesst Folgendes ein: Der Tod hier ist das Leben dort – »quae dicitur vita mors est« (VI, 14); die Menschen sind unter das Gesetz gestellt, »illum globum tueri« – diesen Erdball zu bewachen (VI, 15); »summus ipse deus arcens et continens ceteros« (VI, 17)[2]; das nur Menschliche verachte!: »haec caelestia semper spectato, illa humana contemnito« (VI, 19)[3] – aber dies nur, selbst diese Verachtung nur, um der »res publica« willen, weil man ohne sie, angesichts der Schwierigkeit des Problems der Gerechtigkeit, nicht gerecht und »sapiens« sein kann. Hier erst ist der Bruch mit den Griechen ganz offensichtlich, in der

[A] Schnelligkeit des Todes

Funktionalisierung der Frage nach dem Wesen und der Wahrheit der Dinge. – Wegen der Ungewissheit genügt nicht einmal Nachruhm, da ihn ja keiner verbürgen kann (VI, 21). Ferner natürlich Unsterblichkeit – ausdrücklich nochmals mit »sic habeto« eingeleitet, Gott etc. (VI, 24).

Sehr merkwürdig, dass hier Gott zum ersten Mal nicht als unbewegter Beweger[4] auftritt, sondern als der ewig sich selbst Bewegende: »Nam quod semper movetur, aeternum est; quod autem motum adfert alicui quodque ipsum agitatur aliunde, quando finem habet motus, vivendi finem habeat necesse est. Solum igitur quod sese ipsum movet, quia numquam deseritur a se, numquam ne moveri quidem desinit; … Ita fit ut motus principium ex eo sit quod ipsum a se movetur. … Cum pateat igitur aeternum id esse quod a se ipso moveatur … ?«[5]

[7]

Ad Arbeit: Labor = »cura privati negotii«[A], die abzieht von »res populi« – Cicero *[De re publica]*, V, 2!

[8]

Rousseau, *Contrat social.*[1]

I: Grundmotiv: »Je tâcherai d'allier toujours … ce que le droit permet avec ce que l'intérêt prescrit, afin que la justice et l'utilité ne se trouvent point divisées.«[2]

I, 2: Beginnt mit der Familie, »le premier modèle des sociétés politiques«[3].

I, 3: Entstehung des »contrat«: »Le plus fort n'est jamais assez fort pour être toujours le maître, s'il ne transforme sa force en droit et l'obéïssance en devoir.«[4]

Die »force« selbst aber etabliert nicht Recht, und da nur

[A] Sorge um die privaten Angelegenheiten

»force« von Natur da ist, gibt es keine »autorité naturelle«, sondern nur eine »autorité légitime«, die auf »conventions« beruht (I, 4).[5]

Gesellschaft entsteht durch »l'acte par lequel un peuple est un peuple« (I, 5)[6]; durch diesen »acte« entsteht für den Einzelnen »l'aliénation totale« (I, 6)[7], sodass das Problem entsteht, wie er »s'unissant à tous, n'obéisse pourtant qu'à lui-même« (ibid.)[8].

Diese Schwierigkeit löst die »volonté générale«, die zum ersten Mal (I, 6) in Folgendem auftaucht: »Chacun de nous met en commun sa personne et toute sa puissance sous la suprême direction de la volonté générale; et nous recevons en corps chaque membre comme partie indivisible du tout.«[9] Dies ist dann die »cité« oder »personne publique«.

Dies und dies allein ist Rousseaus originaler Beitrag, nämlich anzunehmen, dass die »res publica« auch einen Willen habe wie ein Einzelner. Zu dieser Annahme kommt Rousseau durch die eigentümliche Problematik des Gesetzes, das in seiner Allgemeinheit in dem doppelten Sinne, dass es für alle gilt und für keinen, genau der Allgemeinheit der »volonté générale« entspricht, die allen gemeinsam ist und doch nicht die Summe der Einzelstimmen. Es ist, als hätte er als erster erkannt, dass diesem Produkt des Menschen, nämlich dem Gesetz in seiner Allgemeinheit, kein Subjekt gegenüberstände, dessen Produkt es ist. Dies Subjekt findet er in der »volonté générale«.

Die »volonté générale« als Quelle des Gesetzes in seiner Allgemeinheit ersetzt das »ius naturale« (das es nach Rousseau nicht geben kann) und das Gebot Gottes.

II, 6: »l'objet des lois est toujours général«. »Alors, la matière sur laquelle on statue est générale comme la volonté qui statue. C'est cet acte que j'appelle une loi ... des lois ... sont des actes de la volonté générale ... la loi réunissant l'universalité de la volonté et celle de l'objet.«[10] Ohne »volonté générale«: »Il faut des dieux pour donner des lois aux hommes.« (II, 7[11])

[9] *New York, Sept. 1952*

Das Denken entsteht im Element des Nicht-Wissbaren. »Ich weiss, dass ich nicht weiss«, die »docta ignorantia«[A], ist nicht der Beginn der Philosophie, sondern das Ende, die Grenze der Wissenschaften, zu der das Wissen und Wissen-wollen selbst noch gelangt. Der »Glaube«, nämlich zu glauben, dass man weiss, also die Religion, ist in diesem Sinne die Fortsetzung der Wissenschaften. Der Glaube entsteht aus dem Geiste des Wissens an der Grenze der Wissbarkeiten; er ist die Fortsetzung der Wissenschaften und des Geistes der wissenschaftlichen Forschung in das Feld, in dem es nichts mehr zu wissen gibt. Das ist Theologie – die Wissenschaft von Gott (eigentlich eine Blasphemie). Weil sie des gleichen Geistes Kinder sind, sind Wissenschaft und Religion gleich feindlich dem Denken.

Denn das Denken ist die originale Tätigkeit des Menschen im Felde des Nicht-Wissbaren. Was nicht heisst: Wo ich nicht wissen kann, denke ich – als letzte Ausflucht; sondern Wissen-wollen und Denken-können sind gleich ursprünglich. Aber wo ich wissen will, kann ich nicht denken; und wenn ich denke, will ich gar nicht mehr wissen. In diesem Sinne erstickt das Denken den Wissensdurst und vernichtet der Wille zu wissen die Fähigkeit zu denken. Im Glauben erobert der Geist des Wissen-wollens den Bereich des Unwissbaren; in der Logik zerstört der Geist der Wissenschaften die Fähigkeit des Denkens, d.h. die Fähigkeit, sich wirklich und ursprünglich im Bereich des Nicht-Wissbaren zu bewegen und zu orientieren.

Denken, da es nicht wissen kann, ist nicht »bedingt« durch die Objekte des Wissen-wollens. Als solches ist es die einzige wirklich »unbedingte« Tätigkeit und die Quelle der Freiheit. Glaube und Logik – aber nicht Wissenschaftlichkeit überhaupt, sondern nur die Übertragung des Geistes der Wissenschaften auf die Sphäre des Nicht-Wissbaren – versuchen ständig, diese

[A] gelehrte Unwissenheit

Freiheit zu zerstören, der Glaube durch Autorität und die Logik durch Tyrannei.

Oktober 1952

[10]

Oktober 1952.

Newton habe erklärt, sagte Heine in *Zur Geschichte der Religion und Philosophie in Deutschland*, »dass dasjenige, was wir Gesetze in der Natur nennen, eigentlich nicht existiert, und dass es nur Formeln sind, die unserer Fassungskraft zu Hilfe kommen, um eine Reihe von Erscheinungen in der Natur zu erklären.«[1] Vgl. hiermit Kant, der »der Natur ihre Gesetze vorschrieb«[2].

[11]

Ad Verlassenheit: Der Eine Gott verlangte immer den Einen Menschen. In der jüdischen Religion gibt es den Einen-Vereinzelten nicht – oder nur ansatzweise –, weil das Eine Volk dem Einen Gott entsprach. In allen monotheistischen Religionen, nicht nur im Christentum, erscheint der Vereinzelte, dem ausdrücklich befohlen wird, alle Menschen zu verlassen, d.h. sich in die Situation der Verlassenheit zu begeben. Diese wird stets mit der Todessituation identifiziert, in der der von allen verlassene Mensch mit dem Einen Gott konfrontiert wird. In der absoluten Vereinzelung der Verlassenheit tut es der Mensch gleichsam Gott gleich. (Vgl. Rüstow, »Vereinzelung«, in: *Festschrift für Alfred Vierkandt.*[1])

Heideggers Geworfenheit interpretiert die Geburt bereits vom Tode her, weil er die Todes-Kategorie der Verlassenheit in dem Geborenwerden sucht. Geboren werde ich gerade von Menschen, als Mensch unter Menschen etc.

[12]

Der Umschlag von Einsamkeit in Verlassenheit: »Wer sich der Einsamkeit ergibt, ach der ist bald allein«[1], wie Nietzsches Umschlag der Verlassenheit in Einsamkeit – da wurde Eines zu Zwei.

Ad Einsamkeit-Verlassenheit: Früheste (?) Unterscheidung bei Epiktet, 3. Buch, Kapitel 13: Τί ἐρημία καὶ ποῖος ἔρημος[2].

ἔρημος geschieden von μόνος. οὐ γὰρ ὁ μόνος ὢν εὐθὺς καὶ ἔρημος.[3] ἔρημος = ἀβοήθητος – verlassen im Sinne der Hilflosigkeit – keiner kommt mir zu Hilfe. Zeus war μόνος nach dem Weltbrand, aber nicht ἔρημος, weil er mit sich sein konnte – δύνασθαι αὐτὸν ἑαυτῷ συνεῖναι. So können wir auch αὐτοὺς ἑαυτοῖς λαλεῖν, μὴ προσδεῖσθαι ἄλλων, διαγωγῆς μὴ ἀπορεῖν.[4] Damit geht der Ansatz wieder verloren, dass alles darauf ausgeht, der Andern nicht zu bedürfen.

[13]

Ad Einsamkeit als ein politisches Essential: In dem Dialog der Einsamkeit realisiere ich das Essential des Alter, des Anders-sein als, des πρός τι[1], in seiner allgemeinsten Form. Das »Anders-sein als«, die Andersheit selbst, wie sie in allen Dingen gegeben ist, indiziert nur Pluralität. Dass ich diese Andersheit realisieren kann, indem ich mit mir selbst bin, ist die Bedingung der Möglichkeit, dass ich als ein Anderer mit Anderen sein kann. (Dies »Bewusstsein« zu nennen, heisst gerade, seine politische Indikation verfehlen; im »Bewusstsein«, das ja nie aussetzt und daher auch nie ausdrücklich realisiert werden kann, ist die Qualität der Andersheit gerade wieder ihres Bezugs entkleidet, gleichsam individualisiert.) Das eigentümliche Paradox besteht darin, dass das Essential des »unus«[A] sich nie im Alleinsein, sondern nur mit Anderen realisieren kann; dass ich wirklich Einer bin, dazu brauche ich alle Andern; und dass das Essential des Alter wiederum nur im Alleinsein, nämlich »to be by myself«, realisiert wird.

In diesem Sinne ist die Einsamkeit die Bedingung der Möglichkeit der Gemeinschaft, und niemals umgekehrt, und die Gemeinschaft die Bedingung der Möglichkeit des Einer-seins.

[14]

Marx wollte der Politik die Würde der Geschichte und der Arbeit die Würde der Produktivität verleihen, um dem Menschen seine Würde wiederzugeben. Dabei verdarb er alles – aber war doch der erste, der Arbeit und Geschichte als die neuzeitlichen Probleme verstand.

[15]

Konsumtion ist immer noch das beste Kriterium, um die Produkte der Arbeit von denen der Herstellung zu trennen. Die den ἀναγκαῖα eigentümliche Dringlichkeit bedingt, dass alles, was Arbeit erzeugt, schnell verzehrt wird und auf schnellen Verzehr angelegt ist. Je permanenter ein Produkt ist, um so mehr Homo-faber-Qualität ist in ihm. Je schneller auch solche Produkte der Herstellung verzehrt werden (Amerika), desto grössere Bereiche menschlicher Tätigkeit hat sich die Arbeit erworben und die in ihr vorherrschende Verhaftung an die ἀναγκαῖα, desto mehr Zwang ist in der Welt verbreitet etc.

[A] unus, der Eine

[16]

Die Neige des Tages
die Schwelle des Abends
noch ist es nicht Nacht
noch hebt sich der Vogel
noch streckt sich der Baum.
Bald wehet es kälter,
die Nacht und der Traum.[1]

November 1952

[17] *1. November.*

Brochs Grab

Auf dem Hügel unter dem Baum
zwischen sinkender Sonne und steigendem Mond
Hängt Dein Grab,

Schwingt sich ein in das Totsein
in das Sinken der Sonne,
in das Steigen des Monds.
Unter dem Himmel
über der Erde
vom Himmel herab
zum Himmel hinan
Ruht Dein Grab.[1]

[18]

Wie immer man es ansieht, fraglos ist, dass ich in Freiburg in eine Falle gegangen (und nicht geraten) bin. Fraglos aber ist auch, dass Martin [Heidegger], ob er es weiss oder nicht, in dieser Falle sitzt, in ihr zu Hause ist, sein Haus um die Falle herum gebaut hat; sodass man ihn nur besuchen kann, wenn man ihn in der Falle besucht, in die Falle geht. Also ging ich ihn in der Falle besuchen. Das Resultat ist, dass er nun wieder allein in seiner Falle sitzt.[1]

[19]

Ranke: »Vor Gott erscheinen alle Generationen der Menschheit als gleich berechtigt, und so muß auch der Historiker die Sache ansehen.«[1]

Erstens die ungeheuerliche, ganz naive Blasphemie dieses Satzes für einen Christen! Wesentlich, dass hier der Mensch als Historiker sich die Urteilskraft Gottes so aneignet wie in dem Engels-Satz »Arbeit schuf den Menschen«[2] Gottes Schöpferkraft. Als Arbeitender und als Geschichtsschreiber ist der Mensch sein eigener Schöpfer und sein eigener Richter geworden. Dies allein ist Säkularisation, nicht die Säkularisation eines Vorgangs – Heilsplan wird zum Forschritt etc. –, sondern Verweltlichung der göttlichen Attribute selbst.

Vgl. Hegel: »Die Weltgeschichte ist das Weltgericht.«[3]

[20]

Folgen des Fortfalls der Transzendenz:

1. Da nicht mehr ein Jegliches auf ein Göttliches bezogen ist oder ein Ewiges – nicht mehr der Mensch auf Gott, aber auch nicht mehr dies eine Bett auf die ewige, eine Idee des Betts überhaupt –, kann und muss Jegliches auf Jegliches bezogen werden;

Jegliches ist nur in Beziehung auf ein Anderes. Der Mensch und der Andere, das Bett definiert durch sein Anders-als-Stuhl-Sein etc. Dies der ursprüngliche Substanzverlust.

2. In dies Beziehungschaos soll der Funktionsbegriff Ordnung bringen. Ein Jegliches ist die Funktion von etwas Anderem, und im Funktionszusammenhang erhält Jegliches seinen Platz und seinen Sinn.

Dies bringt in das Beziehungschaos nicht Sinn, sondern nur Bewegung. Die Bewegung zerreibt den Rest von Substanz.

3. Es ist nie eine Frage der »Werte«, sondern was wir verloren haben, ist der Masstab.

[21]

Marx: Ökonomisch entscheidend, dass er den Wert der Ware von der Arbeit = Arbeitszeit = verkaufter und investierter Arbeitskraft bestimmt und nicht von ihrem Marktwert = Tauschwert. Darin liegt a) das Fortstreben von der verdinglichten, vergegenständlichten, entfremdeten Sphäre zu den Ursprüngen der Aktivität, dem Herstellen selbst; b) die Leugnung des Zwischen als eines berechtigten Raumes, in dem sich Produzenten treffen und austauschen. Dieser Raum scheint Marx sekundär gegenüber der Sphäre der Produktion; c) die heimliche Überzeugung, dass nur der Gebrauchswert es an Ursprünglichkeit mit dem Produktionswert aufnehmen kann. Vorschweben tut ihm als ideal immer der Mensch, der selbst produziert und selbst verbraucht, also unabhängig ist. Der Verbrauch findet im gleichen Subjekt-Raum statt wie die Produktion. Nur der Tausch setzt das Zwischen als Raum voraus. Daher der Spott über »Tausch-Werte«.

Entscheidend ist hierbei, dass der Wert absolut aus seiner Genesis verstanden wird. Also [dass] der Wertverfall der Moderne, so könnte man schliessen, der höheren Produktivkraft der Menschheit geschuldet ist, die alle Produkte verbilligt, weil in ihnen weniger lebendige Arbeit steckt.

[22]

Engels' Bemerkung, Adam Smith sei der Luther der Nationalökonomie, und Marx' Interpretation in den *Ökonomisch-philosophischen Schriften*, 1844 (Gesamtausgabe I, 3, p. 107):[1] Wie Luther den Glauben zu der zentralen Tätigkeit des Menschen machte und damit den Menschen als ein glaubendes Wesen definierte, so macht Marx die Arbeit zur zentralen Tätigkeit des Menschen und definiert ihn als arbeitendes Wesen. Als Hegelianer aber identifizierte er diese Tätigkeit als eine Bewegung und verstand diese Bewegung als geschichtliche, d. h. der Mensch als Gattungswesen (oder die Menschheit) wurde ihm zum Subjekt der arbeitenden Tätigkeit – und damit der Mensch als Individuum hineingerissen in die Bewegung der Menschheit. Damit verlor die Bewegung ihre objektive und subjektive Schranke, die der Glaube bei Luther hatte: Der Glaube hatte die objektive Schranke in Gott und subjektiv im Tod ein Ende. Die tätig sich bewegende Subjektivität als Arbeit des Menschengeschlechts ist per definitionem schrankenlos und unendlich.

Heft XII

November 1952 bis Dezember 1952

Heft XII

November 1952

[1]

Nov. 1952

Marx: Die Identifizierung von Arbeit mit Arbeits-Kraft, welche eigentlich das revolutionäre Verdienst Marx' in der Ökonomie darstellt, besagt für Marx, dass er den Menschen als Kraft in die Natur einführte (siehe seine immer wiederholten Beteuerungen, dass der Mensch Teil der Natur sei), die in einem Spiel von Naturkräften (Natur selbst ist als ein Spiel von Kräften verstanden) sich durchsetzt, weil sie sich ihrer selbst bewusst ist und daher als Arbeit ihre Kraft so einsetzen kann, dass ihr die anderen Kräfte dienstbar werden. Dies ist Marx' Bild vom Menschen: eine Naturkraft mit Bewusstsein im Spiel der Kräfte. Arbeit ist ihm nur ein anderer Ausdruck dafür. Der Mensch als bewusste Natur.

[2]

Hegel – Marx: Entscheidend ist, dass Marx die Philosophie verliess und Ökonom wurde. Nachdem Hegel alles in Bewegung gebracht hatte, schien es ihm offenbar, dass Erkenntnis innerhalb eines permanent Sich-Verändernden im alten »philosophischen« Sinne gar nicht mehr möglich sei, dass man nichts anderes tun könne, als die Wurzel dieser Veränderung selbst in die Hand zu bekommen, und dass diese Wurzel die Arbeit ist, d. h. das bewusst geplante Einsetzen der menschlichen Kraft = Arbeitskraft in die Veränderung, die mit dem Spiel der Naturkräfte ohnehin gegeben ist.

Der Satz von den Philosophen, die die Welt erkannt haben, welche es nun an der Zeit sei zu ändern,[1] besagt nur: Die Philosophen, in ihrem Bemühen, die Welt zu erkennen, haben schliesslich die Veränderung der Welt und damit ihre Unerkennbarkeit erkannt; nur indem wir die Welt ändern – anstatt zu gestatten, dass sie sich dauernd ändert und damit unserem erkennenden Zugriff entzieht –, können wir ihrer Veränderlichkeit Herr werden, d.h. sie erkennen. Dabei wird als selbstverständlich vorausgesetzt, 1. dass ich nur das habe, nur das mein Eigen nennen kann, nur das aus der Fremdheit des Anderen für mich lösen und erlösen kann, was ich erkenne; und 2. dass ich nur erkennen kann, was ich selbst zu machen imstande bin. Ergo wird Arbeit als Herstellen zur Erkenntnis und Arbeits-Kraft als die menschlich-bewusste Naturkraft das Mittel, der natürlichen Kräfte Herr zu werden, d.h. die Natur zu erkennen.

[3]

In der Beschreibung und dialektischen Entwicklung der gegenwärtigen Welt kreuzen sich bei Marx zwei diametral geschiedene Ansätze: Erstens aus der Jugend her die Vorstellung, dass das Privateigentum an allem »schuld« sei und dialektisch alles aus sich entwickelt habe; dies führt zum Kommunismus im Sinne der Abschaffung des Eigentums, um die Arbeit als zentrale Tätigkeit des Menschen freizulegen. Zweitens: Je mehr er Ökonom wurde und die Smithsche These, dass Arbeit (und nicht Vorgefundenes) die Quelle allen Reichtums, also der einzige »Wert« zeugende Faktor ist,[1] weiterführte, kam er stillschweigend zu dem Ergebnis, dass Arbeit selbst in ihrer Entwicklung die Selbstentfremdung der Menschen produziere. Dies führte zu der utopischen Forderung, die Arbeit möglichst abzuschaffen, um den Menschen freizulegen.

Da in der Dialektik alles möglich ist, konnte dies auch heissen: Der Mensch als Naturkraft, d.h. Arbeitskraft, bemächtigt sich der nicht-menschlichen Naturkräfte so, dass er sich von sich selbst als Natur emanzipiert und rein Mensch wird; also – seine eigentliche Kraft verliert und damit seine zentral menschliche Fähigkeit. Aus einem Arbeitend-tätigen wird er ein Befehlshaber der Naturkräfte. Er wird frei und hat Freizeit – ohne Tätigkeit zu haben. Was eigentlich menschliche Tätigkeit nach Abschaffung der Arbeit sein solle – ausser φιλοσοφεῖν und πολιτεύειν –, hat er nie gesagt!

[4]

Marx – Hegel: Man sah gewöhnlich in Hegel den Selbstvollendungsprozess der Philosophie. Marx sah ganz richtig in ihr [der Philosophie Hegels] die Selbstwiderlegung der Philosophie.

[5]

Der Unterschied zwischen Macht und Gewalt ist:

1. dass Gewalt messbar und berechenbar, Macht aber wesentlich unwägbar und unberechenbar ist. Dies macht die Macht so »unheimlich«, ist aber gerade ihre eminent menschliche Eigenschaft.

2. dass Macht immer zwischen Menschen entsteht, Gewalt aber von einem besessen werden kann. Wenn man »die Macht ergreift«, zerstört man Macht und behält Gewalt übrig.

3. Was aus dem oben Gesagten folgt, ist, dass Gewalt immer gegenständlich ist; die Gewalt ist identisch mit den Gewaltmitteln – die stärkeren Bataillone –, während die Macht nur im Handeln selbst entsteht und besteht. Sie kann jederzeit verschwinden; sie ist reine Aktivität.

Ein modernes Beispiel, wie Macht mit Gewalt fertig geworden ist, ist Gandhi. Gandhi predigte keineswegs irgendeine christlich verstandene Ohnmacht. Er war nur der Meinung, dass die Macht der indischen Massen mit der britischen Gewalt fertig werden würde.

[6]

Nirgends kommt besser heraus, dass nicht die Idee, sondern die Logik der Idee die Massen ergreift, als in der Tatsache, dass eine so »vulgäre« Idee wie die Rasse die Gebildeten und so komplizierte Ideen wie die des dialektischen Marxismus die Ungebildeten mit gleicher Stärke ergreifen konnten. Beide waren Masse geworden und durch Logik in Bewegung zu setzen.

[7]

Marx. Die Natur des Menschen ist für den jungen Marx einfach menschliche Natur. (I,3, 113[1]) Als glaubte er noch an den Kosmos!

[8]

Hamlets »Our thoughts are ours, their ends none of our own«[1] – die Kantsche Aporie auf die kürzeste Formel gebracht. »Ours« sind unsere Gedanken, weil wir nur allein denken können; nicht uns zu eigen sind ihre »ends«, weil wir nur mit Andern handeln können. Die amerikanische Erfahrung der πρᾶξις verführt dazu, die Gedanken für teilbar, restlos mit-teilbar zu halten und das Denken für einen Teil des handelnden Prozesses. Dies führt zum Konformismus, also dem Abschaffen des Denkens, denn Denken und Selbst-denken sind dasselbe. Die kontinentale Erfahrung des Denkens verführt dazu, auch der Gedanken »ends« uns zu eigen zu machen – d.h. andere zu zwingen, unsere Gedanken zu denken und auszuführen –, also zur Alleinherrschaft. Auf der einen Seite die Tyrannisierung des Denkens durch die Gesellschaft, auf der andern die wirkliche, politische Tyrannis. Schliesslich treffen sie sich.

[9]

Hegel ad Arbeit: »Ora et labora! Bete und fluche! ... Arbeiten heisst die Welt vernichten oder fluchen.« (Rosenkranz, *Hegels Leben*, 543[1])

Dezember 1952

[10] *December 1952.*

Gott schuf den Menschen nach seinem Ebenbild – also ist Gott die platonische Idee des Menschen. Also: Der Mensch bleibt autonom, wenn er Gottes Gebote befolgt. Also: Gott ist, was der Mensch sein würde, wenn es nur Einen Menschen gäbe. Also: Gott ist das Zugleich von der Idee und der Wirklichkeit des Menschen. (All dies platonisch. Aber welch erhabene Verwandtschaft zwischen den Gedanken der Genesis und Plato!) Also: Gott ist als der Mensch der menschliche (und nicht »übermenschliche«) Masstab der Menschen. Also: Lange vor den Zehn Geboten und allen sonstigen »Offenbarungen« war in der Schöpfungsgeschichte Gott als der menschliche Masstab der Menschen etabliert. So wie wir ohne die Idee des Bettes, das wir doch nie »machen« können, Betten im Plural weder erkennen noch herstellen könnten, so könnten wir ohne Gott (als die wirklich seiende Idee der Menschen) Menschen weder erkennen noch zeugen.

Sobald aber viele Menschen da sind, beginnt eine spezifisch ent-göttlichte Sphäre. Gerade das, was Gott nicht schaffen konnte. Weil es in diesem Sinn keinen Übergang von Eins in die Pluralität gibt, oder besser, weil sich in der Pluralität das Zwischen als ein nur-menschlicher, nicht-ideeller Bereich herstellt, der von der Idee als ein solcher weder voraussehbar noch beherrschbar ist.

Das Besser und Schlechter der Betten, etwa, wird nicht an der Idee des Bettes gemessen, sondern aneinander. Jedes neue und bessere Bett macht die vorhergehenden schlechter, ohne dass man sagen könnte, dass diese weniger betthaft seien.

Das Jüngste Gericht als das Gericht Gottes ist also das Gericht, an dem alle Menschen an der Idee des Menschen, also an dem ihnen eigentlich allein angemessenen Masstab gemessen werden.

In der Sphäre des Zwischen, der Politik, aber darf es im Verfolg dieses Gedankens keine Einmischung des »Göttlichen«, der »Idee«, des absoluten Masstabes geben. Insofern sie nur und ausschliesslich von der Pluralität konstituiert wird, gibt es in ihr nur Besser und Schlechter, was aneinander, aber nicht an einem »von aussen« angelegten Masstab gemessen werden muss. Erst in dieser, dem »Gott« wesensmässig fremden Sphäre wird Gott ein von aussen angelegter Masstab.

[11]

Marx' grundsätzlicher Widerspruch: Arbeit schafft den Menschen – Arbeit versklavt den Menschen. Und beides wurde wahr: Die Maschinen machen so viel Zeit frei, dass alle Menschen von der Arbeit befreit sein könnten, wenn nicht alles zur Arbeit geworden wäre.

[12]

»Volo ut sis«[1]: Kann heissen, ich will, dass Du seist, wie Du eigentlich bist, dass Du Dein Wesen seist – und ist dann nicht Liebe, sondern Herrschsucht, die unter dem Vorwand zu bestätigen selbst noch das Wesen des Anderen zum Objekt des eigenen Willens macht.

Es kann aber auch heissen: Ich will, dass Du seist – wie immer Du auch schliesslich gewesen sein wirst. Nämlich wissend, dass niemand »ante mortem« [der] ist, der er ist, und vertrauend, dass es gerade am Ende recht gewesen sein wird.

[13]

Ad Denken (Einsamkeit): Es ist kein Zufall, dass An-denken, im Gegensatz zu Über-denken, als Andacht schliesslich nur auf Gott bezogen wurde.

Gott ist in der Tat das Einzige, worüber ich nicht denken kann. Über Gott zu denken versucht die Theologie; dadurch kommt sie zu Resultaten gemäss dem λέγειν τι κατά τινος; ihr Gegenstand wird in Hinsicht auf Anderes (seine Prädikate) und in Beziehung auf Anderes, das nämlich, was er nicht ist (also z.B. die Menschen), abgehandelt – oder über-dacht. Damit wird Gott in den Bereich des Zwischen gezogen, über den sich Menschen verständigen, weil in ihm sich die gemeinsame – also die trennende und verbindende – Welt befindet. Daher sind Theologen eigentlich fast schon per definitionem in der Politik.

Das An-denken zerstört das Zwischen, das im Über-Denken vorausgesetzt ist. Es ist so das Denken, das wahrhaft a-sozial ist, unabhängig von andern Menschen und unabhängig von dem »alter«, durch das jegliches im Zwischen notwendig bestimmt und limitiert ist. Es ist substantielles Denken, sofern es nicht in Prädikaten und Relationen denkt.

So denkt der reine Glaube. Er entspricht, da er unabhängig vom Zwischen ist, der Liebe, in der auch das Zwischen durchschlagen wird, verbrannt im Kontakt des Blitzes. Glaube und Liebe sind unpolitisch, weil sie entweder (im An-denken) das Zwischen gar nicht kennen oder im Blitz es durchschlagen.

Dies Denken-an ist in der Tat rein »kontemplativ«. Das Denken-über ist immer schon praktisch, ist nur die andere Seite des Handelns. Das Denken-über mit sich in der Einsamkeit setzt alle Andern und alles Andere voraus. Daher ist seine wesentlichste Kategorie die ἀλλότης, die Andersheit, die Distinktionen allererst möglich macht.

14

Zu Denken (Einsamkeit): Es ist kein
Zufall, dass an-denken, im Gegensatz
zu über-denken, als Andacht selbstverständlich nur auf Gott bezogen wurde.
Gott ist in der Tat das Einzige, worüber
ich nicht denken kann. Über Gott zu
denken versucht die Theologie. Dadurch
kommt sie zu Resultaten genau so
wie λέγειν τινα κατά τινος -- ihr
Gegenstand wird in Hinsicht auf anderes
(seine Prädikate) und in Beziehung auf anderes, das nämlich es
er nicht ist (also z. B. die Menschen)
abgehandelt, oder über-dacht. Damit
wird Gott in den Bereich des Zwischen
gezogen, über den sich Menschen verständigen, weil in ihm sich die gemeinsame -- also die trennende
und verbindende -- Welt befindet.
Daher sind Theologien eigentlich fast
stets zu Definitionen in der Politik.

Das an-denken zerstört das Zwischen,

Das Denken-an oder die Andacht ist die einzige positive Seite der Verlassenheit. Insofern ist Verlassenheit, wenn sie positiv wird, religiös per definitionem. Der Leere des Zwingend-Notwendigen entspricht das Denken an Gott. Das heisst, innerhalb der Situation der Verlassenheit kann nur die Andacht erlösen. (Dies ist eigentlich die Lösung des Problems Heidegger. Er hat – nicht die Einsamkeit, sondern – die Verlassenheit produktiv gemacht. Daher die ungeheure Attraktion.) Liebe als solche – d.h. sofern sie nicht in den Kindern und dem Aufbau einer gemeinsamen Welt ihr eigenes Zwischen erzeugt und daran gerade zugrunde geht (als sei sie nur notwendig gewesen, damit überhaupt ein Anfang gemacht werde) –, Liebe hinterlässt in der Tat nichts als Andenken. Und niemals Freundschaft etc. In der Liebe gibt es keine Gemeinsamkeit, weil die Sphäre des Gemeinsamen, die Welt, gerade in ihr verzehrt ist. Aus ihr kommt als Gemeinsames nur das Kind, das das Ende der Liebe wird. Rilkes Verlassene[1] sind in der Tat die einzig »Liebenden« nach der Liebe; sie leben nur im Andenken. Wenn man Liebe oder Andacht will, muss man alles und alle verlassen – also auch im Stich lassen.

[14]

Denken-an als positive Tätigkeit der Verlassenen: Ich denke immer an etwas, das nicht präsent ist, und denke immer über etwas, das präsent und daher disponibel ist. Das Denken-über greift zu, ist Vorbereitung zum Handeln (?) oder Herstellen (?).

Denke ich im Modus des an, so entferne ich alles so Gedachte von mir, selbst wenn es präsent ist. Denke ich im Modus des über, selbst über Entferntes, so indiziere ich immer, dass ich mich des Gegenstandes bemächtigen will. Abendländisches Denken strebte immer, die Fremdheit der Welt, ihr Anderssein, aufzuheben; als gedachte war die Welt mein Eigentum. Was als undurchdringlich übrigblieb, war »blosse« Existenz, die in diesem Modus des über undenkbar ist, unverwandelbar in das

Eigentum meiner selbst. Im Denken-an bleibt die Fremdheit bestehen, so dass, wenn Präsenz überhaupt erscheint, sie notwendigerweise zur Offenbarung im Blitz, von aussen wird. Damit scheint es, als könne das Denken-an Existenz der Essenz erfahren, gerade weil es [darauf] verzichtet, sich der Essenz gesondert zu bemächtigen. Diese Existentialität der Essenz nennt Heidegger das Wesen.

[15]

Ad Macht: Die Griechen hatten gar keinen Begriff davon als objektivierter Kraft. Δύναμις bleibt immer Vermögen. Macht wird zum Problem erst, wenn es eine direkte, selbstverständliche Beherrschung nicht mehr gibt. Im Sklavensystem beherrschte jeder Freie andere Menschen; dies war die Definition seiner Freiheit, nicht aber seiner Macht. Erst wo alle im Prinzip frei sind, entsteht das Problem. Bei Machiavelli, gerade weil er Christ ist.

Bei Hegel zum ersten Mal »bewiesen«, was das Christentum postulierte (?), dass wer Andere unterdrückt, nicht frei sein kann – in der Dialektik von Herr und Knecht.[1] Dies eine revolutionäre Umkehrung des Freiheitsbegriffs. Damit wird Politik überhaupt erst möglich.

Aristoteles, *Politics*, 1252b30: [Πόλις] γινομένη μὲν οὖν τοῦ ζῆν ἕνεκα, οὖσα δὲ τοῦ εὖ ζῆν – entstanden ist die Polis, weil anders nicht zu leben war; sie ist aber, weil man anders nicht gut leben kann. Also gegründet in ihrer Entstehung auf der animalischen Notwendigkeit (der Mensch ist ein Lebewesen, ζῷον); ihr Sein besteht, weil der Mensch ein λόγον ἔχον = πολιτικόν Lebewesen ist.

Marx: Was geschieht, wenn man statt λόγον ἔχον »arbeitendes« (= produzierendes) Lebewesen setzt? Das Animalische der Definition »animal rationale« hat Marx nie bezweifelt. Durch den Begriff der Arbeit versucht er, das spezifisch Menschliche unmittelbar mit dem Animalischen zu verbinden.

Das heisst, mutatis mutandis, die Freiheit aus der Notwendigkeit ableiten. (Wie Hegel die Notwendigkeit eigentlich aus der Freiheit ableitete.)

Dagegen die Griechen: Sie »leiten« die Freiheit aus der »rationalen« oder gewaltsamen Beherrschung des Notwendigen ab. Dies ist einer der Gründe, warum der λόγος tyrannisch wird. Er muss sich des ὑποκείμενον[A] bemächtigen, das bereits als unterlegen, unterworfen, besiegt angesetzt ist. Εὖ ζῆν = in Freiheit leben = tyrannisch über die ἀναγκαῖα herrschen.

[16]

Die Stelle, die Politik in der Philosophie einnahm, war vor allem bestimmt durch Platos Diktum, dass πρᾶξις irgendwie ferner von Wahrheit ist als θεωρία. Hierin drückt sich aus a) die Erfahrung der Pluralität, die verhindert, dass wir Herren unserer Handlungen bleiben, b) die Erfahrung der τέχνη, die eine Aktivität ist, in der wir, obwohl handelnd, Herr bleiben; daraus folgt die Überschätzung der τέχνη im Bereich des Tuns.

[17]

Ad Plato: Wichtig ist, klar zu scheiden zwischen Arbeit und den ἀναγκαῖα, die das Gebiet der Sklaven sind, und der τέχνη χρηματιστική[B], die zu allen anderen nützlichen τέχναι einfach noch hinzukommt und in der ψυχή dem ἐπιθυμητικόν, dem Begehren, entspricht. Dies Begehren ist nicht der Zwang des Zwingenden! Es ähnelt eher unserem »Willen«, nur dass diese Fähigkeit nicht »subjektiv«, sondern von dem Begehrten her gesehen ist. – Im Gegensatz zum ἐπιθυμητικόν, das ein »Teil« der Seele ist und durch Herstellen oder Erwerb befriedigt wird

[A] [to hypokeimenon], das Zugrundeliegende

[B] [techne chrematistike], Kunst, Vermögen zu erwerben

– also ganz und gar gegenständlich – , sind »Instinkte«, die Arbeit notwendig machen, Essen, Trinken, Wohnen, körperlich und werden durch Verzehren befriedigt.

[18]

Ad Gesetz:
»lex« von »legere«, senden, ernennen – νόμος von νέμειν – Gesetz von setzen.

Unterschied zum Dekret: Es ist immer universal, braucht also Auslegung = freiwillige Anwendung und Verständnis zum Gehorsam. Nur das Dekret ist ein Befehl, der partikular ist.

Daher Augustin: »Neque enim lex impletur nisi libero arbitrio.«[1]

Aber Aristoteles: ὁ γὰϱ νόμος ἰσχὺν οὐδεμίαν ἔχει πϱὸς τὸ πείθεσθαι παϱὰ τὸ ἔθος. (*Politica*, II, 8[2])

Foster (*Plato and Hegel*, 136): »The doctrine that a positive element is essential to law implies a faculty of will in man, and is implied in its turn by the doctrine that the supreme law for man is the command of God, that is to say that it belongs to its essence to issue from God's will.«[3]

[19]

Löst man Handeln in Tun auf, so verwandelt man »victory and defeat« in »success and failure«. Tun und Fabrizieren hat ein Objekt, dessen Herstellung nur von mir und den angewandten Mitteln abhängt. Was herauskommt, ist mein Gelingen oder mein Misslingen. Andere sind weder beteiligt, noch hängt etwas von ihnen ab. Selbst das Element von Glück, das in allem Gelingen ist, und von Pech, das allem Misslingen auch anhaftet, erscheint, als sei es ganz in meine Hand gegeben. Nur ich bin für »success« und »failure« verantwortlich.

Sieg und Niederlage gibt es nur für den Handelnden, dessen »Tun« mit Andern vonstatten geht und von ihnen »abhängig« ist. Sie sind bestimmt nicht von meinem Tun, sondern von »Mächten«, allerdings nicht göttlichen Mächten, sondern ganz präzis von der Macht und den Mächten, die im Zwischen erzeugt werden, in dem Menschen handeln. Diesen Mächten bin ich als Handelnder unterworfen, sie »erleide« ich – παθεῖν im Gegensatz zu ποιεῖν. »Erleiden« im Sinne des παθεῖν ist nur die andere Seite des Handelns, im Sinne des πράττειν. Der Gegensatz zum παθεῖν ist das ποιεῖν. Sieg und Niederlage werden mir geschenkt; sie sind niemals das eindeutige Produkt von mir selbst. Dies gilt im Personalen wie im Öffentlichen.

Tun ist entweder ποίησις und als solches kreativ, Herstellen von etwas Neuem, oder τέχνη, technisch im Sinne des blossen Wiederholens der ursprünglichen ποίησις und des blossen Benutzens von gegebenen Kräften und bereits gefundenen Regeln. Der ursprünglich kreative Beginn aller τέχνη ist die ποίησις, jede ποίησις wird dann auch wesentlich zur Technik.

Das dem Tun entsprechende und es leitende Denken ist ἐπιστήμη, Wissenschaft. Die Wissenschaft (und nicht die Philosophie, wie Plato dachte) findet die »Ideen«, nach denen das Tun vonstatten geht. Am Anfang jeder ποίησις steht eine »Idee«. In der τέχνη geht die Idee verloren; das macht das »technisch« Routinehafte des technischen Tuns aus.

Die Philosophie, oder das freie Denken, verhält sich zum Handeln wie die Wissenschaft zum Tun. Weil es von vornherein als Dialogisch-mit-sich-selbst-Sein auf Andere bezogen ist, muss es [das freie Denken] kommunikativ sein – was Wissenschaft nicht nötig hat. Weder Denken noch Handeln sind »gegenständlich«; sie kennen weder Zwecke noch Mittel. Sie kennen auch kein Ende, weil sie sich in einem Bereich bewegen, der endlos ist, nicht begrenzt vom Tod des Individuums, das in ihm wohnt, in ihn eintritt und aus ihm wieder ausscheidet.

Freies Denken und freies Handeln verfolgen keine Zwecke, »haben« keine Gegenstände und erzeugen keine Resultate, sondern: kreieren Sinn. Handeln ist »praktisches« Denken, Denken ist »vernehmendes« (Vernunft), nämlich »Sinn vernehmendes« oder sinnendes Handeln.

Das Verändern der Welt findet dauernd statt im Sinne dieses zweckfreien, sinnenden Handelns und praktischen Denkens. Tun fügt der Welt Gegenstände zu oder vernichtet sie; verändert aber die Welt gerade nicht. Durch Handeln trete ich in die endlose Welt der Menschen ein und partizipiere an der Unsterblichkeit des Menschengeschlechts. In ihr kann ich als Individuum nur durch Tun »unsterblich« werden. Diese »Unsterblichkeit« des einzelnen Getanen – also eine ποίησις – [schafft] eine Ewigkeit in der endlosen Unsterblichkeit des Menschengeschlechts. Die Odyssee ist ein Stück Ewigkeit in der Unsterblichkeit des Menschengeschlechts. Verändert wird dadurch gar nichts. Diese Ewigkeit unterliegt wie alles Getane der Möglichkeit der Zerstörung. Jedes »Fabrizierte« kann zerstört werden. Tun und Zerstören gehören zusammen; in jedem Tun liegt etwas Zerstörerisches – die Herstellung des Tisches erfordert die Vernichtung des Holzes. Es ist diese Möglichkeit der Ewigkeit individuell-isolierten Tuns, die wir mit dem Tode bezahlen.

Das Handeln, durch das ich an der Unsterblichkeit des Menschengeschlechts teilhabe, ist, als »Tun« des Einzelnen gesehen, das Allerflüchtigste und Allervergänglichste. Es kommt nie zu einem Ende, dem [ein] Als-Ende-Bleiben gegönnt werden könnte. Als solches ist es das »Geschichtliche« – es bedarf der Erinnerung des Menschengeschlechts, um aufbewahrt zu werden. (Eine Kunstgeschichte ist eigentlich überflüssig, Kunstwerke sind von sich aus ewig. Wahre Geschichte ist immer »politische« Geschichte, Geschichte der handelnden und leidenden Menschen, deren Handeln und Leiden in sich selbst gar keinen Bestand hat. Dies ist der Zusammenhang zwischen Geschichte und Politik.) Als Marx meinte, man müsse die Welt verändern, meinte er eigentlich, man müsse die Welt so einrichten, dass sie sich nicht mehr verändern könnte. In der geschichtslosen »klassenlosen Gesellschaft freier Produzenten« ist dem Tun in Wahrheit der Boden des Handelns, also der möglichen Ewigkeit, der schwankende »Boden« des Dauernd-sich-Verändernden weggeschlagen. Dadurch hört die Möglichkeit aller Kreativität natürlich auf.

Die Welt verändern zu wollen, d.h. das Verändern aus der Sphäre des Handelns in die des Tuns zu übertragen, wäre komisch – weil man ja gerade das per definitionem Veränderliche ändern will –, wenn es nicht möglich wäre. Indem man dem Handeln Zwecke vorschreibt (d.h. es hindert, seinen Sinn zu entfalten), macht man es zum Tun und entfernt gerade das Element des Veränderlichen. In andern Worten: Das »Verändern der Welt« läuft immer darauf hinaus, Menschen am Handeln und am Verändern definitiv zu hindern. Wir erreichen dann eine Welt, der man höchstens noch Gegenstände hinzufügen kann, bis der allgemeine Überdruss am Gegenständlichen dazu führt, alle Gegenstände zu vernichten – die scheinbar (als Gegenstände) dem freien, handelnden Verändern im Wege stehen.

Was Marx »wollte«, war aber de facto bereits im vollen Gang. Man hat in der Tat die Welt »verändert« durch Tun, nämlich durch Technik und Wissenschaft. Dies ist der historische Sinn der industriellen Revolution. Durch diese veränderte Welt gehen zwei gleichermassen zerstörerische Tendenzen: 1) der totalitäre Versuch, diese »Veränderung« perfekt zu machen durch politische »Formung«; Handeln und Veränderung werden dort ganz und gar unmöglich; 2) der dem Tun innewohnende Trieb der Zerstörung alles Gegenständlichen, das Hineinreissen des Tuns und der fabrizierten Objekte mit ihrer möglichen Ewigkeit in einen Strom der Veränderung, in dem alles konsumiert wird, angeglichen an Arbeit und den immer schneller werdenden »Stoffwechselprozess«. Hier wird aus Veränderung, die im Handeln sinnvoll ist, der ständig umschlagende Produktions- und Konsumtionsprozess, der als solcher absolut sinnlos ist. Es ist, als ob man, statt ein Zimmer zum Wohnen einzurichten und gemäss des vorhergehenden Lebens umzurichten, dauernd Objekte in ein Zimmer hinein- und herausträgt, es anfüllt und entleert.

[20]

Das Entscheidende der Hegelschen Logik ist die Auflösung des Urteilens in das Schliessen, indem vom Subjekt zum Prädikat eine Kontinuität (entgegen der traditionellen Subsumtion des Einzelnen unter das Allgemeine) hergestellt wird. (*Logik*[1], II, p. 280: »Die Urteils- als Begriffsbestimmung ist an ihr selbst ein Allgemeines, gesetzt als sich in ihre andere Kontinuierendes. Umgekehrt ist die Beziehung des Urteils dieselbe Bestimmung, als die Extreme haben [id est ineinander überzugehen, H. A.]; denn sie ist eben diese Allgemeinheit und Kontinuation derselben ineinander ...«) Dieser Übergang wird möglich durch das sogenannte »notwendige Urteil«. (293: »Was allen Einzelnen einer Gattung zukommt, kommt durch ihre Natur der Gattung zu.«) Hier subsumiert das Prädikat nicht mehr (Cicero ist ein grosser Redner), sondern scheint nur auszudrücken, was bereits im Begriff des Subjekts lag. Oder 294: Das Prädikat drückt nur aus, woran »das Subjekt seine immanente Natur hat«.

Was normalerweise Urteilen heisst (die Rose ist rot etc.), fertigt Hegel ab (301): »Urteile des Daseins fällen ... wird schwerlich dafür gelten, daß es große Urteilskraft zeige.« (302): »Die Prädikate gut, schlecht, wahr, schön, richtig usf. drücken aus, daß die Sache an ihrem allgemeinen Begriffe ... gemessen ... ist ...« Diese Urteile sind aber in Wahrheit Schlüsse: Das Subjekt hat bereits das Prädikat in sich, das aus ihm erschlossen wird. »Durch diese Erfüllung der Kopula ist das Urteil zum Schlusse geworden.« (308) »Der Schluß hat sich als die Wiederherstellung des Begriffes im Urteile und somit als die Wahrheit beider ergeben ... alles Vernünftige ist ein Schluß.« (308)

[21]

Das Denken, auf dem politisches Wollen beruht, ist Urteilen. Das Urteilen schreibt dem Wollen seine Ziele vor – wie das Anschauen dem Herstellen seine Zwecke vorschreibt? Eben nicht.

Aber auf der Identifizierung von gewolltem Ziel und herstellbarem Zweck beruht die abendländische politische Philosophie. Die Denktätigkeit, in der Zweck und Ziel zusammenzufallen scheinen, ist das Schliessen. Wenn das Ziel deduziert wird, ist es Zweck geworden.

Also: Was ist der Unterschied zwischen Ziel und Zweck?

Verstehen ist das Denken der Einsamkeit. – Urteilen ist das Denken des Zusammenseins, das gegenseitige Sich-kontrollieren. – Schliessen ist das Denken der Verlassenheit.

[22]

Heraklit-Fragment, B44: μάχεσθαι χρὴ τὸν δῆμον ὑπὲρ τοῦ νόμου ὅκωσπερ τείχεος (als sei es eine Mauer!)[1]

[23]

Aristoteles, *Nikomachische Ethik*, A:
ἐπιστήμη πολιτική 1) hat es zu tun mit Dingen, die nur νόμῳ sind (was διαφορὰ καὶ πλάνη[A] einschliesst), aber nicht φύσει (1094b15). 2) hat es zwar mit πρᾶξις zu tun, gehört aber selbst als γνῶσις πράξεως zum βίος θεωρητικός (cf. keine Wissenschaft für Jünglinge, die auf πρᾶξις und nicht auf γνῶσις aus sind, 1095a5).

Drei Arten des Lebens: 1. τὸ κατὰ πάθος ζῆν (ἡδονή)[B] (1095a8). 2. βίος πολιτικός (εὐδαιμονία). 3. βίος θεωρητικός (1095b19). Τέλος des βίος πολιτικός: τιμή[C] (1095b24) oder ἀρετή (ibid. 31).

[A] [diaphora kai plane], Verschiedenheit und Irrtum

[B] [to kata pathos zen (hedone)], Leben des Genusses, Leben im Genuß

[C] [time], Ehre, Amt

Eine mögliche vierte Art, die mit unserer Tätigkeit als Erwerb (τέχνη χρηματιστική[A]) gegeben scheint, wird ausdrücklich von den βίοι ausgeschlossen, weil sie βίαιός τίς ἐστιν!, erzwungen ist. (1096a5)

Der Mensch ist φύσει πολιτικός (1097b11) – aber die ἐπιστήμη πολιτική hat es nicht mit dem, was φύσει ist, zu tun ?? (Entscheidend ist, dass das Dass hier das Erste ist und das Prinzip hergibt: τὸ δ' ὅτι πρῶτον καὶ ἀρχή [1098b2]. Dies der Unterschied zu Plato.)

Wiederum: εὐδαιμονία bestimmt durch τὰ ἡδέα, jedem ist etwas anderes ἡδύ. Aber es gibt τὰ φύσει ἡδέα[B], denen die φιλόκαλοι[C] entsprechen. Also nicht νόμῳ? (1099a11–13)

Zu εὐδαίμων definiert im Gegensatz zu μακάριος[D]: 1101a7.

[24]

Marx – Hegel: Wenn alles Sein in einen Werdens-Prozess aufgelöst ist und alles Denken nur der Prozess ist, in dem das Werden zum Bewusstsein kommt, so gibt es im Grunde kein Handeln mehr – weder als Denken noch als Tun. Diesen Schluss hat Marx aus Hegel gezogen. Die Sätze: Die Welt verändert sich, oder: Wir verändern die Welt, werden identisch. Es ist der Prozess des gesetzmässig Sich-Ändernden von der einen oder andern Seite betrachtet.

A [techne chrematistike], Kunst, Vermögen zu erwerben
B [ta physei hedea], das von Natur aus Angenehme
C [philokaloi], Leute, die das Schöne lieben
D [makarios], reich, begütert, glückselig

[25]

Und keine Kunde
von jenen Tagen,
die ineinander
sich brennend verzehrten
und uns versehrten
(des Glückes Wunde
wird Stigma, nicht Narbe).

Davon wär keine Kunde,

Wenn nicht Dein Sagen
ihm Bleiben gewährte
(gedichtetes Wort
ist Stätte, nicht Hort),

Wenn nicht das Gesichtete
im Leiden Verdichtete,
wenn nicht das Gedankte
in Lauten Verrankte
erst dichtend gesprochen,
dann singend gesonnen –
dem Leide entronnen –
ins Bleiben gefügt wär.[1]

[26]

Die politischen Indikationen der elementaren Tätigkeiten, gleichsam der tätigen Modi des Lebendigseins:

παθεῖν: leiden; ausgezeichnete »Beziehung«: Liebe; auszeichnender Geschehensindex: Gleiche und Ungleiche.

πράττειν: handeln; Freundschaft; Geschehen ist nie abgeschlossen und bleibt immer zweideutig.

ποιεῖν: tun, herstellen; Einsamkeit; das Tun geht ins Hergestellte ein, die Welt der Gegenstände, Homo faber; Gegenstände bleiben.

ἐργάζεσθαι: arbeiten; Solidarität, als Teilung der Arbeit; Solidarität des Menschengeschlechts; Arbeit ist das allgemeinste Schicksal und hat daher einen Bezug zur Zeugung; charakteristisch für die Erzeugnisse der Arbeit, dass sie sofort konsumiert werden, im Gegensatz zu den Gegenständen, die für das Bleiben hergestellt werden.

[27]

Der Faden der Tradition und das Band der Menschheit.

[28]

Ad Geschichte: Die Vergangenheit ist die Dimension der Grösse. Grösse kann erst erscheinen nach dem Tode; nur Sterbliche können irdisch unsterblich werden, d.h. bleiben, solange das Menschengeschlecht bleibt. Dass wir erst nach dem Tode »gross« oder auch nur »wir selbst« werden können, ist die Entschädigung dafür, dass wir sterben müssen.

Die Vergangenheit als Dimension der Grösse ist alles, was uns von Geschichte im Sinne der Tradition verbleibt. Diese Dimension konnte erst auftauchen, nachdem die (römisch-gestiftete) Tradition gerissen war. Der Historiker lebt in der Dimension der Grösse, und Chronologie ist ein technisches Hilfsmittel. Wir »sind« nicht geschichtlich, sondern haben Erinnerung und können daher diesen Bau des Grossen errichten und bewohnen. Wer ohne Vergangenheit lebt, dem fehlt die Dimension der Grösse. Grösse ist immer der Hintergrund unseres gegenwärtigen Seins, das, wenn es essentiell ist, in diesen Hintergrund hineinragt, im Sinne des Zweiten Futurs: gross gewesen sein wird. Grösse als Präsenz würde uns sofort erschlagen; es gibt sie nur als Blitz, der sofort vorüber ist. Wenn er vorüber, vergangen ist, fängt seine »Geschichte« an, d.h. nun hat er die Möglichkeit der Grösse und des Bleibens. Die Vergangenheit ist so auch die Dimension des Bleibens; die Gegenwart vergeht, die Zukunft entsteht, die Vergangenheit bleibt.

[29]

Aristoteles: πολιτεύειν = μετέχειν κρίσεως καὶ ἀρχῆς[1] (1275a23 / 1278a6, 36: Handwerker, auch Nicht-Sklaven, vom Bürgerrecht ausgeschlossen).

[30]

Pindar der erste, der nach Monarchie, Oligarchie und Demokratie einteilt.[1] Dann Herodot, III, 80.[2] Bereits bei Thukydides daneben klassifiziert nach Gesetzlichkeit (III, 62, 63).[3] Plato sagt ausdrücklich, es komme nicht so sehr darauf an, wer und wie viele die Herrschaft ausüben.

(Plato: νόμος im *Politikos*[4] von νέμειν, verteilen abgeleitet. In den *Nomoi* dagegen: ἡ τοῦ νοῦ διανομή: die Organisation (?) der Vernunft? (714a[5])

Aristoteles ändert dann das Kriterium der Gesetzlichkeit in das des Interesses. (*Rhetorica*, I, 8 – 1365b27ff.; *Ethica*, 1160a31f.; *Politica*, III, 6, 7 – 1289b5)

[31]

Die Vergangenheit ist die Dimension der Grösse – das ist der Sinn aller Mythologie, d.h. des Erfindens einer Vergangenheit vor der Überlieferung. Mit der Mythologie stiftet und entdeckt der Mensch Vergangenheit als eine ihm notwendige, ihm zugehörige Dimension, ohne welche nicht nur alles verflacht, sondern ohne die es Tiefe und Höhe überhaupt nicht geben kann.

Dies ist der Sinn der Geschichte, die nun diese Dimension gleichsam ausfüllt. Alle Projektion geschichtlicher Kategorien in Gegenwart und Zukunft zerstört alle drei Zeitmodi, d.h. zerstört auch Geschichte als erfüllte Vergangenheit.

Die Gegenwart ist die Dimension der Nähe und Ferne.

Die Vergangenheit wird erfasst durch das Sinnen (An-Denken), die Gegenwart durch Erleiden (παθεῖν) und die Zukunft durch Handeln.

Heft XIII

Januar 1953 bis März 1953

Heft XIII

Januar 1953

[1] *Januar 1953*

Mythologie: Bevor der Mensch eine Vergangenheit erinnert, schafft er sich diese Dimension in der Mythologie. In diesem Sinne bleibt der Mythos stets die ἀρχή der Vergangenheit – die »Bedingung der Möglichkeit« von Vergangenheit und damit auch! (sekundär) von Geschichte. Im Mythos konstituiert sich die Erinnerung des Menschengeschlechts und damit die Unsterblichkeit der Grösse. Dies meinten die Griechen mit Ruhm.

[2]

Experimental Notebook[1] of a Political Scientist: To establish a science of politics one needs first to reconsider all philosophical statements on Man under the assumption that men, and not Man, inhabit the earth. The establishment of political science demands a philosophy for which men exist only in the plural. Its field is human plurality. Its religious source is the second creation-myth – not Adam and rib, but: Male and female created He them[2].

In this realm of plurality which is the political realm, one has to ask all the old questions – what is love, what is friendship, what is solitude, what is acting, thinking, etc., but not the one question of philosophy: Who is Man, nor the *Was kann ich wissen, was darf ich hoffen, was soll ich tun?*[3].

2)

Experimental Notebook of a Political Scientist: To establish a science of politics one needs first to reconsider all philosophical statements on Man under the assumption that men, and not Man, inhabit the earth. The establishment of political science demands a philosophy for which men exist only in the plural. Its field is human plurality. Its religious source is the second creation-myth -- not Adam & rib, but: Male and female created He them.

In this realm of plurality which is the political realm, one has to ask all the old questions -- what is love, what is friendship, what is solitude, what is acting, thinking, etc., but not the one question of philosophy: Who is Man, nor the Was kann ich wissen, was darf ich hoffen, was soll ich tun.

[*»Experimental Notebook«*[1] *eines Politikwissenschaftlers: Um eine Politikwissenschaft zu begründen, muß man als erstes alle philosophischen Aussagen über den Menschen aufs neue unter dem Aspekt untersuchen, daß Menschen und nicht der Mensch die Erde bewohnen. Die Politikwissenschaft verlangt eine Philosophie, für die es Menschen nur im Plural gibt. Ihr Gebiet ist die menschliche Pluralität. Ihre religiöse Quelle ist der zweite Schöpfungsmythos – nicht der von Adam und der Rippe, sondern: Als Mann und Weib schuf Er sie*[2].

Im Bereich der Pluralität, welcher der politische Bereich ist, muß man all die alten Fragen stellen – was ist Liebe, was ist Freundschaft, was ist Einsamkeit, was ist Handeln, Denken usw., aber nicht die eine Frage der Philosophie: Wer ist der Mensch, noch die Frage: Was kann ich wissen, was darf ich hoffen, was soll ich tun?[3].]

[3]

Der Unterschied zwischen den geschichtlichen und politischen Wissenschaften: Geschichte hat es zu tun mit der Vergangenheit, insofern als Vergangenheit die Dimension der Grösse ist. Grösse ist der einzige Masstab der Geschichtswissenschaft. Größe ist das, was hervor-ragt, grösser ist als … In diesem Sinne ist die Monarchie, die auf Auszeichnung beruht, dem geschichtlichen »Gefühl« am nächsten.

Politik hat es gerade mit dem Durchschnittlichen zu tun und als solche eine natürliche Affinität zur Republik. Ihr Masstab ist: gut – schlecht, als Indizes des Handelns. Grösse gerade kann kein Masstab sein, weil sie sich nur am Gewesenen zeigt. Der Zusammenhang mit Ethik ist so stark, wie er sich ursprünglich in Aristoteles kundtat; es ist wirklich dasselbe. Nur dass es sich nicht um Gut-oder-böse-Sein handeln kann, sondern um die Veränderung der von Menschen konstituierten Welt. Es kommt mehr Güte vor oder weniger; die Menschen werden nicht besser oder schlechter.

[4]

Einsamkeit und Denken: Die Einsamkeit löst das Denken aus der Vielfalt der Beziehungen im Miteinander, in welcher es nach Plato nur δόξαι geben kann. Wahrheit ist daher im Sinne der Tradition nur möglich in der Einsamkeit, wo ein Subjekt ohne Beziehungen, herausgelöst aus den Beziehungen, denkt, d. h. mit seinem jeweiligen Inhalt konfrontiert ist. Wahrheit gegen δόξα ist von vornherein als das Nicht-Perspektivische definiert. Daher erfasst sich der Denker der Wahrheit als der Mensch. Wenn nicht der Mensch in ihm denkt, relativiert sich alles wieder.

Solange die Philosophen sich in dieser »Einsamkeit« ganz sicher fühlen, d. h. glauben, dass sie der Mensch sind, gibt es das Phänomen der Verlassenheit im Denken nicht. Die zeigt sich an als Nicht-verstanden-Werden. Hierin liegt nicht nur Hochmut, sondern das Misstrauen gegen sich selbst – nur ein Individuum zu sein, nicht der Mensch. Ein einsames Individuum ist allerdings unverständlich; es kann sich nicht mehr mitteilen.

Der erste Philosoph, für den Einsamkeit zur Verlassenheit wurde, war Hegel. »Nur einer hat mich verstanden; und der hat mich auch nicht verstanden.«[1] Hegels Misstrauen gegen sich selbst entsprang direkt seiner Geschichtsphilosophie: Seit dem 18. Jahrhundert war die Vergangenheit aus der Dimension der Grösse in das Klima degeneriert, in dem alles durch alles relativiert wurde. Dies wird dann bei Nietzsche zum »perspektivischen Denken«[2]. Das perspektivische Denken ist essentiell das Denken der Verlassenheit, wie es aus dem Denken der Einsamkeit resultiert.

[5]

Der römische Begriff der Tradition hat den Raum der Vergangenheit als die Dimension der Grösse zu einer Linie zusammengepresst, sodass Grösse gar nicht mehr erscheinen konnte. An die Stelle der Grösse trat Autorität – etwas, wofür es im Griechischen noch nicht einmal ein Wort gibt. (Wenn man seit den Römern nach Autorität sucht als Legitimation, brauchten und suchten die Griechen nach Masstäben.) Autorität erkennt man an, wo immer man fühlt, dass man sein Dasein verdankt (Autor, Gründer, Zeuger, Vermehrer). Tradition und Autorität gehören zusammen. Sie haben das Koordinatensystem abgegeben für abendländische »Geschichte« und Geschichtlichkeit. Tradition war die römische Antwort auf Vergangenheit als Geschichte, und zwar als eine Kette von Ereignissen. Jetzt wird die grösste Sorge die, diese Kette könnte abreissen – unter anderem die Angst vor dem Vergessen: dass Überlieferbares nicht überliefert wird. So wird Gedächtnis ein »storing-and-clearing house«[1]: Vergangenheit ist nicht mehr Dimension der Grösse, sondern Gedächtnis ist die Dimension der Vergangenheit. Im Gedächtnis wird das linienhaft Eindimensionale wieder viel-dimensional; es stellt sich perspektivisch dar. Dies ist der Grund für den »Subjektivismus« in aller Geschichtsphilosophie, und [es] führt schliesslich zum »perspektivischen Denken« bei Nietzsche.

[6]

Der Preis des Lebens ist, dass man nicht gross sein kann. Wer das Leben liebt, ist gerne bereit, diesen Preis zu zahlen; daher die Achill-Anekdote im Hades – lieber ein Schweinehirt im Reich der Lebendigen als König im Reich der Schatten.[1] Nur Zeiten, die des Lebens müde waren, wollten Grösse. Daher haftet aller Grösse immer etwas Schattenhaftes an; dies aber nur, wenn man sie sich als lebendig im griechischen Sinne, also bewegt, vorstellt. (Die substanzlose Bewegung, das Huschen der Schatten im Hades [ψυχή = Bewegung, gedacht ohne Körper, also substanzlose Bewegung – wie bewegte Luft, ἄνεμος = anima = Wind, Hauch etc.].) Grösse ist monumental, unbewegt. Das ist Starre nur, wenn mit Lebendigem verglichen. Lebendiges, das gross sein will, erstarrt – aber wird nie gross. Oder, umgekehrt, bringt man in die Dimension vergangener Grösse Lebens- und Bewegungsvorstellungen, so entsteht das Schattenhafte, das Huschen der Schatten im Hades.

[7]

Denkt man das Heraklitische ἓν πᾶν[1] und das Parmenidische τὸ γὰϱ αὐτὸ νοεῖν ἐστίν τε καὶ εἶναι[2] zusammen, so ergibt sich: Das eine Selbe ist es, das »bewirkt«, dass die Dinge sind und dass die Menschen denken. Es ist das gleiche »Prinzip«; das »Wesen« der Dinge ist es zu sein; das »Wesen« der Menschen ist es zu denken. Einem möglichen Nicht-sein der Dinge (alles ist nur subjektiver Traum) entspricht ein Nicht-denken der Menschen (es gibt nur Tiere, zweibeinige wie vierbeinige).

[8]

Traditionsbruch: Eigentlich, d.h. in diesem Fall römisch gedacht, der Bruch in der Nachfolge, »successio«, der Generationen, die voneinander das Überlieferte empfingen und es weitergaben und sich so gleichsam durch die Jahrtausende, in chronologischer Reihenfolge, an der Hand hielten. Der Bruch war vorgezeichnet im Generationsbruch nach dem Ersten Weltkrieg, aber nicht vollzogen, insofern das Bewusstsein des Bruches noch das Gedächtnis an die Tradition voraussetzte und den Bruch prinzipiell reparabel machte. Der Bruch erfolgte erst nach dem Zweiten Weltkrieg, als er als Bruch gar nicht mehr notiert wurde.

[9]

Es ist wohl keine Frage, dass das πολιτεύειν der Athener de facto im κρίνειν – urteilen <u>und</u> entscheiden – bestand. Cf. Aristoteles: ἀρχὴ <u>καὶ</u> κρίσις.[1]

[10]

<u>Tradition</u> – <u>Religion</u> – <u>Autorität</u> – Dreieinig sind sie, nicht zu trennen; die drei Säulen der abendländischen Welt, alle drei von Rom geprägt, alle drei <u>zusammen</u> geborsten.[1]

[11]

<u>Traditionsbruch</u>: Erst im Bruch konnte Vergangenheit, in der es keinen Leitfaden mehr gab, als Tiefe erscheinen; wobei das »Tiefste« dann identifiziert wird mit »Beginn«, Ursprung etc. – alles rein chronologisch gesehen. Je »tiefer« man in die Vergangenheit herabsteigt, je »tiefer« wird man selbst. Tiefe erhält so einen chronologischen Beigeschmack, und die <u>Dimension</u>, der <u>Raum</u> der möglichen Grösse, ist wieder linear reduziert. Dass diese in die Tiefe führende Linie eine andere Richtung hat als die Linie der Tradition, ist wichtig, ändert aber nichts an der Verfälschung. Man sieht wieder perspektivisch – nur mit andern Vorzeichen. (Heidegger) Dabei hofft man, in der Tiefe Boden zu fassen; der Boden wird zum Ersatz für den Leit- oder Ariadnefaden der Tradition. Aber die Tiefe der Zeit ist bodenlos. Daher ist »Tiefgang« immer noch ein Ausdruck – wenn auch der grossartigste – für die Bodenlosigkeit des Jahrhunderts. <u>Boden</u> gerade kann ich nur in der Gegenwart haben. Die Dimension der Heimat ist die Gegenwart.

[12]

Religion – Autorität – Tradition: Die christliche Religion, römisch verstanden, war eine Religion, die auf Zeugnissen (Autorität) beruht, die von Generation zu Generation überliefert werden müssen. (Im Gegensatz zur jüdischen Religion, die auf Bund und Gesetz beruhte; und der griechischen, die auf der Kenntnis des Masstabs [ὕβρις[A] als einzige »Sünde«] für Sterbliches und Göttliches beruhte.) Zusammenbruch der Tradition ist identisch mit dem Zusammenbruch von Autorität und Religion.

[13]

Das Verhältnis der Gewalten bei Kant und Hegel: Bei Hegel (vor 1803, Rosenzweig I, S. 147[I]) Ziel des Staates: Exekutive (Rosenzweig sagt, weil »der Staat Macht ist«?), weil das Wesen der Politik Handeln ist. Bei Kant Ziel des Staates: »Der Spruch der Gerechtigkeit«, die Rechtsprechung; also Politik ist wesentlich Urteilen. Auffallend, dass bei beiden die Legislative zurücktritt. (Für Kant cf. Rechtslehre [*Metaphysik der Sitten*], §45)

[14]

Der Nachtwächter-Staat[I], der nur noch Leben und Eigentum garantiert, ist der genaue Erbe des antiken Staats, der allen seinen Bürgern den Lebensunterhalt garantierte, um ihnen das πολιτεύειν zu ermöglichen. Seitdem Plato im Grunde das πολιτεύειν durch das φιλοσοφεῖν ersetzt hatte, wurde es das Ziel des Staates, erst das Materielle zu sichern, um das φιλοσοφεῖν zu ermöglichen; dann ohne alles φιλοσοφεῖν das Erworbene sicherzustellen und das Erwerben zu ermöglichen. An die Stelle des πολιτεύειν tritt das φιλοσοφεῖν, dann das

[A] [hybris], Übermut, Zügellosigkeit; Gewalttat, Frevel – Hybris

Erwerben, dann (Marx) das Arbeiten. Plato, der »Idealist«, hat die Bewegung der Materialisierung entfesselt. Solons Gesetze, im Gegensatz zu denen Platos, wollten nur das πολιτεύειν sicherstellen; daher das Erhalten der Erbteile, damit Erwerb nicht notwendig werde und 1. die Gleichheit der πολῖται gefährde – 2. ihnen zuviel Zeit wegnähme.

[15]

Hegels »... ist erst das Reich der Vorstellungen revolutioniert, so hält die Wirklichkeit nicht aus« und Marx' Idee, die die Massen ergreift.[1]

[16]

»Die Anmaßung des Unbedingten« (Heidegger[1]) ist die Anmassung, den Masstab für das »Bedingte« zu haben, denn der Masstab könnte natürlich nur das schlechthin Nicht-bedingte sein. Seit Plato war es der Philosophie nicht mehr um »Wahrheit« oder das »Sein« zu tun, sondern darum, im Strudel der Welt und des Lebens den Masstab zu finden. Ohne Masstäbe zu denken heisst, auf Urteilen im bisherigen Sinne zu verzichten, aber nicht wie Hegel das Schliessen an die Stelle des Urteilens zu setzen.[2]

[17]

Das Element der Unsicherheit im Handeln, das seit Plato [dazu] diente, es gegen das Tun[1] und das Denken zu diskreditieren, beruht auf unserem Nicht-Wissen, was der Mensch, was jeder Mensch ist, und dass wir eine Ahnung davon erst haben, wenn er nicht mehr ist. Deshalb ist kein Handeln möglich ohne gegenseitiges Verzeihen (das in der Politik Versöhnung heisst); es beruht wie bei Jesus auf der Erkenntnis, dass wir nie ganz wissen können, was wir tun.[2]

Nietzsches entscheidende Entdeckung war, dass Leben und Essenz im traditionellen Sinne einander widersprechen, dass nichts lebendig Sterbliches Essenz hat und keine Essenz lebendig sein kann. Also, schloss er, ist der Mensch, sofern er lebt, ein Wesen, das durch Essentielles nur verdorben werden kann.

Februar 1953

[18]

Februar 1953

Die »déformation professionnelle« des Historikers ist, überall Ende zu wittern; die »déformation professionnelle« des Welthistorikers ist, die Pluralität der Menschen auszuschalten, um jedem Volk als einem Subjekt seine Rolle zuweisen zu können. Es ist die welthistorische Perspektive, die unseren Begriff von der Menschheit bestimmt: die Menschheit als der Inbegriff des Menschen, aber so, dass die Täuschung entsteht, diesem abstrakten, nur gedachten Inbegriff entspräche wirklich eine Realität.

[19]

Die scheinbare Paradoxie des Politischen seit Aristoteles: Das, was allen gemeinsam ist, sollte jeden am meisten beanspruchen. Dagegen steht die Erfahrung, dass jeder sich um dieses gerade am wenigsten kümmert. Daraus zwei Konsequenzen: 1. Nur wenn das Lebensnotwendige gesichert ist, kann Politik – das, was allen gemeinsam ist – zugemutet werden. 2. Es bedarf eines oder einiger Männer, die nur für dieses verantwortlich sind. So wird das »common« wieder privat.

Von hier aus gesehen liegt der Unterschied zwischen Königtum und Republik darin, dass in einem Königreich der König die Möglichkeiten des Sich-Auszeichnens frei lassen kann (dies der monarchische Begriff von Freiheit), solange sie sich nach »Ehre« richten, d.h. solange die höchste Auszeichnung von dem verliehen wird, der der Vertreter des »Gemeinwohls« ist. Während in der Republik das kontrollierende Prinzip in jedem Bürger als Tugend wohnen muss. Tugend ist, das Gemeinwohl über das Private, also auch über Auszeichnung zu stellen.

[20]

Alles Herstellen beruht auf Kontemplation und Gewalt. So hat sich in der abendländischen Tradition, ausgehend von der Erfahrung im Herstellen, alles aufgespalten in kontemplatives Denken, in welchem die »Ideen«, die Zwecke etc. gegeben werden, und in gewaltsames Handeln, das diese kontemplierten Zwecke mit Hilfe gewaltsamer Mittel realisiert. Unsere Begriffe von Theorie und Praxis sind gleichermassen am Herstellen orientiert.

[21]

Eigentumskategorien: Gebrauch – Erwerb, der rechte Gebrauch gegen den gerechten Erwerb = »consumer«- gegen »producer«-Mentalität.

Ferner: Ist Eigentum νόμῳ oder φύσει? Falls νόμῳ: Der »Staat« erst schafft Eigentum, er beruht auf Eigentümern; er kann keinen als Bürger anerkennen, der nicht Eigentümer ist. Falls φύσει: Der Staat beschützt Eigentümer, oder besser, schützt das Erwerben von Eigentum.

Falls Eigentum nach seinem Gebrauch beurteilt wird, ist es νόμῳ und statisch (Altertum), auf dem νέμειν der πόλις gegründet, nicht auf Erwerb.

Falls Eigentum nach seinem Erwerb beurteilt wird, ist es auf Arbeit gegründet – auch Eroberung ist eine Art Arbeit. Der Staat ist da, Arbeiten im Sinne der Produktion möglich zu machen. Sobald Produktion als eine essentielle Qualität des Menschen gesehen wird, ist Eigentum φύσει.

[22]

Zur Kriegsfrage: Nur weil man weiss, dass man sterben muss, also schlimmstenfalls etwas aufgibt, das einem ohnehin genommen wird, kann man sein Leben für etwas riskieren. Wären wir unsterblich (nicht wie die Götter, die zum Sein verurteilt sind und für die es daher Freiheit überhaupt nicht gibt), und zwar so, dass wir zwar sterben könnten, aber nicht müssten, so könnte keinerlei Einsatz gedacht werden, um dessentwillen das Leben riskiert werden kann: Das Leben wäre zu einem Absolutum schlechthin geworden, ausserhalb dessen es schlechterdings nichts gäbe. Man kann sein Leben nur für die Freiheit opfern, weil es ausserhalb des eigenen Lebens ein über dies hinausgehendes Leben des Menschengeschlechts gibt. Im Falle einer möglichen Unsterblichkeit des eigenen Lebens wird Leben als solches zu etwas Absolutem in dem Sinne, dass alle sogenannten »Werte« sich nur innerhalb seiner bewegen können.

Genau in diesem Falle einer möglichen, aber nicht gesicherten Unsterblichkeit befindet sich vorerst jedes Volk und schliesslich das Menschengeschlecht. Nationale Politiker können daher im Kriege wohl die politische Macht und selbst die politische Freiheit ihres Volkes riskieren, niemals aber dessen physische Existenz selbst, weil diese gerade das Fundament dafür ist, dass es solch eine Politik überhaupt geben kann. Ein Volk, weil es eine potentielle Unsterblichkeit hat, kann nie einer anderen Sache zuliebe aufs Spiel gesetzt werden. Alle Politik hat ihre Grenze daran, dass sie diese Möglichkeit respektieren, stützen, garantieren etc. muss. All dies gilt in weit verstärktem Masse von der Menschheit. Es gibt keinen Krieg, der die Existenz der Menschheit aufs Spiel setzen dürfte. Und gerade dies ist eine Möglichkeit, ein mögliches und gefürchtetes Risiko geworden. Freiheit, Gerechtigkeit etc. werden leere Worte, wenn es sich um den physischen Fortbestand der Menschheit handelt oder um den irdischen Fortbestand ihres Wohnens, der Erde. In dem Moment, wo eine Zerstörung alles Lebens auf der Erde oder die Zerstörung der Erde selbst auch nur denkbar ist als eine Art »surprise de technique«, kann von keinem Volk mehr erwartet werden, dass es den Krieg riskiert.

Dagegen scheint die Möglichkeit des limitierten Krieges zu stehen, d.h. eines Krieges mit limitierten Mitteln. Der aber scheitert daran, dass man von keinem Soldaten verlangen kann, sich totschlagen zu lassen, wenn er weiss, dass es Mittel gibt, seinen Tod zu verhindern. Der limitierte Krieg muss konsequenterweise an Deserteuren zugrunde gehen; der unlimitierte Krieg an dem »Pazifismus« der Völker.

Friede um jeden Preis war bisher entweder die Parole von Sklavenseelen oder einer prinzipiell un-politischen Ablehnung aller Gewalt. Friede um jeden Preis heisst aber heute nur: Weiterleben um jeden Preis – und dies nicht für Individuen, die das ohnehin nicht können, weil sie sterblich sind, sondern für das Menschengeschlecht. Freiheit, Gerechtigkeit etc. kann es nur geben, solange es Menschen gibt. Die Existenz aller Menschen kann daher nie für menschliche Angelegenheiten und Ideale aufs Spiel gesetzt werden.

Wenn die Mittel der Gewalt bis zu dem Punkte entwickelt worden sind, dass ihre kollektive Handhabe die absolute Zerstörung möglicherweise zur Folge hat, ist der Moment gekommen, sie aus der Politik ganz und gar zu entfernen. Das heisst aber, dass Gewalt nur noch gegen Individuen gebraucht werden darf und im Rahmen eines Gemeinwesens. Dies hat zur Folge, dass nur noch die Polizei Inhaber von Gewaltmitteln sein darf und dass Armeen und Militär notwendigerweise mit der weiteren Entwicklung der Technik ihre Bedeutung verlieren. Mit anderen Worten: die gleiche Akzentverschiebung von Armee zu Polizei, wie sie in den totalitären Staatsformen verwirklicht ist! Diese verhängnisvolle Entwicklung scheint unvermeidlich, sobald man auf die Menschheit als Ganzes blickt.

[23]

»Der Mensch ist das Mass aller Dinge,«[1] weil er kein Ding ist, also ein Masstab für die Dinge werden kann, die er zählt, misst, ordnet, beurteilt etc. Aus diesem Grunde gerade kann der Mensch nur zum Masstab menschlicher Angelegenheiten gemacht werden, wenn angenommen wird, dass er ein nichtmenschliches Prinzip in sich trägt, das notabene keineswegs übermenschlich oder göttlich zu sein brauchte. Falls dies nicht angenommen wird, kommt man zu dem Schluss: »Die Dinge sind der Masstab des Menschen« – gerade weil »der Mensch der Masstab der Dinge« ist; sie bedingen und »bemessen« sich gegenseitig, besser: Der Mensch misst die Dinge und misst sich, nämlich seine Möglichkeiten und Aktivitäten, an ihnen.

[24]

Die ewige Wiederkehr ist Nietzsches kategorischer Imperativ. Es handelt sich um die Umkehrung der beiden möglichen Formen des Nihilismus, von denen die eine sagt: Das Leben ist erträglich nur, weil alles ein Ende hat und das Leben vergänglich ist. Die andere sagt: Weil das Leben den Tod, seine eigene Widerlegung, in sich birgt, ist es unerträglich. Hiergegen sagt Nietzsche: Ob du imstande bist, das Leben zu bejahen, d.h. kein Nihilist zu sein, kann sich nur an einem erweisen, nämlich daran, dass du bereit bist, die Wiederkehr aller menschlichen Ereignisse dir so zu »denken« wie die erfahrene Wiederkehr der Jahreszeiten. Der Wille zur Macht ist nichts anderes als der Wille, das Leben, in das ich »geworfen« bin, so zu leben, als hätte ich es gewählt. – Man darf nie vergessen, dass Nietzsche wesentlich ein Moralist war.

[25]

»Nemo ante mortem magnus; de nemine bene nisi de mortuis.«[I]

[26]

Wenn selbst Arbeit notwendigerweise immer produziert, d.h. wenn der Mensch nicht konsumieren kann, ohne zu produzieren, wenn der Stoffwechsel mit der Natur immer etwas erzeugt, was nicht unmittelbar in den Stoffwechselprozess wieder eingeht und in ihm verschwindet – dann ist Arbeit in der Tat (zwar niemals die »höchste« Tätigkeit des Menschen, aber doch) der schlüssigste Beweis dafür, dass er »creatura creans«[A] ist.

[27]

Die drei Sprünge[I] des 19. Jahrhunderts: der Sprung Kierkegaards von der Vernunft weg in den Glauben; der Sprung Marx' von der Theorie weg in die Praxis und Nietzsches Sprung aus dem Nihilismus (Unsinnlichen) ins Leben (Sinnliche)[B].

So wie Kierkegaard den Zweifel der Vernunft in den Glauben übertrug und so den Glauben von innen zersetzte, so übertrug Marx die Dialektik der Theorie in die Praxis und zerstörte sie durch Logisierung ebenfalls von innen. Erst jetzt konnten Glauben und Handeln, die immer unter dem Angriff der zweifelnden Vernunft und der dialogischen Theorie gestanden, aber ihr auch widerstanden hatten, nicht mehr standhalten. Nicht Kants

[A] schöpferisches Geschöpf; schaffende Kreatur (H. A., siehe XIV, 6)

[B] die hier in Klammern wiedergegebenen Worte sind im Original darüber geschrieben, also über »Nihilismus« steht »Unsinnlichen« und über »Leben« »Sinnliche«, ohne daß »Nihilismus« und »Leben« durchgestrichen wären

Zweifel am Inhalt des Glaubens und nicht die platonische Verachtung der Praxis, [sondern] Kierkegaards Übertragung des Zweifels in den Glauben und Marx' Übertragung des dialektischen Logos in die Praxis haben Glauben und Handeln unmöglich gemacht. Also die scheinbare Erhöhung von Politik und Religion haben sie den Kopf gekostet.

[28]

Ad Eigentum: Die Erde ist die Bedingung alles Lebens. Die Dinge bedingen das menschliche Leben, nicht den Menschen. Mit der Herstellung von Dingen schafft sich der Mensch auf der Erde menschliche Bedingungen. Diese Bedingungen sind sein Zuhause. Der Mensch ist auf der Erde nur zu Hause, wenn er von Dingen, die er selbst macht, bedingt ist, in ihnen sich bewegt; so ist er unbedingt nie auf der Erde zu Hause. Unbedingtsein heisst, auf Dinge verzichten und die Erde als unbedingtes[A] Zu-Hause nicht anerkennen. Dies ist die Bedeutung des Todes für den von Dingen bedingten Menschen.

Eigentum drückt vor allem erst einmal diese Bedingtheit aus. Erst mit Eigentum von Dingen beginnt menschliches Leben. Wird jemand seiner Dinge beraubt, so hat er erst einmal seine Bedingung verloren, und im äussersten Falle verliert er so die »human condition«. So wie er im Tode sein Leben, die Erde als Bedingung der Existenz verliert: »Parting is all we know of Heaven / and all we need of Hell.«[1]

Freiheit im Sinne von frei von Notwendigkeit heisst: Der Mensch ist nicht von (magischen: natürlichen, sozialen, seelischen) Kräften bedingt. Als Lebewesen ist er von der Erde bedingt (das Ding aller Dinge), und als Mensch ist er von den Dingen bedingt, die er selbst herstellt. Als Mensch bedingt er sich selbst. Das ist seine »Autonomie«. Er gibt sich primär nicht Gesetze, sondern Bedingungen in Dingen. Alle Gesetze sind

[A] muß heißen: bedingtes

sekundär an diese Bedingungen gebunden. Ohne solche Bedingungen kann es menschliches Leben nicht geben. Aber der Mensch, der sich seine Dinge selbst herstellt, ist immer frei, Bedingungen, Bedingtheiten gegeneinander auszutauschen. Das, was sich in der Geschichte wandelt, sind diese Bedingungen (Stil etc.). Weder der Mensch, noch die Erde ändern sich, aber die menschlichen Bedingungen ändern sich dauernd.

Der Eigentümer von Dingen und der Besitzer von Kapital sind zwei ganz getrennte Personen.

[29]

Ad Wert-Theorie: »Arbeit« schafft Dinge, aber keinerlei Wert. Wert erhält ein Ding erst im Austausch; eine Sache wird »wertvoll« für mich erst, wenn ich sie nicht mehr direkt gebrauche, sondern sie für eine andere eintauschen will. Der Wert ist also ursprünglich nicht in der Produktion, sondern eo ipso ein gesellschaftlicher. Wert wird wichtig für Produktion erst, wenn für einen Markt und nicht für den direkten Gebrauch produziert wird. Auf den Markt tritt jedes Ding als Wert; dies heisst aber nicht, dass ich Werte habe oder Werte produzieren kann. Sobald das Ding den Markt verlässt und in Gebrauch genommen wird, verliert es seinen »Wert«.

Die sogenannten »höheren Werte« unterscheiden sich von »Dingwerten« dadurch, dass ich sie nur »haben« kann, wenn ich sie ständig neu produziere. Es gibt so viel Ehre, Mut etc. in der Welt, als es Menschen gibt, die Ehre, Mut etc. haben, und das heisst, ständig neu produzieren. Ehre und Mut werden zu »Werten«, sobald sie »vergesellschaftet« werden, d.h. sobald ein Stand davon lebt, sie als Austausch-Werte benutzt auf dem Markt des Lebens. (Die Ehre des Offizierskorps, der Mut der Söldnerarmee, die »Werte« der Kirche etc.) Ihre Werthaftigkeit liegt gerade nicht in ihrem Produziertwerden, sondern in ihrem Austauschcharakter. Sofern wir in der Gesellschaft leben, wird uns alles zu »Werten«; sofern wir Menschen sind, produzieren wir niemals Werte (produzieren nicht für die Gesellschaft, sondern zum Gebrauch, unabhängig davon, welcher Wert unserem Produkt auf dem Markt zugesprochen wird). Der absolut ungesellschaftliche Mensch kennt keine Werte, sondern nur die Dinge, die ihn bedingen und durch die er sich selbst bedingt. Ehre und Mut sind in diesem Sinne ebenso Dinge wie Stuhl und Tisch; gerade weil sie das sind, können sie in der Gesellschaft auch zu Werten werden. Der absolut vergesellschaftete Mensch kennt nur noch Werte; ihm ist Jegliches zum Austauschartikel geworden.

Da man nur Dinge, aber nicht Werte produzieren kann, da andererseits Werte sich nur an produzierte Dinge ansetzen können, geht eine völlig vergesellschaftete Menschheit schliesslich an Produktionslosigkeit, die sie aber als Wertlosigkeit interpretiert, zugrunde. Die nur als Werte hergestellten Dinge verlieren ihren Dingcharakter und damit auch die Kraft zu bedingen.

[30]

Die Taten sind die Dinge des Handelns. Ihnen eignet einmal, dass sie von sich aus vergänglich sind, keinerlei Permanenz haben und dass sie andererseits nicht rückgängig gemacht werden können, nicht zerstörbar sind. Verzeihung, Erbarmen, Versöhnung machen nichts rückgängig, sondern führen die begonnene Handlung weiter, aber in eine Richtung, die nicht in ihr lag. Die Grösse dieser Verhaltensweisen liegt darin, dass sie den Automatismus des Nicht-rückgängig-zu-Machenden unterbrechen. Sie sind die eigentliche spontane Re-aktion. Darin liegt ihre Produktivität. Sie setzen innerhalb eines bereits begonnenen Handlungsvollzugs einen neuen Anfang.

[31]

Da alle unsere Vorstellungen vom Denken und Handeln durch das kontemplative und das gewaltsam-zerstörerische Element im Herstellen sowie ihre gegenseitige Beziehung geprägt sind, konnte es gar nicht ausbleiben, dass alles Denken und alles Handeln der Technik half und hier seine grössten Erfolge zeitigte.

[32]

Political power: Eine der Quellen der Konfusion deutlich in Lockes Definition: »Political power, then, I take to be a right of making laws, ... and of employing the force of the community in the execution of such laws.« (*Treatise of Government*, chapter I, 3.[1]) Als ob die Macht, Gesetze zu machen, und die Gewalt, sie zu exekutieren, dasselbe wären. Ferner: Macht als »ein Recht«; damit wird das Problem des Verhältnisses von Macht und Recht umgangen, das Hobbes immerhin klargestellt hatte.

[33]

Die Eigentumstheorie ist absolut falsch, weil sie sich auf das »Eigentum« über den Körper beruft und damit steht und fällt. Mein Körper ist nicht mein Eigentum oder mein Besitz; es ist eine einfache Verwechslung von »to have and to possess« oder von »Eigentum« und »Besitz«. Das Kriterium ist, ob ich zerstören kann, ohne das »Ich«, das hat, mitzuzerstören.

[34]

In aller Arbeit liegt etwas Kämpferisches »against overwhelming ever-repeated odds«[1]. Dies ist der Arbeit mit der Politik gemeinsam. Daraus entflieht man in die Ruhe der Kontemplation oder das resultathaft Permanente der hergestellten Dinge oder die blinde Gewalt.

März 1953

[35]

März 1953.

Ad Arbeit: Die Einführung von Werkzeugen bringt in die Arbeit das Element des Herstellens: Die Werkzeuge sind permanenter, überleben den Arbeitsprozess.

[36]

Animal laborans – Homo faber – »creatura creata creans«.[1]

[37]

Ad Tod: Ganz irreführend ist die übliche Entgegensetzung von Tod und Leben, bei der Tod mit anorganischer Natur irgendwie identifiziert ist. Das Anorganische, die Steine und Berge und Meere, sind weder tot noch lebendig; sie sind, als ganz und gar irdische, für alle Ewigkeit der Erde und zu ihr gehörig. Alles Lebende verschwindet im Tode; dass es sich in einem Verwesungsprozess in Nicht-Lebendiges auflöst, heisst nur, dass es als solches, das es war – in seiner einmaligen Individualität – verschwindet, während der Stein in seiner Individualität bleibt und alles Lebendige überdauert. Darum haftet allem Lebendigen, nicht nur dem Menschen, etwas Nicht-Irdisches an, und darum kann man vielleicht Leben wirklich als Wohnen bestimmen.

[38]

»Berge ruhn, von Sternen überprächtigt; –
aber auch in ihnen flimmert Zeit.
Ach, in meinem wilden Herzen nächtigt
obdachlos die Unvergänglichkeit.«
(Rilke[1])

[39]

Ad understanding[1]: the other side of acting, i.e., the accompanying activity by which I constantly reconcile myself to the common world in which I act as a particular being and reconcile myself to whatever happens. Understanding is reconciliation in action.

The opposite to this reconciling understanding is rebellion and resignation. Rebellion ends in resignation because it acts blindly and in general defiance. Seen in the framework of the common, it is the blind insistence on the particular that I am and the negation of the common. As such it denies the (common) space in which alone action as acting in concert can take place. It ends not only in the impotence of resignation, it harbors impotence from the very beginning. All rebellion ends either in defeat (this is the rule) or in the tyranny of One particular will over all others. (Rebellion is not revolution!) This is the true connection between rebellion and tyranny: The rebel is the potential tyrant, and every tyrant is a successful rebel. The result is always impotence, either the impotence of resignation or the artificially created impotence of tyranny. In either case the space is negated where power can come into being – the space of common public life.

The connection between the particular and the common is either understanding and reconciliation or rebellion and tyranny. I can come to terms with the common – the existence of other people, the general conditions which were before I was born, the events that happen – only by understanding them. That is the political significance of common sense: the sense by which I perceive the common is understanding. As such, understanding is either prescribed by rules under which everything can be subsumed, or free (creative) imagination. Without imagination, understanding is possible only as long as customs (general rules of behavior) rule everything.

The breakdown of common sense as the ordinary means of understanding is identical with the loss of the sphere common to us all, identical with loneliness and rejection to one's own particularity. The more ordinary a person is the more lonely, because understanding outside of common sense demands the extraordinary effort of imagination. One of the symptoms of loneliness of the ordinary person is talking in clichés[2] which is a preliminary form of speechlessness.

[*Ad Verstehen*[1]*: Die andere Seite des Handelns, d.h. die es begleitende Tätigkeit, durch die ich mich ständig mit der gemeinsamen Welt versöhne, in der ich als besonderes Wesen handle und mich mit dem versöhne, was immer geschieht. Verstehen ist Versöhnung während des Handelns.*

Das Gegenteil dieses versöhnenden Verstehens ist Rebellion und Resignation. Rebellion endet in Resignation, weil sie blind handelt und aus allgemeiner Verachtung. Von der gemeinsamen Welt her gesehen, bedeutet sie das blinde Insistieren auf dem besonderen Wesen, das ich bin, und die Negation des Gemeinsamen. Als solche leugnet sie den (gemeinsamen) Raum, in dem allein Handeln im Sinne des »acting in concert« stattfinden kann. Sie endet nicht nur in der Ohnmacht der Resignation, sondern von Anfang an birgt sie Ohnmacht in sich. Alle Rebellion endet entweder in der Niederlage (dies ist die Regel) oder in der Tyrannei Eines besonderen Willens über alle andern. (Rebellion ist nicht Revolution!) Dies ist die wahre Beziehung zwischen Rebellion und Tyrannei: Der Rebell ist der potentielle Tyrann, und jeder Tyrann ist ein erfolgreicher Rebell. Immer ist Ohnmacht das Resultat, entweder als Ohnmacht der Resigna-

tion oder als künstlich geschaffene Ohnmacht der Tyrannei. In beiden Fällen wird der Raum negiert, in dem Macht entstehen kann – der Raum des gemeinsamen öffentlichen Lebens.

Eine Verbindung zwischen Besonderem und Gemeinsamem ist entweder im Verstehen und der Versöhnung gegeben oder in der Rebellion und Tyrannei. Das Gemeinsame – die Existenz anderer Menschen; die allgemeinen Bedingungen, die da waren, bevor ich geboren wurde; die Ereignisse, die sich zutragen – kann ich nur dadurch begreifen, daß ich es verstehe. Dies ist die politische Bedeutung des »common sense«: Der Sinn, mit dem ich das Gemeinsame wahrnehme, ist das Verstehen. Als solches erhält Verstehen seine Vorschriften entweder von Regeln, unter denen alles subsumiert werden kann, oder es ist freie (kreative) Einbildung. Ohne Einbildungskraft ist Verstehen nur solange möglich, wie Sitten und Gebräuche (allgemeine Regeln des Verhaltens) alles beherrschen.

Der Zusammenbruch des »common sense« als gewöhnlichen Mittels des Verstehens ist identisch mit dem Verlust der uns allen gemeinsamen Sphäre, identisch mit der Verlassenheit und dem Zurückgeworfensein auf die eigene Besonderheit. Je gewöhnlicher ein Mensch ist, desto verlassener ist er, weil Verstehen außerhalb des »common sense« die außergewöhnliche Anstrengung der Einbildungskraft verlangt. Eines der Symptome dieser Verlassenheit beim gewöhnlichen Menschen ist, in Klischees zu reden[2]*, wobei es sich um eine Vorform von Sprachlosigkeit handelt.*]

[40]

Terror spells out the positive law of the command »Thou shalt kill«[1]. Ideology is the power that inspires it. Logical men[2] are the victims of terror as powerful men have to be restricted by laws.

[*Im Terror drückt sich das positive Recht des Befehls: »Du sollst töten« aus.*[1] *Ideologie ist die Macht, die ihn antreibt. Logische Menschen*[2] *sind die Opfer des Terrors, wohingegen mächtige Menschen durch Gesetze in Schranken gehalten werden müssen.*]

Heft XIV

März 1953 bis April 1953

Heft XIV

März 1953

[1] *March 1953.*

Locke: *Two Treatises of Government.*[1]

Entscheidend ist die Diskrepanz zwischen Lockes Politik und Philosophie – konsequenter Empirismus der Tabula rasa, die ihre Erkenntnisse nur durch Wahrnehmung empfängt. Der »sensation« als äusserer Wahrnehmung von Objekten entspricht die »reflection«, welche die Wahrnehmung als Wahrnehmung erfährt. Hiermit kommt er für seine politische Theorie nicht aus und tut einfach, als ob das Eine für das Andere nicht existiert. Das Lustige dabei ist, dass bei Locke sich der Fall der grossen Philosophen, deren politische Theorien sich auch nicht auf der Höhe ihrer Philosophie bewegen, genau umkehrt: Wo die andern platte Empiristen werden, wird Locke Metaphysiker. Der Grund ist letztlich der gleiche: Den Einen war es um Philosophie zu tun, und Politik galt ihnen nur als lästige Voraussetzung eines philosophierenden Lebens. Für Locke ist umgekehrt die Politik primär und die Philosophie nur ein interessanter Zeitvertreib.

Der konkrete Grund seines »Idealismus« in der Politik ist das Problem des Gesetzes: Wenn das positive Recht der Masstab ist, an dem Handeln gemessen werden kann, dann muss es eine Legitimierung, eine Ausweisung des Masstabs geben. Aus den Handlungen selbst kann ein Masstab so wenig gewonnen werden wie eine Zahl aus einer Menge von Früchten.

[2]

Ad Materialismus der politischen Philosophie:

1) Das Ziel (τέλος) wird immer bestimmt als letzte Entsprechung eines Begehrens; das höchste Ziel ordnet andere Ziele, wie der Zweck die Mittel ordnet. Dem Ziel im Begehren entspricht der Zweck im Herstellen. Das Handeln orientiert sich an solchen begehrten Zielen wie das Denken am εἶδος, der »Idee«, des Herstellens. An die Stelle des Handelns und des Denkens tritt das Begehren und die Kontemplation, wie sie für das Herstellen notwendig ist.

Aristoteles, *Nikomachische Ethik*, A, erster Satz (1094a2–3): Das ἀγαθόν als das höchste τέλος ist das οὗ πάντ' ἐφίεται – das worum willen alles begehrt wird.[1]

2) Politik ist Herrschen und Beherrschtwerden. Es herrscht die Seele über den Körper, das Unsterbliche über das Vergängliche, die Idee über die Materie etc. (ψυχή τε... ἀθάνατόν τε, ἄρχει τε δὴ σωμάτων πάντων... Plato, *Nόμοι*, liber XII, 967[2]). Das politische Feld ist also erstens als materielles bestimmt im doppelten Sinn: von nur körperlich und als Material für etwas Höheres; es ist zweitens abgeleitet von der Erfahrung, die der Mensch mit sich selbst, nicht mit Anderen, macht. (Das »Leitwort« des Plato ist: ψυχή!)

[3]

Plato: Die Umkehrung der gesamten Tradition, für die ψυχή körperlose Bewegung – Schatten im Hades – bedeutete, als Ausdruck des Entsetzens; bei Plato auch körperlose Bewegung als Selbstbewegung, aber umgekehrt das eigentlich Seiende.

Das Höhlengleichnis[1] Symbol dieser Umkehrung und als solches genau der Anekdote von Heraklit am Herd des Hauses – »auch hier sind die Götter«[2] – entgegengesetzt.

Nietzsche dreht Plato um und zurück, in das, woher Plato

selbst kam. Seele soll wieder Schatten, substanzlose, körperlose Bewegung [sein], Herrschen der Schatten im Hades.

[4]

Plato, *Νόμοι*:
Liber IX (»continued« von Notebook II[1]): Rechtfertigung des Gesetzes: 875: Gäbe es einen Menschen, der von Natur das Rechte wüsste, so brauchte er keine Gesetze. Denn »kein Gesetz (νόμος) und keine auferlegte Ordnung (τάξις) ist besser als die ἐπιστήμη, und nicht ist (θέμις[A]) es recht, dass der νοῦς Sklave von irgendetwas ist, sondern (πάντων ἄρχων) alles beherrscht er, sofern der νοῦς von Natur der wahre und freie des Seienden sei (ἀληθινὸς ἐλεύθερός τε ὄντων ᾖ κατὰ φύσιν).« Daher sind alle Gesetze nur unvermeidlich das Zweitbeste (δεύτερον αἱρετέον).

Liber X, 892 f: Dass die Seele dem Körper vorgeht: πρότερον οὖσαν ψυχὴν σώματος. (893)

894: ἔστιν δὲ ὄντως ὄν, ὁπόταν μένῃ: Wann immer es bleibt, ist (existiert) das wahrhaft Seiende.

Die Bewegung, die sich selbst bewegt, ist: ἐναρμόττουσα (eingefügt) πᾶσιν μὲν ποιήμασι, πᾶσιν δὲ παθήμασι und wird genannt: ὄντως τῶν ὄντων πάντων μεταβολὴ καὶ κίνησις [894]; die wahrhafte Veränderung und Bewegung alles Seienden.[2] – Dies ist die Psyche, die allem Tun und Leiden eingefügte Bewegung, die es zustande bringt und durchwaltet. Praxis wird ausdrücklich nicht erwähnt!!

895: Die ἀρχή alles Sich-Bewegenden ist: ἡ τῆς αὐτῆς αὐτὴν κινησάσης μεταβολή. Sie ist die erste ..., älteste und mächtigste! (κρατίστη) von allen. Das, was sich selbst bewegt, ist ζῆν.

896: ψυχή = die Bewegung, die sich selbst bewegen kann (also was bei Aristoteles Gott ist): τὴν δυναμένην αὐτὴν αὐτὴν κινεῖν κίνησιν.

[A] [themis], die (von Gott »gesetzte«) heilige Ordnung

904 f.: Jenseits-Schilderung mit Strafen.

905: Wir nennen ἀδικία mit Bezug auf die ψυχή, was wir Krankheit mit Bezug auf den Körper nennen.

Liber XII: 966: Die Existenz der Götter beweist: Die ψυχή – das älteste und göttlichste von allem, das der Bewegung unterworfen ist – und der νοῦς als die τάξις der Gestirne. (Der bestirnte Himmel über mir und das moralische Gesetz in mir.[3])

967: ψυχή: ist unsterblich und (daher) herrscht sie (ἄρχει – weil sie ἀρχή ist) über alle Körper.

Plato am Schluss der *Νόμοι*: ἄρχειν muss, was ἀρχή ist.

Ἄρχειν soll, was ἀρχή ist: 1) Niemals fällt es Plato ein, dass der Mensch selbst dieser Anfang sein könnte – und dies, obwohl die ἀρχή als ψυχή bestimmt ist. Die ἀρχή, die herrschen soll, ist sofort als Prinzip interpretiert. Etwas herrscht, nicht jemand. 2) Die ursprüngliche und in der Sprache vorgezeichnete Identifizierung von Herrschen und Beginnen wirkt sich dahin aus, dass alles Beginnen bereits als Beherrschen verstanden wird und dass schliesslich das Element des Anfangens aus dem Begriff der Herrschaft ganz und gar verschwindet. Damit verschwindet der Freiheitsbegriff aus der politischen Philosophie. Was von ihm verbleibt, ist eine leere Forderung.

[5]

Ad Mittel – Zweck: Aristoteles, der so scharf zwischen πρᾶξις und ποίησις schied und sagte: ὁ δὴ βίος πρᾶξις, οὐ ποίησίς ἐστιν (*Politica*, A, 1254a7)[1], unterschied zwei Sorten von Instrumenten (ὄργανα), solche für ποίησις – die eigentlich maschinellen, bei denen auch er sich bereits vorstellen konnte, dass Menschen-Arbeit mehr und mehr überflüssig werden könnte –, und solche für πρᾶξις oder eigentlich für »Leben«, und das sind die Sklaven. Im Gegensatz zu den Maschinen produzieren die Sklaven wesentlich nicht; wenn man sie gebraucht hat, ist nichts Zusätzliches da. Ihr Nutzen liegt im Gebrauchtwerden, und sie sind notwendig für – modern gesprochen – die Konsumtion, also Leben und εὖ ζῆν. Die Sklaven sind keineswegs »menschliche Maschinen«, denn sie produzieren nichts, was neben ihrer Tätigkeit als ἔργον Bestand hätte. Sie sind ein unabdingbarer Teil des Lebens, sofern es in der Polis ein »gutes Leben« ist. Sie erledigen die Arbeit, die für das konsumierende Leben unerlässlich ist.

[6]

Ad Konsumtion und Produktion: Die ungeheure Verschiebung aller Akzente von der Konsumtion – eigentlich dem Gebrauch und dem rechten Gebrauch, »uti« und »frui« – auf die Produktion kommt zuerst bei Lockes Eigentumsbegriff heraus, insofern der Mensch Eigentum zu Recht an dem hat, was er produziert, und nicht an dem, was er gebührend zu nutzen versteht. Vorgezeichnet ist dies im jüdischen Schöpfergott, der schaffende Kreaturen schuf. (Daher auch der positive Begriff von Arbeit, Adam – Adamah, im Alten Testament.) Dagegen der unbewegte Beweger, der sich höchstens der von ihm veranlassten Bewegungen in absoluter Unbeweglichkeit erfreuen konnte. Die Vorstellung, dass der Mensch sich auf der Erde beheimaten muss durch den Bau des »human artifice«, war den Griechen ganz fremd. Was immer τέχνῃ oder νόμῳ war, war eo ipso schlechter als alles, was φύσει ist. Auch Platos Ideenwelt ist nur unsinnlich, aber keineswegs »transzendent« im christlichen Sinne, demzufolge der Mensch als »creatura Dei« ja selbst der blossen Natur schlechterdings transzendent ist.

[7]

ποίησις – εἶδος: Schauen und Machen; νόμοι – ἰδέα: Schauen – θεωρεῖν; πρᾶξις – τέλος: Begehren leitend. Im Begehren ist die Praxis enthalten; im Herstellen die Theorie.

[8]

Ereignis – Geschehen – Tatsache: Jedes Ereignis ereignet sich in einem Geschehenszusammenhang, dessen routinemässigen, »notwendigen«, nämlich vorhersehbaren alltäglichen Ablauf es unterbricht. Ohne solche Ereignisse ist der Ablauf des Geschehens (»nothing ever happens to me«) schlechthin unerträglich in seiner Langeweile und Sinnlosigkeit. Ereignisse werden, wenn sie vergangen sind, zu Tatsachen. Als solche werden sie dem Geschehen assimiliert und verlieren gerade ihren Ereignischarakter. Als Tatsachen gliedern die Ereignisse den blossen Ablauf des Geschehens, das ohne sie unerzählbar, unerinnerbar und sinnlos bliebe. Ereignisse sind letztlich garantiert durch Geburt und Tod, durch das Hinzukommen neuer Menschen und durch das Weggehen derer, mit denen der Geschehenszusammenhang rechnet.

[9]

Zu dem Begehren des Aristoteles:[1] Ausgang ist von da an stets: Ich begehre bestimmte »Güter« um etwas anderem willen, also: Ich begehre Nahrung um des Lebens willen. Dies ist eine Umlügung des Tatbestandes: Ich begehre Nahrung nur, wenn ich nicht wirklich hungrig bin, und dann um des Vergnügens willen. Oder: Ich »begehre« Nahrung auch, wenn ich weiss, dass ich mir morgen das Leben nehmen werde.

Anders ausgedrückt: Ich esse durchaus unter Zwang und kann erst begehren, wenn der Zwang nicht absolut ist. Begehren fängt erst im Erotischen an; alles, was dem einfachen Fortleben dient, steht unter dem Druck eines unausweichlichen Zwanges und Getriebenseins, in dem die intentionale Doppelung, die allem Begehren von etwas um etwas anderem willen eignet, gar nicht möglich ist.

Begehren wiederum begehrt nie um–willen; wenn ich sage »um des Vergnügens willen«, so ist das, als sagte ich: Ich begehre Vergnügen.

Dies Missverständnis liegt allen Interessen-Theorien zugrunde, die immer das Interesse als Objekt eines Begehrens hinstellen. Dagegen: das, was »inter-est« = das, was öffentlich uns gemein ist = der Raum des Politischen etc.

[10]

Ἄρχειν: veranlassen, dass etwas einen Anfang nimmt; also handeln. Dies wird dann politisch doppelt erfahren: 1. der Erste, der Führer sein (vorangehen) und 2. Herrschen in der Dichotomie, dass politisches Handeln nur im Herrschen oder Beherrschtwerden erfahren werden kann.

Nachdem ἄρχειν auf diese Weise »politisch« interpretiert und festgelegt ist, braucht man natürlich wieder ein Wort für Handeln, also πράττειν. Dabei wird vergessen, 1. dass alles Handeln primär ein Anfangen ist; 2. dass dies nicht notwendigerweise zum Herrschen im politischen [Raum] zu werden braucht.

Πράττειν wiederum heisst ursprünglich: durchdringen, durchfahren, vollenden, etwas ans Ziel bringen; aber auch: sich befinden, sich verhalten. Πρᾶγμα: eine Tatsache, d.h. etwas, was durch eine Tat zu einer (vollendeten, fertigen) Sache geworden ist.

Handeln also wird von Anfangen ganz weggedrängt und bedeutet nun politisch entweder: die Tätigkeit des Herrschens (ἄρχειν) oder das Vollendete-Tatsachen-Schaffen (πράττειν). Dabei hat πράττειν etwas mit ποιεῖν zu tun und ἄρχειν mit ζῆν. Die πρᾶξις sagt der ποίησις, was und warum sie herstellen solle; die Herrschaft ist nie abgeschlossen und kennt kein οὗ ἕνεκα[A] – wie das ζῆν selbst.

[A] [hu heneka], wegen, um ... willen

[11]

Ad Montesquieu: seine Grösse, 1) Tugend nicht als Sichbeherrschen etc. zu definieren, und zwar ohne Selbst-Bezug; Anerkennung des Pluralen als etwas ursprünglich Gegebenem; 2) das Politische nicht in Herrschaft zu sehen, sondern gewissermassen im Stil des Umgangs; 3) als Prinzip des Handelns nicht das Interesse anzusetzen.

[12]

Ad Sklaverei: Der Begriff des Sklaven φύσει ist ganz offenbar ursprünglich nicht von der »φύσις« des Sklaven, sondern seiner Beschäftigung hergeleitet. Bei Plato sowohl als bei Aristoteles gibt es »Freie«, welche kein Recht zur Freiheit haben, weil sie arbeiten. Aristoteles wünscht sie auch rechtlich zu Sklaven zu machen, Plato nicht. Aber das ist ganz gleichgültig. Φύσει ist jeder in Knechtschaft, der in seiner Tätigkeit dem Verknechtenden verhaftet bleibt. Erst auf diesem Grund erhebt sich dann die ganz sekundäre Frage, ob es Menschen gibt, die sich zu diesen Tätigkeiten besonders eignen: Was hier den Sklaven φύσει zum Sklaven macht, ist Dummheit und Mangel an θυμός; er eignet sich zu der verknechtenden Tätigkeit im Feld der ἀναγκαῖα, weil er in seiner »Seele« durch das Begehren den ἀναγκαῖα mehr verhaftet ist. Θυμός wie νοῦς sind Prinzipien der Freiheit, weil sie sich gegen das schier Notwendige stellen, entweder im ποιεῖν und παθεῖν (θυμός) oder im νοεῖν.

Dass Sklaverei durch den Krieg entsteht, nämlich βίᾳ, eine Angelegenheit der Gewalt ist, ist im griechischen Altertum ganz selbstverständlich: Der Sklave ist der Feind, den man nicht getötet hat. Dadurch wird das Leben des Sklaven, das im Besiegtsein verwirkt war, zu einem permanenten Gezwungensein – βιάζεσθαι. Dass der Sklave sich zwingen lässt, ist seine Sklavischheit – nämlich, dass er den Tod nicht vorzieht. So kommt es zu den Theorien der »natürlichen Sklaverei«.

Andererseits aber wird alles, was zum rein Körperlichen gehört – γαστήρ[A] –, als zwanghaft empfunden; und alle Arbeit, die nötig ist, das reine ζῆν (nicht das εὖ ζῆν) zu erhalten, als eine natürliche Sklaverei des Menschen. Die »Schlechtigkeit« des Sklaven ist daher, wie Euripides sagt, immer mit dem Zwangscharakter des rein animalischen Lebens verbunden. (Οὕτω γὰρ κακὸν δούλων γένος· γαστὴρ ἅπαντα, τοὐπίσω δ' οὐδὲν σκοπεῖ [Fragment 49, cf. Schlaifer].[1]) Dies ist keine Generalisierung, sondern eine Aussage über die φύσει bestehende Situation der Sklaverei.

Freiheit ist möglich nur, wenn des Menschen Versklavtheit an seinen Bauch durch Sklavenhalten überwunden werden kann.

Der βίᾳ, dem Gezwungenwerden des Körpers, entspricht das ἄρχεσθαι, das Beherrschtwerden der Seele, das allein dies Gezwungensein abzulösen vermag. (Dies die platonische Lösung.) So entsteht die Tyrannei der Vernunft: Sie ist von vornherein als eine »Befreiung« vom Gezwungenwerden durch den Körper konzipiert.

Für diese Interpretation spricht die durchgängige »politische« Terminologie der griechischen Philosophie. Sie erklärt auch, warum das Element der Gewalt so beherrschend im »Technischen« werden konnte: Gegen die Gewalt, welche die Natur dem Menschen antut, der einen Körper hat, reagiert man mit dem Zwang, dem Bezwingen der Natur oder der Gewaltherrschaft über Menschen. In diesem Sinne ist Sklaverei in der Tat, so wie die Griechen sie verstanden, die erste und ursprünglichste Form der Herrschaft und die Voraussetzung allen politischen Lebens. Dies letztere nun im doppelten Sinne: 1. weil erst auf dieser Grundlage Freiheit und πολιτεύειν möglich wurde; und 2. weil sich diese Grundlage rächt und alles Politische nur noch in den Kategorien des Herrschens und Beherrschtwerdens gesehen werden kann. Diese Rache geht bis ins »Psychologische«: Plato kann die Funktionszusammenhänge der seelischen Vermögen nur im ἄρχειν und ἄρχεσθαι beschreiben. Hier liegt

[A] [gaster], Magen, Bauch

der erste wesentliche Zusammenhang zwischen dem Zwang der ἀναγκαῖα und dem Zwang der Logik.

[13]

Ad Aristoteles und Sklaverei:[1] Alle »produktiven«, herstellenden, über blosse »Arbeit« hinausgehenden Tätigkeiten sollen in der Hand freier τεχνῖται[A] sein; aber gerade Landwirtschaft in der Hand von Sklaven. Dies keine Unstimmigkeit (Schlaifer[2]), sondern deutliches Zeichen, wie sicher Aristoteles war, dass Sklaverei mit dem Gezwungenwerden des schieren Lebendigseins zusammenhängt, und darum alle Tätigkeit, die nur das Notwendige produziert wie Landwirtschaft, als Arbeit diffamiert. Dass Landwirtschaft »produktiv« sei, ist eine ganz moderne Vorstellung. Für die Griechen ist nichts »produktiv«, was ausschliesslich zur »Konsumtion« bestimmt ist.

[14]

»Superbia«: Dieser Stolz hat nichts mit Hybris und nichts mit Hochmut gemein. Er äussert sich nicht im Verletztwerden durch Abweisung (das ist kindisch), sondern im Nichtertragenkönnen von Mitleid; seine Unfähigkeit ist nicht Masshalten, sondern um Verzeihung bitten. Für »superbia« ist Geben in der Tat »seliger als Nehmen«[1] – aber anders, als das Evangelium sich das vorstellte.

»Superbia« ist, christlich gesprochen, die Sünde der Stoiker: Sie betrifft die Intaktheit der Person. Als solche ist sie eigentlich spezifisch männlich; die Intaktheit der Person ist wesentlich körperlich; »superbia« erkennt man immer daran, dass einer sich seiner Krankheiten schämt. Gerade weil das Körperliche

A [technitai], Nominativ Plural von τεχνίτης, jeder, der eine Kunst ausübt; Künstler, Handwerker

so weitgehend unserer Bestimmung entzogen ist, erprobt sich die »superbia« im Körperlichen. Der Körper der Frau kann von Natur nicht intakt bleiben; sein Gesetz ist der Riss der Begattung und der Geburt. Daher ist »superbia« eigentlich »männlich«.

[15]

Ad Arbeit: Arbeit dient immer dem Lebensunterhalt. Wenn ich Arzt bin, um meinen Lebensunterhalt damit zu verdienen, ist die τέχνη des Heilens zur Arbeit entwürdigt. Die moderne Welt hat alle Tätigkeit in Arbeit verwandelt, hat alles seiner Würde beraubt.

Dies wird möglich durch die Einführung des Geldes. Ganz allgemein gesprochen besagt Geldwirtschaft, dass ich meinen Lebensunterhalt verdienen kann, ohne zu »arbeiten«. Verdienst tritt an die Stelle der Arbeit im ursprünglichen Sinne. In der modernen Welt ist die allgemeine Versklavung an die ἀναγκαῖα deshalb verborgen, weil das »Verdienen« dazwischen steht. Jede Tätigkeit wird gemessen am »Verdienst« – d.h. aber eigentlich am Lebensunterhalt und darum an Arbeit.

[16]

Ad Verstehen: Verstehen ist für Handeln so »a priori« wie Kontemplation für Herstellen. Im Verstehen findet die alles Handeln erst ermöglichende, vorgängige Versöhnung mit der Welt statt. Das: Verstehen ist Verzeihen, ist ein Missverständnis dieses Tatbestandes. Verstehen hat nichts mit Verzeihen zu tun. Verzeihen impliziert immer nur: Wir wissen nicht, was wir tun. Versöhnen heisst: »to come to terms with«; ich versöhne mich mit Realität als solcher und gehöre von nun an dieser Realität als Handelnder zu. Das findet im Verstehen statt. Ergo: Verstehen versteht nicht Sinn und erzeugt auch nicht Sinn. Dies tut nur Sinnen. Verstehen ist die spezifisch politische Weise des Denkens (»the other fellow's point of view!«[1]).

[17]

Understanding creates depth not meaning. Politically, this is the same as becoming, making oneself, at home in the world. It is the process of *Verwurzelung.*

Uprootedness means living on the surface and that involves being a parasite as well as »superficiality«. The dimension of depth is created by striking roots, that is understanding in the sense of reconciliation. In the superficiality of the surface (for which our whole life and education is training us – this is the »culture« of uprootedness!), the depth does not simply disappear, but reveals itself only as the bottomless pit, the abyss which opens immediately under the surface.

If we say: we can no longer understand, we mean: we cannot strike roots, we are condemned to the surface. This superficiality is organized in totalitarian domination which creates the meaningless unhappiness and the senseless sufferings that correspond exactly to the meaningless pursuit of happiness that is rampant in the other parts of the world.

[*Verstehen erzeugt Tiefe, nicht Sinn. Politisch ist dies dasselbe wie: in der Welt ein Heim finden, sich zu Hause fühlen. Es ist der Prozeß der Verwurzelung.*

Entwurzelung heißt, an der Oberfläche leben, und damit ist das Parasit-sein ebenso verbunden wie die »Oberflächlichkeit«. Die Dimension der Tiefe wird durch Wurzel-schlagen erzeugt, d. h. Verstehen im Sinn von Versöhnung. In der Oberflächlichkeit der Oberfläche (für die unsere ganze Lebensweise und Erziehung uns vorbereitet – dies ist die »Kultur« der Entwurzelung!) verschwindet die Tiefe nicht einfach, sondern enthüllt sich nur als das bodenlose Loch, der Abgrund, der sich unmittelbar unter der Oberfläche öffnet.

Wenn wir sagen: Wir können nicht mehr verstehen, meinen wir: Wir können keine Wurzeln schlagen, wir sind zur Oberfläche verdammt. Diese Oberflächlichkeit ist in der totalitären Herrschaft organisiert, welche das sinnlose Unglück und die sinnlosen Leiden erzeugt, die genau der sinnlosen Jagd nach Glück entsprechen, die in den anderen Teilen der Welt um sich greift.]

[18]

Ad Arbeit – Interesse: Marx' Interessen-Theorie kommt natürlich von Aristoteles' ἐφίεσθαι[A], was nicht das platonische Begehren der »untersten« Teile der Seele mehr ist, sondern vielmehr die Art, wie sich das Lebendige in einem vernünftigen Lebewesen äussert. Für die Tradition wird dies Interesse zu einem der konstituierenden und artikulierenden Grundpfeiler der Politik. Für Marx wird das Interesse in der Politik umgekehrt dasjenige, was eine rein politische Willensbildung stört und pervertiert: Nur weil das Interesse der Arbeitsklasse identisch ist mit dem Interesse der Menschheit, ist es überhaupt legitim. Anders ausgedrückt: Die einzig legitime Befriedigung des Interesses ist Arbeit; Interesse wurde politisch nach Marx nur, weil man Arbeit aus der Politik entfernte. Dadurch war die Notwendigkeit der Herrschaft gegeben.

Seit Aristoteles war Interesse das objektive Element in der Politik. (Die Könige herrschen über Völker, und das Interesse beherrscht die Könige.) Die Unvorhersehbarkeit des Handelns = Beginnens sollte ausgeschaltet werden. In der Marxschen Sicht wird das in der Tat erreicht, weil Interesse an Arbeit gebunden ist, also an die ἀναγκαῖα direkt, nicht auf dem Umweg der Politik, die handelnd für die ἀναγκαῖα Sorge trägt.

[A] [ephiesthai], begehren

[19]

Θυμός: als Kapazität, zu tun und zu leiden: ursprünglich (von θύω[A]), das wallend sich Bewegende, also genau der »Teil« der Seele, der stets bewegt ist: das Gemüt. Die Bewegung der Seele, ihr Auf und Ab. Körperlich drückt sich dies Auf und Ab im Atmen aus.

Leiden: παθεῖν und ἀλγεῖν[B]. Nur ἀλγεῖν entspricht unserem Leiden; παθεῖν ist Leidenschaft, Passion.

[20]

Ad Tradition etc.: Die Autorität in die Tradition zu verlegen (statt in den göttlichen Masstab, der die Idee ist), hiess für die Römer, das Göttliche in der Gründung der Städte wirksam zu sehen. Aus dieser politischen Erfahrung bekam der Anfang seine »apriorische« Stelle, die er bei den Griechen niemals in einem historischen Sinne hatte. Als das Römische Reich zugrunde ging, konnte die politisch erfahrene Einheit von Tradition, Autorität und Religion überleben, weil die Geburt Jesu als ein neuer, konstituierender Anfang gesetzt ist. Dies erst macht die Kirche römisch, nämlich die wirkliche Erbin Roms.

(Nirgends zeigt sich Heideggers Gebundenheit an römisches Denken deutlicher als in seinem Bestehen auf einem göttlichen Anfang. Dagegen das ursprünglich Christliche: Uns ist ein Kind geboren.)

[A] [thyo], ich stürme umher, brause; ich opfere

[B] [algein], Schmerzen haben

April 1953

[21]

April 1953.

So wie Plato das Prinzip der Herrschaft in die Seele des Einzelnen verlegte, so legte Aristoteles das Prinzip des Interesses (συμφέρον) in das Begehren des Einzelnen. Ein einzelner Mensch hat aber gar keine bestimmten Interessen; diese erwachsen ihm erst in dem gemeinsamen Raum, an dem er συμφέρει, mit-trägt. Dort hat er auch sein συμφέρον. Das Wort Klasseninteresse ist eigentlich eine Tautologie: Was die »Klasse« begründet, ist das Interesse, und ausserhalb ihrer gibt es kein Interesse.

Später verlegt Rousseau das Gesetz unter dem Titel »volonté générale« und Locke das Prinzip des Eigentums, das meinen Körper als meinen primären Besitz annimmt, in das Subjekt. Ich kommandiere mich selbst – ich habe mich selbst –, Politik wird zur Expansion des Individuums.

[22]

Common Sense: Nichts ist partikularer als sinnliche Erfahrung. Ihr können wir nur trauen, weil sich zu unseren fünf Sinnen ein sechster gesellt, der im Unterschied zu der Partikularität der andern, uns allen gemeinsam ist: »common sense«. Nicht, dass die andern Sinne »subjektiv« seien; im Gegenteil, als Sinne gerade »intendieren« sie »Objekte«, d. h. sie sind auf eine Welt gerichtet, in der allein sie funktionieren. Gerade in die Welt der Objekte führen uns unsere Sinne, aber als Einzelne, als Partikulare. Die Sinne indizieren eine Welt der Objekte, sie indizieren keine Menschenwelt. Was uns mit anderen Menschen verbindet, was indiziert, dass wir mit anderen Menschen sind, ist unser »common sense«, der als solcher unser eigentlich politischer Sinn ist.

Der uns allen gemeinsame Sinn dient dazu, die partikularen Erfahrungen der fünf Sinne so zu kontrollieren und abzustimmen, dass sich eine gemeinsame Welt ergibt, in der wir mit unseren partikularen Sinnen funktionieren können. Wegen des »common sense« erhält der Kurzsichtige Brillengläser; gäbe es nur ihn auf der Welt, bedürfte er keiner Brille. Seine Augen würden ihm »eine« Welt vermitteln, sie reichen dafür aus; was sie für ihn nicht mehr leisten, ist, sich in der gemeinsamen Welt richtig zu orientieren.

Der Zusammenbruch des »common sense« besagt den Zusammenbruch einer gemeinsamen, sinnlich erfahrbaren Welt. In einem politischen Sinne, d.h. sofern der Mensch im Plural existiert, kann er von nun ab nicht einmal mehr seinen fünf Sinnen trauen; sie vermitteln ihm nur noch eine partikulare Welt, keine gemeinsam bewohnte. Damit bricht die Zuverlässigkeit der sinnlichen Erfahrung im »human artifice« zusammen. (Gibt es eine Untergrundbahn in Paris?, wenn alle es leugnen und sie demnächst zerstörbar ist?) Jetzt stellt sich heraus, dass die fünf Sinne »an sich« nur Objekte, aber keine »Dinge« vermitteln. Das diesen »Objekten« im Subjekt Entsprechende aber ist keineswegs »Erkenntnis«, sondern nur »Trieb« und Begehren. Um »Objekte«, die als Objekte eines Sinnestriebs gegeben sind, »erkennen« zu können, bedarf es des »common sense«. Durch ihn wird das Objekt einer »Intention« ein Ding zwischen Menschen, das besprochen, beurteilt, bewundert, erkannt werden kann.

Für diese Deutung spricht die ausserordentliche Rolle des »common sense« in allen politisch hochentwickelten Gemeinwesen: Rom, England, Frankreich; wie seine Verachtung in der deutschen Philosophie. Die Verachtung hat ihre Berechtigung, auch wenn man weiss, dass es sich hier nicht um den »gesunden Menschenverstand« handelt, sondern um den Sinn, durch den wir unsere partikularen, in den fünf Sinnen gegebenen »Weltbilder« in den Plural des politisch verstandenen Menschseins einpassen.

[23]

Ad Hegel Geschichtsphilosophie: Diese beruht auf dem Begriff der Versöhnung. Der zentrale Satz steht am Ende der *Philosophie der Weltgeschichte* und lautet: »Dass die Weltgeschichte dieser Entwicklungsgang und das wirkliche Werden des Geistes ist, unter dem wechselnden Schauspiele ihrer Geschichten – dies ist die wahre Theodicee, die Rechtfertigung Gottes in der Geschichte. Nur die Einsicht kann den Geist mit der Weltgeschichte und der Wirklichkeit versöhnen, dass das, was geschehen ist und alle Tage geschieht ... wesentlich das Werk seiner [Gottes] selbst ist.«[1]

Hegels Philosophie sagt letztlich: Nur wenn »das Unendliche die Wahrheit des Endlichen ist« (*Philosophie der Religion*)[2], kann ich ertragen, dass ich endlich bin; nur wenn die »Weltgeschichte und die Wirklichkeit« das »Werk Gottes selbst ist«, kann ich ertragen, in ihr zu leben. Das ist die Versöhnung.

Gott aber wird für Hegel die Gottheit, so wie der Mensch dann für Marx die Menschheit wird.

[24]

Die Vorstellung, dass Menschen überflüssig seien – Parasiten, die der Geschichte oder der Natur im Wege stehen –, taucht auf, als die Umwandlung der Gesellschaft in eine Gesellschaft von Arbeitern beschlossen ist. Das Wesentliche ist die Vergesellschaftung der Arbeit.[1]

Arbeit war immer ein anti-politisches Prinzip: Cicero, Aristoteles etc., nicht nur, weil in ihr Menschen mit dem Notwendigen zu tun haben, sondern auch, weil sie auf dem gegründet ist, was ein Zwischen nicht konstituiert. Hier herrscht eine Gleichheit im Sinne ὁμοιότης[A], wo es nur eine Herde geben kann.

Überflüssigsein und Entwurzeltsein ist dasselbe.

[A] [homoiotes], Ähnlichkeit; Homogenität (einer wie der andere)

[25]

Montesquieus drei Staatsformen entsprechen den drei ursprünglich von den Griechen erfahrenen (nicht den Theoremen der Philosophen!), nämlich: βασιλεία – πόλις – τυραννίς. In Plato im *Staatsmann* noch nachweisbar, wenn er fragt: Regiert einer über Freiwillige oder Unfreiwillige?[1]

Die βασιλεία beruht auf dem Versprechen; die πόλις beruht auf dem Gesetz; die τυραννίς auf dem Willen Eines über Alle.

Das Halten des Versprechens entspricht dem Halten der Gesetze. Aus dieser Erfahrung stammt die Kontrakt-Theorie, die auch historisch richtig wäre, wenn sie eine Versprechenstheorie wäre.

Montesquieu, verwirrt von den Philosophen, sah nicht, dass Gesetzmässigkeit nur die Essenz der republikanischen Staatsform ist. Die Essenz des Königtums ist das Versprechen und die »Treue« (»loyality«, »fealty«). Dies daher die »freieste« Staatsform, möglich nur, wo Eigentum noch als solches schützt und es keiner Gesetze bedarf, um es zu schützen. Alle Gesetze ursprünglich zwischen Menschen (ohne Gott) als Sanktionierung der Feldsteine, der Zäune. Wenn aus der Mauer ein Zaun geworden ist, bedarf es der Gesetze. (So ist auch der *Staatsmann* zu verstehen. Uff!)

Das Königtum bedarf nicht der Transzendenz, weil es keine Gesetze hatte, die einer transzendenten Legitimierung bedürfen. Sie [diese Staatsform] ist die menschlichste, die einzig irdische Form. Ihr Prinzip wird dann zum Prinzip des privaten Lebens mit Ehre, Treue, Versprechen etc., und das Öffentliche wird durch Legalität entmenschlicht.

[26]

Ad Masstab: Heideggers »Wir sind die Bedingten«[1] kehrt scheinbar den Spruch vom Menschen als Mass aller Dinge um, in Wahrheit ergänzt es ihn nur. Wenn der Mensch als das Mass der Dinge gesehen wird, so erhebt sich die Frage: Und was ist das Mass des Menschen, der ja im Sinne des »Masses« nicht sein eigenes Mass sein kann? Auf diese Frage gibt es innerhalb eines alle Transzendenz vermeidenden Denkens nur die Antwort: Die Dinge sind das Mass des Menschen.

[27]

Ad radikal Böses: Hamann: »Wie abscheulich würde der Mensch sein vielleicht, wenn ihn der Leib nicht in Schranken hielte!« (*Brocken*, § 9, *Werke*, I, 309[I])

[28]

Ad Masstab: Absolute Grösse, die dem »kleiner oder grösser als« entzogen ist, entsteht durch Messen, also Anlegen eines Masstabes von aussen. Sie erhält ihr Wesen in der Isolierung aus dem unendlichen Relationszusammenhang, in dem Dinge gegeben sind, Messen heisst bereits Isolieren.

Bevor es Masstäbe gab, also vor Plato, war Gerechtigkeit eigentlich unbekannt. Was bekannt war, war »Vergeltung« der δίκη, in welcher die Dinge selbst sich, wenn die Ordnung ihrer Beziehungen gestört war, wieder in ihre Masse zurechtschwangen. Alle die platonischen Schwierigkeiten mit der Gerechtigkeit, die darin am deutlichsten zum Ausdruck kommen, dass es von nun ab immer einer Höllenvorstellung bedarf, um Gerechtigkeit auf Erden zu etablieren, haben ihren Grund in dem Isolieren der Menschen und der Handlungen, an die der Masstab der Gerechtigkeit angelegt werden soll.

Dies Masstab-anlegen nur eine der vielen Operationen, die resultieren, wenn Herstellen, das messend verfährt, »praktisch« wird.

[29]

Ad Platos Ideenlehre und die christliche Tradition: Wie es sich gehört, kommt die »prästabilierte Harmonie« zwischen der platonischen »Idee« und dem im Ebenbilde Gottes Geschaffensein am deutlichsten in Augustin zum Ausdruck: »Amo … cum amo Deum meum, lucem, vocem, odorem, cibum, amplexum interioris hominis mei; ubi fulget animae meae, quod non capit locus, et ubi sonat, quod [non] rapit tempus, et ubi olet, quod non spargit flatus, et ubi sapit, quod non minuit edacitas, et ubi haeret, quod non divellit satietas. Hoc est quod amo, cum Deum meum amo.« (*Confessiones*, X, 6[1]) Kurz, Gott ist die Person und Realität gewordene ewige Idee der Menschen. Und die Gleichheit aller Menschen vor Gott verliert nie die identische Vervielfachung, in der alle Betten »gleich« sind vor der Idee des Einen Bettes, in dessen Ebenbilde sie hergestellt wurden und die ihnen allen innewohnt als das, was sie überhaupt erst zu Betten macht.

[30]

Herstellen und Brauchen, Arbeiten und Konsumieren; das Hergestellte kann Besitz werden, das nur Erarbeitete nicht; es ist konsumiert, bevor es in das »human artifice« eingehen kann.

Heideggers Vorliebe für bäuerliche Arbeit: Es scheint ihm ein Zusammenhang zu bestehen zwischen Denken und dieser nichtherstellenden Arbeit, weil beide reine Aktivität zu sein scheinen, während das Herstellen immer teleologisch ist. Die wirkliche Entsprechung zum Denken ist Handeln, nicht Arbeiten. Geht man aus vom Menschen als λόγον ἔχων (nicht etwa: rationale), so kann man sagen: Handeln ist, mit Andern über etwas sprechen (λέγειν τι κατά τινος); Denken ist, etwas für und mit sich selbst aus- und durchsprechen (διαλέγειν). Gewalt beginnt, wo Sprechen verstummt; alles andere Handeln ausser dem gewalttätigen spielt sich als Sprechen ab. Alle Mittel der Gewalt sind Mittel, die Sprache zu ersetzen oder überflüssig zu machen.

[31]

Die industrielle Revolution war ermöglicht durch die Enteignung und Verproletarisierung. Dies heisst, durch das Entwurzeltsein und Überflüssigwerden vieler Menschen. An die Stelle des Eigentums, das den Menschen ihren Platz in der Welt anwies, trat der Arbeitsplatz und das reine Funktionieren im Arbeitsprozess. Eigentum, dessen Hüter der Eigentümer war, verhinderte, dass der Mensch nur als Arbeitender einen Platz in der Welt hat. In andern Worten, es band ihn an einen Platz und machte ihn unabhängig von anderen Menschen. Arbeit macht den Menschen »freizügig« und unterwirft ihn gleichzeitig der »Gesellschaft«.

In dem Prozess der Emanzipierung vom Eigentum über den »Beruf« zur Arbeit drückt sich die steigende Vergesellschaftung des Menschen aus. Diese Vergesellschaftung muss bereits als Entwurzelungsprozess gesehen werden.

Lockes Eigentums-Theorie, die ursprünglich den Besitz-Anspruch auf Grund und Boden sichern wollte, stellt in Wahrheit nur den Anspruch auf Mobiles, hergestellte Dinge, sicher. Nur Brot und Wein, nicht aber der Boden, sind mein »Produkt«.[1]

[32]

Es gibt das radikal Böse, aber nicht das radikal Gute. Das radikal Böse entsteht immer, wenn ein radikal Gutes gewollt wird. Gutes und Böses kann es unter Menschen nur in Relationen geben; die »Radikalität« zerstört Relativität und damit die Relationen selbst. Das radikal Böse ist Jegliches, was unabhängig von Menschen und den zwischen ihnen bestehenden Relationen gewollt wird.

[33]

Logik und »common sense«: Der subjektivierte »common sense« (cf. p. 33[A]) ist die Logik. Anders ausgedrückt: Die Logik ist das einzige, was den »common sense« ersetzen kann. Statt eines Sinnes, der die partikularen Sinne ins Gemeinsame führt und so erst die sinnlich erfahrene Welt zu einer gemeinsamen Welt, haben wir jetzt eine subjektive, von aller Erfahrung ganz unabhängige »Fähigkeit«, die in der Tat identisch in allen sitzt. Der Satz, dass selbst Gott nicht ändern kann, dass 2 + 2 = 4 ist, besagt, dass logisch gesehen es nicht einmal eine Qualitätsdifferenz zwischen Gott und Mensch gäbe. Logik setzt identische Pluralität voraus, ohne alle Distinktheit. Für die Logik ist jedes Wesen nur das Exemplar einer Spezies, die fähig ist, logisch zu »denken«.

[34]

Tradition wird möglich auf Grund der spezifisch römischen politischen Erfahrung der Gründung und Erhaltung der »civitas«. Die Gründung, ein Akt der Freiheit, verpflichtet und bindet in die Erhaltung. Geistig gesehen, ist dies Tradition. Die Autorität der Tradition liegt im Pathos des Beginns. Die Gebundenheit in dies Werk ist die Religion der Römer. So ist Religion von vornherein politisch (siehe Scipios Traum[I]).

Die Geburt Jesu wird dann für die »civitas« der Römischen Kirche genau das, was für die römische Republik die Gründung Roms war: der entscheidende autoritative Anfang, der verpflichtet und Tradition begründet.

Der römische Familiensinn ist politisch; er hängt mit dem Pathos der Gründung, aus der Verpflichtung erwächst, eng zusammen. Jede neue Familie wiederholt die grosse Tat der auf Verpflichtung und Kontinuität abzielenden Gründung.

[A] Seitenzahl im Originalmanuskript; siehe oben Nr. 22

Heft XV

April 1953 bis Mai 1953

Heft XV

April 1953

[1] *April 1953*

Das spezifisch Böse der Gewalt ist ihre Stummheit. Gerade als Handelnder redet der Mensch mit Anderen über … Die Stummheit der Gewalt, die erfolgt, wenn Handeln aufgehört hat, ist das »Tierische«, was den Menschen bestialisiert. Die Logik als das letzte Residuum des Sprechens führt in diese Stummheit, insofern sie bereits das Über des Redens verloren hat – zugleich mit dem Verlust des Anderen und des Selbst in der Verlassenheit. Logisches Denken führt daher immer in Gewalt. Logik spricht niemand an und redet über nichts. So bereitet sie die Gewalt vor.

Die Stummheit der Gewalt ist anders als das Verstummen der Kontemplation. Aber es gibt einen Zusammenhang zwischen der Gewalt und dem Verlorengehen an das Kontemplierte. So wie es einen Zusammenhang gibt zwischen der Kontemplation der »Idee« und dem Absorbiertsein in das, was man herstellt. Beides aber ist Ver-stummen, Überwältigtsein, die Sprache verlieren. Diesem Verstummen liegt der Übergang in die Stummheit der Gewalt erheblich näher als der Übergang in das handelnde Reden mit Andern. Aus diesem Verstummen sind die platonischen δόξαι, das Gerede etc. entstanden. So wie für die Kontemplation das Denken nur das Mittel ist, die Anschauung zu erreichen, so wird ihr das redend-handelnde Miteinander das Mittel κατ' ἐξοχήν[A], die Versunkenheit der Kontemplation und die in ihr statthabende Identität von Sehendem mit Gesehenem

[A] [kat' exochen], an sich

zu zerstören. Alles Reden wird hier zum Zer-reden. Die Stummheit der Gewalt andererseits scheint das Kontemplative und seine Gewalt-losigkeit unangetastet zu lassen.

Die Rede von der »Ohnmacht« des Geistes meint die »Gewaltlosigkeit« der Kontemplation. Aus ihr gibt es dann nur den Ausweg in die Gewalt, gerade weil Gewaltlosigkeit (im Gegensatz zu dem notwendigen Element des Gewaltsamen in allem Herstellen) politisch die entscheidende Erfahrung des kontemplativen Denkens ist. Kontemplation, βίος θεωρητικός etc., ist dasjenige »herstellende« Verhalten, das sich vom Herstellen, sofern es »produktiv« ist, zurückgezogen hat und nur noch der »Idee« lebt, die ursprünglich das Herstellen leitete. Dabei kann es scheinen, als sei das eigentlich weltlich reale Element eben Gewalt, auf die der Kontemplative verzichtete, als er auf Herstellen verzichtete. So wird Gewalt zum herrschenden Faktor der »Realität«.

[2]

Ad Arbeit: Hesiod, *Ἔργα καὶ Ἡμέραι:*[1] Arbeit Folge der guten ἔρις[A]; die böse drängt zum Krieg; die gute zum ἔργον durch Neid! (11–26). (Siehe Montesquieu über Faulheit![2]) 42: κρύψαντες γὰρ ἔχουσι θεοὶ βίον ἀνθρώποισιν. Dann wäre Arbeiten wie Denken: das verborgene Leben finden, wie die verborgene Wahrheit! Zeus verbarg βίος, weil Prometheus das Feuer gestohlen hatte. So schuf er Pandora, die Epimetheus als Geschenk erhielt. Bevor dies geschah, lebten die Menschen im »Paradies«, frei [von] κακῶν καὶ … χαλεποῖο πόνοιο (91). Aus der Büchse der Pandora kamen alle Plagen, ausser 'Ελπίς[B], die als Übel gerechnet wird! (96) Und die Plagen kommen σιγῇ, in Stummheit, denn Zeus hat sie der Stimme beraubt (104–5).

406: nach all den Ermahnungen zum Arbeiten: Zuerst soll der

[A] [eris], Streitsucht, Streit, Wetteifer
[B] [elpis], Hoffnung

Mann ein Haus sich verschaffen und dann eine Sklavin und einen Ochsen, um mit dem Ochsen zu arbeiten! Der Mann soll die Werkzeuge (Pflug etc.) richten, aber zum Pflügen wieder einen Mann nehmen (441), wieder einen Sklaven? 459: offenbar Sklaven. Zur Pflugzeit wird der Hausherr ausdrücklich ermahnt, mit den Sklaven aufs Feld zu gehen. Die eigentliche Arbeit wird von Sklaven verrichtet: 573, 597.

Zusammenhang zwischen Arbeiten, das Leben aus seiner Verborgenheit – eigentlich das Leben der Verborgenheit in der Erde wie das Kind im Mutterschoss – entreisst, und Denken, das die Wahrheit aus der Verborgenheit ins scheinende Sich-zeigen bringt.

Dazu der hebräische Zusammenhang zwischen Erkennen und Zeugen.

[3]

Montaigne: »Nous ne sommes jamais chez nous, nous sommes toujours au delà. La crainte, le désir, l'espérance nous élancent vers l'avenir, et nous dérobent le sentiment et la considération de ce qui est, pour nous amuser à ce qui sera, voire quand nous ne serons plus.« (I, ch. 3[1])

Wir sind bei und mit uns nur im denkenden Dialog der Einsamkeit. Alle anderen Aktivitäten verbinden mit der Welt und führen von dem Selbst fort.

[4]

Ad Umstülpung: Humes Definition der Idee als »copy of an impression«[1].

[5]

Ad Arbeit: Bis zur Fabrikarbeit war Arbeit stets als das privateste, unpolitischste, a-sozialste Geschäft des Menschen gesehen. (Cicero[1]) Man handelt mit Andern, man stellt Gegenstände für die Welt her, aber man arbeitet nur für sich. Wer immer nicht für sich arbeitete, war Sklave per definitionem. Obwohl Griechenland Staatssklaven in Bergwerken kannte, waren Sklaven primär notwendig für den Haushalt. So auch bei Hesiod.[2] Politisch wurde Arbeit erst sekundär durch die notwendige Herrschaft über Sklaven, welche die Emanzipation von der Arbeit und damit das πολιτεύειν ermöglicht. (Diese Sklavenherrschaft ist die Erfahrung, welche dem ἄρχειν – ἄρχεσθαι zu Grunde liegt, d. h. der »natürlichen« Trennung in Herrscher und Beherrschte. Sie ist natürlich, weil Arbeit eine Naturnotwendigkeit ist. Und wird so von Plato und Aristoteles in die Politik getragen, die sie von sich aus gar nicht kannte.)

Das sozial Revolutionäre der industriellen Revolution liegt in der »Sozialisierung« = Ent-privatisierung der Arbeit. Aus ihr entspringt der Sozialismus. (Und der Marxsche Klassenbegriff. Das Proletariat die einzige »Klasse«, die, weil sie keinen Besitz hatte, wirklich keine »Privatheit« kannte; deren Platz durch Klassenzugehörigkeit allein entschieden war. Die »besitzenden Klassen« kann es erst geben, wenn eine Klasse keinen Besitz hat.)

[6]

Montaigne, »Solitude«, I, 39: »Il se faut réserver une arrière boutique toute notre, toute franche, en laquelle nous établissons notre vraie liberté et principale retraite et solitude. En cette-ci faut-il prendre notre ordinaire entretien de nous à nous-mêmes ... Nous avons une âme contournable en soi-même; elle se peut faire compagnie; elle a de quoi assaillir et de quoi défendre, de quoi recevoir et de quoi donner ...« »Certes l'homme d'entendement n'a rien perdu, s'il a soi-même.« »La plus grande chose du monde, c'est de savoir être à soi. Il est temps de nous dénouer de la société, puis que nous n'y pouvons rien apporter. Et, qui ne peut prêter, qu'il se défende d'emprunter. Nos forces nous faillent; retirons les et resserrons en nous.«[1]

1. Das dialogische Prinzip der Einsamkeit: »entretien de nous à nous-mêmes«. 2. Nichts verlieren gilt für »l'homme d'entendement«: Was nicht verloren geht, ist diese Fähigkeit. Alles andere geht verloren. 3. Zusammenhang mit Alter als der Situation, in der wir nichts mehr beitragen können zu der gemeinsamen Welt, dem »human artifice«. Dies gerade steht in schlagendem Widerspruch zur Antike, für die Alter der beste Ratgeber für Handeln war, gerade weil die Alten sich aus der Welt des Herstellens (und der Interessen) zurückgezogen hatten. Dies gerade war Weisheit, aber eine Weisheit, die gebraucht wurde von den Andern, nicht eine, die sich mit sich begnügt und an der Welt alles Interesse verloren hat.

[7]

Das amerikanische Prinzip des »waste«[A] ist das ökonomische Prinzip der Industriegesellschaft par excellence,[1] die eigentlich originale Entdeckung der Vereinigten Staaten: Wenn alle hergestellten Dinge besser und schneller durch Arbeit fabriziert werden, müssen sie auch wie Arbeitsprodukte behandelt werden, d.h. nicht gebraucht, sondern aufgebraucht, konsumiert werden. Dies aber ist mit Dingen nur mittels des »waste« zu bewerkstelligen. Es könnte sein, dass der wirkliche und von Marx nicht gesehene Widerspruch im rein Ökonomischen[2] genau hier liegt und in Amerika gelöst wurde.

[A] Abfall, Verschwendung, Überschuß

[8]

Ad Marx als Wasserscheide zwischen Vergangenheit und Gegenwart:

1. Marx' Diktum: Niemand ist frei, der Andere beherrscht, entfernt aus der Politik die platonisch-aristotelische Kategorie von Herrschen und Beherrschtwerden. Dies liegt in der Natur der Sache, weil diese Kategorie aus der Erfahrung der Sklavenwirtschaft gewonnen war. (Siehe Aristoteles, *Politik*, 1. Buch. Aristoteles fängt damit an; dies ist für ihn die primäre politische Erfahrung, weil für ihn Politik wesentlich in der Ordnung der materiellen Verhältnisse bestand, die durch Sklaven besorgt wurde.[1]) Mit der Emanzipation der Arbeiter verschwand diese Erfahrung aus dem täglichen, vor-politischen, handelnden Leben.

Damit eröffnet sich eine neue Sicht auf die Vergangenheit, die Marx nicht wahrnahm. Die eigentlich politischen Erfahrungen der Völker spielten sich nicht auf der Ebene des Ökonomischen ab, waren in die Formel vom Herrschen und Beherrschtwerden nicht zu zwingen und sind daher ohne philosophische Interpretation geblieben. Der einzige, der hiervon etwas wusste, war Montesquieu.

2. Marx' Definition vom Animal laborans zeigt den Weg in die Gegenwart. Nicht so wie Marx dachte, aber in dem Sinne, dass die »Befreiten« Arbeiter waren, um schliesslich Arbeit zur herrschenden Tätigkeit des Menschen zu machen.

[9]

Plato: πράττειν hat nichts zu tun mit Wahrheit, weil es entfernt ist vom λόγος, impliziert, dass alles Handeln primär gewalttätig ist. Handeln aber gerade ist primär λέγειν; wo der λόγος aussetzt, fängt die Gewalt an. Die Rolle der Gewalt in der Politik liegt in dieser ersten Annahme und [diesem] Missverstehen des πράττειν.

Das amerikanische Prinzip der waste ist das ökonomische Prinzip der Arbeitsgesellschaft par excellence, die eigentlich originelle Entdeckung der Ver. Staaten: denn alle hergestellten Dinge, da sie durch Arbeit fabriziert werden, müssen sie auch wie Arbeitsprodukte behandelt werden, d.h. nicht gebraucht, sondern aufgebraucht, konsumiert werden. Dies aber ist mit Dingen nur mittels der waste zu bewerkstelligen. Es könnte sein, dass der eigentliche – von Marx nicht gesehene Widerspruch im rein ökonomischen System der Arbeit – in Amerika gelöst wurde.

[10]

Die Staatsfeindlichkeit des Sozialismus kommt primär keineswegs aus dem Ökonomischen, das angeblich unpolitisch und »nur« gesellschaftlich ist. Sondern: aus der Ablehnung der Herrschaftsbegriffe überhaupt. Dann musste der Staat, wie die Philosophen ihn verstanden hatten, in der Tat schwinden. Übrig sollte nur die Gesellschaft bleiben. (So trat die Gesellschaftswissenschaft an die Stelle der Staatswissenschaften. Damit war der Weg verbaut für eine Revidierung gerade der politischen Erfahrungen des Abendlandes.)

[11]

Ad Geschichtswissenschaften: Ihre »déformation professionnelle« ist es, überall nur Ende zu wittern. Eindeutig aber gibt es kein Ende in der Geschichte. Jedes Ende ist ein neuer Anfang. Diesen Anfang kann die Wissenschaft wiederum erst sehen, wenn er an sein Ende gekommen ist. Daher das Paradox, dass die Geschichte eine Geschichte ist, die viele Anfänge enthält, aber kein Ende, also eigentlich unerzählbar ist.

Das einzige eindeutige Ende, das wir kennen, ist der Tod des Einzelnen. Daher ist die Geschichtswissenschaft nur dann strenge Wissenschaft, wenn sie die »gesta«[A] eines Mannes erzählt. Das 18. Jahrhundert ist eine Abstraktion der Zeitrechnung; aber das Zeitalter Friedrichs des Grossen gibt es.

Die Geschichtswissenschaft handelt ferner von Ereignissen, ohne die der Strom des Geschehens so monoton identisch bliebe, wie ihn alle Zeiten vor den letzten Jahrhunderten gesehen haben. »Eadem sunt omnia semper« (Lucretius, III, 944).[1] Ein Ereignis ist historisch nur erzählbar als Ende eines Anfangs, der vorher verborgen war. Daraus wurde dann die Kausalität in den Geschichtswissenschaften. Jedes Ereignis stellt sich also

[A] Taten

historisch als Ende eines bis dahin verborgenen Anfangs dar. Um seinen Anfangscharakter wiederum zu enthüllen, bedarf es eines neuen Ereignisses. Dieses ist das Prinzip des Fortgangs in der Geschichte. Im Moment, da sich etwas ereignet, ist sein Anfangscharakter gerade verhüllt. Unserem Verstehen stellt es sich immer als Ende, als Höhepunkt, als Kulmination, als die »Erfüllung der Zeiten« dar.[2]

[12]

Montaigne: »Que philosopher c'est apprendre à mourir«:[1] »Comme notre naissance nous apporta la naissance de toutes choses, aussi fera la mort de toutes choses, notre mort.«[2] Mit jeder Geburt beginnt eine Welt, mit jedem Tod stirbt eine Welt. »Rien ne peut être grief, qui n'est qu'une fois.«[3] Und, möchte man hinzusetzen, nichts geschieht nur einmal, was wir erinnern können. Anästhesie entfernt nicht den Schmerz, sondern die mögliche Erinnerung an ihn: Vor nichts könnten wir Angst haben, wenn wir wüssten, dass wir es keinen Moment länger »wissen« könnten, als es dauert.

»Et si vous avez vécu un jour, vous avez tout vu … Et, au pis aller, la distribution et variété de tous les actes de ma comédie se parfournit [= s'accomplit toute, A. Thibaudet] en un an. Si vous avez pris garde au branle de mes quatre saisons, elles embrassent l'enfance, l'adolescence, la virilité et la vieillesse du monde. Il a joué son jeu. Il n'y sait autre finesse que de recommencer … [Ergo, H. A.:] Faites place aux autres, comme d'autres vous l'ont faite.«[4]

[13]

Ad Heideggers Interpretationen: Das Neue besteht im Folgenden: Heidegger nimmt nicht nur an (was andere vor ihm taten), dass jedes Werk ein ihm spezifisch Unausgesprochenes in sich trägt, sondern dass dies Unausgesprochene seinen eigentlichen Kern bildet (psychologisch gesprochen der Grund seines Entstehens ist: Weil dies Eine unaussagbar war, wurde alles Andere geschrieben), also gleichsam der leere, in der Mitte liegende Raum, um den sich alles dreht und der alles andere organisiert. Auf diesen Platz setzt sich Heidegger, also in die Mitte des Werkes, in der sein Autor gerade nicht ist, als sei dies der ausgesparte Raum für den Leser oder Hörer. Von hier aus rückverwandelt sich das Werk aus dem Resultathaft-tot-Gedruckten in eine lebendige Rede, auf die Widerrede möglich ist. Es ergibt sich ein Zwiegespräch, bei dem der Leser nicht mehr von aussen kommt, sondern mittendrin mitbeteiligt ist.

Die Schärfe oder Strenge dieses Verfahrens liegt darin, dass es diesen Platz »objektiv« wirklich gibt und er bei jedem grossen Werk zu entdecken ist. Das »Willkürliche« besteht darin, dass sich ja je nur ein Individuum auf den Platz setzen kann – mit seinen begrenzten Ohren und Fähigkeiten der Widerrede. Aber das heisst nur, dass die Qualität der Interpretation von der Qualität des Interpretierenden abhängt – eine Selbstverständlichkeit.

Der Anschein der Willkür und der Gewaltsamkeit entsteht nur aus unserer Ungewohnheit: So wie in der modernen Malerei (Heinrichs Cézanne-Interpretation[1]) alles »verzerrt« aussieht, weil man gewohnt ist, dass die Maler die Welt »von aussen«, also dreidimensional abmalen, während moderne Malerei den Maler in der Mitte des Bildes sitzen hat und dadurch die sechs menschlichen Dimensionen hat: Höhe – Tiefe, rechts – links, vorne – hinten, alles projiziert auf die Fläche, die der Mensch für sich ist – so entstehen bei Heideggers Interpretationen andere Dimensionen, in welche das Werk, aus dem ausgesparten Mittelraum des Hörers gesehen, sich auseinanderlegt. Um in diesen Dimensionen, welche überhaupt erst entstehen können im Moment des lesenden Hörens, nicht schwindlig zu werden, benutzt Heidegger das Leitwort, gleichsam das »Sesam-öffne-Dich«, das im ausgesparten Raum das ungesagte Wort war, also nur dort gefunden werden kann, dann aber alles dem Hören so erschliesst, wie die leer gelassene Mitte ursprünglich das Ganze organisiert hatte.[2]

Mai 1953

[14]

Mai 1953.

Der Kardinalfehler der ökonomischen Analysen ist, dass sie nur Gebrauchs- und Tauschwert kennen und den Konsumtionswert im Gebrauchswert stillschweigend untergehen lassen. Die spezifisch ökonomische Frage ist aber gerade, wie lange Zeit soll ein Ding mir dienen; dies bestimmt seinen »Wert« nicht weniger als alle anderen Faktoren, denn es beinhaltet, wie oft muss ich es erneuern etc. Sehr bemerkenswert, dass der Zeitfaktor draussen gelassen wird.

Gerade wenn man in der Bestimmung des Wertes von der Produktion, und nicht vom Tausch, ausgeht, sollte die Unterscheidung zwischen Gebrauchen und Aufbrauchen = Konsumieren auffallen.

[15]

Ad Wert – »value« – »valeur«[1]: Diese Begriffe kommen aus der klassischen Ökonomie, die in diesen Festlegungen sich selbst bereits als Gesellschaftswissenschaft kund- und preisgab. Sie lösen die »bona«, Güter, das, was gut ist an sich, unabhängig vom Gebrauch, ab und zeigen an, dass von nun an nur das »bonum« ist, was einen »Wert« hat, d.h. in der Gesellschaft etwas »wert« ist, in ihr »gilt« (»valoir«). Es ist die Sozialisierung, Vergesellschaftung der »bona«, mit der die Vergesellschaftung des Menschen begann. Liebe ist von nun an ein »Wert«, sofern sie in der Gesellschaft etwas »gilt« etc. Die Gesellschaftswissenschaften betrachten alles als »Werte«, nicht weil sie aus der Ökonomie kommen, sondern weil gesellschaftlich gesehen alles zum »Wert« wird. Die Ökonomie zeigte nur den ersten Bereich an, dessen sich die Gesellschaft bemächtigt hat.

Der Wert entsteht, sobald man etwas nicht als eine »Sache«

sieht, sondern als ein Verhältnis, und zwar ein gesellschaftliches Verhältnis. (»Das Geld ist nicht eine Sache, sondern ein gesellschaftliches Verhältnis ... ein Produktionsverhältnis wie jedes andere ökonomische Verhältnis, wie die Arbeitsteilung etc.«, *Elend der Philosophie*, § 3, a.[2]) Dadurch wird alles »relativiert«, in Relationen (Perspektiven) gesehen. Marx hatte noch ein Absolutes in der Hand, weil er alles als »Produktionsverhältnis« sah und Produktion auf Arbeit = Arbeitskraft = etwas natürlich Gegebenes zurückführte. Erst seine Nachfolger haben in der Gesellschaftswissenschaft die perspektivische Relativierung konsequent durchgeführt. Die einzige »Sache«, die bei Marx kein Verhältnis ist, ist die Arbeitskraft selbst; Arbeit ist bereits Verhältnis. Von hier aus muss man Marx' Stellung im modernen Nihilismus verstehen.

Marx wurde der Begründer der Soziologie aus zwei Gründen:

1. »Niemand kann frei sein, der andere beherrscht«[3] – ergo ist Herrschen-Beherrschtwerden, die uralte Kategorie politischen Denkens, nicht massgebend für menschliches Zusammensein überhaupt. Dieses ist vielmehr primär Gesellschaft; in der Gesellschaft ist Freiheit. Dies wird unterbaut durch die Theorie, dass politische und juridische »Willens«- und Herrschaftsentscheidungen de facto nur Bestehendes legalisieren, sich dem »Wirtschaftlichen« fügen müssen. Marx behält bei, dass »menschliches Zusammensein wesentlich um der Wirtschaft willen« da ist, und eliminiert »nur« den Herrschaftscharakter, d.h. die Vorstellung, dass dies Wirtschaftliche für einen höheren Zweck da ist. Herrschaft ist gerade um dieses höheren Unpolitischen willen.

2. Jede »Sache« ist eine Relation. Die Grundrelation ist Arbeit als Verhältnis eines Naturwesens zur Natur. Das Naturwesen Mensch ist definiert als Inhaber von Arbeitskraft, die in das Spiel der natürlichen Kräfte eingebettet wird. Herrschaft fixiert Verhältnisse zu »Sachen«. Dies ist die »Entfremdung«. Ohne Herrschaft gibt es nur ein natürliches Kräftespiel, in dem sich Verhältnisse so oder anders einspielen und konstellieren. Dies Kräftespiel, wie das Kräftespiel der Natur, ist reguliert von Ent-

wicklung. (Aber Entwicklung setzt eine »Sache« voraus. Diese »Sache« ist Arbeitskraft = Mensch.)

[16]

Der Unterschied zwischen dem spezifisch menschlichen Metabolismus mit der Natur, der Arbeit ist, und dem tierischen ist, dass alle Arbeit immer einen Überschuss produziert, d. h. etwas, was nicht sofort konsumiert werden kann. Wegen dieses Überschusses konnte Marx Arbeit mit Herstellen identifizieren und verwechseln. Die überschüssige Arbeit dient immer nur dem zukünftigen Konsumieren, aber nicht dem Gebrauch. Auch hier liegt der Fehler in der Nichtberücksichtigung des Zeitfaktors.

Auf dem Überschuss der Arbeit beruhen alle ökonomischen Systeme.

[17]

Der Bankrott der abendländischen politischen Philosophie, auf die einfachste Formel gebracht: Das Um-willen des politischen Lebens geht in Marx (oder der Säkularisierung) zugrunde; [doch es] bleibt immer noch der materiale Grund, auch das Pathos, dass man die ökonomischen Verhältnisse in die Hand bekommen muss, das Elend aus der Welt schaffen etc. Dies geht in Amerika zugrunde, gerade weil sich die Aufgabe als lösbar erweist. Nun bleibt für Politik sozusagen nichts übrig. Die grosse Leere. Was nun?

[18]

Die politische Bedeutung des Monotheismus liegt darin, dass die entscheidende Differenz zwischen Gott und Menschen darin gesehen wird, dass Gott als Einer und die Menschen nur

Am Bankrott der abendländischen politischen Philosophie, auf die einfachste Formel gebracht: Das Um-willen des politischen Lebens geht im Wozu oder der Sozialisierungsgesellschaft zugrunde; bleibt immer noch der unbewusste Schwung, auch das alte Pathos, dass man die ökonomischen Verhältnisse in die Hand bekommen muss, das Elend aus der Welt schaffen etc.: das geht in Amerika zugrunde, gerade weil sich die Aufgabe als lösbar erweist. Nun bleibt für Politik eigentlich nichts übrig. Die grosse Leere. Was nun?

im Plural existieren können. Aus dieser politischen Einsicht stammt, dass der Monotheismus zwar spekulativ-philosophisch längst entdeckt war, politische Wirksamkeit aber erst erlangte, als er »Nationalreligion« wurde, d.h. einmal, bei den Juden, zum Fundament gerade des Politischen gemacht wurde. Aus der Schöpfungsgeschichte des »im Ebenbilde Gottes« und des Im-Plural-Schaffens (Mann und Weib, nicht der Mensch!) geht hervor, dass die ursprünglichste Differenz die zwischen Einem und Vielen war. Erst in späterer Spekulation nicht-jüdischer Herkunft wird aus dem Einen Schöpfer der Vielen die Idealisierung des Einen und die Vorstellung Gottes als der »Idee des Menschen« im platonischen Sinne. Aus dieser folgt konsequent, dass das πολιτικόν in den Menschen als ein Einzelwesen verlegt wird.

[19]

Ad Gesellschaftswissenschaften: Die Gesellschaft ist die Art und Weise des Zusammenseins, in dem jeder eine Funktion erfüllt und ist, nur insofern er mit seiner Funktion identisch ist. Man existiert im Modus des »als«. Die Gesellschaftswissenschaft sieht alle Zusammenhänge in diesen Funktionen; der »Idealtyp« (oder »challenge and response«) sind Funktionskategorien[1] und als solche immer gültig – unter der Bedingung, dass alles Substantielle eliminiert wird. Jesus und Hitler sind »charismatische Typen«, d.h. das Selbe, unter der Bedingung, dass man von dem, was sie sagten und taten, vollständig absieht. In diesem »wissenschaftlichen« Absehen, in dem nicht nur »Werte«, sondern schlechterdings alle Realität verschwindet, erscheinen identische Funktionen.

Dieser sachlich evidente Trug ist keineswegs eine Erfindung der Wissenschaft; er liegt im Wesen der Gesellschaft. Diese aber ist selbst ein historisches Phänomen.

Was ist Gesellschaft?

[20]

Ad Einsamkeit – Thomas I, quaestio 31, articulus 3: »Non enim tollitur solitudo per associationem alicujus quod est extraneae naturae; dicitur enim aliquis esse solus in horto, quamvis sint ibi multae plantae et animalia.« (Und so Gott, umgeben von Engeln und Menschen.)[1]

[21]

Die »Unfehlbarkeit« der Sinneswahrnehmungen, die uns die Realität der Welt garantieren sollen, ist wahr, nur soweit »common sense« reicht, d.h. in der Sphäre des »common«. Alle Zweifel an der Realität der Aussenwelt, und dies ist einer der Fundamental-Zweifel aller Vernunft, entspringen nicht aus einem Rückzug von der sinnlich gegebenen Welt, sondern von der Welt, die ich mit Andern »common« habe. Es gibt keine sinnlichen Daten per se, die mich von Realität überzeugen könnten. Realität selbst entsteht erst im »common«.

Aus diesem »common« zieht der Philosoph sich zurück. Seine Fragen und Zweifel sind dem »common sense« (nicht nur der andern Menschen, sondern seinem eigenen) schlechterdings unverständlich. (Dies ist die Sphäre, die Heidegger das Man nannte.) Die Absurdität der Sensualisten und Materialisten besteht darin, dass sie aus dem »common sense« heraus philosophieren wollten. Was dabei herauskam, war, dass sie mit »common sense« Fragen beantworteten, die gerade der »common sense« nie stellt.

Der Bankrott ist klar bei Locke: Auch er benötigt »a plea to heaven« und eine Jenseitsvorstellung, sobald er die Frage nach einer absoluten Gerechtigkeit stellt. Diese Frage aber ist ganz verschieden von der Frage nach Gerechtigkeit, die noch im Rahmen des »common sense« liegt. Absolute Gerechtigkeit verlangen wir nur insofern, als wir nicht im »common« existieren, wo ohnehin alles relativ auf alles andere ist.

[22]

Plato, *Phaedo*: 62: Siehe *Politikos*, Herde und Staatsmann: Sokrates: ... τόδε γέ μοι δοκεῖ, ὦ Κέβης, εὖ λέγεσθαι, τὸ θεοὺς εἶναι ἡμῶν τοὺς ἐπιμελουμένους καὶ ἡμᾶς τοὺς ἀνθρώπους ἓν τῶν κτημάτων τοῖς θεοῖς εἶναι.[1] Menschen eine der Herden der Götter.

Das Fortleben der Seele nach dem Tode durchaus politisch: Sokrates muss den Freunden erklären, dass er den Tod wählt aus politischen Gründen. Dies tut er im *Kriton* in einer rein politischen Terminologie. Hier aber zeigt Plato (?), dass für einen absoluten Entschluss die politische Argumentation nicht ausreicht. Die Unsterblichkeit der Seele wird eingeführt als Verteidigung: 63: πειραθῶ (lasst mich [ich will] versuchen) πιθανώτερον πρὸς ὑμᾶς ἀπολογήσασθαι ἢ πρὸς τοὺς δικαστάς (will sich besser vor den Freunden [vor euch] als vor den Richtern verteidigen).[2]

Der *Phaedo* ist eine zweite *Apologie* – und zwar diejenige, die in Platos Sinn auf den Grund der Sache geht.[3] Wie in der *Republik*: Absolute Masstäbe kann es nur geben, wenn es ein ewiges Reich der Ideen gibt. Die Seele, welche fähig ist, diese Ideen zu schauen, muss politisch als unsterblich angenommen werden, um politische Vorstellungen zu erzwingen. Wie wenig »religiös« dies alles gemeint ist, kommt dann am Ende des Dialogs heraus: 113–4 wird der Acheron als Hölle geschildert. Dann aber gleich eingelenkt: zu behaupten, dass sich dies wirklich so verhalte, οὐ πρέπει νοῦν ἔχοντι ἀνδρί ... ἐπείπερ ἀθάνατόν γε ἡ ψυχὴ φαίνεται οὖσα, τοῦτο καὶ πρέπειν μοι δοκεῖ καὶ ἄξιον κινδυνεῦσαι οἰομένῳ οὕτως ἔχειν· καλὸς γὰρ ὁ κίνδυνος, καὶ χρὴ τὰ τοιαῦτα ὥσπερ ἐπᾴδειν ἑαυτῷ.[4] Die Frage, ob es wirklich so sei oder nicht, ist belanglos. Es ist καλόν, dies als Gefahr und Wagnis anzunehmen, denn dies sind die Gedanken, die man sich selbst vorsingen und mit ihnen sich selbst bezaubern und gewinnen (ἐπᾴδειν) muss; die nämlich einen dazu bringen, das zu wagen, wofür es keine Argumentation gibt.

[Später eingefügter Zusatz:] Für ἐπᾴδειν cf. *Gorgias*, 484, wo der Widersacher behauptet, dass man sich von der »Moral« nur [durch] κατεπᾴδοντες bezwingen (καταδουλούμεθα) lasse![5]

[23]

Phaedo, ad Dialektik: oder wie Hegel Plato weiterdachte: 70: Alles, was eine Entstehung hat (ὅσαπερ ἔχει γένεσιν), entsteht: ἐκ τῶν ἐναντίνων τὰ ἐναντία... μηδαμόθεν ἄλλοθεν αὐτὸ γίγνεσθαι ἢ ἐκ τοῦ αὐτῷ ἐναντίου – nirgend anderswoher kann das, was entsteht, entstehen als aus dem ihm spezifisch Entgegengesetzten; denn: οἶον ὅταν μεῖζόν τι γίγνηται, ἀνάγκη που ἐξ ἐλάττονος ὄντος πρότερον ἔπειτα μεῖζον γίγνεσθαι; wenn zum Beispiel etwas mehr wird, muss es aus weniger entstanden sein etc.[1] Hieraus schliesst Plato auf einen Kreislauf alles Werdens; denn wenn es eine geradlinige Entwicklung gäbe, würde ja alles zum Stillstand kommen und nach einem einmaligen Werden es gar kein Entgegengesetztes mehr geben – sondern das Werden würde aufhören: 72. Aus dieser Aporie fand Hegel den Ausweg in die Synthesis. Diesen Ausweg aber brauchte Plato nicht, weil er eigentlich am Werden nicht interessiert war.

[24]

Sokrates verteidigte sein Handeln politisch vor den Bürgern und Richtern Athens in der *Apologie*. Dass es politisch richtig war, den Tod zu wählen statt der Flucht, setzte er seinem Freund im *Crito* auseinander. All das genügte den Philosophen Athens nicht. Die Verteidigung des *Phaidon* ist für die Philosophen; die Gründe sind Platos. Erst Plato brauchte nicht-politische Gründe für politisches Verhalten.

Cornford sieht im *Phaedo* »a ›revised Apology‹« – und zwar revidiert von Plato![1]

[25]

Ad Monarchie und Distinktion: Homer kennt noch den Komparativ und Superlativ von βασιλεύς: βασιλεύτερος und βασιλεύτατος.[1]

[26]

Marx' Verhältnis zur Gewalt als der Hebamme der Geschichte[1] nur scheinbar aus der Französischen Revolution zu erklären. In Wahrheit die notwendige Konsequenz von Handeln als Realisierung der Idee – auch das Herstellen des Tisches »realisiert« ein εἶδος: die Gewaltsamkeit der Idealisten.

[27]

Ad »Säkulare Religionen«[1]: Gegen die Moderne, welche die Frage nur unter dem Gesichtspunkt des psychologischen Bedürfens oder der gesellschaftlichen Funktion betrachtet, steht die Tatsache, dass Plato und Cicero glaubten, ihre politische Philosophie nur durch Höllenstrafen untermauern zu können, dass Aristoteles andererseits dies nicht tat, weil er vom Interesse und nicht von Gesetz und Gerechtigkeit ausgeht.[2] (Dies am klarsten in seiner – abweichenden – Definition der Tyrannis.)

[28]

Die drei fundamentalen Irrtümer von Marx im Ökonomischen:

1. Das Kartell bewies, dass Profite steigen können bei sinkender Produktion. Marx überschätzte den Faktor der Produktion im Ökonomischen.

2. Kartelle etc. bewiesen, dass Konkurrenz ein Oberflächenphänomen der Waren-Gesellschaft ist. Die kapitalistische Ge-

sellschaft hat keinen unüberwindbaren inneren Widerspruch. An der Konkurrenz geht die Klasse nicht zugrunde. Damit entfällt der Motor im Ökonomischen selbst.

3. Die Aktien-Gesellschaften bewiesen, dass der Akkumulation nicht Konzentrierung von Eigentum in den Händen eines Einzigen entspricht, sondern Anonymisierung in den Händen Vieler. Diese Form des Eigentums, in der niemand mehr Eigentümer des Unternehmens ist, heisst nicht, dass es nun kein Eigentum mehr gibt. Im Gegenteil. Die Herrschaft von Niemand ist nicht keine Herrschaft – sondern Bürokratie. Das Eigentum von Niemand ist nicht kein Eigentum, sondern verwaltetes, namenloses Eigentum, Kollektiv-Eigentum. Diese Form des Eigentums ist spezifisch für die spät-kapitalistische Entwicklung; Kommunismus ist nur die radikalste Form des kapitalistischen Kollektiv-Eigentums. Sie tritt ein, wenn an die Stelle des anonymen Eigentums das Prinzip tritt: dass allen alles, also niemandem etwas gehört.

[29]

Der Unsinn des Begriffes »säkulare Religion«[1] liegt darin, dass in ihm das eigentlich politische Element der Religion, nämlich Lohn und Strafe nach dem Tode, eliminiert ist.

[30]

Die römische Grunderfahrung ist Gründen und Bewahren; dies führte zur Tradition und Autorität in der abendländischen Politik.

Die griechische Grunderfahrung ist Anfangen (ἄρχειν) und Zu-Ende-Führen (πράττειν). Dies hat gar keine Konsequenzen gehabt, weil so früh, wegen der ausserordentlichen Begabung des Volkes, die Erfahrung des Herstellens (ποιεῖν) alle anderen Erfahrungen verdrängte. Sowohl ἄρχειν wie πράττειν werden in der griechischen Philosophie immer aus der Erfahrung der ποίησις beurteilt, entweder der künstlerischen, und dann ist Politik τέχνη der Herrschaft, oder der Kontemplation, die die Idee betrachtet, statt sie zu »verwirklichen«, und dann ist Politik nur, was Kontemplation ermöglicht.

[31]

Herstellen (ποίησις) und die Folgen: Werden alle menschlichen Tätigkeiten am Modell des Herstellens abgelesen, so ergibt sich Folgendes:

Denken wird zur Kontemplation, nämlich zur Verabsolutierung des kontemplativen Elements, das der Herstellung vorangeht. Reine Anschauung ist der Anfang des Herstellens. Gott, als Demiurg gesehen, schafft durch den »intuitus originarius«[A].

Handeln wird zur Gewalttätigkeit, nämlich zur Verabsolutierung des gewalttätigen Elements, das in allem Herstellen enthalten ist. Herrschaft über wird gesehen wie Herrschaft über die zugrundeliegende Materie (ὑποκείμενον[B]). Handeln wird zum Sich-bemächtigen.

Arbeiten, das des τέλος sowohl als des εἶδος der Herstellung ermangelt, wird 1. tierisch, die Tätigkeit, welche zum tierischen Fortbestand des Lebens gehört; 2. sklavisch, die Tätigkeit, welche dem Herstellenden hilft und von ihm beherrscht wird (Aristoteles, *Metaphysik*, A, I, 981a 24ff.); 3. zum produktiven Herstellen umgelogen – Moderne, vor allem Marx.

Hinter der Verachtung der Arbeit, die mit dem Lebendigsein als solchem zusammenhängt, verbirgt sich die Verachtung des Lebens, das gerechtfertigt erscheint nur, wenn es einem »höheren Zweck« dient. Der höhere Zweck ist in Wahrheit das, was dauert, und zwar ursprünglich dasjenige, was die Tätigkeit

A ursprüngliche (reine) Anschauung

B [to hypokeimenon], der behandelte oder zu behandelnde Gegenstand, die Substanz

selbst überdauert, der hergestellte Gegenstand. Und dann 1. das, was das Leben des Einzelnen überdauert, also relative Ewigkeit hat, den Gebrauch überdauert, das Kunstwerk; und 2. was schlechthin alles überdauert, sogar das Leben des Menschengeschlechts, also die ewigen Ideen oder Gott. Die Verachtung der Arbeit drückt aus die Verachtung des Lebens, das nicht als Mittel für die Ewigkeit benutzt wird.

[32]

Arbeit: Jede Tätigkeit, die nur dem Lebensunterhalt dient, ist Arbeit. Sofern eine Tätigkeit auch dem Lebensunterhalt dient, ist sie auch Arbeit. Arbeit ist weltfremd und lebensnahe. Erst ποίησις und τέχνη, aber niemals πονεῖν bringen in Beziehung zur Welt, errichten die Welt, »the human artifice«, oder dienen der Welt, dem »mundus«, nicht dem »universum«. Das spezifisch Menschliche des menschlichen Lebens ist, dass es sich eine Welt baut. Arbeit ist die menschliche Form des Lebens, sofern sie ohne ein Element des Herstellens fast nicht existiert. Arbeit ist die Form des Stoffwechsels mit der Natur, die über den Stoffwechsel hinausgeht. Dies aber besagt nicht, dass Arbeit und Herstellen identisch sind. Die Tatsache, dass es im Rahmen der Notwendigkeit eine Möglichkeit der Freiheit gibt, heisst nicht, dass Notwendigkeit und Freiheit identisch sind.

Yves Simon (*Trois leçons sur le travail*, Paris, n.d.): »Le travailleur… travaille pour son ouvrage plutôt que pour soimême«[1] – dies die Idealisierung der Arbeit, bei der das Zwingende forteskamotiert wird. Der Arbeiter gerade arbeitet für sich, gezwungen von sich. Zur Arbeit werden wir von uns selbst gezwungen, wie dann nur noch im logischen Denken. Beide sind ohne Weltbezug.

Die Arbeit ist weltfremd und lebensnahe; Herstellen ist lebensfremd und weltnahe. Die Kontemplation, die dem Herstellen entspringt, die gleichsam das Herstellen ohne Hände ist, entfernt aus der Welt und ist lebens- und weltfremd. Aus dieser

Entfremdung, aus dieser gewonnenen Distanz will sie dann Leben und Welt regieren. Aber die Distanz vom Leben ist erlogen: Sie beruht auf der Herrschaft über Andere, die das Lebensnotwendige herbeischaffen. Und die Distanz von der Welt ist erlogen: Sie beruht auf Parasitentum in einer Welt, die von Anderen hergestellt und bestellt wird. Sobald der kontemplative Mensch »aktiv« wird, entpuppt er sich als Parasit und Tyrann, weil dies im Grunde seine Lebensbedingungen sind.

[33]

Die doppelte politische Erfahrung der Griechen: 1. Eine Unternehmung beginnen (ἄρχειν) und mit der Hilfe Anderer zu ihrem Ende bringen (πράττειν). Dies verwirklicht sich in der Form der βασιλεία, denn »Recht« ist, jeden zu dem ihm Eigenen kommen zu lassen und ihn öffentlich in seinem Eigenen, seiner Distinktion, zu bestätigen, zu ehren. 2. Die Sklavenwirtschaften, die allein diese grossen Unternehmen garantieren konnten und die Herrschaft (κρατεῖν) waren: In der Sklavenwirtschaft herrschte der ἄναξ[A] über die ἀναγκαῖα und folglich über Menschen, die ihm die Freiheit der Unternehmen ermöglichten. Die Sklavenherrschaft ist die Herrschaft von Einem über Viele; aber es stellte sich bald heraus, dass dies nur ausgeübt werden konnte, wenn man sich dabei half, d.h. wenn Wenige (ὀλίγοι) sich zusammentaten. – Diese ὀλίγοι bedürfen einander, damit ein jeder zu Hause Alleinherrscher sei. Aus dieser gegenseitigen Angewiesenheit der ὀλίγοι entsteht das Interesse, das dann später ebenso als Kennzeichen der Oligarchie verblieb, wie Auszeichnung Kennzeichen der Monarchie blieb. Diese ὀλίγοι, d.h. die Sklavenherrscher, die einander bedurften für die Sicherung ihrer Alleinherrschaft, kommen 3. in der Polis zusammen, wo nun das erste Element des Unternehmens ganz wegfällt und darum das Problem der Herrschaft entscheidend

[A] [anax], Herr, Gebieter

wird. Die Rache der Sklaverei besteht darin, dass sie alle politischen Fragen in Herrschaftsprobleme verwandelt hat. Dadurch dass man der ἀναγκαῖα nur Herr dadurch werden konnte, dass man Menschen beherrschte, also zu herrschen begann, werden alle politischen Beziehungen zwischen Menschen zum Herrschen oder Beherrschtwerden.

Heft XVI

Mai 1953 bis Juni 1953

Heft XVI

Mai 1953

[1]

May 1953.

Vergil, *Aeneis*, I, 5: Alle Leiden und Irrfahrten haben ein Ziel: »dum conderet urbem« – er leidet, bis er die Stadt gründet. Und das Lied handelt: »Tantae molis [erat] Romanam condere gentem« (33) – so gross war die Mühe, Rom zu gründen[A].

Höllenfahrt: VI – wunderliche Mischung aus Homer und Plato. Dem Traum des Scipio[1], für den die himmliche Belohnung wichtiger ist als die Strafe, verwandt durch die elysischen Felder. Zentral VI, 620: der Schrei des Phlegyas: »Discite iustitiam moniti, et non temnere divos« – lernt Gerechtigkeit und nicht, die Götter zu verachten.

VI, 811–812: ad Gründen: Rom die erste Stadt, die mit Gesetzen gegründet wurde – »primam qui legibus urbem fundabit«.

[2]

Ad totalitäre Religionen: Politisch war die Rede von der Religion als Opium des Volkes[1] immer Unsinn. Erst die Ideologien sind wirklich Opium fürs Volk. Wirksam in den Religionen war die Höllenvorstellung, die immer davon ausgeht, dass die Angst vor Schmerz grösser ist als die Angst vor dem Tod und die Angst vor der Hölle daher grösser als die Angst vor dem Nichts. Entscheidend sind nicht die Säkularisierungen, sondern das Wegfallen der Höllenvorstellung in der Moderne.[2]

[A] genau: das römische Geschlecht zu begründen

Die Höllenvorstellung selbst aber ist politischen und nicht religiösen Ursprungs. Taucht immer auf, wenn man a) einen absoluten, also transzendenten Masstab für die Gerechtigkeit braucht und sich mit dem immanenten Walten der δίκη nicht mehr zufrieden geben kann (politisch kann dieser Masstab nur in einer Realität gefunden werden, nicht in einer »Idee« – daher Plato); b) wenn man gewahr wird, dass alles menschliche Handeln irgendwie dunkel bleibt, und zwar im doppelten Sinn: dass der Bösewicht unentdeckt (und unbestraft) bleibt, dass der Gute nicht gekannt (und sekundär unbelohnt) bleibt und dass Hypokrisie möglich ist.

Religiös ist die Höllenfahrt Christi, die ursprünglich, vor allen politischen Erwägungen, für die Aufhebung der Hölle unternommen wurde.

[3]

Ad Liebe: Liebe ist eine Macht und kein Gefühl. Sie bemächtigt sich der Herzen, aber sie entspringt nicht im Herzen. Die Liebe ist eine Macht des Universums, sofern das Universum lebendig ist. Sie ist die Macht des Lebens und garantiert seinen Fortgang gegen den Tod. Darum »überwindet« die Liebe den Tod. Sobald sich die Macht der Liebe eines Herzens bemächtigt hat, wird sie zur Kraft und eventuell zur Stärke.

Die Liebe verbrennt, durchschlägt wie der Blitz das Zwischen, d.h. den Welt-Raum zwischen den Menschen. Dies ist nur möglich mit zwei Menschen. Tritt der Dritte hinzu, so stellt sich Raum sofort wieder her. Aus der absoluten Welt(= Raum)-losigkeit der Liebenden entspringt die neue Welt, symbolisiert im Kinde. In dies neue Zwischen, den neuen Raum einer beginnenden Welt, gehören nun die Liebenden, ihm gehören sie an, und für ihn sind sie verantwortlich. Dies aber ist genau das Ende der Liebe. Besteht die Liebe fort, so wird auch diese neue Welt zerschlagen. Die Ewigkeit der Liebe kann es nur in der Weltlosigkeit geben (also: »und wenn Gott es will, werd' ich dich besser lieben nach dem Tod«[1] – und zwar nicht, weil ich dann nicht mehr »lebe« und darum vielleicht treu sein kann oder dergleichen, sondern unter der Voraussetzung, dass ich nach dem Tode weiterlebe und in ihm nur die Welt verloren habe!) oder als Liebe der »Verlassenen«[2], nicht wegen Gefühlen, sondern weil mit dem Geliebten die Möglichkeit eines neuen Weltraumes verloren ging.

Als universale (Universums-)Macht des Lebens ist die Liebe nicht eigentlich menschlichen Ursprungs. Durch nichts sind wir so sicher und unentrinnbar dem lebendigen Universum eingefügt wie durch die Liebe, der keiner entrinnt. Sobald aber diese Macht sich des Menschen bemächtigt und ihn einem Andern zuwirft und zwischen diesen beiden das Zwischen der Welt und ihres Raumes verbrennt, wird gerade die Liebe zum »Menschlichsten« des Menschen, nämlich zu einer Menschlichkeit, die welt-los, objekt-los (der Geliebte ist nie Objekt), raumlos besteht. Die Liebe verzehrt, nämlich die Welt, und gibt eine Ahnung dessen, was ein welt-loser Mensch wäre. (Daher wird sie so oft im Zusammenhang mit einem Leben in »einer andern Welt«, nämlich einem Leben ohne Welt gedacht.) Die Liebe ist Leben ohne Welt. Als solche zeigt sie sich als welt-schöpferisch; sie erschafft, erzeugt eine neue Welt. Jede Liebe ist der Anfang einer neuen Welt; das ist ihre Grösse und ihre Tragik. Denn in dieser neuen Welt, sofern sie nicht nur neu, sondern eben auch Welt ist, geht sie zugrunde.

Die Liebe ist also erstens die Macht des Lebens; zum Lebendigen gehören wir, weil wir dieser Macht unterstehen. Wer nie diese Macht erlitt, lebt nicht, gehört nicht zum Lebendigen. Sie ist zweitens das Welt zerstörende Prinzip und zeigt so, dass der Mensch ohne Welt immer noch ist, dass er »mehr« ist als Welt, obwohl er ohne Welt nicht dauern kann. So offenbart sie gerade das spezifisch Menschliche im lebendigen Universum. Die Rede der Liebenden steht der Poesie so nahe, weil sie die reinste menschliche Rede ist. Und sie ist drittens das über das blosse Lebendigsein hinausgehende schöpferische Prinzip, weil aus ihrer Weltlosigkeit eine neue Welt entsteht. Als solches »überwindet« sie den Tod, oder ist dessen eigentliches Gegen-Prinzip. Nur weil die Liebe selbst eine neue Welt schafft, bleibt sie (oder kehren die Liebenden zurück) in der Welt. Liebe ohne Kinder oder ohne neue Welt ist immer zerstörerisch (anti-politisch!); aber sie bringt gerade dann das eigentlich Menschliche in Reinheit hervor.

Juni 1953

[4] *Juni 1953.*

Ad Arbeit: Der Fluch der Arbeit ist nicht die Mühe, sondern der Zwang. In der paradiesischen »Arbeit«, in der Adam zum Hüter von Adamah[A] bestellt wurde, lag nur Segen, weil er hierzu nicht durch die Bedürfnisse des Lebens gezwungen war. In dieser paradiesischen »Arbeit« sprach sich nur die ursprüngliche Verbundenheit von Mensch und Erde aus. Dieser paradiesische Segen ist im Herstellen geblieben, nämlich darin, dass der Mensch die Materialien der Erde zu Dingen machen kann und sich so über den Zwang hinaus auf der Erde in seiner eigenen, aber irdischen Welt einrichten kann. Der Fluch aber ist auch geblieben – dadurch, dass der Mensch reines Herstellen nur noch als »zweckfreie« Kunst kennt, sonst aber zu ihm gezwungen ist, um seinen Lebensunterhalt zu verdienen. Die Griechen wurden das künstlerische Volk, weil sie Herstellen von aller Arbeit befreit hatten – in der Sklavenwirtschaft.

Herstellen ist immer vermittelt politisch (während Handeln direkt politisch ist). Im Herstellen füge ich der gemeinsamen Welt etwas hinzu und füge mich dadurch in sie ein. Das Arbeits(= Verdienst)element dagegen, das in allem modernen Her-

[A] der Erde (hebräisch)

stellen ist, bleibt so privat, wie die Römer wussten, dass es ist. Die Arbeiter wurden emanzipiert, d. h. betraten die Bühne der Politik in dem Moment, wo alle Arbeit (ausser der Hausarbeit) vom Moment des Herstellens entscheidend bestimmt war.

[5]

Ad Ideenlehre, Plato: Die in der ποίησις erfahrene Idee wird zum Masstab in der politischen Erfahrung der δόξαι und ihrer notwendigen Relativität. In diesem Moment wird Handeln zum Herstellen. Die Idee der ποίησις ist das Leitbild des Homo faber, das er in Isoliertheit von Andern, aber der Zugehörigkeit zur Welt als des gemeinsamen Wohnorts und der gemeinsam hergestellten menschlichen Heimat (»human artifice«) erfährt. Wird die Idee zum Masstab, aus ihrem Herstellungscharakter gerissen, so wird sie die tyrannische Idee, die Einer in seiner Isolierung allen Andern (als Masstab) aufzwingen will. Ursprünglich ist die Idee niemals Masstab, und ursprünglich wird im Handeln niemals gemessen. Dies ist der griechische (nicht römische) Ursprung der Autorität. Autorität ist das jedem Einzelnen in seiner Isoliertheit sich Offenbarende, an dem gemessen wird und das demnach, unter Voraussetzung der richtigen Handhabung des Masstabes, immer gleiche Resultate zeitigen muss. Die Autorität des Masstabes herrscht über alle und schaltet das »Chaos« und die Relativität der Meinungen aus. Diese Herrschaft selbst ist primär die Herrschaft in der Seele des Einzelnen als eines Isolierten.

Das eigentlich Politische aber zeigt sich dem Menschen gerade nicht in seiner Isoliertheit, sondern nur im Zusammen. D. h. er wendet hier Kategorien (Wahrheit gegen Meinung etc.) an, die völlig sinnlos werden. Im Politischen kann nur die Meinung herrschen; in ihr gibt es nur Perspektivisches! Gerade das ist ihre »Wahrheit«. Wer in die Volksversammlung geht, lässt gerade seine »Ideen« zu Hause.

Erfahren haben die Griechen die Herrschaft der Idee in der

Sklavenwirtschaft, in welcher der freie Hersteller von der Idee geleitet die ausführende Arbeit dem Sklaven anwies. Sowie er von der Idee »beherrscht« war, schien es ihm, dass eigentlich gar nicht er – ein Mensch über Andere –, sondern seine »Idee« herrsche.

[6]

Organisation ist die modernste Form der Herrschaft. So sehr hat das Abendland sich das Politische in der Form des Herrschens und Beherrschtwerdens vorgestellt, dass, als niemand übrig war, der Herrschaft »legitim« ausüben konnte – kein Kaiser und kein König, kein Gesetz und keine Verfassung –, der Niemand selbst zur Herrschaft berufen wurde. Diese Herrschaft des Niemand ist vermutlich die gnadenloseste Herrschaft. In ihr kann gerade die Gnade, das höchste Privileg aller Herrschaft, nicht mehr ausgeübt werden, weil es die einzige herrschaftliche Handlung ist, die absolut auf der Person beruht. – Gesetzesherrschaft = Selbstbeherrschung.

[7]

Das eigentlich politische Prinzip der christlichen Liebe liegt im Verzeihen.[1] Dies nämlich kann nicht mehr in die Seele des Einzelnen verlegt werden, dafür bedarf es stets eines Andern. Ich kann mich selbst beherrschen (und alle Herrschaftsverhältnisse »psychologisch« konstruieren), aber sich selbst verzeihen kann niemand. In diesem Sinne hat das Christentum wirklich mit der Pluralität der Menschen ernst gemacht.

[8]

Ad Teufel: Diabolos ist der Verleumder, und Satan ist der gefallene Engel, der Gottes Widersacher geworden ist. Dies zwei ganz verschiedene Anhaltspunkte für das Böse.

Diabolos ist im Johannes-Evangelium der ἀνθρωποκτόνος[A] (Joh. Ev. 8, 44 und I Joh. 3, 15; siehe Bultmann, 242[1]), der als Bringer des Todes ursprünglich auch Mörder ist. Hier also ist Verleumdung und Mord identifiziert.

[9]

Zusammenhang zwischen Tyrannei und Arbeiter-Gesellschaft sehr schön illustriert in Platos Beschreibung des Sklavenarztes, der ἄνευ λόγου von Bett zu Bett eilt und »tyrannische« Vorschriften hinterlässt. Die Tyrannei liegt im ἄνευ λόγου. Denn mit den freien Patienten wird diskutiert. (*Νόμοι*, 857c–d[1]) Wie nahe wir überall der totalen Tyrannei über arbeitende Sklaven gekommen sind, kann man deutlich am Verhalten des modernen Arztes sehen, der ein richtiger Sklavendoktor geworden ist. Das Bezahlen selbst spielt leider gar keine Rolle. Mit »animalia laborantia«[B], und seien sie reich wie Krösus selbst, verfährt man halt in dieser Weise. Dass wir es uns gefallen lassen, zeigt, dass wir nicht mehr wissen, was Freiheit ist. Der griechische Sklave wurde so behandelt, weil sein Körper als Arbeitskraft seinem Herrn gehörte. Unser Körper gehört der Gesellschaft, und der Arzt ist ihr Funktionär. Unsere Medizin ist längst vergesellschaftet, dazu bedarf es gar keiner »sozialistischen« Massnahmen.

Auf der anderen Seite sind die tyrannischen Neigungen der Ärzte im hippokratischen Eid, demzufolge das Gelernte geheimzuhalten war, und in der frühen Einführung der Scheidung zwischen Eingeweihten und Laien deutlich zu sehen. Dies der

[A] [anthropoktonos], Menschentöter, Mörder

[B] Arbeitstiere

Sinn, dass Plato die Philosophen »praktisch« als Ärzte der Seele ansieht, sie also zu den eingeweihten Tyrannen des Seelischen neben den eingeweihten Tyrannen des Körpers bestellt.

[10]

Ad Staatsformen: Monarchie nicht identisch mit »basileia«, siehe auch Alcmaion, Fragment B4 (Diels[I]): μοναρχία = Alleinherrschaft einer Kraft im Organismus, gegen ἰσονομία: Ausgewogenheit.

[11]

Der Ackerbau ist nicht nur die älteste, sondern auch geheiligtste Werktätigkeit, weil er genau den Punkt anzeigt, an dem blosse Arbeit als Stoffwechsel mit der Natur in Werk (Herstellen der menschlichen Welt, des »human artifice«) übergeht. Auch im Jagen gibt es bereits die Werkzeuge, welche gebraucht und nicht nur konsumiert werden. Aber erst der Acker, die Erdenstelle, an der man sesshaft ist und Heimat gewinnt, ist die Stätte, wo Herstellung wirklich beginnen kann, wo man Dinge aufbewahren kann etc. Das Werkprodukt der bäuerlichen Arbeit ist der Acker und nicht Brot und Wein. Der erste Gebrauchsgegenstand, das erste Ding, das allen andern Dingen erst ihre irdische Stätte gibt, ist der Acker. Die Erde bewohnen heisst, erst einmal die Erde in einen Gebrauchsgegenstand zu verwandeln und aufzuhören, sie nur zu konsumieren. Dies sind die ἔργα und das ἐργάζεσθαι[A] des Hesiod.[I]

Alles griechische Leben, auch das Hesiodische, beruht auf einer Verachtung der Arbeit. Aber die Werkheiligkeit – ποίησις – geht erst im πολιτεύειν der πόλις verloren. Die ποίησις wird zur θεωρία, und erst da entspringt das Ideal der

[A] [ergazesthai), arbeiten, tätig sein

σχολή, das auch Homer noch fremd war. Der Trojanische Krieg, als grosses Unternehmen, beruht noch auf ἐργάζεσθαι (?), jedenfalls nicht auf Müssiggang.

Der Triumph des Ackerbaus als einer Tätigkeit ist, dass selbst der Stoffwechsel mit der Natur benutzt werden kann, um Bleibendes zu schaffen. Dies aber heisst nicht, dass Arbeit überhaupt je verschwinden kann oder dass es nicht Beschäftigungen gibt, die nur Arbeit sind. Menschlich werden sie erst durch das Werk, in dem Welt entsteht.

Was wir politisch nennen, entsteht mit der Polis. Und zugleich entsteht die Unterscheidung von πολίτης und ἰδιώτης, und zwar in dem Sinne, dass jeder auch beides ist. Diesen Unterschied gibt es weder bei Homer noch bei Hesiod. Wohl gibt es ἴδιον und κοινόν, aber dies ist kein Gegensatz. Das ἴδιον ist »politisch« durch die δίκη, die jedem das Seine zuerkennt und im Prozess des »δικαιοῦν«[A] alles ausgleicht. Das Seine, ἴδιον, kann man nur öffentlich haben, und dies ist Auszeichnung, Ehre, das Zeichen, unter dem die »basileia« steht. Κοινόν ist gemeinsam und besteht in Unternehmungen. In beiden Fällen gibt es keinen Masstab – noch nicht einmal das Wort δικαιοσύνη. Die Götter nehmen sich der Menschen an (aber nicht des Kosmos, der unter seinen eigenen Gesetzen steht) und durchwalten die Angelegenheiten der Menschen. Hiervon bleibt in der Polis das Agonale das eigentliche Band der Bürger, insofern sie im Wettkampf eines Sinnes sind und ihr Eigenes (ἴδιον) zeigen wollen.

Was in der πόλις geschieht, ist, dass das tägliche Leben, das in der βασιλεία dem ἴδιον gewidmet war, κοινόν werden soll, gleichsam eine beständige Unternehmung, für die man jetzt die Musse braucht, die früher nur für das Ausserordentliche benötigt war. So wird in der πόλις das Ausserordentliche der »basileia« zum Durchschnittlichen. Erst jetzt wird das ἴδιον wirklich privat, d.h. das, wofür man allgemeine Anerkennung nicht verlangen kann, was verborgen wird (später) etc. Jetzt sollte jeder

[A] [dikaiun], als Recht erkennen, richten

werden, was Achilles war, dem Phoenix beigebracht hat: »to be a speaker of words and a doer of deeds« (Jaeger, *Paideia*, I, 112)[2]. Beides gehört zusammen: Nicht die Tat, sondern die Gewalt ist ἄνευ λόγου. In der πόλις werden Tun und Reden identisch, und beides wird »politisch«, d.h. beides gehört zum Durchschnittlichen des Lebens. Wort und Tat waren in der βασιλεία das Ausserordentliche. Erst Plato trennt (und verherrlicht) das Wort, λόγος, von der Tat, πρᾶγμα, weil er absolute Wahrheit wollte, mit der man πράγματα messen kann. Für ihn wird die Rede, die eine Unternehmung einleitet und begleitet, zur δόξα, der es auf Wahrheit nicht ankommt.

Das demokratische Prinzip der Polis besteht darin, dass Geburt und Rang, also das ursprünglich gegebene ἴδιον nicht mehr der öffentlichen Anerkennung für würdig befunden wird und zur »Privatsache« wird.

Dass die Stadt Bedingung dafür ist, dass das κοινόν zum alltäglichen Leben wird, nämlich als πολιτεύεσθαι: als Bürger in einer Stadt leben, ist offenbar. Der Marktplatz ist in unmittelbarer Nähe, das Zentrum des »politischen« Lebens. Jetzt erkennt man denjenigen, die nicht immer im κοινόν leben, das Bürgerrecht ab (siehe Aristoteles' Einstellung zu den Bauern!) und macht sie zu ἰδιῶται. Jetzt wird nicht nur Arbeit, sondern jegliches Herstellen zur diskriminierten »Privatsache«, unter anderm, weil es ἄνευ λόγου vonstatten geht. Da man nicht dauernd ein »doer of deeds« sein kann, wird das πολιτεύειν wesentlich zum »speaking of words«. Dadurch verlieren die Worte ihre Tatkraft (Sophisten), es stellt sich heraus, dass es etwas spezifisch »Logisches« gibt, d.h. Worte ohne Bezug auf πρᾶγμα; das »Logische« gerät so in einen (künstlichen) Gegensatz zum »Pragmatischen«. Die platonische Wahrheit entspringt diesem Logischen, sofern es von allem Sophistischen (dem unechten, lügenhaften Bezug auf »Pragmatisches«) gereinigt nur für sich besteht. Der Logos ist getrennt vom menschlichen πρᾶγμα und bezieht sich auf Sein als solches, in dem es φαινόμενα, aber keine πράγματα gibt. Hier soll sich ein höheres κοινόν als das Durchschnittliche der πόλις zeigen. So entspringt (oder besser hängt zusammen!) die Philosophie mit der »Politik«, von der sie sich trennt und die sie diffamiert als Reglerin der ἀναγκαῖα.

[12]

Plato, *Gorgias*
448: Sokrates macht den Unterschied zwischen τέχνη ῥητορική und διαλέγεσθαι: offenbar, dass Rhetorik die Kunst ist, über etwas zu Anderen zu reden (und als solche der Politik angehört), während διαλέγεσθαι etwas durchspricht mit sich selbst oder Andern.

[13]

Die drei Formen der Autorität: 1. Der platonische Masstab. 2. Der römische Anfang als Gründung. 3. Der lebendige Gott als Person.

ad 1: Die griechischen Götter hatten nicht Autorität, sie nahmen sich der Sache der Sterblichen an, waren aber auch dem Schicksal unterworfen; sorgten dafür, dass die Sterblichen sich dem Schicksal einfügten, dass wenigstens ihr Name Unsterblichkeit gewann.

ad 2: Die Gebundenheit an die Gründung als Autorität war die römische Religion.

ad 3: Gott als Schöpfer und als Moses' Gesetzgeber konnte scheinbar sowohl den platonischen Masstab wie die römische Gründung repräsentieren. Als solcher, d.h. in dieser »politischen« Interpretation, war er aber nicht mehr der lebendige Gott.

Scheinbar. In Wahrheit hat sich der »lebendige Gott« als die schlechteste »Autorität« erwiesen. Wo immer er lebendig war, hat er alle Autoritäten zerbrochen – Jesus, Eckhart, Luther. Zur Autorität im strengen Sinne wurde er erst bei denen, die aus dem Zweifel und der Verzweiflung glaubten – Pascal, Kierkegaard. Die Prädestinationslehre war ursprünglich nur der »schlecht formulierte« Glaube an den lebendigen Gott, der, weil er lebendig ist, unvorhersehbar ist.

[14] *Roscoe*[A]

Ad Platos Ideenlehre: Ganz offenbar zwei Grundbestimmungen, die vermutlich gleich früh sind, unmittelbar aus dem Sokratischen Lehren folgen und Transzendenz im Sokratischen Denken nicht implizieren: 1. Das Eine »Bild« (εἶδος), Aussehen, an dem das ποιεῖν von Vielem orientiert ist; 2. Das »Selbige«, das macht, dass wir im πράττειν unter- und darum entscheiden können: Der Masstab ist für Heiliges und Unheiliges der gleiche.

Für Platos Philosophie ist der erste Begriff, für seine politische Lehre der zweite entscheidend geworden – (Jaeger[1] z.B. sieht nur den Masstab). Die Frage der »Transzendenz« – χωριστά[B] – spielt erst einmal keine Rolle.

Ad 2 – Masstab:

Euthyphron, 5d: Die eine gleiche Idee: μία τις ἰδέα, entscheidet gleichsam über das Heilige wie das Unheilige.

(*Laches*, 192b: τίς οὖσα δύναμις ἡ αὐτὴ ἐν ἡδονῇ καὶ ἐν λύπῃ ... ἀνδρεία κέκληται.[2] Hier ist es nicht Idee, weil Tapferkeit nämlich als dem Menschen innewohnend angesetzt ist, sondern Fähigkeit.)[C]

Republik, 454b: bestimmt Idee als Masstab: τί εἶδος τὸ τῆς ἑτέρας τε καὶ τῆς αὐτῆς φύσεως ... ὡριζόμεθα[3]: Als Masstab entscheidet die Idee wesentlich über das Gegenteilige.

[A] siehe im Anmerkungsteil S. 977 und S. 1019

[B] [chorista], Nominativ Plural der neutralen Form des Adjektivs χωριστός, getrennt, für sich bestehend

[C] die Klammer entspricht dem Original; sie ist wahrscheinlich eine nachträgliche Markierung

Euthyphron, 6d (siehe Antwort zu 5d): verlangt ἐκεῖνο αὐτὸ τὸ εἶδος ᾧ πάντα τὰ ὅσια ὅσιά ἐστιν: jenes selbe (sich gleichbleibende) εἶδος, durch welches Heiliges Heiliges ist (»qua«).[4]

Ad 1 – Aussehen:

Hier ist entscheidend nicht das Gegenteilige, sondern die Vielheit, in der wir das eine Selbige erblicken, das bestimmt, was das Ding ist.

Kratylos, 389b, a: Die Arbeit des Webstuhlherstellers, der arbeitet, indem er ἐκεῖνο τὸ εἶδος[A], nämlich ὃ πέφυκε κερκίζειν[B] im Auge hat.[5]

(Im *Phaidros*, 270d, gilt das Wesen eines Dinges als die δύναμις, die als gleiche macht, dass etwas getan oder erlitten wird: δύναμις = τῷ τί ποιεῖν αὐτὸ πέφυκεν ... τί παθεῖν[6].)[C]

In diesem Sinne ist Idee in *Republik*, 507b: ὃ ἔστιν ἕκαστον – nämlich αὐτὸ εἶδος (jedes Bett ist Bett).[7]

Ad χωρίς[D] – Transzendenz:

χωρισμός im *Phaidon*, 64c: In der Frage nach dem Tod, der macht, dass jegliches, Körper und Seele, »getrennt«, d.h. αὐτὸ καθ' αὐτό[E], existiert. Also erscheint der Tod als der Moment, wo alles als es selbst (»qua«; in seiner Eigentlichkeit!) existiert. Siehe *Symposium*, 211b: αὐτὸ καθ' αὐτὸ μεθ' αὐτοῦ μονοειδὲς ἀεὶ ὄν.[8] Die Trennung von Körper und Seele würde die Realität der Ideen verbürgen, wie die Mischung beider die Realität dieser Welt verbürgt.

[A] [ekeino to eidos], jenes Bild

[B] [ho pephyke kerkizein], das, dessen Natur das Weben ist

[C] die Klammer entspricht dem Original; sie ist wahrscheinlich eine nachträgliche Markierung

[D] [choris], getrennt (Adverb)

[E] [auto kath' hauto], für sich allein

[15]

[Plato] *Gorgias*.
448: τέχνη – τύχη, oder 462: τέχνη – ἐμπειρία. Unterschied 465: ἄλογον ῥητορικὴ (τέχνη) – διαλέγεσθαι[1]

449: ῥητορική ist περὶ λόγους.[A] Aber 450: Alle τέχναι sind περὶ λόγους, die sich auf das πρᾶγμα beziehen, von dem sie handeln. Darauf Gorgias: πᾶσα ἡ πρᾶξις καὶ ἡ κύρωσις διὰ λόγων ἐστίν.[2] Darauf Sokrates: Es gibt τέχναι, die alles διὰ λόγων[B] machen und des ἔργον kaum bedürfen, wie die Arithmetik und Logik, Geometrie etc.: 451: Aber all diese sind διὰ λόγων, nicht περὶ λόγους. Gorgias auf die Frage, περὶ τί[C] ist die Rhetorik [bezogen]: Τὰ μέγιστα τῶν ἀνθρωπείων πραγμάτων ... καὶ ἄριστα.[3] 452: Und dies ist für Gorgias, frei zu sein und in der πόλις zu herrschen. Dies wird erreicht durch λέγειν καὶ πείθειν τὰ πλήθη[D]. 453: Dagegen διαλέγεται: εἴπερ τις ἄλλος ἄλλῳ διαλέγεται βουλόμενος εἰδέναι αὐτὸ τοῦτο, περὶ ὅτου ὁ λόγος ἐστίν:[4] Dem πείθειν fehlt sowohl das ἄλλος ἄλλῳ[E] wie die Gemeinsamkeit, die gleiche Sache wissen zu wollen. *Gorgias*, 454: Der Rhetorik geht es um δίκαια und ἀδικία, sofern sie ἐν ὄχλοις[F] behandelt werden. 455: Über diese Dinge kann nicht gelehrt werden (οὐ διδασκαλικός), sondern πειστικὸς μόνον[G]. 459: Hier kommt πείθειν mit διδάσκειν in Konflikt, so dass der Gegensatz Rhetorik – διαλέγεσθαι in dem zwischen πείθειν und διδάσκειν aufgeht.

463: Rhetorik πολιτικῆς μορίου εἴδωλον.[5]

[A] [rhetorike ... peri logus], die Redekunst bezieht sich »auf Reden« (Übers. F. Schleiermacher), ist »über Worte«; vgl. oben Eintragung XVI, 12

[B] [dia logon], durch Reden (Übers. F. Schleiermacher)

[C] [peri ti], worauf

[D] [legein kai peithein ta plethe], sprechen und die Menge überzeugen

[E] [allos allo], einer mit einem anderen

[F] [en ochlois], vor großen Menschenhaufen; bei Volksversammlungen

[G] [peistikos monon], (der Redner), macht nur glauben (Übers. F. Schleiermacher)

464: Die τέχνη πολιτική ist ἐπὶ τῇ ψυχῇ[A], was Gymnastik und Heilkraft für den Körper. Und zwar entspricht der Gymnastik die τέχνη νομοθετική[B]und der Heilkunst die Rechtsprechung (τέχνη δικαστική).

467: Πότερον οὖν σοι δοκοῦσιν οἱ ἄνθρωποι τοῦτο βούλεσθαι, ὃ ἂν πράττουσιν ἑκάστοτε, ἢ ἐκεῖνο, οὗ ἕνεκα πράττουσιν [τοῦτ'], ὃ πράττουσιν.[6]

Dies entscheidend für die Diskriminierung des Handelns: Man will nicht, was man tut, sondern tut es um eines Andern willen. Gewolltes (= Begehrtes) und Getanes sind nie identisch. Oder: Handeln tue ich um etwas willen, was selbst nicht Handeln ist. Ergo steht nicht nur das Handeln im Zweck-Mittel-Zusammenhang, sondern Handeln selbst ist nur Mittel zum Zweck.

469 ff.: Thema: Beweis, dass Unrecht tun schlimmer ist als Unrecht leiden [Tyrannis definiert von Polos[C]: alles tun zu können κατὰ τὴν αὑτοῦ δόξαν[7]], 470: und dass Unrecht tuende Menschen nicht glückselig sind.

476: ad Tun und Leiden: ἆρα εἴ τίς τι ποιεῖ, ἀνάγκη τι εἶναι καὶ πάσχον ὑπὸ τούτου τοῦ ποιοῦντος[8] ... [Dies Verhältnis, dass allem Tun ein Leiden, das der Tuende verursacht, entgegenstehen muss, (ist) vom Herstellen erfahren. Beispiel: Schlagen und Geschlagenwerden. Dies ist wesentlich das Tun der Gewalt, das ἄνευ λόγου ist.] ... οἷον ἂν ποιῇ τὸ ποιοῦν, τοιοῦτον τὸ πάσχον πάσχειν[9]. [Was im Tun der Gewalt die Menschen noch verbindet, ist, dass der Leidende genau das leidet, was der Täter tut. Diese Tat der Gewalt als Verbindendes ersetzt den λόγος, ohne den Handeln nicht vonstatten gehen kann.]

[Ad Arbeit: Wie wenig die Griechen dachten, dass man mit Arbeit die Armut austreiben könne: 478: χρηματιστική (Erwerb) μὲν ἄρα πενίας ἀπαλλάττει, ἰατρικὴ δὲ νόσου[10] etc.]

[Ad Widerspruch: 482: Wieviel besser es ist, mit aller Welt in

[A] [epi te psyche], für die Seele

[B] [techne nomothetike], gesetzgebende Kunst, Gesetzgebung

[C] ein Gesprächspartner des Sokrates

Widerspruch zu geraten – μὴ ὁμολογεῖν [μοι], ἀλλ' ἐναντία λέγειν – als ἕνα ὄντα ἐμὲ ἐμαυτῷ ἀσύμφωνον εἶναι καὶ ἐναντία λέγειν.[11]]

483: Kallikles wie Glaukon in der *Republik*, dass Unrecht tun Naturgesetz sei und dass die Schutzbedürftigen, ergo Schwachen, die Gesetze erfunden haben. Dagegen steht der νόμος τῆς φύσεως[A]. 484: Diesen habe Pindar gemeint mit seinem νόμος ὁ πάντων βασιλεύς | θνατῶν τε καὶ ἀθανάτων | οὗτος δὲ δή, φησίν, | ἄγει [βιαίως τὸ δικαιώτατον] ὑπερτάτᾳ χειρί.[12] Also mit Gewalt.

484: Jeder aber wüsste, wie lächerlich sich die Philosophen machten, sobald es zum Handeln käme: 'Επειδὰν οὖν ἔλθωσιν εἴς τινα ἰδίαν ἢ πολιτικὴν πρᾶξιν, καταγέλαστοι γίγνονται εἰς …[13]

[487: Sokrates über die politische Gefährlichkeit des εἰς τὴν ἀκρίβειαν φιλοσοφεῖν.[14]]

492: Dass Unrecht leiden besser ist als Unrecht tun, hängt zusammen mit der Überzeugung, dass diejenigen die glücklichsten sind, die nichts bedürfen. Darauf Kallikles: Dann wären die Steine und die Toten die Glücklichsten. Darauf Sokrates: δεινὸς ὁ βίος[B]. Und vielleicht ist Leben in Wahrheit Totsein und umgekehrt. Jedenfalls – am Beispiel von Durst und Trinken: λῦπαι[C] und ἡδοναί hören zusammen auf. (Cf. *Phaidon*, 60!)

[Ad Dichtung: 502: δημηγορία … τίς ἐστιν ἡ πολιτική.[15]]

503: Einführung des εἶδος: πάντες δημιουργοὶ βλέποντες πρὸς τὸ αὑτῶν ἔργον ἕκαστος … ὅπως ἂν εἶδός τι αὐτῷ σχῇ τοῦτο, ὃ ἐργάζεται – Die Handwerker blicken auf ihr (zu entwerfendes) Werk, als sei es ein εἶδος, das hergestellt würde.[16] Und dies Eidos erscheint als eine τάξις, etwas, das ordnet, was man hinstellt und das Eine zum Andern zwingt – προσαναγκάζει τὸ ἕτερον τῷ ἑτέρῳ, also ἀνάγκη und nicht βία – und fügt

[A] [nomos tes physeos], Naturgesetz

[B] [deinos ho bios], mühselig (ist) das Leben

[C] [lypai], Nominativ Plural von λύπη [lype], Leid

(ἁρμόττει), bis das ganze πρᾶγμα gefügt und geordnet dasteht. τάξις und κόσμος gelten dann auch für ψυχή, und σωφροσύνη und δικαιοσύνη sind die τάξεις und [das] κόσμημα[A] der Seele.

506: Zusammenbruch des Dialogs. Sokrates kann nicht überzeugen. Siehe auch 513: Kallikles: οὐ πάνυ σοι πείθομαι.[17]

508: Es handelt sich darum, die Masstäbe zu finden, die für den ganzen Kosmos gelten. ἡ ἰσότης ἡ γεωμετρικὴ καὶ ἐν θεοῖς καὶ ἐν ἀνθρώποις μέγα δύναται[18], ihr Gegensatz ist πλεονεξία[B]. Cf. die Vorstellung , dass 2 + 2 = 4 auch für Gott Geltung hat! Nur unter dieser Voraussetzung kann das Lob der Anzeigerei gesungen werden: »dass man sich selbst und den Sohn und den Gefährten anklagen müsse, wenn er Unrecht tut.«[19] (Cf. *Republik*[20])

515 f.: Angriffe auf alle Staatsmänner, vor allem auch Perikles; Begründung: Er hat die Athener nicht besser gemacht. 516! Im Gegenteil, er hat sie schlechter verlassen, als er sie empfing. Vergleich mit dem Viehhirten.

517: Keinen guten Mann kennen wir in bezug auf τὰ πολιτικά in dieser Stadt.

[πείθειν wird wieder aufgenommen: πείθοντες καὶ βιαζόμενοι[C] (gegen das ἀναγκάζεσθαι[D] das διαλέγειν), aber diesmal positiv, um den Bürger besser zu machen: Dies ist das einzige ἔργον des guten Staatsmanns. Da es ein ἔργον ist, gehört Gewalt dazu, und πείθειν ist Gewalt mit Worten, also auch Drohung.]

521: Sokrates: glaubt, dass er allein unter allen Lebenden ἀληθῶς über die τέχνη πολιτική und das πράττειν τὰ πολιτικά handelt!![21] (Daher braucht er dann die Hölle, um durch physische Drohung zu πείθειν, zu zwingen. Die Hölle ist der Höhepunkt des πείθειν als eines βιάζεσθαι[E]. Sie ist überflüssig nur,

[A] [kosmema], Zierde, Schmuck

[B] [pleonexia], Sucht nach mehr, Habsucht

[C] [peithontes kai biazomenoi], durch Überredung und Gewalt

[D] [anankazesthai], gezwungen werden (durch Notwendigkeit)

[E] [biazesthai], gezwungen werden (durch Gewalt)

wo διαλέγειν und ἀναγκάζεσθαι möglich sind! Die Hölle ist der äusserste Zwang mit Worten.)

Einleitung der Hölle: 523: Du wirst es für einen μῦθος halten, ich aber für einen λόγος (also auch nicht! für die Wahrheit!); ὡς ἀληθῆ γὰρ ὄντα σοι λέξω, ἃ μέλλω λέγειν – als ob es wahr wäre, werde ich Dir sagen, was ich im Begriff stehe zu sagen. <524: ἐγὼ ἀκηκοὼς πιστεύω ἀληθῆ εἶναι.[22] 526: Sokrates hat sich von diesen Worten überreden lassen, (527) weil er Besseres und Wahreres nicht gefunden.>[A] Dies ist charakteristisch für πείθειν: nicht zu »beweisen«, sondern so zu sprechen, als ob das Gesprochene wahr wäre, und so dem Andern das Wort wegzunehmen. So behandelt man die Menge, wo lernen und διαλέγειν αὐτὸς αὐτῷ[B] nicht möglich ist.

Ehemals richteten Lebende die Lebenden, und es ergaben sich Fehlurteile, weil sie nicht »nackt« waren; dies sind sie erst im Tode, wenn das Kleid des Körpers verschwindet.

524: Der Tod ist die διάλυσις[C] der Seele und des Körpers ἀπ' ἀλλήλοιν[D].

Trotzdem gibt es Schmerzen nach dem Tode, weil es unmöglich ist, anders vom Unrecht ἀπαλλάττεσθαι[E] (wie vorher πενίᾳ[F]). Die aber τὰ ἔσχατα ἀδικήσωσι ... ἐκ τούτων τὰ παραδείγματα γίγνεται[23]: ewige Höllenstrafen um des Beispiels willen. Und am meisten Beispiele werden gewonnen von Tyrannen, Königen und Mächtigen und allen, die sich um die Polis kümmerten. 526: »Die Ersten werden die Letzten sein«: ἐκ τῶν δυναμένων εἰσὶν καὶ οἱ σφόδρα πονηροὶ γιγνόμενοι ἄνθρωποι ... οἱ δὲ πολλοὶ ... κακοὶ γίγνονται τῶν δυναστῶν.[24]

Schluss 527: Wenn wir uns gemeinsam in ἀρετή geübt haben, werden wir den Staatsmännern Vorschriften machen. Denn

[A] die Sätze in spitzen Klammern hat H. A. später eingefügt

[B] [dialegein autos hauto], ein Gespräch führen – derselbe mit sich selbst; mit einem zweiten (siehe unten XVI, 21 und 22)

[C] [dialysis], Trennung

[D] [ap' alleloin], voneinander

[E] [apallattesthai], sich entfernen, sich (von etwas) frei machen

[F] [penia], Armut, Mangel

dann werden wir nicht mehr wie Knaben sein, denen niemals ταὐτὰ δοκεῖ περὶ τῶν αὐτῶν[25].

[16]

Ad totalitäre Religion[1]: Aus dem Vergleich des Atheismus, Sozialismus etc. mit den Religionen unter dem Gesichtspunkt der Psychologie und Soziologie wurde die Identifizierung: politische Religionen, weil Psychologie und Soziologie sich verabsolutierten und nicht mehr Aspekte, sondern das Wesen der Dinge ergreifen zu können glauben. Damit verschwindet das Wesen, die Substanz, selbst.

[17]

Ad Revolution: Nur in den Revolutionen lebt das Pathos der Römer, die Göttlichkeit des gründenden Anfangs, fort. Dies ist der wahre Grund für die römische Kostümierung der Französischen Revolution[1] und für den Enthusiasmus, den dieses Wort seither immer erweckte. Dass diese im tiefsten traditionelle Haltung dann die Tradition zerstörte – oder ist dies vielleicht auch nur ein Vorurteil?

[18] *New York*

Ad Arbeit: πόνος – πενία[A] von πένομαι, ich arbeite, mühe mich wie arb-eit und arm: Armut und Arbeiten gehören zusammen, Arbeit ist die Tätigkeit der Armut, Armut zwingt mit Gewalt. Eigentum ist also primär, was die Armut abhält und Arbeiten überflüssig macht. Eigentum aber ist ursprünglich nicht die Frucht der Arbeit, sondern des Erwerbs (χρηματιστική τέχνη)

[A] [penia], Armut

und der Eroberung. Armut selbst zwingt nur zur Arbeit, die niemals die Armut aufhebt; Eroberung und Erwerb sind bereits Tätigkeiten der Emanzipation von Armut und Arbeit. Die Eroberung als Emanzipation von Arbeit ist gesichert in der Beherrschung anderer, Sklavenwirtschaft.

Marx' Selbstwiderspruch in bezug auf die Arbeit zeugt zum mindesten noch von einer realistischen Einschätzung der Arbeit, die dann bei Sorel und Bergson in Frankreich und bei Jünger in Deutschland ganz und gar verloren geht. Er übernimmt nicht nur das traditionelle Ideal der Musse, sondern auch die griechische Einschätzung der Arbeit.

Plato und Aristoteles haben schliesslich alle Tätigkeiten diffamiert, die nicht um ihrer selbst willen waren; darunter fiel alles Herstellen, weil dieses ja ein Endprodukt hat, um dessentwillen es unternommen wird. Die Arbeit ist weder um ihrer selbst willen da, noch kommt bei ihr etwas heraus, was sie überdauert. Sie steht so wenig im Zweck-Mittel-Zusammenhang wie πολιτεύειν, Mit-Anderen-zusammen-die-Erde-Bewohnen oder Lebendig-sein. Arbeit ist der Aspekt des Lebens, der Mühe ist – so wie πολιτεύειν der Aspekt des Lebens ist, das Pluralität ist. Beides gehört zur »condition humaine«.

[19]

Ad Friedhofsruhe unter der Tyrannis: Tacitus: »ubi solitudinem faciunt, pacem appellant«.[1]

[20]

Zu den zwei λόγοι der Sophisten[1]: Dies ist die eigentlich philosophisch-politische Entdeckung der Polis: In ihrem Zusammen zeigt sich, dass Pluralität wesentlich die Pluralität der Aspekte impliziert, dass πολιτεύειν heisst: es aushalten, dass jede Sache viele Seiten (nicht nur zwei, das ist schon eine logische Entstellung) hat. Seinen eigenen Aspekt durchsetzen, was man innerhalb bestimmter Grenzen immer muss, heisst, fähig zu sein zu überreden. Darum wurde Πειθώ eine athenische Göttin mit einem Tempel.[2] Die entsprechende τέχνη, d. h. die Kunst, seinen eigenen Aspekt überzeugend darzustellen, war die Rednerkunst. Das ist der ursprüngliche Zusammenhang zwischen Rhetorik und Politik. Die eigentliche τέχνη πολιτική ist nicht die Kunst zu herrschen, sondern zu »überreden«, πείθεσθαι. Hier zeigt sich die δόξα in ihrer eigentlichen Gestalt: Sie ist keine unverbindliche, unfundierte Meinung – dazu hat sie erst Plato gemacht –, sondern der Ausdruck des δοκεῖ μοι: Im Unterschied zum φαίνεσθαι zeigt sich hier nur ein Aspekt, nicht das Ganze; aber dieser Aspekt ist ganz und gar nicht Schein.

Plato reisst den Abgrund auf zwischen φαίνεται – es zeigt sich überhaupt (absolut) – und δοκεῖ μοι – mir scheint es, dies ist der Aspekt, der sich mir zeigt. Politisch heisst dies: den Aspekt der eigenen δόξα zum (universal gültigen) »Phänomen« verabsolutieren. Diese Gefahr liegt bereits in dem der δόξα zugehörigen πείθεσθαι; wer mehr zeigen will als seinen Aspekt, wird zum Demagogen oder (platonisch) zum Tyrannen. Der *Gorgias* ist eigentlich der Dialog zwischen Demagogen und Tyrannen.

Der Zweifel der modernen Philosophie entsteht, als man gewahr wird, dass der platonische λόγος ein Tyrann ist, der behauptet, dass der Aspekt bereits das Gesamtphänomen zeige. Da man in der Illusion lebte, menschlichen Sinnen könnten sich mehr als Aspekte zeigen, geriet man in das Misstrauen erst der Sinneswahrnehmungen und dann der »Vernunftwahrheiten«. Der moderne Relativismus könnte das Wiederauflösen aller universal unbedingten »Wahrheiten« in berechtigte δόξαι, Aspekte, sein, wenn man nicht diese Aspekte ein für allemal diskreditiert hätte, sodass nun jeder glaubt, was er sich nur irgend ausdenkt (nicht aber sein »Aspekt«, der »objektiv« verifizierbar ist!) ist gerade so wahr wie alles andere.

Es gehört zu den Freuden der Pluralität, dass die Welt sich niemals zwei Menschen in dem genau gleichen Aspekte zeigt.

Der grösste Teil des echten πολιτεύειν ist das lebendige Einander-Mitteilen der δόξα, das Hin und Her und Wider. In diesem Mit- und Gegeneinander sich zur Geltung zu bringen ist: ἀριστεύειν. Perikles, den Plato im *Gorgias* so verachtet, wollte, dass das φιλοκαλοῦμεν καὶ φιλοσοφοῦμεν[A] noch lebendiger Bestand des πολιτεύειν sei, und nicht diesem von aussen als τὸ καλὸν und τὸ σοφόν seine Masstäbe aufpräge.[3] Weder ist der Mensch das Mass aller Dinge, noch Gott das Mass der menschlichen Dinge, noch die Dinge das Mass der Menschen. Was uns bedingt, ist die Tatsache der Pluralität als solcher – und das heisst nicht, dass wir einander bedingen wie in Marx' »vergesellschafteter Menschheit«; dies gerade ist die Perversion der Bedingtheit durch Pluralität. Aber damit entfällt, wie bei Heidegger, die »Anmassung« des Masstabes überhaupt.

[21]

Man vergisst meist, dass Aristoteles nicht meinte, zwei verschiedene Definitionen vom Menschen zu geben, wenn er ihn λόγον ἔχων und ζῷον πολιτικόν nannte. πολιτεύειν, das eigentlich menschliche, weil freie = freiwillige Zusammenleben von Menschen, war ihm wesentlich λέγειν, Miteinandersprechen – und wirkliches Sprechen, das »vernünftig« und nicht nur barbarisches Sich-verständigen und Verlautbaren ist, konnte nur unter den Bedingungen der πόλις vonstatten gehen.

Aus diesem politischen Über-etwas-Reden in Hinsicht auf etwas – oder genau: etwas sagen im Hinblick auf etwas: λέγειν τι κατά τινος – entwickelt sich erst das philosophische διαλέγειν: eine Sache durchsprechen mit sich selbst, αὐτὸς αὑτῷ (Plato), oder Einer mit einem Zweiten. Dieses ist unpolitisch, weil es eine Mehrzahl ausschliesst. Zwischen λέγειν und διαλέγειν steht der platonisch didaktische λόγος, indem sich einer

[A] [philokalumen kai philosophumen], wir lieben das Schöne, und wir lieben die Weisheit

an eine Vielheit wendet. Ihm wieder steht das rhetorische πείθειν entgegen: Das διδάσκειν entwickelt das im διαλέγειν Gefundene und macht es einer grösseren Anzahl zugänglich. Das πείθειν ist ein λέγειν κατά τινος, das sich von der Menge, in der es als λέγειν mit seinem ihm spezifischen κατά seine Stimme gehabt hat, isoliert, sich der Menge gegenüberstellt und nun sich und seinen Aspekt zum Zwecke der Überredung vorträgt.

[22]

Ad Zweifel: Nicht der Zweifel, das Misstrauen ist der Anfang der modernen Philosophie und Wissenschaft. Zweifel ist das Sich-in-Zwei-Spalten alles echten Denkens, das sich der Pluralität des Menschseins bewusst bleiben will. Der Zweifel hält dauernd gerade die andere Seite, die Seite des Andern offen; er ist in der Einsamkeit und nur in ihr die absolut notwendige Repräsentation der Andern; Zweifeln ist das αὐτὸς αὐτῷ, das zum Monolog geworden ist, der Dialog mit sich selbst, indem »ich« auch ein Anderer sein muss.

»De omnibus dubitandum«[A] als Leitsatz einer ganzen Philosophie hat mit diesem zweifelnden, dialogischen, sich entzweienden Denken gar nichts zu tun, sondern beruht auf dem Misstrauen in die Möglichkeit der Erkenntnis überhaupt. Der entscheidende Ausdruck des Descartesschen »Zweifels« ist die Vermutung, dass ein Teufel uns an der Nase rumführen könnte, anstatt göttlicher Providenz. Dies Misstrauen, das aufs engste mit dem Misstrauen in die Wahrheit von Sinneswahrnehmungen und damit in die Erkennbarkeit des rein Gegebenen zusammenhängt, ist der genaue Gegensatz zu Gottvertrauen (»faith«!, nicht »belief«).

[A] alles muß in Zweifel gezogen werden

Heft XVII

Juli 1953 bis August 1953

Heft XVII

Juli 1953

[1] *Juli 1953.*

Was die Griechen von den Barbaren schied, war, dass ihr Zusammen sich im Modus des Miteinanderredens vollzog und nicht im Beherrschtwerden. Πολιτεύειν heisst, im Reden, λόγον ἔχον, alle Angelegenheiten regeln. Πολιτικόν und λόγον ἔχον sind dasselbe. Dies ist die griechische Freiheit. Sie ist wesentlich innenpolitisch; πολιτεύειν hat seine[A] Grenze in der Aussenpolitik, vor allem den Barbaren gegenüber, wo es auf Gewalt ankommt; innergriechische Kriege sind nach Plato Bürgerkriege, sollten eigentlich nicht vorkommen. Politik endet und beginnt nicht, wo die Gewalt »redet«. Darum ist sie innenpolitisch durch die Sklavenherrschaft begrenzt, die auch auf Gewalt beruht. Die griechische Freiheit hielt sich zwischen der δουλεία der Sklaven, [auf] der sie gegründet ist und die das Versklavtsein an die ἀναγκαῖα ablöst, und der δουλεία der umgebenden Barbaren – »ein Streifen Fruchtlands zwischen Sand und Gestein«[I]. Platos Verachtung der Politik entspringt seiner Verachtung des Geredes und erst sekundär des Handelns als einer Tätigkeit, die οὗ ἕνεκα[B] ist, also nicht eigenständig.

Das Sklave-sein äussert sich primär im Leben ἄνευ λόγου und nicht im Beherrschtwerden oder Gehorchen per se. Dies wird deutlich in Platos Schilderung der Sklavendoktoren: Auch die Freien müssen den Ärzten gehorchen, aber erst nachdem die Ärzte mit ihnen gesprochen haben. Freiheit (ἐλευθερία) ist also

[A] im Original: ihre

[B] [hu heneka], wegen, um … willen

ꞏisein von Gehorchen-müssen = Befehlen, noch Auto-
to macht es dazu), sondern Leben im Modus des Mit-
rechens. Wer von der Notwendigkeit gezwungen wird, hört nicht auf, ἐλεύθερος zu sein; ergo ist auch Tyrannenherrschaft für viele Griechen etwas anderes als für uns; versklaven gerade tut sie nicht wie der orientalische Despotismus.

[2]

Goethe: »Man weicht der Welt nicht sicherer aus als durch die Kunst, und man verknüpft sich nicht sicherer mit ihr als durch die Kunst.«[1] (Tyrannei = Isolierung und »human artifice«.)

[3]

Der schlüssige Beweis für den politischen Ursprung der Höllenlehre liegt darin, dass sie in beiden Fällen, in Plato wie im Christentum, in schlagendem Gegensatz und Widerspruch zur eigentlichen Lehre steht: bei Plato in Widerspruch zum Höhlengleichnis und der Lehre von der Sterblichkeit des Körpers und der Unsterblichkeit der Seele; im Christentum im Widerspruch zu der Botschaft Christi, die Erlösung von Tod und Sünde bringt.

In beiden Fällen verlangte man, dass die Menge das genau Entgegengesetzte glaube von dem, was man selbst für wahr hielt. Säkularisierung heisst politisch, dass dies nicht mehr möglich ist.

[4] *Palenville* [A]

Die vier Modi des Miteinander-redens:

1. Sich-selbst-Offenbaren, das bereits im Nennen des eigenen Namens geschieht. Man sagt, wer man ist; wer man ist, kann nur im Sagen offenbart werden. Einen Namen aber bekommt man: Erst die Andern machen einen eindeutig, legen ihn [den Namen] fest, identifizieren ihn; jedesmal, wenn man sagt, wer man ist, wiederholt man diese Vereindeutigung. Jedesmal, wenn man sich zurückzieht, verfällt man der Vieldeutigkeit der Einsamkeit: Man verliert seinen Namen.

2. Befehlen: das Wort Gottes: Er sprach: Es werde Licht, und es ward Licht. Der Deka-log: die zehn Worte = Gebote. Reden als der Beginn eines Handelns im Sinne des Entstehenlassens: Man veranlasst Andere, etwas zu tun.

3. Diese zweite Art beruht im Grunde darauf, dass zwischen den Menschen etwas Gemeinsames ist, über das man handelnd redet. Dies ist ursprünglicher, wenn man nicht Gott als den Befehlenden und den Menschen als den Gehorchenden denkt. Das handelnde Reden wurde aus »Religion« verfälscht zum Befehlen und Gehorchen. Wenn man Handeln als Ausführen des gesprochenen Befehles versteht, entsteht eine Kluft zwischen Reden und Handeln, die identisch ist mit der Kluft zwischen Befehlenden und Gehorchenden.

4. Das gemeinsame Zwischen zeigt sich jedem anders; δοκεῖ μοι = δόξα. Im Reden (nur in ihm) offenbare ich meine δόξα. Das ist sowohl mein Teil Welt wie die Art, wie von meinem Stand aus die gesamte Welt erscheint. Im Hören erfahre ich die Welt, nämlich wie von anderen Standorten aus die Welt erscheint. In jeder δόξα zeigt sich Welt. Sie ist nicht einfach Meinung. Und Welt zeigt sich nur in δόξα.

Der Versuch, seine δόξα nicht nur zu zeigen, sondern die Andern zu zwingen, sie als einzig mögliche anzunehmen, ist Tyrannei: nur durch Gewalt möglich.

[A] siehe im Anmerkungsteil S. 977

Δόξα gibt es immer nur mit und gegen: einer mit und gegen Andere, ein Volk mit und gegen Andere.

[5]

Ad Geschichte: Es ist ein Vorurteil, Geschichte aus der christlich-jüdischen Tradition zu verstehen. Das Vorurteil stammt aus der Interpretation der Geschichte als Geschehen im Unterschied zu dem Rekord[A] der Taten der Menschen (πράγματα)) und verstärkt diese Interpretation.[B] Diese »pragmatische« Geschichte beginnt mit Homer. Sie ist Rühmung, Preisung, das Festhalten des κλέος; ihre Göttin ist Klio von κλείω, die den κλέος verkündet.[C] Das Rühmen des Ruhmes der Taten war notwendig, weil die Taten selbst wie Rauch vergehen; sie haben keine andere Stätte auf Erden als die Erinnerung der Menschen; sie sind das Allerfragilste, Vergänglichste, vergänglicher noch als die Menschen selbst. Homer singt die Taten der Menschen, aber nicht ein Geschehen, das von sich aus sinnvoll oder sinnlos wäre.

Ebenso preist Pindar die Taten der Sieger in den Olympischen Spielen. Von diesem ursprünglich dichterischen Rühmen ist der Geschichtsschreibung immerhin verblieben, dass sie als Schreibung notwendig rettet und rechtfertigt. Daran kann man sehen, wie sehr Ruhm und Rühmen ihre ursprüngliche Quelle sind.

Bei Herodot, der den Begriff des Barbaren, also des Hellenischen, hat, wird zum ersten Mal aus den Taten ein Volk. Was das Volk der Griechen gründet, ist nicht die Polis – nicht die Gründung der Stadt, aber auch kein Geschehen, sondern [sind] eigentlich die Taten, πράγματα, durch die sich die Nachfolgenden, sofern sie sich ihrer erinnerten, von anderen Völkern unter-

[A] englisch »record«, Aufzeichnung

[B] im Original steht: Das Vorurteil stammt (und verstärkt) aus der Interpretation …

[C] [kleos], Gerücht, Kunde, Ruhm; [kleio], ich rühme

schieden. Damit wird Ruhm zuverlässiger, weniger vergänglich, handgreiflicher: Es entsteht die sogenannte geschichtliche Wirklichkeit als menschliche Stätte für den Ruhm des Einzelnen. Dies ist das Volk.

Die andere Seite der Sache ist folgende: Für die Griechen gehörten ποιεῖν und παθεῖν zusammen: Wo einer etwas tut, gibt es immer einen, der etwas erleidet. Beides gehört zusammen. Die πράγματα umfassen infolgedessen von vornherein die παθήματα[A] sowohl wie die ποιήματα[B], die Taten wie die Leiden des Odysseus. Der Ruhm eines Menschen besteht in der Art, wie er tut und wie er leidet; beides zusammen ist sein πρᾶγμα. Von ihm handelt die Geschichte über ihn.

Bei Herodot und Thukydides wird Geschichte dann zu der Erzählung und der rühmenden Erinnerung – Erinnerung selbst ist bereits Rühmung, was belanglos, ruhmlos ist, ist der Erinnerung nicht wert – des »Geschehens« eines Volkes, in dem solche Taten und Leiden, wie Homer sie berichtet hat, möglich sind und weiter erinnert wurden.

Bei den Juden entsteht das Volk nicht aus den Taten der Helden, sondern aus der Generationsfolge und der Schöpfungstat Gottes, d.h. die Generationsfolge geht letztlich auf die Schöpfungstat Gottes zurück. Hier gibt es von vornherein Geschehen: Es ist das Handeln Gottes, das für den Menschen nur »geschieht«, das sich in den Gebotsworten Gottes äussert und wo sich dann Taten in Gehorsam oder Ungehorsam auflösen. Handeln und Leiden als solches aber ist nicht ruhm- und preiswürdig, ist nicht Geschichte. Geschichte ist Gottes Handeln und die Reaktion des Menschen. So ist Geschichte auch noch in der christlichen Welt. Beiden, Juden wie Christen, ist gemeinsam, dass im rein weltlichen, gottlosen Handeln kein Sinn erblickt wird.

In der modernen Geschichtsauffassung geht alles kunterbunt durcheinander. Einerseits will man nur »Innerweltliches«,

[A] [pathemata], Leiden (Plural von πάθημα [pathema])
[B] [poiemata], gemachte Dinge, Produkte (Plural von ποίημα [poiema])

aber dieses hat keinen »Sinn«, die Taten und Leiden der Menschen selbst bedürfen eines hinter ihrem Rücken agierenden Faktors. Die Juden und Christen aber wussten sehr gut, warum sie sich mit Interpretation der säkularen Geschichte kaum behelligten: Ein Geschehen, wie sie es wollten und kannten, war in ihr beim besten Willen nicht herauszulesen. Das Pragmatische der Geschichte hat in diesem Verstand gar keinen Sinn; es hat nur Leuchtkraft. Das Tun und Leiden eines Menschen, des Odysseus, des Achilles, des Ödipus, der Antigone, des Perikles etc., verändert nicht die Welt und macht sie nicht sinnvoller; sie erleuchten sie nur. Wir stehen heute noch im Lichte ihres Ruhmes.

[6]

Die Auflösung des Rätsels, das Burckhardt so beunruhigte, warum in der Polis trotz ihrer tyrannischen Züge und ihrer Rücksichtslosigkeit gegen Privates sich so ausserordentliche und ausserordentlich viele Individualitäten bilden konnten, löst sich leicht, wenn man die δόξα, das δοκεῖ μοι, recht versteht und mit dem ἀγών zusammenhält. Die griechische Freiheit war der Polis-Zwang zur δόξα, das, was einem scheint, in der Partikularität des Aspekts artikuliert zu sagen und zur Diskussion zu stellen (cf. das von Solon erlassene Verbot, bei Parteibildung sich neutral zu verhalten![1]) Diese δόξα, dieser partikulare Aspekt, der sich mir bietet in der Partikularität, die ich bin, verglichen und zusammen mit allen Andern, kann sich nur in der Mitteilung, dem Verstandenwerden und der Auseinandersetzung mit Andern entwickeln. Dies alles geht vor sich im Modus des ἀγών und des ἀριστεύειν; es bringt also den Einzelnen gerade qua »Individuellen« in seinen Stand und entwickelt ihn gleichzeitig zur höchsten Leistungsfähigkeit, zum ἄριστος. Gerade als Partikularer, als Individualität, bedarf ich der Andern, unter denen ich meinen Stand und Rang gewinne.

[7]

Heidegger sagt, ganz stolz: »Die Leute sagen, der Heidegger ist ein Fuchs.« Dies ist die wahre Geschichte von dem Fuchs Heidegger:

Es war einmal ein Fuchs, dem gebrach es so an Schläue, dass er nicht nur in Fallen ständig geriet, sondern den Unterschied zwischen einer Falle und einer Nicht-Falle nicht wahrnehmen konnte. Dieser Fuchs hatte noch ein Gebrechen, mit seinem Fell war irgendetwas nicht in Ordnung, sodass er des natürlichen Schutzes gegen die Unbilden des Fuchsen-Lebens ganz und gar ermangelte. Nachdem dieser Fuchs sich seine ganze Jugend in den Fallen anderer Leute herumgetrieben hatte und von seinem Fell sozusagen nicht ein heiles Stück mehr übrig war, beschloss er, sich von der Fuchsenwelt ganz und gar zurückzuziehen, und ging an die Errichtung des Fuchsbaus. In seiner haarsträubenden Unkenntnis über Fallen und Nicht-Fallen und seiner unglaublichen Erfahrenheit mit Fallen kam er auf einen unter Füchsen ganz neuen und unerhörten Gedanken: Er baute sich eine Falle als Fuchsbau, setzte sich in sie, gab sie für einen normalen Bau aus (nicht aus Schläue, sondern weil er schon immer die Fallen der Anderen für deren Baue gehalten hatte), beschloss aber, auf seine Weise schlau zu werden und seine selbstverfertigte Falle, die nur für ihn passte, zur Falle für Andere auszugestalten. Dies zeugte wieder von grosser Unkenntnis des Fallenwesens: In seine Falle konnte niemand recht rein, weil er ja selbst drin sass. Dies ärgerte ihn; schliesslich weiss man doch, dass alle Füchse gelegentlich trotz aller Schläue in Fallen gehen. Warum sollte es eine Fuchsenfalle, noch dazu vom in Fallen erfahrensten aller Füchse hergerichtet, nicht mit den Fallen der Menschen und Jäger aufnehmen können? Offenbar, weil die Falle sich als solche nicht klar genug zu erkennen gab. Also verfiel unser Fuchs auf den Einfall, seine Falle schönstens auszuschmücken und überall klare Zeichen zu befestigen, die ganz deutlich sagten: Kommt alle her, hier ist eine Falle, die schönste Falle der Welt. Von da an war es ganz klar, dass in diese Falle sich kein Fuchs je unabsichtlicherweise hätte verirren können. Dennoch kamen viele. Denn diese Falle diente ja unserem Fuchs als Bau. Wollte man ihn im Bau, wo er zu Hause war, besuchen, musste man in seine Falle gehen. Aus der freilich konnte jeder herausspazieren ausser ihm selbst. Sie war ihm wort-wörtlich auf den Leib geschnitten. Der Fallen-bewohnende Fuchs aber sagte stolz: So viele gehen in meine Falle, ich bin der beste aller Füchse geworden. Und auch daran war etwas Wahres: Niemand kennt das Fallenwesen besser, als wer zeitlebens in einer Falle sitzt.[1]

[8]

Δόξα: Σοὶ μὲν ταῦτα δοκοῦντ' ἔστω, ἐμοὶ δὲ τάδε. (Athenaeus IX, 4 aus Euenos. Pausan. IX, 16, 4.) Nach Burckhardt, I, 340: »alter Spruch«.[1]

[9]

Burckhardt, I, 355–6, macht darauf aufmerksam, dass die griechischen Götter keiner Dienerschaft bedurften:[1] Nur die Menschen brauchten Sklaven; die Götter waren frei von irdischer Notdurft, wenn auch dem Schicksal unterworfen. Diese Freiheit hängt mit ihrer Unsterblichkeit zusammen? Jedenfalls sind die griechischen Götter gekennzeichnet durch das »leichte« Leben, ihr Dasein ist mühelos.

[10] *Cambridge*[A]

Die christliche Freiheit ist Freiheit von Politik. Dies ist der Sinn des »Gebt Caesar, was des Caesars ist«. Tertullian und Augustin verstanden dies sehr gut.[1] Dies brachte eine neue Freiheit in die

[A] siehe im Anmerkungsteil S. 1026

Welt, die es in der Antike nicht gab, eine Freiheit, die ausserhalb des Miteinanders anhebt und gerade darin besteht, dass man ausserhalb dieses Zusammenhanges steht. Von da ab erst wurde Freiheit wesentlich negativ, frei von ... All das sind innerweltliche Freiheitsbegriffe. Augustins »initium« ist der letzte und höchste Ausdruck des antiken Freiheitsbegriffs, nicht das »liberum arbitrium [voluntatis]«.[2]

ἐλευθερία interpretieren wir als frei von Sklaverei; die Griechen meinten positiv: ein πολίτης sein, nicht Sklave sein. Frei-von wird durch Alpha privativum ausgedrückt, z.B. ἀλυπία[A], das wir dann als »freedom from pain«[3] übersetzen.

[11]

Nimmt man an, wie die Griechen staunend taten, dass sich der Sinn im Sinnlichen unmittelbar zeige – und hierfür ist die Skulpturenwelt herrlichster Beweis –, so entfällt unser ganzes Problem von subjektiver oder objektiver Geschichtsschreibung oder die verrückte Vexierfrage von Fakten und Bedeutung, wobei Bedeutung angeblich das ist, was ich den Fakten unterschiebe. Dann wird auch das Problem der Selektion zunichte, weil überhaupt nur »Ausgewähltes«, nämlich das, »what makes sense«, überliefert wird. Dies ist die Geschichtsschreibung Thukydides'. Sie ist »objektiv« und vernachlässigt doch erwiesenermassen viele Fakten, weil diese Probleme gar nicht zur Diskussion stehen konnten. Fakten sind nicht Geschichte, und »Sinngebung« ist nicht Geschichte. Erst wenn wir den Geschehniszusammenhang, in welchem alles seinen Sinn ursprünglich offenbarte, zerschlagen haben, entsteht das moderne »Geschichtsproblem«. Daneben gibt es, und hat es immer gegeben, die Klage, dass das, was dem Menschen geschieht und was er tut, vielleicht keinen Sinn habe. »Vanitas vanitatum« vanishes.[1]

[A] [lype], Leid; [a-lypia], Leidlosigkeit

[12] *Palenville.* [A]

δόξα = δοκεῖ μοι = mir scheint es so = dies ist, was an Welt mir in meiner Partikularität auf- und einleuchtet = Meinung. Plato hatte von Sokrates gelernt, dass der, welcher eine δόξα sich aus dem δοκεῖ μοι gemacht hatte, deshalb noch keineswegs eine »wahre Meinung« hatte; dies hatte sich daran gezeigt, dass er seine Meinung zwar so hinsagen, aber sie nicht »begründen«, d. h. ihr nicht auf den Grund kommen konnte. Sokrates verstand die »Meinungen« = Mein-ungen besser als derjenige, der sie hatte. Der Philosoph war eine Art Experte in Mein-ungen, in partikularen »Weltsichten«, der in jedem Partikularen die ihm spezifische Wahrheit entdecken konnte. So kam es zur Entgegenstellung von Meinung und Wahrheit. Daraus schloss Plato schon sehr früh vermutlich, dass nur der Philosoph die Wahrheit sehe und dass die Wahrheit Eine sei im Gegensatz zur Vielfalt der Mein-ungen. Zu dem letzteren Schluss kam er dadurch, dass er nicht Sokrates' Fähigkeit hatte, die partikularen Wahrheiten in dem scheinbar willkürlichen und widersprechenden Gerede zu entdecken, in dem Menschen ihre Meinungen zu äussern pflegen, und auch nicht Sokrates' Liebe zum Partikularen. (Nur einmal in der ganzen Geschichte der Philosophie scheint sich diese »politische« Liebe zum Vielfältig-Partikularen mit der Leidenschaft für die Wahrheit verbunden zu haben. Heinrich.[1]) So machte also Plato, der natürlich seiner Mein-ung auf den Grund der Wahrheit kommen konnte, aus Wahrheit das Absolute, für alle Verbindliche etc. Und entdeckte dann, dass solches Verbindliche nur formale, »transzendente« Masstäbe sein könnten.

Sokrates' Mäeutik: den Andern von seinen eigenen Meinungen entbinden oder γνῶθι σαυτόν[2].

[A] siehe im Anmerkungsteil S. 977

[13]

Ad πρᾶξις und Rede: Tragödie, bei der sich die Schauspieler kaum bewegen können und vor allem, viel ausschliesslicher als im neueren Theater, reden, ist von Aristoteles als μίμησις πράξεως[A] (*Poetica* 6,1) definiert. »Äusseres Tun« wird »dem Auge entzogen« (Burckhardt, II, 289).[I] Obwohl man Leiden auf die Bühne brachte und sich vor Grässlichem gar nicht scheute. An die Stelle des »äusseren Tuns« tritt die Erzählung, vor allem des Boten: Als sei erst der Bericht wirklich πρᾶξις. Die erste solche Verwandlung des Geschehenen geschieht in der *Odyssee*, wenn Odysseus den Phäaken sein Leben berichtet, nachdem er es erst angehört hat und geweint hat. In diesem Weinen erkennt er das Geschehene als seinen βίος.

[14]

Ad Geschichte: Auch die Dichtkunst hat es nach Aristoteles mit πράξεις[B] zu tun. (*Poetica* 4, 1448b25) Die Tragödie ist μίμησις ... οὐκ ἀνθρώπων, ἀλλὰ πράξεων καὶ βίου καὶ εὐδαιμονία καὶ κακοδαιμονία ἐν πράξει ἐστίν ... ὥστε τὰ πράγματα καὶ ὁ μῦθος τέλος τῆς τραγῳδίας. (*Poetica* 6, 1450a16–22[I])

[15]

Die Arbeit wird bei Marx »rational« nicht wegen der Rationalisierung des Arbeitsprozesses, sondern weil sie der »objektive« (gemessen an Arbeitszeit) Masstab aller Werke wird, gegen die bloss subjektiven und daher schwankenden »Gebrauchs«- und »Tauschwerte«.

[A] [mimesis praxeos], Nachahmung von Handlung

[B] [praxeis], Nominativ Plural von πρᾶξις [praxis], Handlung

[16]

Aristoteles, *Rhetorica*, Buch A, Erster Satz: Ἡ ῥητορική ἐστιν ἀντίστροφος τῇ διαλεκτικῇ: »Public speaking is the counterpart of philosophical speech.«[1] (Cf. *Gorgias*) Beide betreffen ἃ κοινὰ ... ἁπάντων ἐστὶν γνωρίζειν καὶ οὐδεμιᾶς ἐπιστήμης ἀφωρισμένης.[2]

Doppelt also stehen sich Politik und Philosophie gegenüber und entgegen: Erstens weil sie beide das Allgemeine, Nicht-Spezielle, Nicht-Eingegrenzte behandeln und wegen dieser Nichteingrenzung auf alle Gebiete übergreifen können: πάντες (λόγοι) τρόπον τινὰ μετέχουσιν ἀμφοῖν (1354a4).[3] – Zweitens weil sie die beiden entgegengesetzten und sich entsprechenden Redeweisen entfalten. – Zwei Sorten der rhetorischen Rede: τὰ δημηγορικὰ καὶ τὰ δικανικά[A]. Die bessere und politischere (πολιτικωτέρα) ist die erstere, weil sie sich auf κοινότερον[B] bezieht, nicht auf Privatsachen (1354b23 sq.) Ferner: Im Rechtsprechen urteilt und entscheidet (κρίνει) man über anderer Leute Sachen, im δημηγορεῖν über die eigene. (1354b29–1355a1[4])

Rhetorik bezieht sich auf περὶ τὰς πίστεις ... ἡ δὲ πίστις ἀπόδειξίς τις (1355a4–5).[5] Die Methode ist das ἐνθύμημα[6], das ein Syllogismus ist, ergo Teil der Dialektik! Cf. oben: Rhetorik also nicht ἀντίστροφος[C], sondern im wesentlichen Teil der Dialektik. Die Dialektik hat es mit Wahrheit, Rhetorik mit dem der Wahrheit Ähnlichen zu tun; τό τε γὰρ ἀληθὲς καὶ τὸ ὅμοιον τῷ ἀληθεῖ τῆς αὐτῆς ἐστι δυνάμεως ἰδεῖν (1355a14–15)[7]: Ergo ist die Priorität des Philosophen gewahrt. Die Notwendigkeit der Rhetorik entsteht, wie bei Plato, dadurch, dass man πρὸς τοὺς πολλούς[D] nicht lehren kann und ὁ κατὰ τὴν

[A] [ta demegorika kai ta dikanika], die politische und die gerichtliche (Übers. F. G. Sieveke)

[B] [koinoteron], Gemeinsameres

[C] [antistrophos], Gegenstück

[D] [pros tus pollus], zu den Vielen hin

ἐπιστήμην λόγος[A] notwendigerweise lehrhaft (διδασκαλικός) ist. Daher muss man auch das Gegensätzliche πείθειν können, ἵνα μήτε λανθάνῃ πῶς ἔχει (1355a31–32).[8] Dies tut auch die Dialektik.

(ad λόγον ἔχων: dass der λόγος ἴδιόν ἐστιν ἀνθρώπου[B], 1355b1)

(Anspielungen gegen Plato durchgehend. Immer gegen den *Gorgias*, deutlichst 1355a39, 1354b2. Oder: Ärzte sollen auch helfen, wo sie nicht heilen können, 1355b12–13.)

Rhetorik definiert als δύναμις περὶ ἕκαστον τοῦ θεωρῆσαι τὸ ἐνδεχόμενον πιθανόν. In jeder Sache, die wir betrachten, gibt es etwas, das dem πιθανόν entspricht; so gibt es für jede Sache zwei τέχναι: διδασκαλικὴ καὶ πειστική! (1355b28[9]) Vor allem aber gilt diese δύναμις für die Sachen, wo es ἀκριβές[C] nicht gibt, sondern ἀμφιδοξεῖν[D]: Darum-herum-eine-Meinung-Haben, im Gegensatz zum Treffen. Ihm entspricht das προδεδοξάσθαι, das Sich-vorher-eine-Meinung-gebildet-Haben, das Vorurteil. (1356a8, a10)

Die Rhetorik hat ihr ἔργον in dem, worüber wir βουλευόμεθα, und das sind die Sachen, die als solche erscheinen, dass sie auch anders sein könnten: βουλευόμεθα δὲ περὶ τῶν φαινομένων ἐνδέχεσθαι ἀμφοτέρως ἔχειν (1357a4–5).[10] Hierfür brauchen wir einen κριτής. Denn das Viele, worüber die κρίσεις und die σκέψεις sind, ἐνδέχεται καὶ ἄλλως ἔχειν ... τὰ δὲ πραττόμενα πάντα τοιούτου γένους ἐστί, καὶ οὐδὲν ... ἐξ ἀνάγκης τούτων (1357a23–27).[11] Dies das Entscheidende: 1. Urteil und Entscheid treffen nur nicht-notwendige Dinge; 2. alles Handeln und alle Taten gehören dazu; 3. aber nicht »Philosophie«, die es also nicht mit Urteil und Entscheid, sondern [mit] zwangsläufigem Einsehen zu tun hat. Der Unterschied zu

A [ho kata ten epistemen logos], der wissenschaftliche Diskurs (Übers. F. G. Sieveke)

B [idion estin anthropu], dem Menschen eigen ist

C [akribes], Genaues

D [amphidoxein], Zweifel haben, unschlüssig sein

Plato, dass zugegeben wird, dass nicht alles ἐξ ἀνάγκης ist; aber selbstverständlich, dass dies das »Bessere« ist.

Das πείθειν hat es mit dem εἰκός (gegen das ἀληθές) zu tun – [dem] Wahrscheinlichen, das aber auch anders sein kann, dem Plausiblen. (1357a34–36)

(Ad Ideen: λέγω δ' εἴδη μὲν τὰς καθ' ἕκαστον γένος ἰδίας προτάσεις, τόπους δὲ τοὺς κοινοὺς ὁμοίως πάντων. [1358a31–32[12]] Wirft also Plato vor, die τόποι mit den Ideen verwechselt zu haben.)

Es gibt drei εἴδη der Rhetorik: ἔκ τε τοῦ λέγοντος καὶ περὶ οὗ λέγει καὶ πρὸς ὅν; das τέλος ist πρὸς ὅν oder [d.h. zum] Zuhörer (1358a36 bis 1358b1).[13]

Ferner: Rhetorik ist nötig 1. für συμβουλεύεσθαι[A] und bezweckt dann das συμφέρον und [das] Schädliche; dies alles ist das eigentlich Politische und »Aktive« und der Wahrheit am nächsten, weil es keine Privatsachen betrifft (1359b7 und 31); 2. für Rechtsprechung und bezweckt dann δίκαιον und ἄδικον und 3. für Lob und Tadel und bezweckt dann καλὸν καὶ αἰσχρόν[B]. Dies letztere (wie später erwähnt wird) geht schon in die Poesie über – und die Geschichtsschreibung. (1358b8 und 21–28)

Das συμβουλεύειν[C] ist nötig für alles, was ἐνδέχεται καὶ γενέσθαι καὶ μή: was sich ereignen kann oder nicht (1359a30–32), und zwar wenn ἡ ἀρχὴ τῆς γενέσεως ἐφ' ἡμῖν ἐστιν, der Anfang des Ereignisses bei uns steht (a39).

Die fünf Gegenstände des συμβουλεύεσθαι: Ökonomie, Aussenpolitik, Heereswesen, Im- und Export, Gesetzgebung! (1359b21–23) Das Wesentlichste die Gesetzgebung: ἐν γὰρ τοῖς νόμοις ἐστὶν ἡ σωτηρία τῆς πόλεως (1360a19–20).[14] Ausser der besten können alle in sich (ὑπὸ οἰκείων) zugrunde gehen (a23).

(Ad Arbeit: Gut ist Masshalten [σωφροσύνη] und φιλεργία

A [symbuleuesthai], (das) Sich-Beraten

B [kalon kai aischron], das Schöne und das Häßliche

C [symbuleuein], (das) Raten, Ratgeben

ἄνευ ἀνελευθερίας [1361a8].[15] Sonst wird Freiheit unter den Gütern der εὐδαιμονία – 1360b15 sq. – nicht erwähnt!)

(Ad Reichtum: τὸ πλουτεῖν ἐστιν ἐν τῷ χρῆσθαι μᾶλλον ἢ ἐν τῷ κεκτῆσθαι· καὶ γὰρ ἡ ἐνέργειά ἐστι τῶν τοιούτων καὶ ἡ χρῆσις πλοῦτος. [1361a23–24)[16]

(Neid betrifft vor allem die Güter der τύχη [1362a6].)

συμβουλεύεσθαι: hat mit dem συμφέρον zu tun, weil es nur über die Mittel ein Ratschlagen gibt, nicht über das Ziel, über das, das um eines Anderen willen ergriffen wird, nicht über das um seiner selbst willen. (1362a18 sq.) Dies ist das Politische, wo es nur um Mittel geht, über die beratschlagt werden muss. Die Zwecke setzt die Philosophie.

August 1953

[17] *August 1953.*

Es gibt wesentlich zwei Arten von Geschichte: Erstens und ursprünglich die Erinnerung und das Melden von Taten und Leiden, die allein darauf angewiesen sind, gerühmt zu werden und unsterblichen Ruhm zu erringen, weil sie das Allervergänglichste sind. Zweitens Geschichte im Sinne der Wissenschaft, die am Ende und vom Ende sich zu Anfängen zurücktastet, für die das Ende die zentrale Kategorie ist, um überhaupt nur Sinn zu finden, der es um einen Geschichtsprozess und keine Geschichten zu tun ist etc. Diese Geschichte gibt es erst, seit die Neuzeit sich als Ende empfindet und zu den Anfängen zurück will. (Herder und Hegel.)

[18]

[Aristoteles], *Rhetorica*, cont.[1]

Alles aber, was wir besitzen, wird besser durch Gekanntwerden, In-Erscheinung-Treten: Besser nämlich ist ἃ μὴ λανθάνει παρόντα ἢ ἃ λανθάνει· πρὸς ἀλήθειαν γὰρ τείνει ταῦτα – das, was sich nicht verbirgt, wenn es da ist, als das, was sich verbirgt; denn es hat die Tendenz zur »Wahrheit« (1365b14–15).

πείθειν und καλῶς συμβουλεύειν gehören zusammen. (1365b23) Alle werden durch das συμφέρον »überzeugt«, συμφέρει δὲ τὸ σῶζον τὴν πολιτείαν. Dies συμφέρον ist κύριον, und es gibt so viele κύρια, als es πολιτεῖαι gibt: hier vier: Demokratie, Oligarchie, Aristokratie und Monarchie.[2] (Charakteristisch, dass Tyrannis als πολιτεία gilt, also eine nicht-barbarische Form, die die griechische Freiheit unangetastet lässt. [cf. *Politica*, 1279a28 sq.]) Hier wird Demokratie bestimmt als Herrschaft[A] durch Los, Oligarchie durch Eigentum, Aristokratie durch παιδεία, Monarchie, wo Einer κύριος ist. Von dieser [letzteren] gibt es zwei: βασιλεία, die κατὰ τάξιν, gemäss einer Ordnung ist, und τυραννίς, die ἀόριστος, unbegrenzt ist. Das τέλος der Demokratie ist ἐλευθερία, das der Oligarchie πλοῦτος, das der Aristokratie παιδεία und νόμιμα[B], der Tyrannis das Heereswesen – φυλακή. Alle diese τέλη sind als Güter und berechtigt angesehen. Für Tyrannis cf. besonders 1359b22, wo φυλακὴ τῆς χώρας[C] eines der fünf Hauptgebiete der Politik ist. (1365b25 bis 1366a6)

Unrecht tun, ἀδικεῖν, ist, willentlich jemanden gegen das Gesetz schädigen. Es gibt zwei Arten von νόμος: ἴδιος und κοινός. λέγω δὲ ἴδιον μὲν καθ' ὃν γεγραμμένον πολιτεύονται [also spielt sich πολιτεύεσθαι doch erst nach der Gesetzgebung ab?, H. A.], κοινὸν δὲ ὅσα ἄγραφα παρὰ πᾶσιν ὁμολογεῖσθαι δοκεῖ – das Gesetz, das von allen angenommen und daher nicht

[A] im Original: Hier wird Demokratie durch Herrschaft …

[B] [nomima], Sitten, Gebräuche

[C] [phylake tes choras], Landesverteidigung

für die Polis speziell aufgeschrieben ist. (1368b6–9[3]) Dies heisst auch: κατὰ φύσιν[A] (1373b6).

Allem Handeln liegt eine von den folgenden sieben αἰτίαι zugrunde: τύχη – φύσις – βία – ἔθος – λογισμός – θυμός – ἐπιθυμία. (1369a6–7[4]) Nur der λογισμός handelt gemäss dem συμφέρειν (1369b8). Die Gewalt, βία, aber ist παρὰ φύσιν[B], weil sie nämlich im Unterschied zu allen andern πρὸς ἀνάγκην[C] ist. (1370a9–16)

(Ad θαυμάζειν: gehört zusammen mit μανθάνειν, beides ist ἡδύ: Im θαυμάζειν ist τὸ ἐπιθυμεῖν μαθεῖν. [1371a31–32![5]])

Für das ἀδικεῖν bedarf es, wie für alles Handeln, der προαίρεσις – des Vorsatzes: ἐν γὰρ τῇ προαιρέσει ... τὸ ἀδικεῖν. (1374a11[6])

Kap. 15[7]: Ausführliches Beispiel der δύο λόγοι (1375a22 sq.).

Ad Vertragstheorie: ἡ γὰρ συνθήκη νόμος ἐστὶν ἴδιος (also wie das Gesetz der Polis!) und ὅλως αὐτὸς ὁ νόμος συνθήκη τίς ἐστιν – überhaupt ist das Gesetz selbst eine Art Vertrag. (1376b6–10[8])

[19]

Sokrates' γνῶθι σαυτόν erhält zwei Bedeutungen. Es heisst erstens: Erkenne, dass du nur Einer bist und nur partikulare Erkenntnis haben kannst, wisse, dass du ein Mensch und kein Gott bist; zweitens: Gehe diesem Partikularen nach und finde seine und damit deine Wahrheit. – Behältst du beides zugleich, so wirst du Wahrheit, menschliche Wahrheit haben, ohne sie Andern aufzuzwingen.

[A] [kata physin], gemäß der Natur
[B] [para physin], gegen die Natur
[C] [pros ananken], mit Zwang verbunden

[20]

Sokrates fragte die Leute nicht aus, um sie ad absurdum zu führen, sondern um einen Anhaltspunkt zu gewinnen, was ihnen »erschien«, δοκεῖ; nur in ihrer eigenen δόξα konnte die ihnen sich offenbarende[A] Wahrheit liegen. – Seine Methode war, Widersprüche zu zeigen und sich darauf zu verlassen, dass Menschen fürchten, in Widerspruch mit sich selbst zu geraten.

[21]

Der Unterschied zwischen Plato und Aristoteles ist immer noch lebendig in dem Unterschied zwischen Augustin und Thomas. – Die ungeheure Stärke dieser Tradition!

Entscheidend für alle politische Philosophie ist geblieben, dass sie mit dem Untergang der Polis und Platos Reaktion auf die Verderbtheit des Politischen begann. Aristoteles versucht, dies zu mildern, nicht mehr. Wie hätte wohl eine Philosophie der Politik hundert Jahre vor Plato ausgesehen!

[22]

Söldner: In der ausgehenden Griechenwelt wie im ausgehenden Rom: der Sieg der schieren, vom Werke getrennten Gewalt und die furchtbaren Kriege, die den Kampf vernichten. Das Prinzip des Agonalen im Kampf, das möglich macht, dass die Kämpfer sich zeigen als das, was sie sind – Hektor als Schützer der Heimat, Achilles als Held. Der Krieg vernichtet den Kriegführenden, unabhängig von Sieg und Niederlage. Er ist bereits ein reiner Gewalt-Prozess. Nur der Tod im Krieg ist Vernichtung;

[A] im Original ist zu lesen: »offende«; es könnte auch »öffnende« gemeint sein der Tod im Kampf ist der Preis, den man zahlt, gelebt zu haben und erinnert zu werden.

[23]

Das Unheil, das durch die Herrschaft naturwissenschaftlichen Denkens in die Geschichte kam, liegt nicht an den Begriffen, sondern am Prozess-Denken. Entwicklung, nämlich Entfaltung eines ursprünglich Gegebenen, ist eine Konzession der Naturwissenschaften an die geschichtliche Realität: Mit ihr historisierte man natürliche Prozesse (Darwin) und naturalisierte die Geschichte.

Die wesentliche Folge dieser Naturalisierung ist, dass πράγματα und παθήματα, Taten und »endurance«, verschwinden. (παθεῖν: endure; daher hat Faulkner, als er die Bedeutung der »endurance« begriff, wie von selbst die Passion in den Roman eingeführt, die[A] es in ihm nie gegeben hatte.)

Ferner: τύχη scheidet aus, wird zum Zufall degradiert – Zufall nämlich nicht in Hinsicht auf das Getane und »Erlittene«, sondern auf einen Prozess, dessen Entwicklung gestört wird.

[24]

Aristokratie: Ursprünglich sicherlich von ἀριστεύειν, immer der Beste sein, was in sich bereits eine Pervertierung des agonalen Prinzips darstellt, wo es nicht um besser und schlechter geht, sondern darum, zusammen mit dem Andern »to come into one's own«[I]. Besser und schlechter konnte innerhalb der unendlich offenen Toleranz des Agonalen, das absolute Masstäbe nicht kennen kann, nur Sieg oder Niederlage heissen. Damit aber wird erstens das agonale Prinzip zu etwas unvorstellbar Erbarmungslosem, und es entsteht zweitens für diejenigen, die sich

A im Original: den

als ἄριστοι bewiesen haben, die unbedingte Notwendigkeit, zu einer »kratie« zu werden, um sich vor den Unterlegenen zu schützen. Dies dürfte dann wohl eine der unbarmherzigsten Herrschaftsformen gewesen sein, da ja der Demos, der bereits als der Schlechtere definiert war, ständig drohte, nicht sowohl die Herrschaft zu ergreifen, als alles auszumorden. Der furchtbarste Aspekt der Demokratie ist, dass sie unter diesen Umständen gar nichts anderes als die Herrschaft der Schlechten sein kann.

Das der Aristokratie zugehörige Laster ist der Neid; und dieser Neid macht dann die Demokratie möglich.

[25]

Ob wohl Hegel je gemeint hätte, dass die Philosophie erst am Abend ihren Flug wage,[1] wenn Plato und Aristoteles im fünften, statt im vierten Jahrhundert gelebt hätten? Jedenfalls ist diese Stelle entscheidend: Hegel ist nicht nur faktisch der erste »Historiker« unter den Philosophen, insofern er aus der Geschichte seine Erfahrungen bezieht, sondern auch insofern die Geschichte für ihn so zentral ist wie für Heraklitos der Logos. Er ist wirklich der Meinung, dass alles Geschehen sich in seinem Sinn erst dem rückwärts gewandten Propheten erschliesst, dass es, solange es geschieht, das »trostlose Ungefähr«[2] gegeneinander streitender[A] und sich paralysierender Privat-Willen ist (der jeder für sich irrelevant ist) und dass erst das Ende den Sinn bringt. Dass er dann das Absolute sich aus sich selbst von einem Anfang her entwickeln lässt, ist der grosse Schwindel. Theologe, wie Heidegger und Heinrich [Blücher] meinen, ist er nur insofern, als nach christlicher Tradition Jesus eine Art Ende der altjüdischen Geschichte war; und zugleich der Anfang der neueren. Aber dies ist bereits sehr modernes, geschichtliches Denken, was sich daran erweist, dass unsere Zeitrechnung mit

[A] im Original: entgegenstreitender

Ob wohl Hegel je gemeint hätte, dass die Philosophie erst am Abend ihren Flug wage, wenn Plato u. Aristoteles im 5. statt im 4. Jahrhundert gelebt hätten? Jedenfalls ist diese Stelle entscheidend: Hegel ist nicht nur faktisch der erste "Historiker" unter den Philosophen, insofern er aus der Geschichte seine Erfahrungen bezieht, sondern auch insofern die Geschichte für ihn so zentral ist wie für Heraklitos der Logos. Es ist vielleicht die Meinung, dass alles Geschehen sich in seinem Sinn erst dem rückwärts gewandten Propheten erschliesst, dass es solange es geschieht das "trostlose Ungefähr" entgegenstehender und sich paralysierender Privat-Willen ist, der jeder für sich irrelevant ist und dass erst das <u>Ende</u> den Sinn bedingt. Dass er damit das Absolute sich aus sich selbst von einem Anfang her

Jesu Geburt als Wendepunkt (von dem es nach Zukunft und Vergangenheit unendlich weitergehen kann!!) erst sehr neuen Datums ist.

Weil Hegel primär nicht Philosoph, sondern Historiker ist, sieht er in der Philosophie das Ende, hat also die Berufskrankheit des Historikers. Dagegen will Marx ganz konsequenterweise einen Anfang setzen, der »Ende« überhaupt aus der Welt schafft.

[26]

[Aristoteles], *Rhetorik*, cont.[1], Buch B:

Um der κρίσις (Urteil und Entscheid) willen ist die Rhetorik da, denn sowohl συμβουλή wie δίκη sind eine κρίσις. (1377b21)[A]

Ad λέγειν: Man soll immer τῷ λόγῳ προκολάζειν (1380b19–20), mit dem Wort vorbestrafen, denn selbst Sklaven leiden dann weniger durch die Strafe!

Ad Hölle: Leuten, die tot sind, zürnen wir nicht, denn das Schlimmste (ἔσχατον) ist ihnen schon geschehen, und sie können nicht mehr leiden (ἀλγεῖν). (1380b25–27)

(Gegen das »von anderen leben«! [1381a22–24]: Selbst Bauern und αὐτουργοί, von ihrer Hände Arbeit Lebende, werden als δίκαιοι gepriesen? Cf.[2])

Ad Neid, das Nationallaster: Kapitel 10. Οἱ μεγάλα πράττοντες καὶ οἱ εὐτυχοῦντες φθονεροί εἰσιν [!]... καὶ οἱ φιλότιμοι φθονερώτεροι τῶν ἀφιλοτίμων. (1387b28–32[3])

1391b7–17: ἡ τῶν πιθανῶν λόγων χρῆσις πρὸς κρίσιν ἐστί (περὶ ὧν γὰρ ἴσμεν καὶ κεκρίκαμεν οὐδὲν ἔτι δεῖ λόγου ... ὃν γὰρ δεῖ πεῖσαι, οὗτός ἐστιν ... κριτής) ... ἐν τοῖς πολιτικοῖς ἀγῶσιν: Gebrauch der überredenden Worte ist für Entscheid, denn das, was wir wissen und was wir entschieden haben, bedarf

[A] vgl. hierzu oben in Text 16 die Auszüge aus Aristoteles, *Rhetorica*, Buch A, 1358b sq.

keiner Worte mehr.[4] Hier beginnt die Stummheit (und die Gewalt, falls sie sich ins Handeln mischt). Dies ist die Gefahr der Wissenschaft und des Fanatismus (Entschiedenhaben, nicht mehr zugänglich sein!) in der Politik.

1393a14–15: Es gibt drei ἀγαθά: τὸ συμφέρον – τὸ καλόν – τὸ δίκαιον, die als τέλη der Rede bezeichnet werden können.[5] (Ihnen entspricht: beraten, preisen, richten.)

1395b13–14: ἦθος δὲ ἔχουσιν οἱ λόγοι ἐν ὅσοις δήλη ἡ προαίρεσις – ein Ethos haben Worte, sofern die Vorhabe [Absicht, Gesinnung] klar wird.[6]

Rhetorica, Buch C: ὅλης οὔσης πρὸς δόξαν: [Rhetorik] ist ganz und gar auf Meinung gerichtet: 1404a1.

[27]

Palenville

Spannlos winkt mir hinter gehäufeten Hügeln die Weite
Und das Ferne bricht durch, leuchtend wie Mond
in der Nacht.[1]

[28]

Rom: Als die Römer offenbar sehr früh schon die Abstammung von Troja annahmen, ergriffen sie damit nicht nur das Band, das sie von da ab unlöslich mit Griechenland verbinden sollte, sondern mit einer unheimlichen Genauigkeit die beiden politischen Erfahrungen, welche die Griechen selbst nicht ausgedeutet haben und die in Homer nur angedeutet sind. Das Erste und Entscheidende ist die Tatsache der Kolonisation, eine allgemeine griechische Erfahrung, die sich aber erst bei den Römern zu der Gründung als dem Einen-Anfang-Machen verdichtete, sodass von da ab Rom, »Roma condita«, alles bestimmen konnte, von der Zeitrechnung bis zur »Weltanschauung«. Das Zweite ist, dass die Figur Hektors, nämlich das eigentlich »Patriotische«, »der für seine Hausaltäre« (für die Familie, für den Sohn etc.) Kämpfende, zentral werden konnte gegenüber Achill, der allein ist, Taten vollbringt, unsterblichen Ruhm erntet etc. Hektor ist eigentlich bereits ein römischer Held, so sehr gleichen römische Helden dem Hektor.

[29]

Weltgeschichte verdanken wir den Griechen und ihrer Gabe des Verstehens, d.h. des die Welt von einem anderen δοκεῖμοι als dem eigenen Sehen-könnens, nur indirekt. Daraus wird noch lange kein Weltgeschehen, nur die Taten aller Herren Völker. Erst als die Römer das Erbe antraten und nun bewusst mit griechischem Geist die Welt durchdringen und auch sich auf das Verstehen griechischen Geistes angewiesen sehen (für die Beherrschung der Diadochenreiche), kann es zur Weltgeschichte kommen, kann Polybios[1] zu schreiben beginnen.

[30]

Privat – öffentlich: Privatleben ist ursprünglich »deprived life«. Es ist ein Leben, dem die δόξα, nicht das δοκεῖ μοι, aber der Platz, den es in der Welt als δόξα unter δόξαι innehat, gestohlen ist. So ist Privatheit ursprünglich bei den Griechen so etwas wie A-politie[1], »Staatenlosigkeit«. Zugrunde geht dabei sowohl die Möglichkeit der partikularen Wahrheit (nämlich bei den Vielen) wie das Bewusstsein, dass Wahrheit wesentlich partikular ist, nämlich das, was sich mir zeigt, in seiner Unverborgenheit. Also ein »Glück« – scheinbar – für die Philosophen, die Experten der Wahrheit werden, ein Unglück auf jeden Fall für die Menge, die ohne allen Zugang zu Wahrheit verbleibt, weil sie aus dem δοκεῖ μοι nur im Zusammen die δόξα entwickeln kann. Dem Philosophen genügt die »Vorstellung«.

Heft XVIII

August 1953 bis September 1953

Heft XVIII

August 1953

[1] *Palenville.*[A] *Aug. 53.*

Plato und Aristoteles bezeichnen das Ende der griechischen Philosophie unter den Bedingungen der untergehenden Polis. Nicht nur ihre politische Philosophie, ihre gesamte Philosophie – inklusive der Ideenlehre und des »bios theoretikos« – ist nur so zu verstehen. Ihre Grundfrage ist: Wie kann der Mensch ohne Polis leben, oder wie kann man die Polis so reorganisieren, dass man in ihr ausserhalb ihrer leben kann? Dies wurde dann die Grundhaltung aller politischen Philosophie.

[2]

Ad Schöpfung versus ἀρχή und »initium«: Nur weil die Griechen einen Schöpfer der Welt nicht kannten, konnte ἄρχειν »anfangen« und »herrschen« heissen. Dies weist auf jeden Fall darauf hin, dass Anfang nur innerhalb einer vorgegebenen (ewigen?) Welt möglich ist und gesetzt ist. Augustins Wort[1] ist griechisch, nicht hebräisch gedacht. Der Mensch kommt als Anfang in die Welt. Die Schöpfung setzt einen vom Menschen unabhängigen Anfang voraus. Aristoteles' unbewegter Beweger ist auch nur ein Demiurg, der das Unbewegte in Bewegung versetzt; er ist ein Ausweg, der gerade Schöpfung vermeidet.

[A] siehe im Anmerkungsteil S. 977

[3]

Dicht verdichtet das Gedicht,
Schützt den Kern vor bösen Sinnen.
Schale, wenn der Kern durchbricht,
Weis' der Welt das dichte Innen.

[4]

Ad Wert: Der Wert ist ein rein gesellschaftlicher und nicht ein ökonomischer Begriff. Ökonomisch gibt es nur Preise; erst die Gesellschaft setzt den Wert fest und macht alles zu Werten.

[5]

Ad Tradition: Burckhardt in der *Griechischen Kulturgeschichte*: »Neben allem Wissensstoff der Erde behauptet sich, wie ein Grundakkord, der immer wieder hindurchtönt, die Geschichte der alten Welt, das heißt aller derjenigen Völker, deren Leben in das unsrige eingemündet ist.«[1]

[6]

Herrschaft und Arbeit: Sofern Herrschaft ursprünglich aus Herrschen über Sklaven erfahren wurde, hat Herrschen bereits einen »totalen« Ursprung. Jedoch schien es da gerade von Politik so geschieden, dass es Politik = πολιτεύειν ermöglichen sollte. In der Zeit der Apolitie[1] des 4. Jahrhunderts wird aus πολιτεύειν das φιλοσοφεῖν. Nun erst wird Politik mit Herrschaft identifiziert und damit in eine niedere Lebensstufe verwiesen, genau auf die, auf der ursprünglich nur die Erfüllung der Lebensnotwendigkeiten gewesen ist. Von da ab wird Politik »materialistisch«.

Die Emanzipation der Arbeiterklasse bedeutet essentiell nicht die Massenherrschaft, sondern: dass man Arbeit als öffentlich-politisch ansah. Arbeiten wurde aus einer privaten eine öffentliche Tätigkeit. Und dies hiess zweierlei: 1. dass man die Notwendigkeit ins politische Handeln einführte oder Handeln an die ἀναγκαῖα band; und 2. dass man das wesentlich Private des rein biologischen Lebens, nämlich den Verbrennungsprozess des Biologischen, der auf Konsumtion beruht und für den Menschen ohne Arbeit – Stoffwechsel mit der Natur – nicht möglich ist, öffentlich machte.

[7]

Dies ist der Unterschied zwischen Sklaven und Banausen: Der Sklave ist den ἀναγκαῖα versklavt, der Banause ruiniert sich selbst durch zu grosse Mühe (πόνος), die bereits dem Arbeiten ähnelt. (Alle Tätigkeiten, die Arbeit = Mühe in sich haben: Maler und Hirte als Nicht-Banausen im Vergleich zu Bildhauer und Bauer.) Banausen sind nicht der Herrschaft unterworfen, aber sollen auch nicht Bürger sein. Sie sind frei im negativen Sinne: Niemand herrscht über sie, nicht im positiven [Sinne] des Frei-seins. Die Tyrannis ist die Herrschaft über Banausen. Alle sogenannten Freiheiten als Freiheiten von ... sind banausische Freiheiten, Frei-von-Umzu, nämlich Werk. Freiheit im essentiellen Sinne ist: λόγον ἔχων.

Das Vorurteil gegen die Banausen ist das eigentliche Zeichen der Aristokratie. Spezialisierung verhindert das ἀεὶ ἀριστεύειν[A], nämlich immer und in allem der Beste sein, und ist so das eigentliche Gegenprinzip von παιδεία.

Aber das »Vorurteil« gegen Arbeit hat damit nichts zu tun; es ist viel ursprünglicher und hat ein Element panischer Angst in sich. In der Arbeit liegt eine Naturnotwendigkeit wie im Gebären; daher auch so häufig das gleiche Wort.

[A] [aei aristeuein], immer sich auszeichnen

[8]

Ad Mischverfassung, siehe Cicero[1]: Bereits Thukydides hält eine gemässigte Mischung von Oligarchie und Demokratie für das Beste: VIII, 97[2].

[9]

Die folgenschwere Erbschaft, die die ausgehende Antike der europäischen Religiosität vermachte, war der Alexandrinismus und zwar 1. sein Begriff der Klassizität, die Auswahl bestimmter Autoren, die man speziell kennen müsse, also der Kanon, der nur eine Form des Klassizismus ist; und 2. der Fanatismus, der zwischen den Philosophenschulen herrschte, wo das Dogma bereits entstanden war, d. h. die zum Dogma gewordene δόξα – d. h. eigentlich die platonische Wahrheit.

[10]

Animal laborans entspricht dem Animal rationale, nicht dem ζῷον λόγον ἔχον. Wie die Ratio sitzt die Arbeitskraft in uns, während das Wort unmittelbar in der Welt ist, an die Welt sich wendet und nur auf uns bezogen zugrunde geht. Selbst das Denken braucht den Dialogos der Einsamkeit und spaltet sich. Arbeiten und Vernunft aber sind ganz und gar subjektiv. – Diese Subjektivierung ist überall festzustellen, am deutlichsten, wenn aus Sprache Vernunft und aus dem Gesetz als Grenze zwischen Menschen das innere Gesetz wird. In dieser Verinnerlichung vollzieht sich die Apolitisierung des Menschen, der nun im Zwischen nur noch den Feind des Innern, des eigentlichen Menschen sieht. Es ist der Sieg des »Privaten« über das Öffentliche.

Der Akkumulator der Gewalt wie der der Liebe zerstört das Zwischen, vernichtet oder verbrennt es, macht den Anderen abstandslos, beraubt sich selbst des Abstandes. Dagegen ~~ent~~stellt der Dichter des Sagens und Spielens ~~die~~ das Zwischen bestätigt, im Zwischen sich bewegt. Darum gibt es nicht den Akkumulator des singenden Gedichts, das das Besungene ohne irgend etwas zu bestätigen aus dem Zwischen in seine Relationen löst und erlöst. ~~Die~~ Unsere Dichtung, und nicht die Philosophie, unabschließbar, ist Rettung da.

=

Wir verstehen einander gewöhnlich nur im einem Zwischen, durch die Welt und um der Welt willen. Wenn wir einander direkt, unvermittelt, ohne Bezug auf ein zwischen uns Liegendes gemeinsames verstehen, lieben wir.

[11]

Der Akkusativ der Gewalt wie der der Liebe zerstört das Zwischen, vernichtet oder verbrennt es, macht den Andern schutzlos, beraubt sich selbst des Schutzes. Dagegen steht der Dativ des Sagens und Sprechens, der das Zwischen bestätigt, im Zwischen sich bewegt. Dann gibt es noch den Akkusativ des singenden Gedichts, das das Besungene, ohne irgend etwas zu bestätigen, aus dem Zwischen und seinen Relationen löst und erlöst. Wenn die Dichtung, und nicht die Philosophie, verabsolutiert, ist Rettung da.

[12]

Wir verstehen einander gewöhnlich nur in einem Zwischen, durch die Welt und um der Welt willen. Wenn wir einander direkt, unvermittelt, ohne Bezug auf ein zwischen uns liegendes Gemeinsames verstehen, lieben wir.

[13]

Die moderne Gesellschaft hat die Arbeit mühelos gemacht und das Gebären schmerzlos. Damit aber hat man nicht das Zwingende im Menschenleben beseitigt, sondern nur sein »Symptom«, seine offenbare, allem zu Tage liegende Indikation. Seither können wir zwischen Zwang und Freiheit nicht mehr unterscheiden, weil der Zwang sich nicht mehr als Mühe und Schmerz offenbart. So werden wir bezwungen und merken es nicht einmal.

[14]

τίς γάρ, τίς ἀνὴρ πλέον
τᾶς εὐδαιμονίας φέρει
ἢ τοσοῦτον ὅσον δοκεῖν
καὶ δόξαντ' ἀποκλῖναι;[1]

1. εὐδαιμονία und δόξα gehören zusammen.
2. δοκεῖν ist nicht subjektiv, denn dann wäre das ἀποκλῖναι, das subjektive Abbiegen des partiell Erschienenen, nicht verständlich.

[15]

Zusammenhang von Politik und Poesie: Nur weil die Griechen ursprünglich alles Handeln in seiner Vergänglichkeit erfuhren und daher gerade diese Art der Grösse »verewigen« mussten, ist die griechische Dichtung klassisch geworden. Die Römer, welche Handeln nicht im Sinne der vorübergehenden Unternehmung und des Abenteuers begriffen, sondern als das bleibende Gründen der Städte und die verpflichtende Erhaltung, brauchten keine Dichtung: Ihr Monument, das sie der Nachwelt hinterliessen, war die für die Ewigkeit gegründete Stadt. Rom selbst ist der römische Homer.

[16] *Wellfleet*[A]

Nur die jüdisch-christliche Tradition hat den Mord zu dem absoluten Verbrechen erhoben; und sie konnte es nur, weil hier Mord eine Art Deizid war, sofern der Mensch im Ebenbilde Gottes erschaffen ist. Diese Vorstellung fehlt der antiken Welt

[A] in Wellfleet, Massachusetts, war H. A. im August 1953 bei ihrer Freundin Mary McCarthy zu Gast, zu Einzelheiten siehe im Anmerkungsteil S. 1035

vollkommen. Daher ist das »Du sollst nicht töten« auch nicht der Eckstein ihrer Gesetze.

September 1953

[17] *New York. September 1953.*

[Plato], *Theaitetos*, Was ist ἐπιστήμη im Unterschied zu δόξα? (146)

τέχνη μαιευτική[A]: 150–1: Sokrates kann unterscheiden, ob der »Gebärende« ein εἴδωλον καὶ ψεῦδος oder γόνιμόν τε καὶ ἀληθές zum Vorschein bringen wird; er selbst aber ist – wie die Hebammen in Athen – ἄγονος σοφίας, wenn: μαιεύεσθαί με ὁ θεὸς ἀναγκάζει, γεννᾶν δὲ ἀπεκώλυσεν.[1]

151: ἐπιστήμη wird mit αἴσθησις[B] identifiziert. Dies soll Protagoras, 152, gemeint haben mit »πάντων χρημάτων μέτρον« ἄνθρωπον [cf. *Νόμοι*: ὁ θεὸς ἡμῖν πάν(των) χρημ(άτων) μέτρον] εἶναι, τῶν μὲν ὄντων ὡς ἔστι, τῶν δὲ μὴ ὄντων, ὡς οὐκ ἔστιν.[2] Weitere Auslegung: ὡς οἷα μὲν ἕκαστα ἐμοὶ φαίνεται, τοιαῦτα μὲν ἔστιν ἐμοί, οἷα δὲ σοί, τοιαῦτα δὲ αὖ σοί; ἄνθρωπος δὲ σύ τε κἀγώ.[3]

155: Μάλα γὰρ φιλοσόφου τοῦτο τὸ πάθος, τὸ θαυμάζειν· οὐ γὰρ ἄλλη ἀρχὴ φιλοσοφίας ἢ αὕτη ...[4]

161: Bestritten wird, dass τὸ δοκοῦν ἑκάστῳ τοῦτο καὶ ἔστιν – dass das, was einem scheint (δόξα), auch ist. Daraus folgt keineswegs, μέτρῳ ὄντι αὐτῷ ἑκάστῳ τῆς αὑτοῦ σοφίας – dass jedem seine eigene Weisheit das Mass sei.

τέχνη μαιευτική = ἡ τοῦ διαλέγεσθαι πραγματεία.[5]

[A] [techne maieutike], Hebammenkunst

[B] [aisthesis], sinnliche Wahrnehmung

Der Dialog verschiebt sich auf die Frage: εἰ ἄρα ἐστὶν ἐπιστήμη τε καὶ αἴσθησις ταὐτὸν ἢ ἕτερον. (163a[6])

172: Die Furcht, dass die Philosophen sich lächerlich machen im öffentlichen Leben.

187: ἐπιστήμη: Man soll sie überhaupt nicht in der αἴσθησις suchen, sondern in dem, ὅτι ποτ' ἔχει ἡ ψυχή, ὅταν αὐτὴ καθ' αὑτὴν πραγματεύηται περὶ τὰ ὄντα: was die Seele hat, wenn sie selbst in Bezug auf sich selbst sich beschäftigt mit dem Seienden. Dies nennt man gewöhnlich δοξάζειν (diese Beschäftigung ist aber eigentlich θαυμάζειν)[A], und ἡ ἀληθὴς δόξα ἐπιστήμη: »Wissenschaft ist die wahre Meinung.« – Darauf die Sophistenfrage: Wie kann einer δοξάζειν ψευδῆ[B]?

(188: εἰδέναι[C] und δοξάζειν entgegengestellt.)

Darauf nochmalige Wendung des Dialogs: Handelt es sich nicht vielmehr um τὸ εἶναι καὶ μή[D] und nicht um τὸ εἰδέναι καὶ μὴ εἰδέναι[E]?

[18]

Hierzu [zu Platos *Theaitetos*] Aristoteles, Anfang der *Metaphysik*:

980a21–26: Πάντες ἄνθρωποι τοῦ εἰδέναι ὀρέγονται φύσει.[1] (Nimmt also das Thema des *Theaitetos* als das zentrale der Philosophie direkt auf.) σημεῖον δ' ἡ τῶν αἰσθήσεων ἀγάπησις.[2] (Auch den Zusammenhang zwischen ἐπιστήμη und αἴσθησις, den er aber ins Positive zurückdreht.) καὶ γὰρ χωρὶς τῆς χρείας ἀγαπῶνται δι' αὑτάς, καὶ μάλιστα τῶν ἄλλων ἡ διὰ τῶν ὀμμάτων.[3] (Der βίος θεωρητικός ist das Leben, das dieser Liebe zum Sehen gerecht wird. Daß sie etwas mit Wissenwollen zu tun hat, ist keineswegs gesagt, aber von Aristoteles vorausge-

[A] dieser Satz wurde später eingefügt, Klammern v. d. Hrsg.

[B] [doxazein pseude], Falsches meinen

[C] [eidenai], wissen (im Sinne von: sich nicht täuschen lassen)

[D] [to einai kai me], Sein und Nichtsein

[E] [to eidenai kai me eidenai], Wissen und Nichtwissen

setzt. Bei Plato meint εἰδέναι noch: sich nicht täuschen; erst bei Aristoteles wird ἐπιστήμη Wissenschaft.) οὐ γὰρ μόνον ἵνα πράττωμεν, ἀλλὰ καὶ μηθὲν μέλλοντες πράττειν τὸ ὁρᾶν αἱρούμεθα ἀντὶ πάντων ... τῶν ἄλλων.[4] (Ausschlaggebend ist, daß wir »sehen« wollen, ohne es für das Handeln zu benützen oder zu benötigen. Bereits im Zweckzusammenhang gesehen und darum zum Selbstzweck gemacht. Dagegen:) 982b12–13: διὰ γὰρ τὸ θαυμάζειν οἱ ἄνθρωποι καὶ νῦν καὶ τὸ πρῶτον ἤρξαντο φιλοσοφεῖν.[5] (Wörtlich zitiert aus *Theaitetos* [155d2]; aber dies θαυμάζειν will ja nicht einmal wissen. Richtig ist nur, dass es, weil in ihm die Seele αὐτὴ καθ' αὑτήν[A] konfrontiert ist, mit τὰ ὄντα aus dem Praxis-Zusammenhang mit Anderen herausgerissen ist, in der Einsamkeit des Denkens – des staunenden Erwiderns etc. Aristoteles aber fährt fort:) 982b17–18: ὁ δ' ἀπορῶν καὶ θαυμάζων οἴεται ἀγνοεῖν.[6] (Allerdings aber im Sinne der Gewißheit, daß dies, worüber man staunt, mit Wissen gerade nicht zu bewältigen ist. Aristoteles schließt:) b19–21: διὰ τὸ φεύγειν τὴν ἄγνοιαν ἐφιλοσόφησαν, φανερὸν ὅτι διὰ τὸ εἰδέναι τὸ ἐπίστασθαι ἐδίωκον, καὶ οὐ χρήσεώς τινος ἕνεκεν[7] (und wird zum Begründer der »unpraktischen« Wissenschaft, die sich dann am Ende so außerordentlich und verhängnisvoll praktisch erwies. Man beginnt zu forschen, eben zu philosophieren, um der Unwissenheit zu entfliehen. Die Unwissenheit, der man nicht entfliehen kann und die sich im – philosophischen und einsamen – θαυμάζειν äußert, ist aber dieselbe, die sich im politischen und handelnden δοκεῖν äußert. Dies Zusammen von Philosophie und Politik, von θαυμάζειν und δοκεῖν, repräsentiert vielleicht Sokrates. – Aristoteles fährt fort, um die »Unpraktischkeit« seiner Wissenschafts-Philosophie zu begründen:) b22–24: σχεδὸν γὰρ πάντων ὑπαρχόντων τῶν ἀναγκαίων ... ἡ τοιαύτη φρόνησις ἤρξατο ζητεῖσθαι – erst als man des Notwendigen Herr geworden war, konnte man die φρόνησις zu suchen beginnen. (Denn [b 24–28]) δῆλον οὖν ὡς δι' οὐδεμίαν αὐτὴν ζητοῦμεν χρείαν ἑτέραν, ἀλλ' ὥσπερ ἄνθρωπός φαμεν ἐλεύ-

[A] [aute kath' hauten], selbst in Bezug auf sich selbst, siehe oben S. 431

θερος ὁ αὑτοῦ ἕνεκα καὶ μὴ ἄλλου ὤν, οὕτω καὶ αὕτη μόνη ἐλευθέρα οὖσα τῶν ἐπιστημῶν· μόνη γὰρ αὕτη αὑτῆς ἕνεκέν ἐστιν ... 983a10–13: ἀναγκαιότεραι μὲν οὖν πᾶσαι ταύτης, ἀμείνων δ' οὐδεμία ... ἄρχονται μὲν γὰρ ... ἀπὸ τοῦ θαυμάζειν πάντες ... 983a18–19: δεῖ δὲ εἰς τοὐναντίον καὶ τὸ ἄμεινον ... ἀποτελευτῆσαι.[8] (Die Wissenschaften entstehen aus dem Staunen, sind aber dazu da, zu seinem Gegenteil und Besseren zu führen und zu enden; die Wissenschaften, die die Unwissenheit fliehen, enden beim Wissen und heben das Staunen auf. Die Philosophie hebt sich selbst auf.)

[19]

Herodot: ad Geschichte: Erster Satz: Ἡροδότου Ἁλικαρνησσέος ἱστορίης ἀπόδεξις ἥδε, ὡς μήτε τὰ γενόμενα ἐξ ἀνθρώπων τῷ χρόνῳ ἐξίτηλα γένηται, μήτε ἔργα μεγάλα τε καὶ θωμαστά, τὰ μὲν Ἕλλησι, τὰ δὲ βαρβάροισι ἀποδεχθέντα, ἀκλεᾶ γένηται ... – Diese Aufzeigung der Erkundung ist Herodots, damit weder das, was aus den Menschen in der Zeit entstanden, wieder verschwinde, noch die grossen und wunderbaren Werke sowohl der Hellenen wie der Barbaren ruhmlos verblieben ...[1]: 1. Geschichte ist a) was erkundet worden ist, b) das, was seinen Ursprung in Menschen hat, c) damit, was entstanden ist, nicht wieder vergehe, d) und das, was gross war, nicht ungerühmt bleibe. [2.] Neu gegenüber Homer ist, dass nicht nur Grösse das Kriterium ist, dem der Ruhm entspricht, sondern auch das einfache Entstehen, γιγνόμενα, das nicht wieder vergehen soll. Ferner – aber ganz im Einklang mit Homer – unabhängig vom eignen Volke!, so wie Homer Hektor und Achill rühmt. Der Anfang der Geschichte ist alles andere als »National«geschichte; es ist im Gegenteil die Fähigkeit, überall Grösse zu sehen und zu verstehen und neugierig zu sein für andere Schicksale. Vgl. mit den δύο λόγοι[A] der Sophisten.

[A] [do logoi], zwei Denkweisen, siehe oben S. 390f.

Dagegen Thukydides: gibt als Gründe an: 1. (I, 1) Der peloponnesische Krieg wegen seiner Grösse ist ἀξιολογώτατος[A]; 2. da er dies von Anbeginn hoffte, hat er bessere Quellen als für ältere Zeiten; sodass 3. (I, 22) diejenigen lernen können, welche wollen τῶν τε γενομένων τὸ σαφὲς σκοπεῖν καὶ τῶν μελλόντων, da dieses Künftige der menschlichen Natur gemäss (κατὰ τὸ ἀνθρώπειον) wieder das Vergangene widerspiegeln müsse.[2] – Dies die absolute Entgegensetzung zu Herodot und Homer, die fürchten, dass Gewesenes unwiederbringlich verloren gehen könne.

[20]

Herodot [ad] Staatsformen: III, 80–82: Drei Formen: Demokratie, Oligarchie = Aristokratie, Monarchie = Tyrannis.

80. Otanes[B] greift an die Monarchie: ἕναμὲν ἡμέων μούναρχον μηκέτι γενέσθαι[1] = Einer soll niemals über uns allein herrschen, weil Monarchie von Hybris und Neid getrieben wird, Neid ist dem Menschen von Beginn angeboren, sodass die Verbindung des Neides mit der Hybris charakteristisch wird. Er empfiehlt: πλῆθος ἄρχον[C], weil es den besten Namen hat: ἰσονομία [Isonomia], ferner durch Los regiert und ὑπεύθυνον ist, Rechenschaft ablegen muss, während der Monarch ἀνεύθυνος – machen kann, was er will; in der Isonomia (= Demokratie) zielen alle Beratungen ferner auf τὸ κοινόν.

81: Megabyzos[D] greift die Demokratie an, die die Folge der Tyrannis sei, aber schlechter, weil der Tyrann εἴ τι ποιέει, γινώσκων ποιέει[2], was bei der Menge nicht der Fall sein kann.

[A] [axiologotatos], sehr denkwürdig (Superlativ)

[B] Otanes, ein persischer Adeliger, den Herodot die Sache der Demokratie vertreten läßt

[C] [plethos archon], Herrschaft der Menge (wörtlich: herrschende Menge)

[D] Megabyzos, namhafter Feldherr des Xerxes

Schlägt vor die Oligarchie, in der man die ἄριστοι wählen kann, und durch die Wahl, αὐτοὶ ἐνεσόμεθα, sind wir selbst dabei.

82: Schliesslich kommt Dareios[A] und greift die Oligarchie an: In ihr will jeder κορυφαῖος εἶναι[B] – das alte κορυφαῖος εἶναι. Dabei gibt es eine Spaltung zwischen κοινόν und ἴδια zugunsten der ἴδια. Er schlägt vor die μουναρχία[C] als die beste Aristokratie: ἀνδρὸς γὰρ ἑνὸς τοῦ ἀρίστου οὐδὲν ἄμεινον ἄν φανείη[3].

83: Daraufhin Beschluss für Königtum [und König], der sofort βασιλεύς genannt wird und durch eine Art Los ernannt wird. Darauf Otanes, der Verteidiger der Demokratie: οὔτε γὰρ ἄρχειν οὔτε ἄρχεσθαι ἐθέλω.[4] So wurde sein Haus in Herodots Meinung das einzige in Persien, das ἐλευθέρη[D] war; νόμους οὐκ ὑπερβαίνουσα τοὺς Περσέων.[5]

Hierzu vgl. Thukydides über Demokratie in der Grabrede des Perikles: II, 37: δημοκρατία wird Athen genannt, διὰ τὸ μὴ ἐς ὀλίγους, ἀλλ' ἐς πλείονας οἰκεῖν.[6] Es ist eine ἰσονομία in Herodots Sinn, weil μέτεστι κατὰ τοὺς νόμους πρὸς τὰ ἴδια διάφορα πᾶσι τὸ ἴσον: weil allen gemäss der Gesetze in ihren privaten Unterscheidungen das Gleiche zusteht.

40: φιλοκαλοῦμεν γὰρ μετ' εὐτελείας καὶ φιλοσοφοῦμεν ἄνευ μαλακίας.[7]

Ad Arbeit: τὸ πένεσθαι ... διαφεύγειν ἔργῳ![8] – Ferner: Wir glauben nicht, daß τοὺς λόγους τοῖς ἔργοις βλάβην ..., sondern λόγῳ πρότερον ἢ ἐπὶ ἃ δεῖ ἔργῳ ἐλθεῖν. Daher unterscheiden sich die Athener durch das Zusammen von τολμᾶν und ἐκλογίζεσθαι.[9]

[A] Dareios I., persischer König (522–486 v. Chr.)

[B] [koryphaios einai], für seine Person an der Spitze stehen

[C] [munarchia], Alleinherrschaft, Monarchie (= μοναρχία)

[D] [eleuthere], Femininum zu ἐλεύθερος, frei

[21]

Kentaur

Reite über die Erde
Hin zu den Rändern der Weite
Bis Dein menschlicher Rücken
Sich fügt in die tierischen Schenkel.

Umflügle gebändigt in Dir
Die Erde der Menschen und Rosse
Denen alles die Herrschaft verdirbt.

Trabend, doch wie im Fluge,
Gestreckt vom Gesicht zu den Schenkeln,
Sei ihnen die ältere Einheit
Von Mensch und Tier.

[22]

Gesellschaft: Ursprung zweifellos in der Arbeitsteilung. Je essentieller der »job« oder die Funktion ist, desto leichter muss der »Funktionär« auswechselbar sein. Dies ist das Gesetz des Funktionierens. Jede Gesellschaft ist per definitionem eine Funktionärsgesellschaft, in der man sich von Funktionen ausruht und in Relationen verliert.

[23]

Rom und Tradition: Wesentlich ist, dass für die Römer die Ahnen eo ipso die »maiores« sind, nämlich, welche Stadt und Gesetz gegründet haben. Daher verliert im Fortgang der Geschichte das Handeln ganz den Sinn des Anfangens und Zu-Ende-Bringens (ἄρχειν und πράττειν) und wird »agere«, was eigentlich bedeutet tätig sein, sich betätigen, um das Gegründete zu erhalten.

[24]

Gewissen: Fundamental sind weder göttliche noch menschliche Gebote, sondern das sokratische »mit sich selbst Übereinstimmen«. Daraus entspringt in der Logik der Satz vom Widerspruch und in der Ethik der Begriff des Charakters. Vorausgesetzt ist Denken als die Tätigkeit des einsamen Zwei-in-Einem. Dies ist der sogenannte »Rationalismus« des Sokrates.

[25]

»Otium« und σχολή: Beide Musse von Staatsgeschäften – aber für die Griechen das, was alle Politik ermöglichen muss, und für die Römer das, wohin ich aus der Politik entfliehe, was mich aufnimmt, mir übrig bleibt, wenn »agere« nicht möglich ist.

[26]

Alle unsere politischen Termini sind griechischen, all unsere sozialen Termini sind lateinischen Ursprungs. »Societas« ist Bundesgenossenschaft. Und unterschieden von »civitas«, »amicitia«, »familia«.

[27]

Thomas Paine: *Common Sense*: »Society is produced by our wants, and government by our wickedness; the former promotes our happiness positively by uniting our affections, the latter negatively by restraining our vices ... Society in every state is a blessing, but government, even in its best state, is but a necessary evil.«[1]

[28]

Cicero, *De officiis*: Wesentlich in der Philosophie die »praecepta« für den »usus vitae«. (I, 7) Das Thema des Buches: »praecepta ad institutionem vitae communis«[1].

Societas: »Eademque natura vi rationis hominem [conciliat] homini et ad orationis et ad vitae societatem ingenerat« (I, 12).[2] Spezifisch für die Menschen ist, was erst zutage kommt, wenn sie »vacui sunt necessariis negotiis curisque«, nämlich: 1) »cupiditas veri videndi, 2) appetitio ... ut nemini parere ... velit, 3) magnitudo animi = humanarum rerum contemptio« (I, 13).[3]

Wie wenig er von Philosophie hält, zeigt er, wenn er sagt, daß »sapientia« die Tugend ist, der »quasi materia ... subiecta est veritas«[4], um sich in ihr zu üben (»tractare et versari«). (I, 16) Dennoch ist »cognitio veri«[A] das Höchste der menschlichen Natur. (I, 18)

Dennoch, von ihnen sich ablenken [lassen] von den »res gerendae«[B], ist nicht mehr Tugend: »Virtutis enim laus omnis in actione consistit« (I, 19).[5] (Cf. *De re publica*)

Societas hominum inter ipsos et vitae quasi communitas [I, 20]: nämlich das Bündnis der Menschen untereinander und die Gemeinschaft des Lebens = gemeinsam auf der Erde leben = eine Welt gemein haben. Beides unterschieden: Wir sind miteinander verbunden und haben etwas gemeinsam. Societas = einander bedürfen und ἀπ' ἀλλήλων[C]. »Communitas vitae«: das daraus entstehende »human artifice«. Sie beruhen beide auf

[A] Erkenntnis des Wahren

[B] »res gerendae«, das Handeln (wörtlich: die zu verwaltenden Sachen)

[C] [ap' allelon], von einander

»iustitia« und »beneficentia« (I, 20). Beide sind (siehe unten) »lege naturae«[A].

Nicht so das Private. Privateigentum entsteht »aut vetere occupatione ... aut victoria aut lege«.[6] (Arbeit gar nicht erwähnt! Und dies bei der enormen Bedeutung des Privateigentums bei Cicero.) Das Prinzip ist: »quod cuique obtigit, id quisque teneat; e quo si quis sibi appetet, violabit ius humanae societatis« (I, 21).[7]

Fundament der Gerechtigkeit ist »fides«[B] (I, 23).

Gegen Plato, dass Philosophie und »investigatio veri«[C] per se Gerechtigkeit produzieren: »discendi enim studio impediti, quos tueri debent, deserunt« (I, 28).[8] Oder sie [die Philosophen] lassen Unrecht zu! Ferner: »Nihil conferunt... nihil operae, nihil facultatum« – sie fügen nichts dem »human artifice« zu, weder an Werken noch an Fähigkeiten.

Krieg (Gewalt) und Politik: »Atque in re publica maxime conservanda sunt iura belli«.[9] Also Kriegsrecht keineswegs eine Sache der Außenpolitik! Denn von den zwei »genera decertandi«[D] ist eines »per disceptationem« (Verhandeln), das andere »per vim« (Gewalt), und nur das erstere ist »proprium hominis«[E], das andere »beluarum«[F]!, eine bloße Zuflucht. (I, 34) Wo aber Gewalt ist, gibt es keine »res publica« (I, 35). Also sind die »iura belli« der Rest des Menschen in der (tierischen) Gewalt – daher hängt von ihnen alles ab.

Societas: »Eius autem vinculum est ratio et oratio.« (I, 50 [10])

»Gradus societatis«[G]: 1. »coniugium (libido procreandi)«[H], 2. Kinder, 3. ein Haus, und dies (also nicht »coniugium«!) ist das »principium urbis et quasi seminarium rei publicae«. (I, 54 [11])

[A] »Gerechtigkeit« und »Wohltätigkeit« sind »Naturgesetz«

[B] Vertrauen, guter Glaube, siehe auch weiter unten Nr. 32

[C] Erforschung des Wahren

[D] Arten des Entscheidens, der Entscheidungssuche

[E] dem Menschen eigentümlich

[F] den Tieren (eigentümlich)

[G] Stufen der Gesellschaft

[H] Ehe (Zeugungstrieb)

Römisches: »Magnum est enim eadem habere monumenta maiorum, eisdem uti sacris, sepulchra habere communia.« Also: Die gleichen Erinnerungsmale an die Ahnen, die gleichen Heiligtümer benutzen und gemeinsame Grabmäler haben! Alles Gegenstände!, unter denen man sich bewegt. (I, 55[12])

Ad δόξα und Menge: Es handelt sich darum, »in factis, non in gloria – honestus« zu sein, und dies heißt, der Erste zu sein (»esse«) und nicht zu scheinen (»videri«) (I, 65); »videri« = »ex errore imperitae multitudinis« = gesehen werden aus dem Irrtum der unerfahrenen Menge. Scheinen = »videri«, gesehen werden. (Also: In der Einsamkeit des Denkens kann es Schein nicht geben, weil niemand sieht, weil man nicht gesehen wird. Im Miteinander entsteht der Schein des Gesehenwerdens als »gloria« und Betrug.)

(Δόξα = Meinung und Ruhm und Schein. Jede Wahrheit, wenn sie von Anderen gehört wird, wird zu Meinung und Schein.)

»Otium« = »tranquillitas a negotiis publicis«.[A] »Nobilissimi philosophi« haben dort ihre Zuflucht genommen (»perfugere«), weil sie weder des Volkes noch der »principes« »mores«[B] ertragen konnten. Sie sind wie Könige, welche nur nichts entbehren wollen, niemandem gehorchen, ihre Freiheit benutzen, wie es jedem eigen ist, und »vivere ut velis«[C]. So haben die »potentiae cupidi«[D] und die »otiosi«[E] etwas gemeinsam. (I, 69–70)

(Unterschied von »cupiditas potentiae« und »cupiditas gloriae«: Die eine [= Machtgier] sondert ab, den König, die andere [= Ruhmsucht] führt zu den Menschen, weil »gloria« auf »videri« angewiesen ist, Macht aber nicht. Darum hat man wohl immer die Macht für das Reellere gehalten!)

[A] Muße = Ruhe von den öffentlichen Tätigkeiten
[B] hier: Launen
[C] leben, wie man will
[D] die Machtgierigen
[E] die Müßiggänger

Ennius[A], zitiert von Cicero (I, 84), kann sogar in der Gegenüberstellung von (persönlichem) Ruhm und (allgemeiner) Sicherheit (»salus«) den Ruhm »rumores«[B] nennen, um ihn dem posthumen Ruhm – »gloria« – entgegenzusetzen.

»Res publica« ist der Gegensatz von »res familiaris«. (I, 92)

Der fundamentale Unterschied zwischen Griechen und Römern: Erzählt die Geschichte von Herakles am Scheideweg zwischen »voluptas« und »virtus« überlegend und zweifelnd: Dies kann uns nicht passieren, »qui imitamur« – die Eltern oder die Menge! (Dies ad Tradition wie Societas!) I, 118 (I, 120: Beruf = »genus vitae«.) Vor allem »imitandos esse maiores« – Eltern steht für Ahnen, die Repräsentanten der Ahnenreihe! (I, 121)[13]

Ad privat: Einen Privatmann, der »aequo at pari cum civibus iure«[14] lebt, nennen sie »bonum civem«! Das Recht des Privaten erst in Rom. (I, 124)

Ad »mores«: »Quae vero more agentur ... de his nihil est praecipiendum.« (I, 148[15])

»De artificiis et quaestibus« – über Herstellen und Geldverdienen: I, 150: eine Hierarchie des Schlechten: am untersten Steuereinnehmer und Wucherer, weil sie in »odiis hominum«[C] stehen. Dann: alle, die nicht ihre »ars«, sondern ihre »operae« = Mühe, Arbeitsleistungen verkaufen, denn bei ihnen ist der Lohn »auctoramentum servitutis«[D]. Dann kommt Detailhandel, und »opifices omnes in sordida arte versantur«[E] – alle Handwerker, da sie nichts »ingenuum«[F] haben. Ganz unten kommen die Köche, Fleischer, Fischer etc. – 151: Gut sind Architektur und Medizin. Auch En-gros-Handel soll nicht zu sehr getadelt werden!, wenn sie ihr Geld in einem großen Landgut anlegen.

[A] Quintus Ennius (239–169 v. Chr.), Dichter, Hauptwerk: *Annales*, ein Epos über die römische Geschichte von der Ankunft des Aeneas an

[B] leeres Gerede

[C] Haß, Verhaßtheit bei den Menschen

[D] Handgeld für Dienstleistung

[E] alle Handwerker befassen sich mit einer schmutzigen Tätigkeit

[F] Edles (Anständiges)

Von allen Dingen aber, bei denen erworben wird, ist am besten »agri cultura«.

Am höchsten stehen die »officia quae ex communitate«, nicht die, welche »ex cognitione« kommen. (I, 153) Denn die größte Muße kann nur in eine »solitudo« führen: »ut hominem videre non possit, excedat e vita«! »Cognitio« und »contemplatio naturae« muß von einer »actio rerum« gefolgt sein. Dies ist die »utilitas hominum«[16]. Daher ist es auch besser zu reden als »sine eloquentia cogitare, quod cogitatio in se ipsa vertitur, eloquentia complectitur eos, quibuscum communitate iuncti sumus«: Hier ist die Rede bereits Kommunikation. (I, 156 [17]) – Plato und Aristoteles haben unrecht, wenn sie meinen (*Republik* II, 369 B, *Politica* I, 1253a), daß die ἀναγκαῖα, die »necessitas vitae«, zur »societas« zwingen; in jedem Fall braucht man einen »socius studii«[A]. (I, 158)

II, 3,4: Erst als [er] »nihil agere« konnte, meinte er, daß er seine »molestiae« am ehrenhaftesten loswerden würde, wenn er sich zur Philosophie zurückziehen würde! (Fast die Umkehrung von Plato: Die Politik ist nicht um der Philosophie willen, sondern die Philosophie ist das »refugium« von der Politik!) Dies ist die »oblectatio animi«[B] und die »requies curarum«[C]!

Thema: »Utile« und »honestum«: verbunden, dürfen nicht getrennt werden. (II, 9) –

II, 11: Einteilung des Seienden: Leblos – lebendig. Mit »ratio« – ohne »ratio«, Tiere. Mit »ratio«: Götter und Menschen, zwischen denen der Unterschied kleiner ist als zwischen Mensch und Tier. Dies die Überzeugung der ganzen Antike, inklusive der Juden. Dagegen erst die Kreatürlichkeit der Christen und Franziskus von Assisi.

Ad Arbeit: Ständige Redensart: »labore et manu«[D], z. B. II, 13.

Ad Gesetz: »Leges sunt inventae, quae cum omnibus semper

[A] Gefährte des Strebens, Genosse der Tätigkeit

[B] Lust des Geistes

[C] Entspannung von Sorgen

[D] mit der Mühe der Hände (Übers. H. Gunermann)

una atque eadem voce loquerentur.«[18] (Tradition im Gesetz verankert, der Anfang, die Gründung schlägt sich sofort im Gesetz nieder.)

Sokrates ([Xenophon] *Memorabilia*, II, 6, 39): Sei so, wie du erscheinen möchtest! – »ut qualis haberi vellet, talis esset«.[19]

Die höchste Ehre gebührt der »cognitio atque interpretatio iuris civilis«[A]. (II, 65) (Interpretation ursprünglich Gesetzes-Auslegung?, d. h. Anwendung auf Fälle?) Daher »eloquentia«[B] (vor Gericht) höchste »Profession«. (II, 66)

II, 69: »mores« – »fortuna«: »mores« für ἦθος (?), »fortuna« für Umstände. »mores« = »qualis quisque est«[C]! (II, 71)

II, 73: Heiligkeit des Privateigentums, »ut suum quisque teneat«. Gütergleichheit die größte Pest. Denn: »ut sua tenerentur, res publicae civitatesque constitutae sunt«.[20] (Wie aber kann dann »salus rei publicae«[D] über das Wohl der Einzelnen gehen?)

II, 74: Alle, die die »res publica« lenken, müssen sorgen, daß »earum rerum copia sit, quae sunt [ad victum] necessariae«![21] Dies so selbstverständlich, dass es der Erläuterung nicht bedarf.

II, 78: »Aequitas«[E] ist wesentlich sehen, dass jeder das Seine hat, nicht jedem das Seine geben!

[29]

Ohne Einsamkeit kann es kein Gewissen geben, weil das Mit-mir-selbst-Übereinstimmen sich ja nur in der Zwiefalt und Zwie-tracht der Einsamkeit realisieren kann. Aber darum braucht die Einsamkeit als solche noch keineswegs die Masstäbe abgeben, nach denen das Gewissen sich richtet! Das ist das Vorurteil der Philosophen. In der Einsamkeit gibt es weder Ehre

[A] Kenntnis und Auslegung des Bürgerrechts

[B] Beredsamkeit

[C] wie ein jeder geartet ist

[D] das Wohl des Gemeinwesens

[E] Gerechtigkeit im Sinne von Billigkeit

noch Mut, und sie gerade plagen das Gewissen am meisten, d.h. ein nicht-christliches Gewissen.

Die erste Macht, welche das Gewissen aus der Welt schaffte, war die Religion, und zwar nicht wegen ihrer dogmatisch-tyrannischen Masstäbe, sondern weil der wirkliche »homo religiosus« die Einsamkeit nicht kennt; er ist, sobald er allein ist, mit Gott, nicht mit sich selbst zusammen. In diesem Zusammen, wo ihn die Stimme Gottes trifft, ist er genauso Einer wie in jeder anderen »Gesellschaft«. Er gehorcht Gott, nicht wie man seinem Gewissen »gehorcht«, sondern wie Menschen eben Anderen gehorchen, seien die Anderen Menschen oder Engel.

[30]

Ἄρχειν und πράττειν: Nachdem die ursprüngliche Bedeutung verloren war, wo einer (oder mehrere) anfingen [ἄρχειν] und andere halfen, es durchzuführen (πράττειν), wurde ἄρχειν befehlen und πράττειν das Ausführen der Befehle. Damit sank natürlich der »Wert« der πρᾶξις, sie wurde technisch, und die Handelnden als Gehorchende wurden zu Handlangern der Befehlenden. Sie wurde ferner administrativ.

[31]

Es ist gar nicht so sicher, dass Marx nicht recht hatte, wenn er meinte, der Staat werde absterben. Das eigentlich Staatlich-Politische, nämlich Entscheidungen treffen und handeln, wird mehr und mehr von dem rein Administrativen verdrängt. Die »vergesellschaftete Menschheit« braucht nur noch Administration; entscheiden und handeln sind so automatisiert, dass sie eigentlich nicht mehr vorkommen; an die Stelle der Entscheidung tritt das Prinzip des Anwendens.

[32]

Cicero, [*De officiis*] (continued), Liber III.
1: Erklärt, dass er, nur durch Gewalt (»vi«) gezwungen, das öffentliche Leben verlassen [hat, um] »otium persequi«[A]. Und zitiert Cato (cf. *De re publica*!): »Numquam se minus otiosum esse, quam cum otiosus, nec minus solum quam cum solus esset«. Und interpretiert: (1) »et in otio de negotiis cogitare et in solitudine secum loqui solitum, ut ... alterius non egeret«.[1] –

(2) 4: »nullum opus otii, nullum solitudinis munus exstat; ex quo intelligi debet ... nec otiosum nec solum umquam fuisse«.[2] Dies als höchstes Lob!, da er so weder je die »negotia rei publicae« noch »humani generis societas« verlassen hat. Hier die wirkliche Umkehrung der Philosophie: 25: »Magis est secundum naturam ... maximos labores molestiasque suscipere ... quam vivere in solitudine.«[3]

23: ad Gesetz: 1) Was »natura« ist = »iure gentium«[B]. Die Gesetze achten auf (»visere«) »civium coniunctionem«[C]. 2) »Naturae ratio ... est divina at humana«[D]. (Setzt voraus noch, daß Erde gemeinsamer Wohnsitz der Götter und Menschen). 26: Interesse = Moral; weitestes Interesse = höchste Moral. Ideal der Politik: »Ergo unum debet esse omnibus propositum, ut eadem sit utilitas unius cuiusque et universorum; quam si ad se quisque rapiet, dissolvetur omnis humana consortio.«[4]

So wurde Cicero das Handbuch aller ehrenhaften Praktiker in der Politik – während die Tradition den umgekehrten Weg ging. Hier ist sogar der Gegensatz »honestum« – »utile« aufgehoben.

Ad Eigentum: Es ist eher »contra naturam«, etwas zu rauben, als alle Unbillen zu ertragen, des Körpers und des Geistes (»ipsius animi«), sofern sie nicht Gerechtigkeit betreffen (»quae vacent iustitia«) – 28. (Also beruht 1. menschliche

[A] der Muße nachzugehen

[B] durch Völkerrecht

[C] Vereinigung der Bürger

[D] die der Natur innewohnende Vernunft ... ist göttlich und menschlich

Gesellschaft auf dem Eigentum wie auf der Gerechtigkeit, die überhaupt nur an Eigentum, an dem, was jeder sein eigen nennt, gemessen werden kann, und geht 2. der Anspruch dieser Gesellschaft auf jeden Fall dem des Einzelnen vor! Also ist die »res privata« des Römers nicht sein Privatleben, sondern sein Privateigentum, dessen Summe den Staat konstituiert. Dies die Folge, daß die Republik ernsthaft als eine Angelegenheit der Familien aufgefaßt wird; so gibt es zwar einen viel wirksameren Schutz der »res privatae« in Rom als in Athen, aber nicht die (griechische) Möglichkeit des Privatlebens. Dies auch im »otium« als einer erzwungenen Muße erhärtet.)

Ad Tyrannis: 32: »Nulla est enim societas nobis cum tyrannis,«[5] er [der Tyrann] ist ein Tier in Menschengestalt und aus dem Menschengeschlecht ausgestossen.

46: »Religio et fides«: Verantwortlichkeit (?) und guter Glaube.

69: »Societas est enim … latissime quidem quae pateat, omnium inter omnes.«[6] »Societas« auch: »partnership«, immer von »socius« = Bundesgenosse.

Ad Gesetz: 69/70: »Sed nos veri iuris germanaeque iustitiae solidam et expressam effigiem nullam tenemus, umbra et imaginibus utimur«.[7] Kuriose Umkehr von Plato: Nur das Reich der Schatten ist übrig geblieben, das andere unzugänglich. Und dennoch wird eine Zweiteilung proponiert. Aber »dogmatisch«, da ja Erfahrung der Idee nicht mehr für möglich gehalten wird. Dogmatisch wird statuiert, dass diese »Schatten und Bilder« »ex optimis naturae et veritatis exemplis«[A] [sind]. – Hier ist der Gegensatz zum hebräischen Gesetz, das direkt von Gott in die Welt verkündet ist, ganz eklatant. Aus Cicero spricht natürlich die schon von Plato erwähnte Erfahrung, daß kein positives Recht je gerecht sein kann. Dies führte Plato zu einer Herabsetzung der νόμοι als zweitklassig; Cicero kommt gar nicht auf den Gedanken.

[A] von den besten Vorbildern der Natur und der Wahrheit

Denn er ist sicher, dass: 72: »iuris natura fons«[A]: Dies bedingt Identität von »honestum« und »utile«. 101: »Pervertunt homines ea, quae sunt fundamenta naturae, cum utilitatem ab honestate seiungunt.«[8]

Ad Philosophie: 77: »Haec non turpe est dubitare philosophos, quae ne rustici quidem dubitent?«[9] Drum: Was hat denn Philosophie je getan, es sei denn an dem gezweifelt, woran der »Bauer« nicht zweifelt!

Ad »imperium« (im Sinne von »dominium«): 88: »gloria debet fultum esse et benevolentia sociorum«: Es muss aufrechterhalten werden durch »gloria« und das Wohlwollen der Bundesgenossen. Weiter kann man sich von griechischem Polis-Denken nicht entfernen! Hier ist der Grund zum Imperium des Empire gelegt: Bundesgenossenschaft oder das Hineinragen der andern »civitates« in die römische Republik selbst. (Amerikanische Konstitution, die Verträge wie Gesetze betrachtet.)

104: Eid: »ius iurandum affirmatio religiosa«[B]. (Hier Religion, sonst nirgends! Warum? Wegen der bindenden Kraft der Eide?) Wer den Eid verletzt, verletzt die [Göttin] Fides (hier Ursprung des religiösen Begriffs »fides«?), welche nach Cato direkt neben Jupiter Optimus Maximus stehen sollte! »Fides« des Eides überlebt den Krieg; sie ist »cum hoste servanda«[C] (107). 111: Denn kein Band ist besser geeignet, »fides« festzubinden als Eid: »Nullum enim vinculum ad astringendam fidem iure iurando maiores artius esse voluerunt.«[10] Also sind die Eide um der »fides« willen und nicht umgekehrt da. Also größtes Verbrechen: Betrug.

119ff.: Weil »honestas« und »utilitas« eigentlich nicht getrennt werden dürfen, gibt es kein Band zwischen »voluptas« und »honestas« oder »utilitas«. »Honestas« und »utilitas« sind menschlich, »voluptas« außerhalb beider, weil tierisch.

[A] die Natur [ist] Quelle des Gesetzes

[B] ein Eid [ist] eine heilige Versicherung

[C] gegenüber einem Feind zu bewahren

Heft XIX

September 1953 bis Februar 1954

Heft XIX

September 1953

[1] *Sept. 1953*

Bürokratie als Herrschaft des Niemand:[1] Dies ist schon deshalb identisch mit dem Tod des Staates, als staatliche Herrschaft sich stets auf die intensiv persönliche »Herrschaft« in der Familie durch den Vater berufen hat. Wo Niemand herrscht, hat der abendländische Herrschaftsbegriff seine Geltung verloren.

[2]

Verstehen in der Politik heisst nie, den Anderen verstehen (nur die welt-lose Liebe »versteht« den Anderen), sondern die gemeinsame Welt so, wie sie dem Anderen erscheint. Wenn es eine Tugend (Weisheit) des Staatsmanns gibt, so ist es die Fähigkeit, alle Seiten einer Sache zu sehen, d. h. sie so zu sehen, wie sie allen Beteiligten erscheint.

[3]

Unter den Bedingungen der Entwurzeltheit gehen die Dimensionen der Grösse und Tiefe verloren, die zusammengehören. Grösse entsteht, wenn die Tiefe zum Vorschein kommt, in die Welt hineinragt; alle Grösse ist in der Tiefe verwurzelt. Tiefe ist die Dimension, die wir durch »Wurzeln« erfühlen und erst in der Grösse wahrnehmen. In der Grösse sehen wir Tiefe in Distanz, als etwas, was wir ermessen können. Die Entwurzelung bringt mit sich die Dimension der Weite, die als solche die Flachheit bereits in sich hat als Flächigkeit. Aber diese Dimension ist gleichzeitig der eigentliche Ort des Öffentlichen und damit der Ort, in welchem Grösse sich zeigen muss, die auf Tiefe verweist.

[4]

Das Alte kommt und gibt Dir nochmals das Geleit.
Kehr nicht das Herz und lass Dich nicht berücken,
Verweile nicht, nimm Abschied von der Zeit
Und wahre Dir den Dank und das Entzücken
Mit abgewandtem Blick.

[5]

Aristoteles, *Politica*, H [VII. Buch], 14; 1332:

b12: πᾶσα πολιτικὴ κοινωνία συνέστηκεν ἐξ ἀρχόντων καὶ ἀρχομένων …

b26: ἀναγκαῖον πάντας ὁμοίως κοινωνεῖν τοῦ κατὰ μέρος ἄρχειν καὶ ἄρχεσθαι …

b36: ἡ γὰρ φύσις δέδωκε τὴν αἵρεσιν … τὸ μὲν νεώτερον τὸ δὲ πρεσβύτερον, ὧν τοῖς μὲν ἄρχεσθαι πρέπει, τοῖς δ' ἄρχειν.[1]

Ad Handeln: 1333a 9: πρὸς γὰρ τὸ καλὸν καὶ τὸ μὴ καλὸν οὐχ οὕτω διαφέρουσιν αἱ πράξεις καθ' αὑτὰς ὡς ἐν τῷ τέλει καὶ τῷ τίνος ἕνεκεν.[2] Handeln hat keine Würde an sich selbst.

[6]

Ad Idee: Die platonischen Ideen, ursprünglich konzipiert als Objekte der Kontemplation und erfahren im Herstellen, werden erst zu Standards, Regeln und »Massen«, wenn sie auf das Handeln bezogen werden!! Treten also bereits pervertiert und denaturiert in die Politik und Moral. Oder, anders ausgedrückt, die Idee sollte ursprünglich nie die »Idee des Guten« sein, sondern die Idee des Bettes;[I] weil man im Politischen μέτρα[A] brauchte, wurde die Idee des Guten »erfunden«.

[7]

Ad Geschichte: Kant und Hegels »List«, die aus den berichteten, unzusammenhängenden Fakten einen einzigen Sinnzusammenhang macht, ist in der Tat nichts als die Verwirklichung von Michelets Projekt, eine Geschichte der Menschheit – »considered as an individual« – zu schreiben. Sinn konnte es nur geben, wenn nicht nur die »multitudo«, deren verwirrende, Sinn zerstörende Qualitäten in der πόλις zum ersten Mal erfahren worden waren, eliminiert war, sondern Pluralität überhaupt. Sinn nämlich hat nur, was Einer in einem zusammenhängenden, geplanten Herstellungsprozess erzeugt[B]. »To mingle history with philosophy« (Michelet) heisst, die Geschichte unter Kategorien sehen, wo es Sinn nur in der Singularität gibt.[I]

[8]

Als Marx die Herrschaft der herrschenden Klasse als Ausbeutung verstand, legte er sie und Herrschaft überhaupt wieder in dem Modell der Erfahrung aus, in dem sie zu Beginn als Herrschaft über Sklaven gemacht worden war. Zum ersten Mal wird Herrschaft und Arbeit wieder zusammengebracht. Das ist das Grossartige an dem Begriff der Ausbeutung.

[A] [metra], Plural von μέτρον [metron], Maß
[B] im Original: … erzeugt wird

[9]

Marx – Nietzsche: Gott mag das Universum geschaffen haben, aber der Mensch, sofern er Mensch ist (und nicht eine Gattung Tier), hat sich selbst geschaffen – durch Arbeit etc. Den Menschen hat Gott nicht geschaffen, und der Mensch ist mehr als das Universum. Sofern also der Mensch sich qua Mensch selbst erschuf, ist er »Übermensch«, d. h. ist er Gott. Diese Form des Atheismus, die einzig adäquate und im Geheimen von der ganzen Moderne axiomatisch akzeptiert, macht den Menschen unirdischer, als alles Christentum es je versucht hat. Dies ist der Atheismus der angewandten Wissenschaft.

[10]

Die drei Dimensionen[1] der Pluralität:
der Raum des Öffentlichen
der Raum des Privaten
der Raum der Einsamkeit

[11]

Plato, Ideenlehre – an Hand von Heideggers Auslegung des Höhlengleichnisses:[1]

Ideen = Aussehen, wodurch bestimmt ist, was ein Baum als Baum ist. Dieses Wirkliche gesehen als »Abschattung« und daher als Schatten. Die Idee der Ideen (ἡ τοῦ ἀγαθοῦ ἰδέα[A]) = Sonne, die 1. die Ideen als Ideen sichtbar werden lässt, 2. durch Helle Sichtbarkeit ermöglicht, 3. daher das »Joch« (Plato, *Politeia*, 508a1) ist, welches Sehen und Gesehenes zusammenhält (508e).

Παιδεία = περιαγωγὴ ὅλης τῆς ψυχῆς.[2] Vier Stufen: 1. Fes-

[A] [he tu agathu idea], üblicherweise (nach Heidegger unzutreffend) mit »die Idee des Guten« übersetzt

selung in der Höhle und Erblicken von Schatten; 2. Entfesselung in der Höhle und Erblicken des künstlichen Höhlenfeuers; 3. Erblicken des natürlichen Lichts der Sonne und der Ideen; 4. Rückkehr in die Höhle. Ausser im ersten Stadium des Schattendaseins tritt stets Blendung und Desorientierung ein! Im ersten Stadium: Schatten. Im zweiten: die Dinge selbst; im dritten: ihre Ideen und die Idee der Ideen; im vierten: die Dinge selbst als Schatten.

Der Philosoph, der in die Höhle zurückkehrt, ist der εἰς τὸ ἀληθέστατον βλέπων (484c5 sq.)[3]. Ihm steht bevor: a) die Blendung dessen, der aus Helle in Dunkelheit zurückkehrt – das heisst: Er erblickt die Wirklichkeit erst überhaupt nicht, bis er sie als schattenhaft in ihrer eigenen Seinsheit entdeckt; b) der Kampf mit den Höhlenbewohnern.

ἀγαθόν = tauglich machend; 518c9 = τοῦ ὄντος τὸ φανότατον – das Scheinende am Seienden, das ohne Schein unbemerkt, also untauglich bliebe.

Πρᾶξις: 517c4–5: ὅτι δεῖ ταύτην ἰδεῖν τὸν μέλλοντα ἐμφρόνως πράξειν ἢ ἰδίᾳ ἢ δημοσίᾳ – dass, wer sich anschickt zu handeln mit Einsicht, diese (»Idee des Guten«) sehen muss, im Privaten wie im Öffentlichen.

1) Praxis unter der Idee des Guten wie Herstellung des Bettes unter der Idee des Bettes.

2) Praxis in der Höhle unter der Sicht von etwas, was es in der Höhle nicht gibt. Die Rechtfertigung ist, dass ja auch die Schatten ihre Sichtbarkeit nur der Sonne der Idee verdanken. Heidegger: »Wer in einer durch ›die Idee‹ bestimmten Welt handeln soll und will, bedarf allem zuvor des Ideenblicks.«[4]

3) Die gleiche »Idee« für Öffentliches und Privates! Die Moralisierung der Politik.

4) Entstehung der ὁμοίωσις, der Angleichung, weil etwas ausserhalb der Höhle für Höhlenverhältnisse angewandt werden muss. Und damit die Identifizierung von ἀλήθεια mit ὀρθότης.

5) Diese Idee wird dann im Politischen zum Gesetz, das herrscht und von denen, die Macht haben, ausgeführt wird.

6) Denn die »Idee des Guten« ist πάντων ... ὀρθῶν τε καὶ καλῶν αἰτία und daher κυρία ἀλήθειαν καὶ νοῦν παρασχομένη! die Herrin, welche gewährt Wahrheit und Vernehmen der Wahrheit (oder Sehen und Erscheinendes): die Quelle des Lichts oder das Licht als Quelle beider.[5] Die Ursache herrscht, weil sie ἀρχή ist; wer etwas beginnt, herrscht, oder Herrschen (= Handeln) ist Beginnen. Die Idee etabliert ihre Herrschaft als »Idee der Ideen«, als Licht spendende Sonne, durch die Sehen und Scheinen möglich werden.

(Was erscheint, ist schön: καλόν = ἐκφανέστατον[A]; was erkennt, ist richtig: ὀρθῶς.)

Für Plato steht unausgesprochenerweise die ἰδέα als das wahre Aussehen[B] stets der δόξα, der unwahren Ansicht, gegenüber. Der Herrschaftscharakter der Idee kommt aus dem vierten Stadium des Höhlengleichnisses: Die Idee muss die Ansichten beherrschen und etabliert sich daher als ihre Ursache und ἀρχή.

Philosophie: = σοφία ausserhalb der Höhle. Erst Plato gebraucht das Wort terminologisch und zwar (516c2): Es ist eine σοφία μετ' ἐκεῖνα, nämlich über das, was in der Höhle vorgeht, ἐπὶ ταῦτα: hin zu dem Jenseits der Höhle.

Für Plato ist θαυμάζειν eigentlich das Geblendetwerden und die aus ihm folgende Desorientierung im Alltäglichen, die im Höhlengleichnis dargestellt wird.

[A] [ekphanestaton], am meisten (in höchstem Grade) hervorscheinend
[B] εἶδος [eidos], siehe unten Nr. 28

Oktober 1953

[12] *October 1953*

Als Plato die »Idee der Ideen« als die »höchste Idee« (und damit den absoluten Masstab) bestimmte, hatte er die Wahl zwischen dem καλόν und dem ἀγαθόν, dem Schönen und dem Guten. Das καλόν ist für die Griechen das ἐκφανέστατον, das Scheinendste, und sein Gegensatz ist nicht das Hässliche, sondern das alltäglich Unbemerkte, das nicht scheint und nicht erscheint. Dies [das καλόν] entspricht dem ἀριστεύειν, dem Unter-allen-Umständen-sich-bemerkbar-Machen, -Abheben, -Auszeichnen, -Hervorragen. Das ἀγαθόν ist das Taugliche, an sich moralisch ganz indifferent, aber auf das Schöne bezogen, das, was zum Hervorragen tauglich macht, ἀρετή. Das ἀγαθόν also ist immer schon »praktisch«, bezogen, nicht »absolut«. Das Taugliche wird im Gebrauch erfahren, und es misst Gebrauchsgegenstände. Wenn Plato das Gute als τοῦ ὄντος το φανότατον[A] bestimmt, hat er es bereits als καλόν uminterpretiert und den Unterschied zwischen καλόν und ἀγαθόν verwischt, sodass nun das ἀγαθόν die gleiche »zwecklose« Unabhängigkeit gewinnen kann, die ursprünglich nur dem καλόν eignete.

Plato nahm die Idee des Guten (statt des Schönen) aus politischen Gründen und bestimmte sie dann in den Kategorien (φαίνεσθαι[B]), die der Idee des Schönen zukommen, aus philosophischen Gründen. So trug er die Philosophie in die Politik und die Politik in die Philosophie. Das Resultat war: Moral.

[A] [tu ontos to phanotaton], das Scheinendste am Seienden, siehe oben Nr. 11
[B] [phainesthai], erscheinen; hier: in den Kategorien des bloßen Scheinens, Erscheinens

[13]

Ad θαυμάζειν: Die Blendung, wie sie im Höhlengleichnis beschrieben ist, ist die politische Seite des θαυμάζειν. In ihr erscheinen alle Dinge des unmittelbaren Verkehrs »schattenhaft«, aber nicht, weil sie unirdisch sind. Sie sind »Schatten« so, wie die Bäume sich »verschatten« für den, der den Wald erblickt. Dies ist auch noch die Erfahrung, die dem aristotelischen [Diktum], dass das Ganze »mehr« ist als seine Teile, zugrunde liegt.

[14]

Politik – Philosophie: Die Philosophie vom Standpunkt der Politik betrachten heisst, die Einsamkeit als Möglichkeit der Pluralität verstehen. Die Politik nach den Masstäben der Philosophie beurteilen heisst, die Pluralität zugunsten der Einsamkeit richten, allen Erfahrungen die Echtheit absprechen, die nicht in der Einsamkeit gewonnen sind.

[15]

Marx' Freizeit: Dieser »utopische« Begriff, der sich zu unser aller Schaden inzwischen als höchst real erwiesen hat, unterscheidet sich von der Freiheit von Arbeit in der Antike dadurch, dass kein Raum vorgesehen ist, in welchem der arbeits-lose Mensch leben kann, nämlich weder der Raum des πολιτεύεσθαι und »agere«, noch der Raum der Einsamkeit, den die Philosophen als »otium« und σχολή bestimmten. Sofern Arbeit der privaten Familien-Sphäre angehört und Politik den öffentlichen Raum [be]nennt, ist der moderne Mensch in seiner Freizeit aus beiden Räumen gerissen: Er ist isoliert, unfähig zu handeln, und er ist verlassen, unfähig zu leben und sich zu betätigen. Dass er deshalb »produktiv« werden sollte, ist eine phantastisch-utopische Bewertung. Verlassenheit ist so auch ein Phänomen der Freizeit.

[16]

καλὸν κἀγαθόν: Dies »Ideal« hiess, dass man in sich selbst »schön« ist und leuchtend hervorragt und doch ἄνευ μαλακίας[A], ohne deshalb die Tauglichkeit für ... zu verlieren. Als Plato aus dem ἀγαθόν die höchste Idee machte, hatte er bereits den »Schein«-charakter der Wahrheit aufgegeben und sie an dem Was-gut-für ...-Ist orientiert. Aber auch er sagt noch vom Schönen, dass es ἐκφανέστατον sei, während das Gute nur φανότατον[B] ist.[I]

[17][I]

Die elementaren menschlichen Tätigkeiten als Modifikationen der Pluralität:

Arbeit – Verlassenheit – natürliche Kraft (daher Arbeits-kraft) – Leben.

Herstellen – Isoliertheit – Gewalt – »human artifice«.

Handeln – Zusammen – Macht – gemeinsame Welt – Gruppe etc.

Denken – Einsamkeit – Zwei-in-Eins = Gewissen – die Andern im Ebenbilde meiner selbst; Menschheit.

Lieben – Zweisamkeit – Weltlosigkeit in Natur – Leben – Entstehen der Welt.

[A] [aneu malakias], ohne Weichlichkeit, siehe unten Nr. 33

[B] [phanotaton], Superlativ von φανός [phanos], hell, leuchtend, glänzend

[18]

Ad Arbeit: Was den Herstellungsprozess leitet und als überdauernd von vornherein gerichtet ist, ist das Modell einerseits, das Produkt andererseits. Was den Arbeitsprozess leitet, ist das unmittelbar lebendige Bedürfen; was ihn überdauert, ist nie das Produkt, das sofort verzehrt wird, sondern das Werkzeug, das benutzt wird. So wird das »Mittel« im Arbeitsprozess das Wichtigste.

Das Herstellen wird in der modernen Gesellschaft in Arbeiten verwandelt auf dem Wege der sogenannten Arbeitsteilung. Dadurch wird auch die Herstellung (von Autos etc.) für den Einzelnen zur reinen Arbeit, ohne Bezogenheit auf ein Hergestelltes, nur um das Leben zu fristen.

[19]

Nach dem Zusammenbruch der römischen Trinität wird aus Religion Gottvertrauen, aus Tradition Vergangenheit und aus Autorität Erziehung (?) als Einführung der neuen Menschen in die gemeinsame Welt, Sicherung der Kontinuität.

[20]

Die Singularität des Menschen verwirklicht sich nur in der Verlassenheit, die am elementarsten die Verlassenheit des Sterbens ist. In der Singularität ist der Mensch in der Tat nicht mehr von dieser Welt; es ist die einzige radikal anti-politische Erfahrung. Als solche entspricht sie der Einsamkeit Gottes, des Einer-seins. Wir sind Einer nur, wenn wir sterben; solange wir leben, leben wir in Pluralität. Gottvertrauen ist die Vorbereitung auf Singularität. Nahe können wir Gott nur im Tode sein, weil wir nur da werden – im Vergehen –, was er ewig ist.

Diese Singularität darf man nicht mit der unverwechselbaren

Einzigkeit und Einmaligkeit jedes Einzelmenschen verwechseln. Diese gerade ist politisch und verschwindet in der Singularität, in der wir niemanden mehr haben, von dem wir uns unterscheiden, und daher unverwechselbar werden können.

[21][1]

Pluralität		Singularität
Equality – distinction in the modus of speech: = Assertion of human condition	←	Fear if related to plural Faith → if in and by itself
Thought: Solitude = two-in-one = I with myself = with Humanity Fabrication: isolation = I with human artifice	←	Labor: metabolism with nature = my life Loneliness if related to plurality: One-ness without confirmation by others = loss of reality or common sense
Action = together with, Power		
Futility of action = need for permanence – Poetry or body politic		
Natalität		Mortalität

[*Pluralität*		*Singularität*
Gleichheit – Auszeichnung *(Ausgezeichnetsein)* *im Modus der Rede:* *= Feststellung (Bejahung)* *der menschlichen Bedingung* *(Bedingtheit)*	←	*Furcht, wenn auf den Plural* *bezogen; Glaube → wenn in* *und durch sich selbst*
Gedanke (Denken): *Einsamkeit* *= Zwei-in-Einem = Ich* *mit mir selbst = mit der* *Menschheit* *Herstellung: Isolation = Ich* *mit dem »human artifice«*	←	*Arbeit: Stoffwechsel mit der* *Natur = mein Leben* *Verlassenheit, wenn auf Plu-* *ralität bezogen: Einer-Sein* *ohne die Bestätigung durch* *Andere = Verlust der Wirk-* *lichkeit oder des »common* *sense«*
Handlung (Handeln) = *zusammen mit, Macht*		
Nichtigkeit des Handelns = *Bedürfnis nach Dauer –* *Dichtkunst oder politischer* *Körper (Politik)*		
Natalität		*Mortalität*]

[22]

Cicero, *De oratore*, III, 67–68: Socratic practice: not stating his own opinion, but arguing against the opinions put forward by others. 72: The ancient masters down to Socrates used to combine with rhetorics the whole of cognition – *mores*, *vita*, *virtus*, *res publica*. Socrates separated them and all the Socratic schools followed. Since then, philosophy looked down on eloquence and the rhetors despised wisdom.[1]

November 1953

[23] *Nov. 1953.*

Es liegt in der Idee des Guten, das Böse als eine »negatio« zu fassen: Die Idee lässt immer nur erkennen, was eine Sache ist und, »by implication«, dass dies und dies diese Sache nicht ist. Unter der Idee des Bettes gibt es nur Betten und Gegenstände, die Nicht-Bett sind. Ist die Idee des Guten die höchste Idee, so gibt es nur »Gutes« und eine Vielfalt von Dingen, die als nicht-gut bestimmt sind; sie haben alle die gleiche Qualität, rein negativ nicht gut zu sein und d. h. böse.

[24]

Es ist, als haben die Menschen seit Plato das Faktum des Geborenseins nicht ernst nehmen können, sondern nur das des Sterbens. Im Geborensein etabliert sich das Menschliche als ein irdisches Reich, auf das hin sich ein Jeder bezieht, in dem er seinen Platz sucht und findet, ohne jeden Gedanken daran, dass er selbst eines Tages wieder weggeht. Hier ist seine Verantwortung, Chance etc. Vorausgesetzt ist dabei die Ewigkeit des Menschengeschlechts im Gegensatz zu der Sterblichkeit der Menschen. Sobald man wie im Christentum und aller Eschatologie auch nur die Möglichkeit des Todes des Menschengeschlechts denkt, wird der ganze irdisch-politische Bereich sinnlos.

Januar 1954

[25]

Jan. 1954.

Ad Platos *Symposion* und Krüger, *Einsicht und Leidenschaft*[1]: Krüger sieht richtig, dass Eros ein neuer (nämlich offiziell nicht geehrter) Gott ist, wie Philosophie eine neue »Wissenschaft« ist.

Sie gehören zusammen, weil sie beide »die Welt« fliehen, a-politisch und anti-politisch sind. So wie der Liebende mit dem Geliebten aus der Welt der täglichen Angelegenheit flieht, um den Dialog der Liebe führen zu können, so flieht der Philosoph mit sich selbst (mit dem im θαυμάζειν entdeckten Selbst), um den Dialog des Denkens führen zu können. Aber nur in diesem negativen Aspekt gehören sie zusammen; Plato sah sie zusammen, weil das Politische eine so grosse Rolle in seinem Philosophieren spielte, nämlich als der Hintergrund, den er nie vergass.

[26]

Ad Spinoza, *Tractatus theologico-politicus*: Niemand hat unbekümmerter das eigentliche Interesse der Philosophen dargestellt, niemand auch mit der gleichen Naivität Handeln mit Angriff und Verteidigung identifiziert – sodass es in der Tat ein leichtes war, auf diese »Freiheit« zu verzichten und für sie die Sicherheit einzutauschen, die die Freiheit des Philosophierens ermöglicht.

Spinoza bemüht sich des öfteren vergeblich, die Gedankenfreiheit nicht in Meinungsfreiheit ausarten zu lassen, da diese ja offensichtlich eine politische wäre. Daher auch seine Ablehnung religiöser Toleranz. Gedankenfreiheit, Freiheit zu denken, wird aber unumgänglich Meinungsfreiheit, weil der Mensch unpolitisch ja nicht leben kann. Sobald der Philosoph seine Gedanken ausspricht, sind sie Meinungen; darum wird Spinoza gegen seinen Willen ein Vorkämpfer der Meinungsfreiheit.

[27]

Tocqueville, *Democracy in America I*, [Seite] 7: »A new science of politics is needed for a new world.«[1]

Tocqueville und Marx: Tocqueville lebt in Frankreich und sieht nur die politischen Implikationen der Neuzeit. Marx lebt in Deutschland und England und sieht nur die ökonomischen. Für Tocqueville ist die Französische Revolution entscheidend, für Marx die industrielle. Beide [Revolutionen] gehören zusammen, was Tocqueville und Marx wissen. Aber nur Tocqueville verlangt eine neue »scientia politica« – nicht Marx, der den Begriff der Geschichte hat.

Tocqueville [*Democracy in America*], *II*, [Seite] 331: »As the past has ceased to throw its light upon the future, the mind of man wanders in obscurity.«[2]

[28]

Das Recht zur Herrschaft – ἀρχή – hat im Griechischen derjenige, der etwas beginnt. Gegen ihn steht der Tyrann, der »nur« Macht hat. Als Plato die Herrschaft der Ideen etablieren wollte, des wahren Aussehens (εἶδος) über die Ansichten (δόξα), schien es ihm ganz selbstverständlich, die Ideen als Ursachen (und nicht nur als die realen Essenzen) des Wirklichen anzusetzen. Für ihn lag die Legitimität der Herrschaft der Ideen im Ursache-sein – αἰτία. Entscheidend ist hier, dass die Rolle des Beginnens nicht mehr beim Menschen liegt, also dass gewissermassen die Idee des Tisches den Tisch hervorbringt, als ihre Abschattung – und nicht der Tischler. Wie man an den *Νόμοι* sehen kann, war für Plato die Herrschaft der Philosophen ein Notbehelf, den er aufgab, als er in den Gesetzen ein Instrument entdeckte, durch das man den Ideen direkt zur Herrschaft verhelfen konnte. Die Ideen als Ursachen ersetzen die Menschen.

[29]

Ich lieb die Erde
so wie auf der Reise
den fremden Ort,
und anders nicht.
So spinnt das Leben mich
an seinem Faden leise
ins nie gekannte Muster fort.
Bis plötzlich,
wie der Abschied auf der Reise,
die grosse Stille in den Rahmen bricht.[1]

[30]

Der doppelte Herrschaftsbegriff: Erstens Herrschen = Beginnen = königliche Herrschaft dessen, der der Beste unter Gleichen ist. Zweitens Herrschen = der ἀναγκαῖα Herr werden = Sklavenhalter = Unterdrückung der prinzipiell Ungleichen.

[31]

Ad Staatsformen – Aristoteles: *Nikomachische Ethik*, 1131a 25–29: Das δίκαιον ist das ἴσον unter ἴσοι; ἄδικον ergo: wo immer Gleiche Ungleiches haben oder Ungleiche Gleiches. In diesem Zusammenhang Erörterung der ἀξία[A], eigentlich des Kriterions der ἰσότης: Die ἴσοι in der Demokratie sind die ἐλεύθεροι, denn ἐλευθερία ist die ἀξία, nach der die Gleichen bemessen werden – in der Oligarchie sind es entweder πλοῦτος[B] oder εὐγένεια[C]!, und in der Aristokratie ist es ἀρετή!

[A] [axia], Wertschätzung, Wert
[B] [plutos], Reichtum
[C] [eugeneia], gute Abkunft, Adel; gute Art, gute Gesinnung

Also: 1. Demokratie hat nicht Freiheit, wie wir sie verstehen, zum Prinzip, sondern Freigeborensein; ihr einziger Gegensatz liegt im Sklave-sein, also ausserhalb der Polis. In unserer Sprache: Gleichheit ist das Prinzip der Demokratie, weil sie alle Bürger = Freie umfasst. 2. Aristokratie hat ursprünglich nichts mit Geburt zu tun. Cf. Heraklit. Sie beruht wirklich auf ἀριστεύειν, d.h. der Tätigkeit in der ἀρετή, in der κοινωνία sichtbar wird und Unterschiede schafft. 3. Oligarchie ist die eigentliche Klassenherrschaft. – Aber sowohl in der Oligarchie wie in der Aristokratie gibt es Unterschiede in der ἰσότης unter den Bürgern. Freiheit = ἐλευθερία ist das, was alle gemeinsam haben, worin alle gleich sind.

[32]

Das Herz ist ein komisches Organ; erst wenn es gebrochen ist, schlägt es seinen eigenen Ton; wenn es nicht bricht, versteinert es.

Der Stein, der einem vom Herzen fällt, ist fast immer der, in welchen sich das Herz fast verwandelt hätte.[1]

Februar 1954

[33] *February 1954*

μαλακία[A] – (Perikles, φιλοσοφοῦμεν ἄνευ μαλακίας[1]) – nach Aristoteles ein barbarisches Laster, wie Masslosigkeit etc. *Nikomachische Ethik*, VII, 1. 1145a31–35. Gegensatz von μαλακία ist καρτερία[B] (1145b9)!

[A] [malakia], Weichheit, Weichlichkeit
[B] [karteria], Abgehärtetheit

[34]

»Common sense« und gesunder Menschenverstand: Hobbes führt ihn in die Philosophie ein, indem er alle vergangene Philosophie für absurd erklärt. Er ist mit Hegel ganz einig; nur sträubt er sich gegen die »verkehrte Welt«. Damit hört der »common sense« auf, ein Sinn zu sein, und wird zur »Vernunft« erhoben. Als solcher erst ist er der »gemeine Verstand«. Bei Hobbes funktioniert er in doppelter Weise: 1. Als logisches Folgern, das jeder richtig machen kann und bei dem alle zu gleichen Resultaten kommen müssen. Das »Sein« wird sofort folgerichtig ausgeschlossen beziehungsweise seiner sinnlichen Gegebenheit beraubt und zu einem »sign« für Konsequenz degradiert. 2. Als psychologische Selbsterfahrung, wobei vorausgesetzt ist, dass ich mich selbst so kennen kann wie alle Anderen[A]. Das »Kenne-dich-selbst« soll nun meinen: Nimm dich selbst zum Beobachtungsgegenstand, und du kennst alle, denn alle sind gleich in sich selbst; nur die »begehrten Dinge« sind verschieden, das Begehren immer das gleiche etc.

Die erste Weise des gesunden Menschenverstandes ist typisch modern und subjektivistisch; die zweite aber typisch »philosophisch« – das, was aus dem »common sense« in den Händen des Philosophen wird. Nun gibt es wieder keine Pluralität, keine δόξαι und keine Verwirrung. Alle Menschen sind eigentlich nur ein Mensch, und wenn wir diesen Einen im Leviathan konstruiert haben, sind wir Gott gleich. In der Tat haben wir die Schöpfung Gottes, der den Menschen in der Pluralität schuf, rückgängig gemacht.

Hegel verstand den »common sense«, wie Hobbes ihn verstand, als den gemeinen Verstand, der nichts kann als Konsequenzen berechnen und die Dunkelheit des Herzens gemein machen.

[A] im Original: … wie alles Andere

[35]

Den Dichtern wird immer vorgeworfen, dass sie lügen. Und das ist auch ganz berechtigt. Nur von ihnen erwarten wir Wahrheit (nicht von den Philosophen, von denen wir Gedachtes erwarten). Vor einem so furchtbar unerfüllbaren Anspruch – wie sollte man nicht lügen?

[36]

So wie Plato alles unter der Idee, so sieht Aristoteles alles unter dem τέλος. Dies aber sind eigentlich nur verschiedene Weisen, die ποίησις und τέχνη zu interpretieren; in der πρᾶξις gibt es weder τέλος noch Idee.

[37]

Als der »common sense« in die Hände der Philosophen fiel, haben sie ihn seines Sinnes-charakters beraubt und absurd gemacht. Das grösste Beispiel dafür ist Hobbes.[1] Erst hier wird der »common sense« unabhängig vom Sinnlich-erfahrbar-Gegebenen und verwandelt sich in eine Logik, ein Rechnen mit Konsequenzen, das alles Reale zerstört.

[38]

Opinion = what opens up to me.[1]

[39]

We are born into this world of plurality where father and mother stand ready for us, ready to receive us and welcome and guide us and prove that we are not strangers. We grow up to become like everybody else, but the more we grow, the more we become equal in the way of absolute, unbearable uniqueness. Then we love, and the world between us, the world of plurality and home-liness, goes up in flames, until we ourselves are ready to receive the new arrivals, newcomers to whom we prove what we no longer quite believe, that they are not strangers[A]. We die in absolute singularity, strangers after all, who say farewell to a foreign place after a short stay. What goes on is the world of plurality.

[*Wir werden in diese Welt der Pluralität hineingeboren, in der Vater und Mutter für uns bereitstehen – bereit, uns zu empfangen und willkommen zu heissen, uns zu leiten und zu bekunden, dass wir nicht Fremde sind. Wir werden erwachsen, um wie alle anderen zu werden. Doch je älter wir werden, desto gleicher werden wir im Sinne absoluter, unerträglicher Einmaligkeit. Dann lieben wir, und die Welt zwischen uns, die Welt der Pluralität und heimatlichen Verbundenheit, geht in Flammen auf, bis wir selbst so weit sind, neu Ankommende zu empfangen – die Neuen, denen wir nun beweisen, was wir nicht mehr so recht glauben, dass nämlich sie nicht Fremde sind. Wir sterben in absoluter Singularität, schliesslich doch als Fremde, die nach einem kurzen Aufenthalt von einem fremden Ort Abschied nehmen. Was weiter besteht, ist die Welt der Pluralität.*]

[40]

Der Unterschied zwischen Handeln und Herstellen liegt vorerst darin, dass ich Autor[I] nur im Herstellen sein kann. Zum Herstellen gehört die Gewalt, wie die Macht zum Handeln gehört. Die Attraktion der Gewalt – nämlich gewaltsam zu handeln – besteht darin, dass nur so ich mich als Autor fühlen kann. (Cf.

[A] im Original: ... that he is not a stranger

Aristoteles: die Liebe zum ἔϱγον.) Die Gewalt ist das einzige Mittel, Handeln in Herstellen zu verwandeln. Nun endlich hat das Handeln ein Ziel und ein Ende: das Werk, während Handeln, eigentlich gesprochen, ziellos und endlos ist. Dies hat bereits Aristoteles als ἄπειϱον[A] gefürchtet und gemeint, dann würde alles sinnlos.[2] Zwecklos – aber nicht sinnlos. Sobald man zweckmässig handeln will, handelt man nicht mehr, sondern braucht Gewalt in einer ihrer Formen.

Oder: Der Handelnde handelt entweder in ein Netz sich feindlicher und widersprechender Intentionen [hinein] – und hat dann die Wahl, seine Intention aufzugeben, sich schleifen zu lassen oder gewaltsam zu werden und andere Intentionen zu vernichten. Oder: Er handelt ohne »Intentionen«, sodass was sich ergibt von vornherein niemandes alleinige Verantwortung ist und jeder sich wandelt, sobald er zu handeln beginnt. Das Zwischen entsteht.

[41]

Von der »vita contemplativa« her gesehen, werden alle Formen nicht-denkender Aktivität essentiell identisch, weil ihnen allen das Um-willen zu eignen scheint: die Arbeit um des Lebens willen, das Handeln um des guten Lebens (εὖ ζῆν) willen und das Herstellen um des Werkes willen. Von den dreien ist für die Griechen das Herstellen das Beste, weil das Werk (ἔϱγον) nicht nur ein Nützliches und daher Vergängliches ist. Herstellen ist die einzige Tätigkeit, die sich selbst »unsterblich macht«. Das Werk überlebt, das ist das ἀθανατίζειν des Homo faber.

[A] [apeiron], unbegrenzt, unendlich

[42]

Helle scheint
in jede Tiefe;
Laut ertönt
in jeder Stille.
Weckt das Stumme –
dass es schliefe! –,
hellt das Dunkel,
das uns schuf.

Licht bricht
alle Finsternisse,
Töne singen
jedes Schweigen.
Nur die Ruh'
im Ungewissen
dunkelt still
das letzte Zeigen.

[43]

Zu dem Streit, ob ein Gott oder der Mensch das Mass aller Dinge sei: Dies vielleicht das klarste Beispiel, wie die Rücksicht auf das Politische die philosophischen Fragestellungen verdreht hat. Bei Plato ist nie von »allen Dingen« die Rede – wie bei Heraklit πόλεμος πατὴρ πάντων[A], sondern: πάντων χρημάτων[B], ergo nur für Gebrauchsdinge. Die Dinge selbst nämlich bedürfen keines Masstabes, keines μέτρον, aber das Brauchen des

[A] [polemos pater panton], Krieg (im Sinne von »Auseinandersetzung«) ist Vater aller Dinge

[B] [panton chrematon], Genitiv von πάντα χρήματα, dt.: von allem, womit der Mensch hantiert, was er zu seinen Zwecken gebrauchen kann

Menschen ist etwas, was nach Plato an etwas gemessen werden sollte, gerade weil es etwas Untergeordnetes war. Dieser Massstab wurde die Idee, die an sich nicht Masstab ist, dann aber auch für die Philosophie ihren »scheinenden« Charakter verlor und anfing, Regeln vorzuschreiben. In einem Wort: Als die Philosophie mit Plato begann, sich mit der Politik abzugeben, ruinierte sie nicht nur die Politik, sondern sich selbst. Sie wurde auf das Politische angewandt, und da die Philosophen Menschen sind, begannen sie so zu gehorchen, wie sie anfänglich wollten, dass alle Menschen gehorchen sollten.

[44]

Hobbes – Hegel: Hobbes verwandelte den »common sense« in logisches Schlussfolgern – »reckoning with consequences«[1] –, und Hegel verwandelte mittels der Dialektik die spekulative Vernunft in dialektisch-schliessendes Prozess-denken. (Cf. Hegels Verachtung von Kants Urteilskraft.[2])

[45]

Der Circulus vitiosus der modernen Ökonomie: Wir konsumieren, um zu leben. Wir produzieren, um zu konsumieren. Wir konsumieren, um zu produzieren (Arbeitslosigkeit), also konsumieren wir, um zu konsumieren.

Heft XX

März 1954 bis Januar 1955

Heft XX

März 1954

[1] *New York März 1954*

Der gesunde Menschenverstand »räsoniert«, weil er anders gar nicht die partikularen Sinnesdaten in die gemeinsame Welt einordnen könnte. Dieser »Gemeinsinn« arbeitet dauernd mit Arbeitshypothesen, die dazu dienen, das Partikulare zu kontrollieren in bezug auf seine »Allgemeingültigkeit«. Die Hypothese greift selbstverständlich ein, wo die Sinne im Stich lassen: Ich bin kurzsichtig, was ich sehe, halte ich für einen Baum, ich gehe näher, es ist in der Tat ein Baum. »The hypothesis works.«[A] Bei Lukretius ganz deutlich, wie dies Aussetzen der Sinne zum Räsonieren führt: Ich spüre den Wind (sehe ihn aber nicht, nur bewegte Gegenstände), also muss es Leere geben. Der gesunde Menschenverstand kann gar keine andere Wahrheit kennen als Bestätigung von Arbeitshypothesen.

[2]

Ad Geschichte: Das moderne Geschichtsbewusstsein ist die wesentlichste und unmittelbarste – unvermitteltste – Folge der Trennung von Religion und Politik, die man Säkularisation nennt. Es besteht darin, dass die Menschheit selbst sich in einer virtuellen Unsterblichkeit auf der Erde etabliert. Als solches entspricht modernes Geschichtsbewusstsein dem antiken Polis-Bewusstsein, in dem die πόλις dem Einzelnen die Chance

[A] die Hypothese funktioniert, sie bringt das gewünschte Ergebnis

des ἀθανατίζειν gab. Dies ἀθανατίζειν war überflüssig geworden mit der Lehre von der Unsterblichkeit der Seele. Sie machte Politik zu einem Geschäft für Banausen. Politik, oder die Frage einer möglichen irdischen Unsterblichkeit, konnte erst wieder ernst werden, als der Glaube an die Unsterblichkeit der Seele nicht mehr gesichert war.

Dies passierte in der Säkularisierung, die niemals religiöse Inhalte verweltlichte (dies ist eine Unmöglichkeit!), sondern vielmehr das antike Problem der irdischen Unsterblichkeit neu stellte. Das Neue war, dass eine Unsterblichkeit des Menschengeschlechts verlangt wurde statt eines gesicherten Rahmens für die Unsterblichkeit des Einzelnen (Polis) oder des Volkes beziehungsweise der Gemeinschaft (Rom).

Als die Philosophen daran gingen, diese neue Unsterblichkeit mit den Mitteln der Tradition zu interpretieren, verlangten sie erstens mit Hegel, dass die Geschichte des Menschheitsgeschlechts in ihrer Gesamtheit die platonische Idee als höchsten Sinn enthüllen solle und zweitens mit Marx, dass das Aristotelische Zweckhandeln Geschichte fabrizieren können müsse.

[3]

Erdennässe
Erdendunst
Süsses irdisches Gewärmtsein
Flockt empor
Zur Wolkenkunst
Sichtbar strebend im Entferntsein.

Herzenswärme
Herzensgunst
Innig atmendes Gefühltsein
Seufzer leicht
Wie Wolkendunst
Hörbar zitterndes Gerührtsein.

[4]

Ad Sinnlich – Übersinnlich: Dass das Sinnliche sinnlos wird, weil an das Übersinnliche nicht mehr geglaubt wird, ist historisch einfach falsch. Die Kopernikanische Wendung beruht gerade auf einem Misstrauen in die Sinne; das sinnlich Gegebene der normalen Welt war erschüttert und zog den Zweifel an Gott etc. nach sich. Das Primäre ist weder »Säkularisierung« noch Zweifel an der Vernunft, sondern Misstrauen gegen die Sinne und Verdacht, dass das sinnlich Gegebene (Auf- und Untergang der Sonne) die Wahrheit (die Erde dreht sich um die Sonne) verberge. Das Übersinnliche fällt, weil unsere Sinnenwelt offenbar trügerisch eingerichtet ist. Daher Descartes' böser Geist, der den Menschen an der Nase herumführt.

Die ersten naturwissenschaftlichen Entdeckungen sind vor allem Ereignisse und nicht ideen-geschichtlich ableitbare Folgen! Es sind Entdeckungen, die dann geistesgeschichtliche Folgen auch gehabt haben. Es könnte durchaus sein, dass die rabiate Sinnenfeindlichkeit des Puritanismus gerade darum sich so gut eignete, die moderne Welt aufzubauen, weil sie aufs genaueste diesem naturwissenschaftlichen Ereignis entsprach.

[5]

Ad Technik: Schematisch könnte man die Entwicklung und Dynamisierung der Technik etwa so darstellen:

1. Herstellen von Gegenständen aus dem zugrundeliegenden und von der Natur gegebenen Material. Werkzeuge werden wie Gegenstände hergestellt und dienen nur zur Herstellung. Das menschliche Leben umgibt sich mit seinen eigenen Produkten, bleibt aber innerhalb seines Vollzugs als Lebendigsein völlig unbeeinflusst.

2. So wie man hergestellte Werkzeuge zum Herstellen benutzte, beginnt man Naturkräfte, und nicht natürlich geliefertes Material, zu gebrauchen. Wasser und Wind ersetzen mensch-

liche Anstrengung. Damit geschieht ein erstes Eindringen der Natur in den Bereich menschlichen Lebens.

3. Dampfmaschinen und Explosionsmotor, die das industrielle Zeitalter einleiten, stellen durch Imitation die Naturkräfte selbst her, so dass nun der menschliche Bereich des Herstellens und Hergestellten beherrscht wird von hergestellten Naturkräften.

4. Mit der Atomzertrümmerung kommt das letzte Stadium auf seinen Höhepunkt, das mit der Elektrisierung der technischen Welt begann: Naturkräfte werden losgelassen, weder hergestellt noch eigentlich benutzt. Die Elemente selbst dringen in die menschliche Lebenswelt ein. Damit hat sich der Prozess des Sich-auf-der-Erde-Heimischmachens und -Einrichtens in sein Gegenteil verkehrt, und die ursprüngliche Antinomie zwischen menschlichem Leben, das nicht in der naturhaft gegebenen Welt einfach existieren kann, und den Erd-elementen kommt wieder, wenn auch mit umgekehrten Vorzeichen, zum Vorschein.

April 1954

[6] *April 1954*

Politik – Geschichte: Seit Hegel und Marx betrachtete man die Geschichte als das eigentliche Medium der Politik: Politik machen war Geschichte machen oder geschichtlich handeln; vergangene Politik zeigte ihr wahres Gesicht erst und nur als Geschichte. Dies ist die genaue Umkehrung des ursprünglichen griechischen Ansatzes, in dem Politik das eigentliche Medium der Geschichte war: Man erinnerte geschichtlich in einer Verlängerung des primären politischen Impulses, sich im unsterblichen Ruhm eine irdische Unsterblichkeit zu sichern. Schliesslich war die Polis die Stätte der »Geschichtlichkeit«, die Politik also das Medium der Geschichte.

[7]

Das Streben nach irdischer Unsterblichkeit im Sinne des κλέος ἄφθιτον[A] oder des ἀθανατίζειν rechtfertigt sich aus der Struktur des menschlichen Lebens, die es unmöglich macht, dass ein Mensch seine »Gestalt« erreicht oder in sein »Wesen« kommt, solange er am Leben ist. Dies unterscheidet das griechische ἀριστεύειν von allem blossen »Ruhm«streben; es gibt ihm seine Tiefe und auch seine Tragik; denn die Gestalt, die ich nach dem Tode sein werde, die Identität, die schliesslich bleibend meinen Namen erfüllen wird, kenne ich selbst so wenig wie die Mitlebenden. Ferner, diese Unsterblichkeit und »Wesenhaftigkeit« der eigenen Person kann nur über die »unsterblichen Werke« gehen, die gerade das Sterbliche nicht verewigen. Solange ich lebe, ist dies eine »Versachlichung«, »Verdinglichung« des Lebendigen; zum Merk-mal des Lebendigen wird es erst nach dem Tode. So fangen grosse Werke ihr spezifisches Leben, Lebendig-bleiben erst an, wenn der Urheber tot ist.

Sofern man die menschliche Produktivität im Ebenbilde der göttlichen Schöpfungskraft sehen will, wäre der Unterschied zwischen Mensch und Gott gerade der, dass ein lebendiger Gott seine lebendigen Werke überlebt (sozusagen).

Der wesentliche Unterschied zwischen diesem antiken Unsterblichkeitsstreben und der christlichen Sehnsucht nach einem individuellen Fortleben nach dem Tode ist dieser: In dem einen, antiken, Fall transzendiert der Mensch sich selbst, sein eigenes Lebendigsein, in die Welt hinein; im andern Fall transzendiert der Mensch die Welt bei Festhaltung des eigenen Lebens. Im ersten Fall lässt man sich selbst im Sinne des Lebens verschwinden und wird nun, nach dem Tode, erst ganz und gar Welt; der

[A] [kleos aphthiton], unvergänglicher Ruhm

Tod bringt die volle Verweltlichung. Im zweiten Fall lässt man die Welt verschwinden und wird nun erst, nach dem Tode, ganz man selbst, nämlich die (unsterbliche) Seele. Im Altertum ist der Mensch, aber nicht die Welt vergänglich; im Christentum ist die Welt, aber nicht der Mensch vergänglich. Im Tode bewährt sich einmal, dass der Mensch vergeht, und zwar spurlos, wenn er nicht Spuren in der Welt hinterlassen hat; andernfalls bewährt sich im Tode die Hinfälligkeit einer Welt, die der Sterbende nur ein wenig früher verlässt, als sie ohnehin zugrundegeht. Jeder christliche Tod ist eine Art Weltuntergang; jeder klassische Tod ist eine Art Gemordetwerden.

Die römische und jüdische Unsterblichkeit ist das Fortleben im Geschlecht, in der Geschlechterfolge. Dies ist der eine mächtige Stamm, von dem her die Familie in die Politik geraten ist. (Der andere ist der griechische des »Haushalts«, der das Modell für politische Herrschaft seit Aristoteles darbot und [an dem] um der Herrschaft willen – nicht der Unsterblichkeit! – festgehalten wurde.)

[8]

Geschichte und Natur sind komplementäre Begriffe der Neuzeit. Beide setzen den »Prozess« voraus, der dann zur »Entwicklung« und schliesslich zum Fortschritt wird. Moderne Naturwissenschaft und moderne Geschichtswissenschaft unterscheiden sich von aller vorherigen darin, dass sie es mit Prozessen zu tun haben. Moderne Technik.

[9]

Buch:[1] Eventuell drei Essays: Staatsformen – Vita activa – Philosophie und Politik. Im 1. Polis, römische Republik etc. inklusive Montesquieu und Ableitung des Herrschaftsbegriffs. Auch Ideologie und Terror. – 2. Arbeiten, Animal laborans, Herstellen, Homo faber, Handeln. Moderne Gesellschaft als Arbeits- (und nicht Produktions-)Gesellschaft. –

3. Philosophie und Politik. Inklusive »common sense« (Hobbes) und Geschichte als »Ersatz« der Polis.

Mai 1954

[10] *Mai 54.*

ἀθανατίζειν:

1. Nicht möglich im Privaten oder Vereinzelten, weil man sich nicht auszeichnen kann und von Anderen nicht gesehen werden kann. (φαίνεσθαι ist nicht möglich). Ursprung des Handelns im Sinne des Tatendranges.

2. Beim Handeln stellt sich heraus, dass man nur von Sterblichen gesehen wird, deren Gedächtnis mit ihnen stirbt. Ursprung der Poesie im Sinne des ewigen Gedächtnisses.

3. In der Angewiesenheit auf die Poesie stellt sich heraus, dass Herstellen viel dauerhafter ist als Handeln. Vielleicht ist Homer »grösser« als Achill? Hier der erste Grund, warum ποιεῖν repräsentativ werden konnte für die gesamte Vita activa. – Es stellt sich ferner heraus, dass Gedächtnis an sich nicht genügt; es muss sich in etwas Hergestelltes transformieren.

4. Die Polis »ersetzt« die Poesie: Sie schafft einen Raum, der als solcher permanent, ja ein wahres ἀεὶ ὄν[A] sein soll, damit, ohne auf den »Zufall« der Sänger angewiesen zu sein, alles die ihm gebührende Unsterblichkeit erhalten kann. In der Polis und als πολίτης hinterlässt das menschliche Leben seine Spuren. Die Polis ist die Garantie des Immer-gesehen-Werdens, selbst nach dem Tode. Geschichtsschreibung übernimmt die ur-

[A] [aei on], ein ewig (immer) Seiendes

sprüngliche Funktion der Poesie, bleibt aber natürlich auch ποίησις.

5. Die Philosophen entdecken das Verweilen bei dem, was von sich her ἀεὶ ὄν ist.

[11]

26. 5. 54: Gurians Tod.[1]

Juni 1954

[12]

Juni 54.

Ad Plato »unaussprechlich«: cf. *Politikos*, 285 E: τοῖς δ' αὖ μεγίστοις οὖσι καὶ τιμιωτάτοις οὐκ ἔστιν εἴδωλον οὐδέν: »Das Höchste hat kein Bild« – wohl aber eine ἰδέα, kein εἴδωλον, wohl aber ein εἶδος!![1] Dies der philosophische Ursprung der Ideenlehre, der Vorherrschaft des »Sehens«, der Abwendung vom λέγειν (es gibt nichts der ἰδέα Entsprechendes, die einspringt, wo das εἴδωλον versagt, im Bereiche des λόγος, wenn der λόγος versagt!). Gerade weil es weder εἴδωλον noch λόγος vom »Höchsten« gibt, erfand Plato den Ausweg der Ideen. Die Idee drückt das Unsagbare aus.

[13]

Das Mit-sich-selbst-Sprechen ist nicht bereits Denken, aber es ist die politische Seite alles Denkens: dass sich selbst im Denken Pluralität bekundet.

[14]

Pascal, *Pensées*, 294 (137): »On ne s'imagine Platon et Aristote qu'avec de grandes robes de pédants. C'étaient des gens honnêtes et, comme les autres, riant avec leurs amis; et, quand ils se sont divertis à faire leurs Lois et leurs Politiques, ils l'ont fait en se jouant; c'était la partie la moins philosophe et la moins sérieuse de leur vie: la plus philosophe était de vivre simplement et tranquillement. S'ils ont écrit de politique, c'était comme pour régler un hôpital de fous; et s'ils ont fait semblant d'en parler comme d'une grande chose, c'est qu'ils savaient que les fous à qui ils parlaient pensaient être rois et empereurs. Ils entrent dans leurs principes, pour modérer leur folie au moins mal qu'il se peut.«[1]

Juli 1954

[15] *Juli 54.*

Ad Technik: Bevor die Wissenschaft die moderne Technisierung des Daseins ermöglichte, wurde sie in ihren »reinen« Forschungsergebnissen von der Technik abhängig – den Apparaturen. Cf. Heisenberg! und Koyré: Uhr.[1]

[16]

Ad Interesse: An die Stelle des Interesses tritt in der modernen Politik so leicht die Ideologie, weil die Interessen im Weltmassstab so unübersehbar geworden sind, dass sich niemand mehr nach ihnen richten, niemand sie mehr verstehen kann. Darum kann es Interessenpolitik nicht mehr geben.

[17]

Ad Politik und Philosophie: Chekhov, Letter to A. Suvorin, 1898 (Frankreich), über Dreyfus: »But great workers and artists should engage in politics only to the extent necessary to defend themselves against politics.« (From: *Selected Letters*, New York 1955![1])

Nietzsche (Aus dem Nachlass 1880–1, *Morgenröte*, Anhang): »Die Politik ist so zu ordnen, dass mässige Intellekte ihr genügen, und nicht jedermann jeden Tag drum zu wissen braucht.«[2]

[18]

Wen die Götter lieben – dem verweigern sie den Trost des Altwerdens.

[19]

Tolstois *Tod des Iwan Iljitsch*: Der Tod enthüllt die Lüge und die Nichtigkeit des gesellschaftlichen Lebens im Modus der Verlassenheit, nicht der Einsamkeit. Der Sterbende ist aus der Gesellschaft ausgestossen, die auf Sterben nicht eingerichtet ist, weil sie selbst ja immer weiter geht. Die Einsamkeit kommt über ihn, wenn er anfängt, sich mit seinem vergangenen Leben zu beschäftigen. Da dies »nichts« ist, fällt er in das Loch der Nichtigkeit. Was er begreift, ist, dass dies Leben nicht wert war, dafür zu sterben, also nicht wert, gelebt zu werden.

[20] *Palenville*[A] –

Seit Plato orientierten sich Denken und Handeln am Herstellen, um Permanenz in Dingen zu gewinnen. Die Schrift, in der beides verewigt wird, die Gedanken und die Taten, ist wie ein Symbol des menschlichsten Urdinges. In der Schrift be-dingt der Mensch sein Handeln und Denken, wie im Herstellen von Dingen sein Leben sich be-dingt.

Das Entscheidende der Neuzeit ist, dass sie dem Denken wie dem Handeln den Erfahrungsbereich des Herstellens, der beiden als Modell gedient hatte, entzieht. An die Stelle des Herstellens tritt erst die Arbeit und mit ihr der »Materialismus« und dann die Technik und mit ihr das Prozessdenken oder richtiger das »Prozessieren«. In der Arbeit werden Dinge zum Konsum hergestellt und nicht zum Gebrauch; der Mensch beginnt, seine von ihm geschaffene Ding-Welt zu verzehren, und wird dadurch selbst unbedingt. Da er selbst nicht mehr schafft, glaubt er auch nicht mehr, geschaffen zu sein. In der Technik, welche erst nur die Arbeit ablöste (scheinbar ganz harmlos!), zerstört der Prozess selbst: Nicht der Mensch verzehrt die Dinge (dies tut er nur auch), sondern der Mensch lässt einen automatischen Verzehrungsprozess los.

Weder für die Arbeit noch für die Technik ist die alte Vorstellung vom Denken haltbar. Diese besagte, dass Überlegung dem Tun (eigentlich die überlegende Organisierung des Herstellungsprozesses) vorangehen müsse und dass diesem wiederum die Anschauung (nämlich ursprünglich die innere Wahrnehmung der Gestalt des herzustellenden Dinges) vor- und übergeordnet sei. All dies spielt bei der Arbeit und der Technik keine Rolle, weil beide nicht mehr auf <u>ein</u> Objekt, ein Erzeugnis mit feststehender Gestalt, ausgerichtet sind. Vor allem aber haben sie gar kein Interesse mehr an Permanenz.

Erst als wir aus der dinglich bedingenden, permanenten Welt

[A] siehe im Anmerkungsteil S. 977

herausfielen, konnten wir gewahr werden, dass weder dem Denken noch dem Handeln an sich irgendeine Permanenz eignet.

[21]

Goethe über Geschichte: Ein Mischmasch aus Irrtum und Gewalt.[1] Vgl. Kants »trostloses Ungefähr«.[2]

[22]

Die Entdinglichung der Welt und die Entweltlichung des Menschen im modernen Produktionsprozess, der gleichsam ohne den Menschen, nämlich qua Menschen auskommt.

[23]

In der industriellen Gesellschaft, die mehr Musse kennt als irgendeine vor ihr, entspricht der Arbeit-Musse-Konstellation nicht Vita activa – contemplativa, nicht einmal der Möglichkeit nach, weil Arbeit nicht mehr »aktiv« ist, sondern [die Konstellation] Wirklichkeit – Fiktion. Musse ist identifiziert mit Hobby oder anderen Eskapismen. Selbst die Arbeit an sich ist nicht mehr wirklichkeitsgebunden, da sie ja nur im Prozess besteht; immerhin wird mit ihr der Lebensunterhalt verdient. Dies ist die einzige »Realität« in ihr.

[24]

Politik und Geschichte: Der Zusammenhang liegt darin, dass jedes Ereignis seine Wirksamkeit erst in der Erinnerung entfaltet oder dass es Ereignis nur gibt, wo es sich in die »memoria« (nicht das Bewusstsein, sondern), den Gedächtnisraum hineinereignet. Auch ein Erdbeben ist ein Ereignis, wenn es erinnert wird. Von »historischen Ereignissen« zu sprechen, ist eine Tautologie. Die Bedeutung, die das Ereignis an sich hat, entfaltet sich, wird wirksam in der Erinnerung und stiftet Geschichte.

Darum ist ein Ereignis immer schon geschichtlich, und eine politische Handlung wird erst geschichtlich, wenn sie als Ereignis sich ausgewirkt [hat] und berichtet wird. Die Frage ist: Könnte es Geschichte geben, wenn wir nicht handelnde Wesen wären und alle Ereignisse zum Beispiel auf Gottes Handeln beruhten?

August 1954

[25] *August 1954*

Der Zusammenhang zwischen Denken und Gedächtnis besteht darin, dass alles Denken eigentlich ein Einer-Sache-nach-Denken ist. Sofern Wahrheit ein Ereignis ist, wäre somit die Wahrheit der Ursprung (nicht das »Ziel«) des Denkens. (Dies Heideggers Standpunkt.)

Die Wahrheit, weit davon entfernt, das Ende und daher das Resultat des Denkens zu sein (wäre dem so, so hätte Lessing recht), ist dessen Anfang. Niemand beginnt auch nur zu denken, der nicht bereits eine Wahrheit in der Hand hätte. Im Denken erweist man einerseits der Wahrheit die ihr gebührende Ehre, beziehungsweise bezeugt sein Betroffensein und begibt sich andererseits in eine Art, um die Wahrheit herum zu denken, was gewöhnlich in den Irrtum führt. Das Denken erreicht nie die anfänglich gefundene Wahrheit, ist ihr nie ganz adäquat, daher hört das Denken erst mit dem Leben auf: Wie das Leben aus der Quelle der Geburt gespeist wird, so das nur ihm verwandte Denken aus der Quelle der Wahrheit. Wie das Leben sich gerade dadurch, dass es lebt, notwendigerweise immer weiter von seinem Ursprung entfernt, so auch das Denken von der Wahrheit. Aber dies von der Wahrheit ursprünglich inspirierte und sich doch immer von ihr entfernende Denken gerade macht die Wahrheit erst lebendig; in ihm lebt und wirkt die Wahrheit wie das Ereignis im Gedächtnis. Dies ist Wirklichkeit. »An sich« sind gerade Ereignis und Wahrheit noch nicht »wirklich«. Die reine Erfahrung, das worin ich Ereignis und Wahrheit erfahre, gerade konstituiert niemals Wirklichkeit; sie ist sogar wirklichkeitsfremd.

[26]

Geschichte und Politik: Die Geschichte hat es nie mit handelnden Menschen zu tun, sondern immer nur mit dem Muster, das durch die Handlungen vieler entsteht, die auf- und gegen- und aneinandervorbeihandeln. Dass aus diesem Durcheinander ein verstehbares Geschehen, d.h. ein Muster, d.h. eine Welt entsteht, die für die Neugeborenen wieder »Geschichte« wird, ist nicht verwunderlicher als dass, wie Leibniz bemerkt, aus allen zufällig auf das Papier geworfenen Punkten stets eine mathematisch berechenbare Figur zu enträtseln ist.[1] In dem Sinn der Geschichte, der nie aus den beabsichtigten Handlungen der Individuen herzuleiten ist, den Finger der Vorsehung zu sehen, in dem Sinne nämlich, als hätte es der Hand Gottes bedurft, um alles so zu leiten, dass überhaupt ein verstehbarer Sinn herauskommt, ist genau so töricht, als wollte man aus der Leibnizschen Figur schliessen, die Hand, welche die zufälligen Punkte auf das Papier wirft, wäre von einem Mathematiker inspiriert oder geführt. Was es beweist, ist nur, dass es Sinnlosigkeit nur im Isoliertesten gibt – sagen wir [bei einem] Punkt, aber nicht auf einem bestimmten Stück Papier, wo sein mathematischer Raum berechenbar wäre, sondern auf einem gleichsam das ganze Universum ausfüllenden Blatte. Die Welt ist so eingerichtet, dass aus jedem Nebeneinander und Zugleich Sinn bereits herausspringt. Wegen dieser Muster-haftigkeit nannte Leibniz die Welt die vollkommenste aller Welten: Sie ist so eingerichtet, dass es Sinnlosigkeit nicht gibt.

Dies heisst natürlich andererseits, dass es wirklich stimmt, dass alles möglich ist.

[27]

Der Arbeits- und der Lebensprozess sind dasselbe. Darum kamen die Philosophen mit Nietzsche und Bergson plötzlich auf die Idee, das Leben in einer Lebensphilosophie zu verherrlichen; das war ihre Weise, dem Geist der Zeit, der Arbeit zur höchsten Tätigkeit gemacht hatte, zu entsprechen. Beiden Prozessen eignet die Wiederholung, die Resultatlosigkeit, die »Sinnlosigkeit in sich selbst«, die Notwendigkeit und die endliche Vergeblichkeit der Anstrengung: Das Erarbeitete wird verzehrt, das Gelebte stirbt. Die Arbeit wird überall dort, wie bei den alten Hebräern, geschätzt, wo das Leben als das Heilige gilt.

Zu allen Zeiten sind Zivilisationen entstanden aus dem Bemühen, sich von diesem vernichtenden Prozess der Arbeit und des Lebens zu befreien. Dem Leben beziehungsweise der Emanzipation von ihm entspricht das Gedächtnis, das sich gegen das sinn- und rücksichtslose, eigentlich bedenkenlose Weiter des Lebens wehrt und aus dem das Denken stammt; der Arbeit beziehungsweise der Emanzipation von ihr entspricht das Herstellen, das mit der Fabrikation von Werkzeugen, auf welche Arbeit gleichsam abgewälzt wird, anfängt, und in der Herstellung einer Welt von Dingen, die als leblose gerade das Leben überdauern, [endet]. Beides ist ἀθανατίζειν, und beides entsteht aus der »condition humaine«, aber so, dass sie überwunden wird. Auf diese Überwindung hat der moderne Mensch verzichtet – dies allein ist die Bedeutung davon, dass er seine Transzendenz verloren hat.

[28]

Denken – Arbeiten – Leben:

A: Wozu Denken, wenn das Denken ohne Resultate bleibt, wenn nichts Kunde gibt vom Gedachten?

B: Wozu Leben, da doch das Leben sicher ohne Resultat bleibt, jedenfalls als solches, es sei denn, man wollte ihm seine eigene Reproduktion oder seinen eigenen Tod als Resultat zurechnen? Was man schwerlich kann, da ja der Tod das Leben nicht gerade überlebt (wenn auch überdauert) und das Kind als ein neues Leben lebt und stirbt, aber nicht überlebt?

A: Leben tue ich ohnehin, es ist gegeben, dazu bedarf es keiner besonderen Anstrengung.

B: Das ist ein Irrtum. Es bedarf einer fortwährenden Anstrengung, um nur am Leben zu bleiben, und diese Anstrengung hat den gleichen Charakter des Kreislaufs wie das Leben, ja ist an dessen verzehrenden Kreislauf gebunden. Diese Anstrengung nennen wir Arbeit. Die Arbeit hat so wenig Resultat aufzuweisen wie Leben und Denken. Arbeiten ist in gewissem Sinne Leben, in dieser Anstrengung lebt das Leben ausdrücklich, aber es ist nicht lebendiges Leben.

Zum Leben, das resultatlos ist, gehört die Anstrengung der verzehrenden Arbeit, ohne die es nicht am Leben bleibt; und zu ihm gehört die Anstrengung des Denkens, ohne das es nicht lebendig ist. Arbeit und Denken bleiben resultatlos wie das Leben selbst, sie sind die menschlichen Modi des Lebendigseins. Alles Herstellen, auch das Aufschreiben des Gedachten oder das Fabrizieren von Werkzeugen, die der Arbeit (und nicht weiterer Fabrikation) dienen, ist bereits die Flucht aus der Resultatlosigkeit des schieren Lebendigseins. Das Überdauern ist bezahlt mit Tod, nur das Tote (der tote Buchstabe) überdauert das lebendige Wort; nur ein neues Leben kann diese Toten zum Leben wiedererwecken, um sie dann gleich wieder dem Tode und dem Dauern anheimzugeben.

Ohne diese Flucht aus dem Leben gäbe es keine Welt. Aber nur solange es ausgemacht ist, dass neues Leben die Welt aus ihrem Tode wiedererwecken wird, kann ich Welt herstellen oder mich dem Anspruch des schier Lebendigseins, [dem] Arbeiten und Denken, entziehen.

Die antike Sklaverei war eine Form, sich dem Leben um der Welt willen zu entziehen, die Umwandlung des Denkens in Philosophie war die andere. Beides war ἀθανατίζειν, und zwar um der Welt willen, aus Liebe zur Welt. Dies ist der tiefste Unterschied zwischen den σοφοί und den φιλόσοφοι: Der σοφός war der lebendig Denkende, der φιλόσοφος war der, welcher das lebendige Denken und seine σοφία um der Welt willen preisgab, d. h. preisgab, damit eine Welt erstehe. Genau so haben die Griechen in der Sklaverei die Gerechtigkeit der Welt geopfert. Und in der von ihnen errichteten Welt leben wir in gewissem Sinne noch heute.

»Wer das Tiefste gedacht, liebt das Lebendigste«[1] – weil Denken Lebendigsein ist, so wie Arbeiten Leben ist.

Arbeiten – Denken – Lieben sind die drei Modi des schieren Lebens, aus denen nie eine Welt erstehen kann und die daher eigentlich welt-feindlich, anti-politisch sind.

[29]

Alles Welt-schaffen ist ἀθανατίζειν und richtet sich nach der irdischen Unsterblichkeit, die wir vorfinden, in die wir hineingeboren werden. So wie der Himmel uns auf ewig überdauert, wollen wir, dass unser Haus uns um ein Weniges überdauert. Je mehr einer das Leben liebt, das Lebendigsein als solches, desto schwerer wird es ihm, dies einzusehen.

»Als im weißen Mutterschoße aufwuchs Baal
War der Himmel schon so groß und still und fahl
Jung und nackt und ungeheuer wundersam
Wie ihn Baal dann liebte, als Baal kam.
[...]

Als im dunklen Erdenschoße faulte Baal
War der Himmel noch so groß und still und fahl
Jung und nackt und ungeheuer wunderbar
Wie ihn Baal einst liebte, als Baal war.«[1]

Der Widerstreit zwischen dem Lebendigen, seinem der Vernichtung zustrebenden Kreislauf und allen anorganischen Prozessen ist, dass im Anorganischen die Schichtung an die Stelle der Wiederkehr tritt, was sich am deutlichsten in der Geologie kundtut. Unser Begriff von Geschichte entstammt dieser dem organischen Leben widerstreitenden Erd-Geschichte, die aus Schichtungen besteht. Durch die Errichtung einer Welt schafft der Mensch gleichsam eine Vertikale, die sich quer durch den lebendigen Kreislauf zieht und Schicht auf Schicht um sich versammelt und in die Höhe zieht.

[30]

Ein Mädchen und ein Knabe
Am Bach und im Wald,
Erst sind sie jung zusammen,
Dann sind sie zusammen alt.

Draussen liegen die Jahre
Und das, was man Leben nennt,
Drinnen wohnt das Zusammen,
Das Leben und Jahre nicht kennt.

[31]

Novalis, *Blütenstaub*, Fragmente 2: »Die Welt löst sich auf in Figuren und der Zweck ist die Handhabung des Universums.«[1]

[32]

Ad Philosophie und Politik: Je zivilisierter die menschliche Welt wird, d.h. je besser sie sich in der Natur einrichten, sich gegen sie behaupten und vor ihren Elementargewalten sichern kann, desto entscheidender erfährt der Einzelne das Phänomen der Macht und Übermacht als ein menschlich-gesellschaftliches Phänomen. Dass Natur primär Macht ist, nämlich für und gegen den Menschen, wird schliesslich überhaupt nicht mehr oder nur als sekundär, gleichsam theoretisch erfahren. Erst wenn es Wölfe nicht mehr gibt, kommt es zu dem »homo homini lupus«[A]. Dies gerade ist nicht der Naturzustand. (In diesem Sinne hatte Rousseau viel eher recht als Hobbes.)

Hieraus ergibt sich, dass mit fortschreitender Zivilisation die menschlich-politischen Verhältnisse von steigender Bedeutung für alles Denken werden, und zwar in dem Sinne, dass sie dauernd mitberücksichtigt werden müssen. So konnten etwa Heraklit und Parmenides, auch wenn sie sich wie Heraklit um Politisches kümmerten, noch unbekümmert von Politik, d.h. ohne Rücksichtnahme auf Politik als solche, philosophieren, während Plato sich in seiner Philosophie bereits dauernd gegenwärtig halten musste, dass er die Existenz des Philosophen in der Polis im Philosophieren mit garantieren müsse. Das wird in späteren Philosophien nicht mehr so deutlich, weil die platonische Position mit ihren Implikationen schon vorlag. Das ändert nicht, dass es seit Plato eine »reine« Philosophie, d.h. eine, die nicht auf das Politische in dem Sinne zugeschnitten war, dass sie Philosophie als solche garantieren musste, nicht mehr gegeben hat. Und auch nicht, dass es eine reine, unvoreingenommene politische Philosophie schon darum nicht geben konnte, weil Philosophie als solche politisiert war. Anders gesagt: Als Philosoph hatte der Philosoph seine politische Stellung immer schon bezogen, Philosophieren war immer schon »Politisieren«, implizierte eine bestimmte, festgelegte Ein-stellung zur Politik.

[A] der Mensch ist dem Menschen Wolf

[33]

Goethes Farbenlehre

Gelb ist der Tag.
Blau ist die Nacht.
Grün liegt die Welt.
Licht und Finsternis vermählen
sich im Dunkeln wie im Hellen.
Farbe lässt das All erscheinen,
Farben scheiden Ding von Ding.

Wenn der Regen und die Sonne
ihrer Wolkenzwiste müde
noch das Trockene und das Nasse
in die Farbenhochzeit einen,
glänzet Dunkles so wie Helles –
Bogenförmig strahlt vom Himmel
Unser Auge, unsere Welt.

[34]

Ad Politik und Geschichte: Für den Handelnden ist die Wirksamkeit, die das Ereignete im Gedächtnis entfaltet und die es geschichtlich macht, immer und durchaus sekundär. Was er will und bezweckt, hat mit dieser Wirksamkeit nichts zu tun, die in der Tat sich in voller Unabhängigkeit vom Täter entfaltet. Wo diese Wirksamkeit gewollt und im Handeln in Szene gesetzt wird, wird der Handelnde zum Schaupieler seiner selbst, und die Politik nimmt den Charakter des Theaters an.

September 1954

[35] *New York September 1954.*

Ad Höhlengleichnis[1]: Plato gibt, zwar nicht im Höhlengleichnis selbst, aber sonst verstreut in seinen Schriften, drei Gründe, warum der Philosoph in die Höhle zurückmuss: Erstens den Zwang des Körpers, um dessen Lebensnotwendigkeiten willen die πόλις entstanden ist, nämlich weil nur so, durch das Politische, eine wenigstens halbwegs befriedigende Befreiung von dem mit dem Lebensprozess verbundenen Arbeitsprozess möglich ist. Zweitens die Angst des Menschen, von Schlechteren, als er ist, regiert zu werden. Drittens die Pflicht des Bürgers, was er weiss, auch Anderen mitzuteilen. Plato stellt es also so dar, als brauche der Philosoph qua Philosoph die πόλις überhaupt nicht. Dies aber ist nicht wahr: Der Philosoph qua Philosoph kehrt auch in die πόλις zurück, weil er sonst keinerlei Sicherheit hat, dass sein Philosophieren nicht vergeblich ist. Er braucht auf jeden Fall die Überlebenden, die ihn erinnern. Er gründet sogar eine Akademie!

Ohne Schwindelei können nur zwei Sorten von Menschen wirklich unpolitisch leben, die »homines religiosi«, die mit Gott Zwiesprache führen, und das Animal laborans, das im Kreislauf des lebenden Arbeitens und arbeitenden Lebens ganz und gar befangen bleibt. Die ersteren haben ihre Unsterblichkeit ausserhalb des Irdischen, der zweite hat sie im Regenerations- und Zeugungsprozess. Alle anderen Tätigkeiten des Menschen bedürfen der politischen Anstrengung des ἀθανατίζειν, um nicht vergeblich zu bleiben.

[36]

Über die Unbegreiflichkeit des Todes: Unser eigener Tod ist uns nur so lange unbegreiflich, als wir ihn uns unter der allgemeinen

Maxime: Alle Menschen müssen sterben, vorstellen. In uns selbst gerade meldet sich der Tod immer schon als eine Grunderfahrung unseres Körpergefühls an. Schon ein schlechter Zahn ist Beweis genug, dass wir im Leben nicht nur leben, sondern auch sterben. Ganz anders steht es mit dem Tod von Anderen, der immer unbegreiflich bleibt, schon weil wir ja deren körperliche Lebens- und Sterbenserfahrung nicht teilen. Jeder solcher Tod ist, als ob zum Beispiel es nur eine Mücke in der ganzen Welt gäbe und die sei nun zum Tode verurteilt. Jeder Mensch in seiner Eigentümlichkeit ist ein solches nie wiederkehrendes, nie vorher gesehenes Exemplar. Dies aber kann ich für mich selbst, der ich mich immer als Mensch unter Menschen weiss, nie werden. Unserem inneren Lebens- und Sterbegefühl widerspricht die Einzigartigkeit durchaus; sie ist eine »Erscheinung«, und wir erscheinen uns selbst gerade nicht.

Der Satz: Alle Menschen müssen sterben, ist einsichtig, weil er von einem Genus handelt und von uns, sofern wir dem Genus zugehören. Er kann der Lebenserfahrung widersprechen, die sofern sie lebt, sich nicht vorstellen kann, dass Leben einmal aufhören wird, genau so wie ich im Laufen, sofern ich nur Laufender bin, immer weiterlaufen will und damit nur aufhöre, weil sich das dem Laufen Hinderliche stärker und stärker bemerkbar macht. In diesem Sinne kann ich den Satz: Alle Menschen müssen sterben, auf jeden Menschen beziehen, unter der Bedingung nämlich, dass weitere Menschen leben werden, wie die Mücken. Das heisst, sofern ich die nicht-menschlichen Qualitäten des Menschen betrachte.

[37]

Seneca: »Qui potest mori, non potest cogi.«[1]

New York September 1954.

Ad Höhlengleichnis: Plato gibt, zwar nicht im Höhlengleichnis selbst aber sonst verstreut in seinen Schriften, 3 Gründe, warum der Philosoph in die Höhle zurück muss: 1. den Zwang des Körpers, um dessen Lebensnotwendigkeiten willen die πόλις entstanden ist, nämlich nur um so. Das ist das Politische, eine wenigstens halbwegs befriedigende Befreiung von der mit dem Lebensprozess verbundenen Arbeitsprozess möglich ist. 2. die Angst des Menschen, von Schlechteren als er ist regiert zu werden. 3. die Pflicht des Bürgers, was er weiss an Andere mitzuteilen. Plato ~~[illegible]~~ stellt es also so dar, als brauche der Philosoph qua Philosoph die πόλις überhaupt nicht. Dies aber ist nicht wahr: der Philosoph qua Philosoph kehrt auch in die πόλις zurück, weil er sonst

Oktober 1954

[38]

Oktober 1954

Hätte Plato, wie es eigentlich dem Wesen der Ideenlehre entsprach, aus dem καλὸν κἀγαθόν das καλόν zur höchsten Idee, der Idee der Ideen, bestimmt,[I] so hätten wir wohl von Masstäben, die zu allem Urteilen notwendig seien, und gar von höchsten Masstäben und nun auch noch von Masstäben zur Beurteilung des Schönen, beziehungsweise von der Unmöglichkeit, solche Masstäbe zu finden, nie etwas gehört. Denn nur das Taugliche beurteilt sich nach Masstäben, und zwar nicht absoluten, sondern höchst funktionalen. Was nicht zu etwas gut ist, kann mit Masstäben gar nicht beurteilt werden. Das καλόν aber gehört nicht dem Hergestellten im Sinne der gebrauchten Dinge an, sondern kommt im Sinne der Griechen allem Seienden zu, insofern es erscheint und scheint: Je scheinender, desto schöner, und das Schöne an sich ist das ἐκφανέστατον[A], das, wo sich alles ganz in das Scheinen herausgestellt hat. Das Scheinende an sich, das Seiende, das überhaupt nur Scheinen ist, ist die Sonne. Beurteilen kann man die Sonne nur nach Massgabe ihrer Tauglichkeit, schön gerade ist sie ohne Reflexion auf solche »Masstäbe«. Einen Masstab für das Schöne zu verlangen, ist wie verlangen, dass man »beweise« oder einen Masstab habe für 2 + 2 = 4. Es liegt in seiner Natur, evident zu sein. Und es hat auch mit Geschmack nicht viel zu tun, der niemals evident ist. Es liegt eine Komik in den Ästhetiken, nämlich die Rache, die das Schöne an uns nimmt. Nachdem man alles in den Gebrauch genommen hat und das Schöne aus der Welt vertrieben – d.h. eigentlich die Welt des Realitäts-charakters beraubt, der ihr von sich aus zukam –, entdeckt man, dass es Schönes »auch« gibt, und begibt sich nun auf die Suche, dafür einen Masstab zu

[A] [to ekphanestaton], das am meisten (in höchstem Grade) Hervorscheinende, siehe Heft XIX,11, S. 456

finden. Die Komik liegt darin, dass es ja Masstäbe in unserem Sinne nur gibt, weil man am Schönen sich nie orientiert hat, sondern am Tauglichen.

[39]

Whitehead, *Science and the Modern World*: Mittelalter: »Faith based on reason«; Neuzeit: »Reason based on faith«.[1]

[40]

Der Zusammenbruch der gemeinsamen Welt wirft die von ihm erfassten Menschen in die Situation der extrem subjektivistischen Erkenntnistheorie: Jeder hat nun wirklich nur noch sein Perzeptionsbild und kann absolut nicht sicher sein, dass dem gesehenen Tisch ein realer Tisch entspricht, weil ja diese Realität gerade uns in der Gemeinsamkeit sich verlässlich etabliert. Damit entfällt der Tisch als das verbindende und trennende Zwischen, und es bleibt eine Masse unverbundener Individuen. Um diese Masse zu verbinden, und zwar so, dass es wieder »Tische« in der Welt gibt, auf die man sich verlässlich beziehen kann, bleibt nur übrig, die Sinneswahrnehmungen zu uniformieren und anzunehmen, dass alle immer und gleich aus welcher Perspektive das gleiche Perzeptionsobjekt reproduzieren, mit der Verlässlichkeit eines unendlich wiederholbaren Experiments. In diesem Sinne ist der Terminus »Masse«, der der Physik entlehnt ist, höchst bezeichnend. Die Uniformierung schaltet gerade das gleich, was immer ungleich und einmalig ist, nämlich die sinnlichen Wahrnehmungen, weil der Gemeinsinn, der in allen Differenzen das gleiche, nämlich allen gemeinsame Objekt erkennen lehrte, verloren ist. An seine Stelle tritt die wissenschaftliche Zuverlässigkeit, in der derjenige, der erkennt, auswechselbar sein muss, also die Auswechselbarkeit. In einer Welt, die nicht mehr gemeinsam ist, müssen die Menschen einander bis zur Ununterscheidbarkeit gleichen, um sich der Realität vergewissern zu können.

[41]

Dies Buch grüsst aus der Ferne,
lass es ungelesen sein;
Nähe lebt auch in der Ferne,
immer ist Gewesensein.[1]

[42]

Ad Kant: Der Satz »Handle so, dass das Prinzip Deines Handelns ein allgemeines Gesetz werden kann«[1] –

1. Das Gesetz liegt im Handeln selbst, als dessen Prinzip zwar, aber nicht als dessen von aussen herangetragener Masstab. Indem er handelt, ist der Mensch ein gesetzgebendes Wesen. Das Gesetz ist nicht die Grenze seines Handelns, auch nicht der Zaun, der den Handlungsraum konstituiert und Handeln ermöglicht.

2. Es kommt auf das Prinzip an, dessen Gültigkeit daran gemessen wird, dass es Gesetz werden könnte. Die Legalität des Handelns liegt in seiner Potentialität. Für den Menschen guten Willens bedarf es nur dieser Potentialität. Er bedarf keiner gegebenen Gesetze – so wie der Mathematiker die Formeln nicht braucht, weil er sie jederzeit neu ableiten kann?[A] –, da er die Prinzipien dieser Gesetze jederzeit in sich findet oder aus sich und seinem Willen produzieren kann. (Seit Kant, seit Rousseau[B] und nicht seit Nietzsche ist der Wille das gesetzgebende Organ.) Also tritt das Gesetz von aussen nur dem Menschen bösen Willens entgegen, nur für ihn hat es einen »objektiven«

[A] diese Parenthese ist später eingefügt
[B] »seit Rousseau« später eingefügt

Bestand. Und da ja der böse Wille als das definiert wird, dessen Prinzipien sich für allgemeine Gesetzgebung nicht eignen, heisst dies nur so viel als: Der Gesetzlosigkeit tritt das Gesetz von aussen entgegen.

November 1954

[43] *Nov. 1954.*

Platos Wahrheitsbegriff:

1. Der ἀλήθεια entspricht die ἰδέα, die erscheinende Gestalt.

2. Sie wird aus politischen Gründen zur ὀρθότης, durch die es möglich wird, die Ideen als Masstäbe zu benutzen. Dies wiederum ist möglich, weil die ἰδέα als εἶδος doppelt erfahren ist – als das Sehen des verschwindenden Wesens und als Modell der Herstellung. Gerade dass es auch im Praktischen eine Idee zu geben scheint, hat Plato von der Relevanz seiner Entdeckung wahrscheinlich überzeugt.

3. Die mathematische Evidenz, der Zwangscharakter innewohnt.

Politisch ergibt sich daraus: Keine der drei Wahrheiten ist je zu beweisen durch λόγοι: die ἰδέα der ἀλήθεια nicht, weil sie gesehen werden muss und nicht gehört werden kann; πείθειν ist ganz unzulänglich. Die Norm der Richtigkeit nicht, weil sie sich nur bewähren kann, theoretisch gerade bleibt sie abstrakt und realitätslos; die Evidenz des Mathematikers schliesslich nicht, weil sie zwingt, was der genaue Gegensatz zum Überreden ist.

In der politischen Philosophie legt Plato den normativ verstandenen Ideen den mathematisch erfahrenen Zwangscharakter bei. Heraus kommt die Tyrannei der Vernunft.

[44]

Thomas, *Summa Theologica*, I, quaestio 25,2: »Sub omnipotentia Dei non cadit aliquid quod contradictionem implicat«, wie zum Beispiel erstens »simul esse et non esse«, zweitens »quod fuit non fuisse«.[1]

Ausgerechnet der Satz vom ausgeschlossenen Dritten soll der Allmacht Gottes sogar widerstehen! Was bei Sokrates noch so klar daraus hervorgeht, dass ich im Denken mich gleichsam teile und nicht im Widerspruch bleiben darf, weil ich ja in Wahrheit Einer bin, wird zum beherrschenden Prinzip nicht des Denkens, sondern erstens des Seins überhaupt (und als solches ist es von den modernen Naturwissenschaften widerlegt) und zweitens des Sprechens mit anderen Menschen, die gezwungen werden, ihre Widersprüche aufzugeben und das zwingend Einsichtige zuzugeben, ganz so, als sei ich auch mit ihnen im Gespräch eigentlich Einer wie im Sprechen mit mir selbst, das Denken heisst.

Dass schon Aristoteles meinte, dass Gott Nicht-geschehenes ungeschehen machen könne (*Nikomachische Ethik*, 1139b9)[2], ist verständlich; über den Göttern ist die Ἀνάγκη, die gerade in dem Geschehen waltet (nicht in dem Sein!), aber dass Thomas das wiederholen kann, nachdem die ganze Predigt Jesu vom Vergeben zur Gnade sich nur darum gedreht hatte, den Menschen zu zeigen, dass sie selber sogar ungeschehen machen könnten und dass dies gerade die Gnade Gottes ist!

Aristoteles (*Metaphysik*) hat den Satz vom Widerspruch die βεβαιοτάτη τῶν ἀρχῶν πασῶν[3], das gesichertste aller Prinzipien, genannt und gemeint, dass auch Heraklit nur missverstanden worden sei, wenn man ihm eine Leugnung des Axioms zugetraut habe. Denn Protagoras vollends, der gesagt haben soll: παντὶ λόγῳ λόγον ἀντικεῖσθαι, hielt er für unsinnig. (Vorsokratiker, II, 532, bei Clemens Alexandrinus, *Stromata*, VI, 65)[4]

[45]

Demokrit, Fragment 145: λόγος γὰρ ἔργου σκιή.[1] Ἔργον: noch im Sinne Herodots, Taten und Werke. Der Schatten aber gehört unabdingbar zu jedem Ding, kann wiederum nicht ohne es existieren. Taten sind schattenlose Dinge, erst im Wort erwerben sie ihren Schatten, werden heimisch, bekommen das, was das Ding in der Sonne, im Licht hat. – Cf. Sophokles. Daher Fragment 190: φαύλων ἔργων καὶ τοὺς λόγους παραιτητέον: Von schlechten Werken ist das Reden zu unterlassen![2]

[46]

Die Vexierfrage der Geschichte – dass alles im »trostlosen Ungefähr«[1] bleibt, wenn es im Einzelnen betrachtet wird, und sinnvoll wird »im Grossen« –, von der sich schon Vico und dann Kant und Hegel so imponieren liessen, war eigentlich bereits gelöst, als Leibniz entdeckte, dass man aus zufällig aufs Papier geworfenen Punkten immer eine mathematische Kurve konstruieren und eine Formel ableiten könne.[2] Man stelle sich vor, Leibniz hätte daraus geschlossen, dass eine List der Vernunft dem die Feder führt, der die Punkte aufs Papier wirft! Hegels Schluss war im Grunde von keinem besseren Kaliber.

[47]

Ἀνάγκη nach Aristoteles: ἀμετάπειστόν τι εἶναι:[1] was sich durch πείθειν nicht umwenden lässt, also wo der λόγος sein Ende hat. *Metaphysik*, 1015a30.

[48]

Leo Schestow, *Athen und Jerusalem* (1938).
p. 364: Das »Grundproblem der Kritik der reinen Vernunft..., welchem Kant, nach dem Beispiel seiner Vorgänger, ausgewichen ist, [ist] die Frage nach der Beweiskraft der Beweise, nach der Quelle der zwingenden Kraft der selbstevidenten Wahrheiten. Woher ist der Zwang gekommen?«[1]

[49]

Die Übereinstimmung mit sich selbst ist bei Sokrates in dem Einen der Person, die im Denken zu Zweien wird, gegründet und benutzt die »Vernunft« nur. Bei Spinoza, *Ethik*, IV, 52, dagegen heisst es: »Acquiescentia in se ipso ex ratione oriri potest et ea sola acquiescentia, quae ex ratione oritur, summa est quae potest dari.«[1] Jetzt wird die Vernunft zur Quelle, obwohl im »acquiescentia in se ipso«, dem Sich-selbst-Zustimmen, noch das Sokratische mitschwingt.

[50]

Descartes an Mersenne, nachdem er von der Verurteilung Galileis erfuhr: »Je me suis quasi résolu de brûler tous mes papiers... je confesse que s'il [le mouvement de la terre] est faux, tous les fondements de ma philosophie le sont aussi.«[1]

[51]

Leibniz über die »vérités éternelles«: »Ces lois, ce juge ne contraignent point: ils sont plus forts, car ils persuadent« (*Théodicée*, II, § 121).[1]

[52]

Kierkegaard: Der Anfang der Philosophie sei die Verzweiflung. Descartes: Der Anfang der Philosophie sei der Zweifel. Epiktet: Der Anfang der Philosophie: ist das Gewahrwerden der eigenen Schwäche und Ohnmacht in bezug auf die ἀναγκαῖα (*Dissertationes*, II, 11[1]).

[53]

Aristoteles in der *Metaphysik* über die grossen Philosophen: ὑπ᾽ αὐτῆς τῆς ἀληθείας ἀναγκαζόμενοι (984b1 sq.).[1] Gleichzeitig Definition von ἀναγκαῖον als βίαιον (1015a30), also notwendig = zwingend.

[54]

Spinoza ad Tod: »Homo liber de nulla re minus quam de morte cogitat, et eius sapientia non mortis, sed vitae meditatio est« (*Ethik*, IV, 67).[1]

[55]

Hegel ad Sinne: Am Beginn der Neuzeit: »Damals aber nun hatte der Weltgeist schon das Sinnliche überwunden und sich deswegen bereits von der Kirche getrennt. Er hat das Geistige aus ihr bereits ausgeschlossen«, d.h. hat der Kirche das »bloss« Sinnliche überlassen und sich des Geistigen gesondert bemächtigt. »Deshalb tritt von jetzt ab die Kirche hinter dem Weltgeist zurück, eben weil dieser schon dazu gekommen ist, das Sinnliche als Sinnliches, das Äusserliche als Äusserliches zu wissen, in dem Endlichen auf endliche Weise sich zu betätigen und eben in dieser Tätigkeit als eine gültige, berechtigte Subjektivität bei sich selbst zu sein.« *Philosophie der Weltgeschichte*, Meiner, 1923, ed. Lasson, II, 872; Abs.: Der Übergang zur neuen Zeit.

[56]

Handeln ist konkret immer nur Reden (Überzeugen, Versprechen, Informieren) oder Fabrizieren (Zerstören oder Aufbauen). In diesem Sinne scheint es wie etwas Derivatives!

Januar 1955

[57] *Januar 1955.*

Nietzsche und Marx: Die der Marxschen Arbeitslehre entsprechende Philosophie ist nicht die Hegelsche, sondern die Nietzsches! Das Leben »schreitet fort« in der Form der »ewigen Wiederkehr«, und dieser Bewegungsform, nicht dem Fortschreiten, entspricht die Arbeit. Für das Arbeiten gibt es nur Leben, dem das Arbeiten folgt; es kennt weder das »Sein« noch Geburt und Tod als Anfang und Ende von Lebendigem. Für das Leben sind Geburt und Tod auch in dem ewigen Kreisen mit inbegriffen. Dass das Sein zum zentralen Begriff der abendländischen Metaphysik wurde, besagte implizite, dass das Leben gerade »ausgeschaltet« wurde; es hiess: Nicht das Leben, das Sein ist das höchste. Daraus folgte: Alle menschlichen Tätigkeiten, die vom Leben weg das Sein erstreben – entweder Seiendes betrachten oder Seiendes herstellen –, sind die höchsten; alle, die nur dem Leben folgen, vom Leben erzwungen sind, sind zu verachten, also Arbeiten und Kinder-bekommen, die Sklaven und die Frauen. Nietzsches wesentliche Umkehrung des Platonismus bezieht sich weniger auf das Sinnlich – Übersinnliche, als darauf, dass er umgekehrt das Sein leugnet und das Leben ins Zentrum seiner Metaphysik stellt. Daraus ergibt sich der Begriff der ewigen Wiederkehr ganz von selbst als die Form, in der »Leben überhaupt« sich bewegt. Auf den Menschen bezogen heisst dies, dass Arbeiten die höchste Tätigkeit und der Mensch ein Animal laborans ist.

Festzuhalten: Die Umkehrung von sinnlich – übersinnlich ist sekundär gegenüber der Umkehrung: Leben – Sein.

[58]

Lust und Schmerz sind die Sinne, durch die wir unseren eigenen Körper als die erste Aussenwelt, die uns zugleich von aller ausser uns existierenden Welt abschneiden kann, erfahren. In diesem körperbezogenen Sinne sind sie die »inneren« Sinne. Es ist ganz typisch für die politischen Philosophien der Neuzeit, die auf dem Misstrauen gegen die fünf Sinne beruhen, dass sie versuchten, diese inneren Sinne zum eigentlichen Kriterion für die (politische und geistige) »Bestimmung« des Menschen zu machen. Dies ist die Subjektivierung auf der untersten Stufe. Auch weil es für diese Sinne einen »common sense« nicht gibt! (Individualismus. Unintegrierbar.)

[59]

Die Machiavellische Staatsräson endet in Rousseaus »volonté générale« – aber welche Akzentverschiebung! Von Staat auf Gesellschaft und von Räson auf Willen.

[60]

Nur der Schmerz entfernt radikal aus der gemeinsamen Welt, er ist der grosse Individualisator. Selbst die Lust, wiewohl sie ein innerer Sinn bleibt, ist (wiewohl nicht an die Welt) doch an den Anderen gebunden. Sie ist wie die Liebe der welt-lose Bezug. Lust als politisches Prinzip ist wie Onanie. Schmerz als politisches Prinzip, vor allem bei Hobbes' »violent death«!, ist nur Impotenz, die Ohnmacht dessen, der durch den Schmerz – oder die Furcht vor ihm – ganz auf sich zurückgeworfen ist.

Heft XXI

Januar 1955 bis Januar 1956

Heft XXI

Januar 1955

[1] *New York, Januar 1955*

Plato, *Sophist*

216: Alle Philosophen sind »göttlich«. Aber man weiss nicht, wer sie sind. Manche halten sie für Sophisten, manche für πολιτικοί, manche für Philosophen.

217: Das Mit-sich-selber-Reden: αὐτὸς ἐπὶ σαυτοῦ μακρῷ λόγῳ διεξιέναι λέγων τοῦτο: du mit dir selbst in fortlaufender [Rede] sprechend, dieses durchgehen.[1]

τέχνη: 219: εἰς οὐσίαν ἄγῃ, was vorher nicht war. Alles dies: τέχνη ποιητική[A]. Gegen: τέχνη κτητική[B].

222: Sophist gehört zu den auf Menschen – die zahmen! Tiere – Jagd Machenden. Implikation: Dazu gehören auch Philosoph und πολιτικός. Zwei Sorten der Jagd: βιαία und πιθανουργική: βιᾶν und πείθειν[C]. Und eine dritte: ἐρωτική.

231: Sophist: Er ist einer, der die Seele reinigt von δοξῶν ἐμποδίων μαθήμασι – Meinungen, die dem Lernbaren im Wege stehen.

233: Sophist hat eine δοξαστικὴ ἐπιστήμη περὶ πάντων, aber nicht ἀλήθειαν [ἔχων].[2]

233–4: Wenn aber einer behauptete, er könne weder λέγειν noch ἀντιλέγειν[D], wohl aber mit einer τέχνη alles ποιεῖν, auch

[A] [techne poietike], hervorbringende Kunst

[B] [techne ktetike], erwerbende (zum Erwerb gehörende) Kunst

[C] [biaia und pithanurgike: bian und peithein], gewaltsam und überredend: zwingen und überreden

[D] [antilegein], widersprechen

Himmel und Erde und Meer – darauf: Das kann nur ein Witz sein! So aber ist einer, der behauptet, alles zu wissen (cf. 265).

236: Phantasma: ist, was nur διὰ τὴν ... ἐκ καλοῦ θέαν (aus dem gehörigen Blickpunkt betrachtet) als schön, bei näherer Betrachtung!, aber als nicht ähnlich! erscheint.

236: Τὸ γὰρ φαίνεσθαι τοῦτο καὶ τὸ δοκεῖν, εἶναι δὲ μή[3]: Gegenstand der Betrachtung. Dem entspricht, 237: ψευδῆ λέγειν[A], was bedeutet τὸ μὴ ὂν εἶναι (Parmenides).[4]

238: Die Aporie = Not besteht immer darin, dass man sich in Widersprüche verwickelt: ἐναντία αὐτὸν αὑτῷ περὶ ἐκεῖνο ἀναγκάζεσθαι λέγειν: gezwungen werden, Gegensätzliches selbst mit sich selbst über etwas sagen![5]

(Ad Tradition: Von der Polemik gegen Parmenides: Sieh mich nicht als einen an, der die Hand gegen den Vater aufhebt! [241])

243: Gegen die Alten (zu denen er Parmenides nicht rechnet): Ohne sich um uns zu kümmern und danach zu fragen, ob wir mitkommen, behaupten sie einfach! Siehe Anfang des Dialogs, wo man sich gegen den μακρὸς λόγος und das αὐτὸς αὑτῷ für das Fragen entscheidet!

247: Die einzige Definition des Seienden (τὰ ὄντα): Es ist nichts anderes als δύναμις.

253: Philosophie: 1) ἡ τῶν ἐλευθέρων ἐπιστήμη! 2) ἐπιστήμη διαλεκτική![6]

254: Schwer ist es, den Philosophen zu finden und den Sophisten: den Sophisten, weil er in der Dunkelheit des Nicht-Seienden wohnt und der Dunkelheit des Ortes wegen nicht greifbar ist; den Philosophen, der immer haftet bei der ἰδέα τοῦ ὄντος διὰ λογισμῶν[7], wegen der Helle des Ortes. Denn die Augen der Vielen können in das Göttliche nicht blicken.

Folgt die Ableitung des Transzendenten als: Eines, Selbiges, θάτερον (Seiendes), wobei das Andere das Nichtseiende einschliesst. –

260: λόγος, ohne ihn würden wir auch der Philosophie, und d. h. des Grössten, beraubt sein.

[A] [pseude legein], Falsches sagen

262: Durch den kürzesten λόγος (Satz) macht der Mensch schon etwas kund (δηλοῖ) und nennt nicht nur (ὀνομάζει).

263: Dasselbe sind διάνοια und λόγος, nur dass der λόγος (ἐντὸς τῆς ψυχῆς πρὸς αὑτὴν διάλογος ἄνευ φωνῆς γιγνόμενος) διάνοια heisst.[8]

265: Zwei Arten der τέχνη ποιητική: die göttliche und die menschliche.

266: Wir und die anderen Lebewesen und woraus alles Wachsende besteht, Feuer und Wasser und was hierhin gehört: γεννήματα θεοῦ[A]. (Aber die beiden bleiben unverbunden!)

268: Parallel sind Demologikos, der Gegensatz zu πολιτικός, und Sophist, der Gegensatz des Philosophen: Der Demologikos spricht μακροῖς λόγοις (in zusammenhängender Rede) πρὸς πλήθη δημοσίᾳ (in der Öffentlichkeit); der Sophist spricht ἰδίᾳ (privat) mit βραχέσι λόγοις und nötigt (ἀναγκάζει) den προσδιαλεγόμενον, sich selbst zu widersprechen: ἐναντιολογεῖν αὐτὸς αὑτῷ.[9]

Hierzu: Plato wendet sich gegen Sokrates:

Erstens. Im Beginn scheint die sokratische Methode gegen die zusammenhängende Rede nicht dazu da, um eine Wahrheit aus dem Andern zu erfragen, sondern die Zustimmung und Begleitung des Andern für eine entwickelte Wahrheit zu haben, seine Kontrolle – 243. Zweitens. Die Charakteristik des Sophisten als des Mannes, der den Andern in Widersprüche verwickelt, zielt direkt auf Sokrates – 268. Drittens. Auch die »guten Eigenschaften« des Sophisten scheinen an Sokrates abgelesen: dass er die Leute von Meinungen reinigt – 231 – und auf Menschen Jagd macht – 222 –, scheinen auf Sokrates gemünzt. Viertens. Parmenides, nicht Sokrates ist Platos Vater! – 236, Sokrates nimmt am Gespräch nicht teil, aber er ist präsent!

[A] [gennemata theou], Erzeugnisse Gottes

[2]

Ad Sensualismus: Hume: »Reason is, and ought only to be, the slave of the passions, and can never pretend to any other office than to serve and obey them« (*A Treatise on Human Nature*, II, part 3, section 3)[1]. Vernunft wird der Realität, wie sie in der »sensation« sich für den Menschen meldet, unterworfen. »Reason« ist nur ein »calculator« von Konsequenzen wie bei Hobbes – das einzig verbleibende Kriterion ist das der inneren Sinne: Lust und Schmerz –, nicht wegen des Hedonismus der Alten, mit dem dies gar nichts zu tun hat, sondern weil dies als einzig unbezweifelbare Realität verbleibt. Also:

Nicht »cogito ergo sum«, sondern: Ich fühle Schmerz und Lust, bin in ihnen mir gegeben, also bin ich nicht nur, sondern habe auch ein sicheres Zeichen, wie ich mich verhalten soll. Descartes konstruiert Logik am Modell des »inneren Sinns«.

[3]

Ad Geschichte: galt im Altertum als: ἀμέθοδος ὕλη[1].

[4]

Lessing ad Utilitarismus: was denn der »Nutzen des Nutzens« sei.[1]

[5]

Herrscher ursprünglich ἄναξ[1], nicht ἄρχων: also ἄναξ βασιλεύς.

[6]

»Fides« in Rom wie im Mittelalter – beherrscht das Verhältnis von Herr und Klient: »in fide esse« (Max Weber[I]).

Februar 1955

[7]

Februar 1955. Berkeley.[A]

Zu unterscheiden sind das Um-zu und das Um-willen: Das erstere gibt den Mittel-Zweck-Zusammenhang, das zweite den Sinn und die Bedeutung. Sinnlosigkeit entsteht nicht, wenn die Mittel zum Zweck werden, sondern der Zweck die Stelle der Bedeutung einnimmt. Der Mittel-Zweck-Zusammenhang ist seinem Wesen nach unendlich: Jeder Zweck kann wieder Mittel werden und wird es unweigerlich. Nur das Um-willen ist ausserhalb des Prozesses des Herstellens und der Herstellbarkeit. Ferner: Alles, was im Herstellen Zweck ist, wird im Bedeutungszusammenhang gebrauchtes Mittel.

[8]

Ad rise of natural sciences: Usually seen in the light of methodology – especially Jaspers: the new scientific spirit: Galilei inquired not why things fall but how[I]. Against this: the result: the earth turns around the sun. And the result is not a matter of spirit, but changes the world »objectively.«

[A] im »Spring Term« 1955 unterrichtete H. A. an der University of California at Berkeley, zu Einzelheiten siehe im Anmerkungsteil S. 1062

[Ad Aufkommen der Naturwissenschaften: gewöhnlich im Licht der Methodologie gesehen, besonders Jaspers: der neue wissenschaftliche Geist: Galilei fragte nicht, warum Gegenstände fallen, sondern wie.[1] *Dagegen: das Ergebnis: Die Erde dreht sich um die Sonne. Und das Ergebnis ist nicht eine geistige Angelegenheit, sondern verändert »objektiv« die Welt. –]*

[9]

Machiavelli lehrt, »how not to be good«, weil »goodness« sich verbirgt, von der öffentlichen Sphäre zurückzieht, im Verborgenen »blüht« etc.[1] Sobald ich »öffentlich« lebe, gibt es »Güte« nicht mehr, und die Antike kannte sie nicht.

[10]

Aristoteles, *Οἰκονομικός:*

Erster Satz: Ἡ οἰκονομικὴ καὶ πολιτικὴ διαφέρει οὐ μόνον τοσοῦτον ὅσον οἰκία καὶ πόλις (ταῦτα μὲν γὰρ αὐταῖς ἐστὶ τὰ ὑποκείμενα) ἀλλ' ὅτι καὶ ἡ μὲν πολιτικὴ ἐκ πολλῶν ἀρχόντων ἐστίν, ἡ οἰκονομικὴ δὲ μοναρχία.[1]

1343a10: Die πόλις ist ein πλῆθός οἰκιῶν ... αὔταρκες πρὸς τὸ εὖ ζῆν[2]. Sobald dies nicht mehr möglich ist, nämlich εὖ ζῆν, löst sich die κοινωνία auf. οἰκία – ζῆν, πόλις – εὖ ζῆν. Dies ist das οὗ ἕνεκα[A], um dessentwillen sie zusammenkamen, d. h. ihre οὐσία (a14). Daher ist οἰκία älter als die πόλις.

Zitiert Hesiod.

1343b24: ἡ φύσις erfüllt durch περίοδος das ἀεὶ εἶναι, ἐπεὶ καθ' ἀριθμὸν οὐ δύναται, ἀλλὰ ... κατὰ τὸ εἶδος.[3] (Οἰκία sichert die Spezies, πόλις den Einzelnen.)

[A] [hu heneka], wegen, um ... willen

März 1955

[11]

März 1955.

Freiheit – Zwang
Zwang ist entweder durch

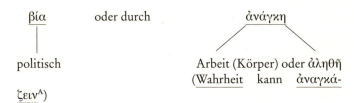

βία oder durch ἀνάγκη

politisch — Arbeit (Körper) oder ἀληθῆ (Wahrheit kann ἀναγκάζειν[A])

Dem Zwang der ἀνάγκη in Arbeit kann ich entgehen, indem ich βία gegen Andere wende: Sklaverei; das ἀναγκάζεσθαι[B] durch Wahrheit ist unentrinnbar: Es liegt in mir, sofern ich mir nicht selbst widersprechen will. Es ist nicht der Zwang der Wahrheit als erschaute Unverborgenheit, sondern das διαλέγεσθαι = mit mir selbst über etwas Sprechen, bei dem das Etwas verschwindet und das ἐγὼ ἐμαυτῷ[C] überwiegt.

[12]

Die platonische Dichotomie geht zurück auf Finsternis – Licht und dann auf sichtbar – unsichtbar. Dies sind die ursprünglichen Gegensatzpaare.

A [anankazein], zwingen
B [anankazesthai], gezwungen werden
C [ego emauto], ich mit mir selbst

[13]

Es gibt drei Arten von Kommentatoren: 1) die wirklich wissen wollen, was der Autor gemeint hat, ohne alles Interesse für die Welt; 2) die die Tradition wieder herstellen wollen; und 3) die wie Heidegger sich in den neuen Raum des Vergangenen begeben und alles mit neuen Augen sehen. Die Alexandriner, die »Politiker« und die Denker.

[14]

Don't talk if you can read; don't read if you can write; don't write if you can think.

[*Rede nicht, wenn du lesen kannst; lies nicht, wenn du schreiben kannst; schreib nicht, wenn du denken kannst.*]

[15]

Warum ist überhaupt Jemand und nicht vielmehr Niemand? Das ist die Frage der Politik. Das meinte Augustin, wenn er sagte: »ante quem nemo [recte: nullus] fuit«,[1] wie das Nihil nämlich vor der Schöpfung. Der Jemand ist da, die Schöpfung zu hüten; der Niemand kann sie zerstören. Wenn wir sie zerstört haben und uns einer fragt, werden wir antworten: Niemand hat es getan. Die Wüste des Nichts, bevölkert vom Volk der Niemand.

[16]

Moral bezieht sich auf unser »behavior«, ist also von vornherein ein Gesellschafts- und kein eigentlich politischer Begriff. Alle Moral versagt, sobald wir anfangen zu handeln, einen Anfang zu setzen. Diesen Anfang hat die Moral niemals vorgesehen. Alles Handeln ist a-moralisch, per definitionem.

[17]

Isolierung: Einer gegen Alle (Ohnmacht); oder: Einer gegen Alles (Natur): Das Titanische. Einsamkeit: Ich mit mir selbst. Verlassenheit: Einer, verlassen unter Vielen.[1]

[18]

Sokrates: Sei, wie Du erscheinen möchtest, Kriterion ist Erscheinung.

Machiavelli: Kümmere Dich nicht darum, wer und wie Du bist; wenn Du nur erscheinen, scheinen kannst. In der Sphäre, in der Du handelst, kommt es auf das, was Du bist, nicht an. Ergo: Erscheine, wie Du sein möchtest.[1]

[19]

Jesus: Kein Mensch kann gut sein. Sokrates: Kein Mensch kann weise sein. Sokrates: führt zum Denken als einer Form der Pluralität, ich mit mir selbst. Jesus: führt zum Handeln als der Anfang, der wirklich jenseits von Privat und Öffentlich liegt.

[20]

Das Problem des Handelns: a) einen Anfang setzen, für den es keine Masstäbe gibt, b) bei dem ich allein, isoliert bin, c) dessen Ende ich nicht absehen kann. Dem entspricht die Perversion ins Herstellen, bei dem ich auch isoliert bin, aber das Ende in der Hand habe und Masstäbe, nach denen ich mich richten kann.

[21]

Amor Mundi – warum ist es so schwer, die Welt zu lieben?

[22]

Hat man erst einmal angefangen zu denken, kommen die Gedanken wie Fliegen und saugen einem das Lebensblut aus.

[23]

Moderne Naturwissenschaft: Sie beginnt damit, dass man die Erde als Teil des Universums betrachtet und nicht eigentlich die Natur als φύσις, sondern die Physik als eine Abart der Astronomie betreibt. Dabei werden alle früheren Naturgesetze zugunsten »universalerer« entwertet, wobei aber zu beachten ist, dass wir uns von diesen »universaleren« Gesetzen weder eine Anschauung noch einen Begriff machen können, weil wir ja selbst Erdnatur sind. Andererseits können wir in diese Erdnatur mit »universalen« Mitteln eingreifen. Diese Mittel sind zerstörerisch, weil aus dem Gesichtspunkt des Universums betrachtet, für das wir nicht gemacht sind. Die »universelle« Physik zerstört die Erdnatur, nachdem sie die erdgebundene Physik relativiert hat. Für das Universum ist das ganz gleichgültig.

[24]

Denken und Handeln sind so flüchtig wie der gelebte Augenblick. Sie bedürfen des Herstellens, um in der Welt Heimat und Stätte zu finden. Dies aber ist kein Grund, sie mit dem Herstellen zu verwechseln.

April 1955

[25]

April.

Wenn der innere Sinn – Schmerz – zum »politischen« Prinzip werden soll, wird er zum Mit-leid, das vor allem auch Mit-leiden mit sich selbst ist und in dieser Hinsicht als Mit-fühlen das Mit-sich-selbst-Sprechen ersetzen soll. So erschliesst sich eine ganz neue Sphäre des Innern[A]. »Einfühlungstheorien« von Dilthey: Verstehen wird zum Einfühlen. Sofern sich das Verstehen auf die »Außenwelt« richtet, wird es: Versöhnung im Sinne Hegels.

[26]

Amor Mundi.
Introduction: The Broken Thread of Tradition as a sort of justification for the whole enterprise.[1]

Then a series of treatises all dealing with one question: What is it in the Human Condition that makes politics possible and necessary? Or: Why is there somebody and not rather nobody?[2] (The double threat of nothingness and nobody-ness.) Or: Why are we in the plural and not in the singular?

[*Liebe zur Welt. – Einleitung: Der gerissene Faden der Tradition als eine Art Rechtfertigung für das ganze Unternehmen.*[1] *– Dann eine Reihe von Abhandlungen, die sich alle mit Einer Frage befassen: Was in der »condition humaine« macht Politik möglich und notwendig? Oder: Warum ist Jemand und nicht vielmehr Niemand?*[2] *(Die doppelte Bedrohung durch das Nichts und den Niemand.) Oder: Warum existieren wir im Plural und nicht im Singular?*]

[A] könnte auch »Innen« heißen

[27]

The modern change in mathematics: Two and two is four is changed into: two and two becomes four: Process. And principle of acquisition.

[*Der neuzeitliche Wandel in der Mathematik: Zwei und zwei ist vier wird verändert zu zwei und zwei wird vier: Prozess. Und Prinzip der Aneignung.*]

[28]

Modern natural science starts from the attempt to understand the universe and ends with the introduction of universal laws into nature: Destruction of earthly nature through »universal« processes.

[*Die moderne Naturwissenschaft beginnt mit dem Versuch, das Universum zu verstehen, und endet mit der Einführung universaler Gesetze in die Natur: Zerstörung der Erdnatur durch »universale« Prozesse.*]

[29]

Durch die Flucht aus der Politik verschleppen wir die Wüste überall hin – Religion, Philosophie, Kunst. Wir ruinieren die Oasen![1]

[30]

Industrielle Revolution: Entstehen des Produktionsprozesses – Arbeit wird zur Arbeitskraft.

Im Produktionsprozess: Alles Herstellen wird in das Prozesshafte der Arbeit eingesaugt, alle Güter werden Konsumgüter. Gleichzeitig wird die Mühsal der Arbeit entfernt, sodass es aussieht, als verschwände sie aus der Welt. Ferner: Produziert wird nur für den Verbrauch, nicht den Gebrauch, das reine Brauchen steht dem Prozess im Wege. So kann der Produktions- und Erwerbsprozess ein und das Gleiche werden. Oder: Der Erwerbsprozess, der immer schon am Lebensprozess abgelesen war, hat sich des Herstellens bemächtigt und macht damit Herstellen zur Arbeit, zum Arbeitsprozess, der auf Arbeitskraft beruht – weil es einen Herstellungsprozess gar nicht geben kann.

[31]

Ad passions: Passion is the exact opposite of action. As courage is the virtue of action, so endurance is the virtue of passion. Passion is always connected with love; the man of action – Achilles – knows love only as desire, and it then plays a minor role. Ulysses, the much enduring one, knows love as passion; the gods play on him.

Faulkner's pride is the pride of endurance, the only legitimate one: »If happy I can be I will, if suffer I must I can.«[1] The pride of a man of action, or the pride that rises out of courage is always hybris; that is the superbia of remaining intact, of one's complete integrity, until death. Example: T. E. Lawrence's *The Mint*[2], which is the work of superbia. The man of action mistrusts love as much as he mistrusts thought: both are endurances, πάθη[A].

The organ of endurance (passion) is the heart, as the organ of thought is the brain, and the organ of sight are the eyes. (That Koehler[3] has found out that brain-waves correspond to each act of seeing does not mean that we see with the brain, but that we cannot see without thought as we cannot »feel« without

[A] [pathe], Plural von πάθος [pathos], Leiden

thought. In other words, seeing, feeling, thinking – we translate everything into speech as διαλέγεσθαι.)

The discoverer of the heart is Homer, as Plato was the discoverer of the soul. That the heart does not function without thought is what Pascal meant with his »logique du cœur«.

The difference between passion and thought is that the former is destroyed through duplication: compassion ruins the passion, whereas the latter owes its origin to it.

Passion has a much closer connection with »fabrication« – ποίησις[A] – or ἀθανατίζειν than either action or thought. Poetry arises out of passion. Endurance will make itself remembered, wants duration, for action or thought the writing of it is like an after-thought. Achilles needs Homer, but Ulysses tells his story and listens to it at the court of the king of the Phaiakians. He begins to weep – has compassion with himself and becomes passion-free.

Compassion and writing in Rousseau: the liberation from passion through compassion out of which rises poetry.

When we mobilize com-passion, we become passion-free: that is the secret of catharsis. Catharsis redeems the passions, liberates from them – and therefore is a political institution!

[*Ad Passionen (Leiden, Leidenschaften): Passion (Leiden) ist das genaue Gegenteil zu Aktion (Tun). Wie Mut die Tugend des Tuns ist, so ist Dulden die Tugend des Leidens. Passion ist immer mit Liebe verbunden; der Mann der Tat – Achill – kennt Liebe nur als Begehren, und dann spielt sie eine untergeordnete Rolle. Odysseus, der viel Erduldende, kennt Liebe als Passion, die Götter treiben ihr Spiel mit ihm.*

Faulkners Stolz ist der Stolz des Duldens, der einzig legitime: »Wenn ich glücklich sein kann, werde ich es sein; wenn ich leiden muß, kann ich es.«[1] Der Stolz eines Mannes der Tat oder der Stolz, der dem Mut entspringt, ist immer Hybris; das heißt die »superbia« des Heil-bleibens, der eigenen völligen Unverletz-

[A] Wort wurde später eingefügt

barkeit, bis zum Tod. Beispiel: T. E. Lawrences The Mint[2], *welches das Werk der »superbia« ist. Der Mann der Tat mißtraut der Liebe ebenso wie dem Denken: Beide sind Zustände des Duldens, der* πάθη.

Das Organ des Duldens (der Passion) ist das Herz, wie das Organ des Denkens das Gehirn und das Organ des Sehens das Auge ist. (Daß Köhler[3] entdeckt hat, daß jedem Akt des Sehens Hirnwellen entsprechen, bedeutet nicht, daß wir mit dem Gehirn sehen, sondern daß wir nicht sehen können ohne Gedanken, wie wir nicht »fühlen« können ohne Gedanken. Mit anderen Worten: Sehend, fühlend, denkend übersetzen wir alles in Sprache im Sinne von διαλέγεσθαι.*)*

Der Entdecker des Herzens ist Homer, wie Plato der Entdecker der Seele gewesen ist. Daß das Herz nicht ohne Denken tätig ist, meinte Pascal mit seiner »logique du cœur«.

Der Unterschied zwischen Passion und Denken ist, daß erstere durch Duplikation zerstört wird: Mitleid ruiniert das Leid, während letzteres ihm seinen Ursprung verdankt.

Passion hat eine viel engere Beziehung zum »Herstellen« – ποίησις[A] *– oder* ἀθανατίζειν *als Handeln oder Denken. Dichtung entsteht aus Leiden. Erduldetes Leid wird sich in Erinnerung bringen, will die Dauer, für Handeln oder Denken ist das Darüber-schreiben wie ein Nach-denken. Achilles braucht Homer, aber Odysseus erzählt am Hofe des Königs der Phäaken seine Geschichte und hört ihr zu. Er beginnt zu weinen – hat Mitleid mit sich und wird frei von Leid.*

Mitleid und Schreiben bei Rousseau: die Befreiung von Leid durch Mitleid, woraus Dichtung entsteht.

Wenn wir Mit-leid in Bewegung setzen, werden wir leid-los. Das ist das Geheimnis der Katharsis. Die Katharsis tilgt die Leiden (Passionen), befreit von ihnen – und ist daher eine politische Institution!]

[A] Wort wurde später eingefügt

[32]

Sprache verbindet und vermittelt Denken und Handeln. Die Grenze des Denkens ist die stumme, mit Stummheit geschlagene Anschauung des Wahren, die Grenze des Handelns ist die stumme Gewalt.

[33]

»Compassio«: Wie gut man verstehen kann, dass Jesus die Leiden der Menschen (nicht ihre Sünden!, das ist schon die paulinische Interpretation!) auf sich nehmen wollte. Er hatte entdeckt, wieviel furchtbarer die »compassio« ist als die direkte Passion, wieviel schwerer, das Mit-leiden als das Leiden zu ertragen.[1]

[34]

Was Marx bewog, die Arbeit für produktiv zu halten, ist die unbestreitbare Tatsache, dass ein Mensch, der den ganzen Tag arbeitet, mehr »herstellt«, als er selbst konsumieren kann. Aber dieses Surplus des Arbeitsprozesses ist ja selbst keineswegs etwas »Produktives«; es heisst nur: Er kann für mehr Konsumgüter sorgen, als er selbst benötigt – und darauf gerade beruhte ja die Sklaverei! Der Irrtum entsteht, wenn man primär von der Arbeitskraft ausgeht, anstatt vom Arbeits»produkt«. Dann sagt man mit Marx: Die Arbeitskraft erzeugt mehr, als sie zu ihrer Wiederherstellung bedarf – und kommt zur »Produktivität«. Als ob tausend Omelettes etwas anderes wären und sich länger hielten als ein einziges!

Mai 1955

[35]

Mai 1955.

Die Philosophie, die alles aus der Perspektive der »contemplatio« sieht, hat sich weder um »actio« noch um »passio« gekümmert. Im modernen Zeitalter treten beide zusammen in das Zentrum des Denkens, nicht um ihrer eigenen Würde willen, sondern weil der Mensch auf sich zurückgeworfen, aus der gemeinsamen Welt herausgeschleudert ist. Aber da wird dann eben »actio« im Sinne des Herstellens und »passio« im Sinne des Begehrens missverstanden.

[36]

Goethe, Brief an Behrisch, 1767: »Aber Empfindung ist kein Werk großer, guter Grundsätze, herbei hat sie keiner philosophiert, hinweg die meisten. Sie ist keine Wirkung eines guten Herzens, ein Herz kann rechtschaffen fühlen und doch kalt sein.«[1]

[37]

Aristoteles, *Metaphysica*, [Buch] Λ 10. 1076a3 f.: τὰ δὲ ὄντα οὐ βούλεται πολιτεύεσθαι κακῶς. »οὐκ ἀγαθὸν πολυκοιρανίη· εἷς κοίρανος ἔστω«[1] (*Ilias*, II, 204 sq.).

[38]

Intimität (Innigkeit) und Privatheit sind nicht dasselbe. Die Intimität ist die grosse Entdeckung, die aus der Erfahrung des Gesellschaftlichen kommt. Die Intimität ist das Verborgene, dessen man sich nicht schämt, beziehungsweise das im Öffentlichen nicht Schande bedeutet. Also:

A. Privat: Stoffwechsel mit der Natur oder Arbeit oder dem Notwendigen, besser: Zwingenden unterworfen

B. Öffentlich: Erscheinen, in Freiheit sich zeigen, wo das Private zum Schamhaften wird (αἰδώς[A])

C. Gesellschaft: das Zusammen als Aufeinander-angewiesen-Sein im Bedürfnis

D. Intimität: Liebe und Freundschaft

Bei Rousseau nur: Gesellschaft und Intimität als Gegensatz von Scheinen und Sein, Unechtheit und Echtheit. Das Politische, das die »Zerrissenheit« überwinden soll, zerstört sowohl die Gesellschaft wie die Intimität.

[39]

Schwere Sanftmut

Sanftmut ist
im Inneren unserer Hände,
wenn die Fläche sich
zur fremden Form bequemt.

Sanftmut ist
im Nacht-gewölbten Himmel,
wenn die Ferne sich
der Erde anbequemt.

Sanftmut ist
in Deiner Hand und meiner,
wenn die Nähe jäh
uns gefangen nimmt.

[A] [aidos], Scheu, Scham; Ehrfurcht, Achtung

Schwermut ist
in Deinem Blick und meinem,
wenn die Schwere uns
ineinander stimmt.

[40]

Ad Schmerz: Rilke, *Letzte Verse* – Dezember 1926

Komm du, du letzter, den ich anerkenne,
heilloser Schmerz im leiblichen Geweb:
wie ich im Geiste brannte, sieh, ich brenne
in dir; das Holz hat lange widerstrebt,
der Flamme, die du loderst, zuzustimmen,
nun aber nähr' ich dich und brenn in dir.
Mein hiesig Mildsein wird in deinem Grimmen
ein Grimm der Hölle nicht von hier.
Ganz rein, ganz planlos frei von Zukunft stieg
ich auf des Leidens wirren Scheiterhaufen,
so sicher nirgend Künftiges zu kaufen
um dieses Herz, darin der Vorrat schwieg.
Bin ich es noch, der da unkenntlich brennt?
Erinnerungen reiß ich nicht herein.
O Leben, Leben: Draußensein.
Und ich in Lohe. Niemand der mich kennt.[1]

[41]

δοκεῖν im *Aiax* (942) – Tekmessa nach Aiax' Tod zum Chor: σοὶ μὲν δοκεῖν ταῦτ' ἔστ', ἐμοὶ δ' ἄγαν φρονεῖν (für dich ist dies nur ein Phänomen, ich aber muss es verstehen)[1] –: das Gegenteil von φρονεῖν: nämlich δοκεῖν ganz visuell: Es erscheint mir; φρονεῖν dagegen: ganz mit λέγειν verbunden: Verstehen (Antigone: μεγάλοι δὲ λόγοι ... γήρᾳ τὸ φρονεῖν ἐδίδαξαν[2]).

[42]

δόξα: Hier gibt es in der Tat eine ὀρθότης, nicht Richtigkeit, sondern Adäquatheit, Angemessenheit: Über das, was mir erscheint, sagt die δόξα aus, angemessen oder unangemessen. Das aber besagt gar nichts für die Frage, ob im Erscheinen Wahrheit oder Unwahrheit erscheint, Sein oder Nichtsein, ὄν oder μὴ ὄν.

[43]

δημιουργός: craftsman – opposite πολιτικός, *Apologia*, 23e.[1] Title of magistrates in many Greek states, Thukydides 5, 47.[2] Cf. Aristoteles, *Politica*, 1275b29: double meaning.[3]

[44]

Βασιλεύς: Zeus Basileus (Wilamowitz, *Glaube der Hellenen*, I, 1931, 140[1]). Χρόνος Βασιλεύς: Max Pohlenz (in: *Neue Jahrbücher für klassisches Altertum*, 1916, S. 559[2]).

Plato: *Epistulae*, II, 312e und VI, 323d. *Philebos*, 28c und 30d.

[45]

The transformation of ἀλήθεια into ὀρθότης: In the living-together of the πόλις appears the δόξα as the aspect which is given to me in particular. The »goodness« of the πόλις depends upon the adequacy of »expressing« my δόξα, or upon the rightness with which I translate the visual appearance into λόγος: φρόνησις. This the Socratic view of truth as opposed to Plato, where ὀρθότης appears as adequacy of measurements.

[*Die Wandlung der ἀλήθεια in ὀρθοτής: Im Zusammen-leben der Polis erscheint die δόξα als der Aspekt, der mir im besonderen gegeben ist. Die »Güte« der Polis hängt ab von der Angemessenheit, mit der ich meine δόξα »ausspreche«, oder von der Richtigkeit, mit der ich die wahrgenommene Erscheinung in λόγος übersetze: φρόνησις. Dies ist die Sokratische Sicht der Wahrheit im Gegensatz zu Plato, wo ὀρθότης als Angemessenheit der Maßstäbe erscheint.*]

[46]

Living-together in Rome, the Roman »societas,« rested on the foundation which was the unique action which now needed the activity of all citizens in alliance (»socii«) to be preserved.

In modern times: Living-together turns about life as a common denominator.

[*In Rom ruhte das Zusammen-leben, die römische »societas«, auf der Gründung, die die einmalige Tat war und danach die Tätigkeit aller miteinander verbundenen Bürger (»socii«) benötigte, um bewahrt zu bleiben.*

In der Neuzeit: Das Zusammen-leben dreht sich um das Leben als den gemeinsamen Nenner.]

[47]

Κόσμος und φύσις: Das Wort φύσις als das, was ist aus sich selbst, ohne alle Hilfe von aussen, impliziert bereits das, was Menschen gemacht haben, während κόσμος als das ἀεὶ ὄν[A] ohne allen solchen Bezug ist. Oder: Der κόσμος erscheint den Menschen als φύσις, weil sie auch Dinge machen können, πράγματα und ποιήματα. Physis – Historia, Natur – Geschich-

[A] [aei on], immer seiend

te. Der Naturbegriff ist immer vom Geschichtsbegriff bestimmt und nicht umgekehrt.[1]

Juni 1955

[48] *Juni 55.*

Die Triebe des Körpers und sein Getriebenwerden sind in sich selbst ganz welt-los. Der Durst will etwas Nasses überhaupt, und nicht ein Glass Wasser. Das Glas Wasser ist bereits das »intentionale Objekt« eines »desire«[A]. Der »urge«[B] hat kein solches spezifisches partikuläres Objekt. Der Körper als ein lebendiges Ding hat keine Welt, er ist in der Welt.

[49]

Equality before Death: a marginal experience: The imperial funeral: As long as he is in the world, he is emperor; only when he goes out of the world, leaves it, does he become a »poor sinner.«

[*Gleichheit vor dem Tod: eine Grenzerfahrung: Das kaiserliche Begräbnis: Solange er in der Welt ist, ist er Kaiser; erst wenn er aus der Welt herausgeht, sie verläßt, wird er ein »armer Sünder«.*]

[A] Wunsch, Verlangen, Begehren, Begierde

[B] Drang, Trieb, Verlangen

[50]

The basic contradiction of our life is that we look upon the earth with the eyes of the Universe as though we lived on some other star, transforming and acting into and making nature with universal means – without being able to live anywhere but on the earth.[1]

And while we are doing this, it is only natural that we become more and more concerned with life (or labor) per se.

[*Der Grundwiderspruch unseres Lebens liegt darin, daß wir auf die Erde mit den Augen des Universums schauen, als ob wir auf irgendeinem anderen Stern lebten und mit universalen Mitteln die Natur veränderten, in sie hineinhandelten, ja sie selbst machten – ohne daß wir fähig sind, irgendwo anders als auf der Erde zu leben.*[1]

Und während wir das tun, ist es nur natürlich, daß wir uns mehr und mehr mit dem Leben (oder der Arbeit) per se befassen.]

Juli 1955

[51] *New York, Juli 1955.*

Das Politische bestimmt sich:

1. als das Öffentliche im Gegensatz zum Privaten,
   als die πόλις im Gegensatz zur οἰκία,
   als die πολυαρχία im Gegensatz zur μοναρχία,
   als die δόξα im Gegensatz zu αἰδώς,
   als Gesehen- und Gehört-werden im Gegensatz zum Mit-sich-selbst-Sein;
2. als die Pluralität im Gegensatz zur Singularität,
   als Zusammenleben (Animal sociale) und Zusammenhandeln

(Animal πολιτικόν) und Miteinanderreden (λόγον ἔχων) im Gegensatz zum Einen, zur reinen Anschauung und zum νοεῖν (νοῦς ἄνευ λόγου);

3. als die Vita activa im Gegensatz zur Vita contemplativa;
4. als das Gesellschaftliche im Gegensatz zum Intimen;
5. als die Sicherung des Lebens des »Geschlechts« im Gegensatz zum Leben des Einzelnen, als Gemeinschaft versus Individuum.

[52]

Jeder Zeitgewinn ist ein Raumverlust. Folgt daraus, dass ein Raumgewinn ein Zeitverlust ist??

[53]

Δός μοι ποῦ στῶ[1] – Mit den Augen des Universums – durch die Apparatur des Auges (des Teleskops) und die Apparatur des »inneren Auges« (des Verstandes), die Mathematik des Unendlichen – auf die Erdnatur blickend, fanden wir allen Anlass, unseren erdgebundenen fünf Sinnen zu misstrauen. Wir hatten die Natur zu erkennen nicht vermocht, weil wir, selbst Natur, uns auf unsere natürlichen Organe verlassen hatten. Um die Natur zu erkennen, darf man Natur gerade nicht bleiben. Wir begannen, Natur zu erkennen, als wir »universal« wurden. Da aber die Natur ins Universum gefügt ist, ist sie vom Standort des Universums »gemacht«. Als wir die Natur zu erkennen begannen, stellte sich sofort heraus, dass wir Natur auch machen können. (Erkennen und Machen, Herstellen, Tun gehören so zusammen wie Handeln und Denken.)

Das Zwischen zwischen Mensch und Natur, das noch bei Montesquieu dem Naturgesetz unterstand, Teil der natürlichen Gesetzmässigkeit war, ist seither »universal«, d. h. »unnatürlich« geworden. Es untersteht nicht mehr den naturgegebenen

Bedingungen der Erde. Dies aber gilt nicht für das Zwischen zwischen den Menschen. Dies haben wir ruiniert, als wir es »universalisierten«. Einer der Gründe ist, dass der Mensch, ungleich der Natur, prinzipiell vom Menschen nicht zu erkennen ist, dass also hier Erkennen – Tun nur destruktiv sein kann. Da wir immer von der Menschen-Natur sprachen, glaubten wir, dass wir uns auch des Menschen bemächtigt hätten – ihn »erkannt« hätten –, als wir von »aussen«, nämlich auf universale Weise, begannen, die Natur zu erkennen.

Was so schwer einzusehen ist, ist, dass der Mensch keine »Natur« hat, obwohl er nur unter natürlichen Bedingungen leben kann. Er ist Natur, sofern er lebendig ist, und als solch »Teil der Natur«, der er nie ist, auch »erkennbar«, d.h. misskennbar. Der Mensch ist ein »universales« Wesen unter den Bedingungen einer erdgebundenen Natur, sofern er lebt. Da wir Sein und Leben immer identifizieren (weil wir Sein am Lebendigsein ablesen, also an der Natur), sind wir der Meinung, dass der Mensch nicht mehr ist, wenn er nicht mehr lebt. Dies ist eigentlich in Anbetracht seines universalen Wesens sehr unwahrscheinlich.

Für die »Politik« erhebt sich hier die Frage, ob Pluralität, die sicher durch die Naturbedingungen garantiert ist, auch zum »universalen« Wesen des Menschen gehört. Die Schwierigkeit der Frage liegt darin, dass wir nur »Natur« erkennen können, und zwar einzig darum, weil wir nicht Natur sind. Also: Das Wesen des Menschen ist uns unerkennbar, und das Wort »universal« zeigt nur einen Standort an, den der Mensch beziehen kann, es charakterisiert nicht, und es definiert nicht. Auf die Frage: Wer aber sind wir? gibt es schlechthin keine Antwort.

[54]

Ad Heideggers Bemerkungen zu Jünger:[1]

1. Arbeit und Technik sind nicht nur nicht das gleiche, die Technik verdankt ihre Entstehung unter anderem gerade dem Bestreben, die Arbeit nicht nur zu erleichtern (wie wenn man

sich Tiere zur Hilfe zieht oder dem Wind und Wasser sich anbequemt und von ihnen sich helfen lässt), sondern zu eliminieren. Jünger spricht nie von der »Gestalt« des Arbeiters, die gibt es gar nicht, sondern immer nur von der des Technikers.[2]

2. Auf p. 22 fragt Heidegger – nicht Jünger! – nach dem Wesen der Arbeit und landet gleich wieder in der Technik. Warum dieses Missverständnis? Die Verwechslung ist für Jünger einzusehen, nicht für Heidegger.

3. Ad Geschichte der Arbeit: Von Anbeginn gibt es zwei Bestrebungen, die sich vielfach verschränken, prinzipiell aber auseinanderzuhalten sind: Man wollte a) die Arbeit erleichtern durch die Erfindung von Werkzeugen etc.; man wollte b) die Arbeit abschaffen durch die Versklavung anderer Menschen. – Die Technik entstammt beiden Bereichen: Wichtig ist, dass ein Element der Gewalt in beiden wohnt: die Gewalttätigkeit des Herstellens und der Zwangscharakter der Herrschaft. Die Gewalt dient der Eliminierung der Notwendigkeit, die sich in der Arbeit tätig bekundet.

4. Aus diesem Zusammenhang stammt die Verwechslung von Macht und Gewalt, die Jünger mit Heidegger teilt.

5. Nichts: umgedeutet als eine »ausgezeichnete Praesenz« – p. 25 und passim.

6. Sein: »Das ›Sein‹ löst sich in die Zuwendung auf.«[A] p. 33: »Der Schwund, die Absenz, ist aus einer Praesenz her und durch diese bestimmt.«

7. »Das Menschenwesen gehört selber zum Wesen des Nihilismus … Der Mensch macht als jenes in das ~~Sein~~[B] gebrauchte Wesen die Zone des ~~Seins~~ und d.h. zugleich des Nichts mit aus.« (p. 32) (Cf. p. 28 f.: »Im Menschenwesen liegt die Beziehung zu dem, was durch den Bezug, das Beziehen im Sinne des

[A] bei Heidegger (p. 31): »Gehört zum ›Sein‹ die Zuwendung und zwar so, daß jenes in dieser beruht, dann löst sich das ›Sein‹ in die Zuwendung auf.«

[B] Heideggers Schreibweise[3]

Brauchens, als ›Sein‹ bestimmt und so seinem vermeintlichen ›an und für sich‹ entnommen ist.«)

Dies gerade ist fragwürdig: Die Wüste ist nicht »in«, sondern zwischen den Menschen. a) Der Mensch braucht Seiendes, aber nie Sein oder Nichts. b) Das ~~Sein~~ ist in Wahrheit die Welt, die hier mit Sein und Natur identifiziert wird als das blosse »Aussen« oder Nicht-menschliche, ganz im Sinne der Metaphysik. Der Mensch bezieht seine Nahrung aus der Natur und braucht die Dinge der Welt.

8. Wille zur Macht oder Wille zum Willen p. 35 bestimmt als das, was »alles Anwesende einzig nur in der Bestellbarkeit seines Bestandes will, d. h. herausfordert, stellt.« Ergo: Utilitarismus und der Schwund, erklärt durch ein verzehrendes Brauchen. Dies hängt mit Arbeit, und nicht mit Technik, zusammen: der konsumierende Charakter der Arbeit. – Bei Heidegger aber liegt eine Konfusion vor: Er sieht im Brauchen bereits etwas »Verzehrendes«. Dies ist noch der griechischen Verachtung allen blossen Bedürfens, Gebrauchens, Herstellens geschuldet. Dies gerade ist nicht der moderne Nihilismus, der zum Ausbruch erst kommt, wenn alle utilitaristischen Kategorien erschöpft sind.

[55]

Amor Mundi[1]: Handelt von der Welt, die sich als Zeit-Raum bildet, sobald Menschen im Plural sind – nicht mit-, nicht neben-einander, reine Pluralität ist genug! (das reine Zwischen) – [der Welt], in der wir dann unsere Gebäude errichten, uns einrichten, ein Permanentes hinterlassen wollen, zu der wir gehören, insofern wir im Plural sind, der wir ewig fremd bleiben, sofern wir auch im Singular sind, von deren Pluralität her wir überhaupt unsere Singularität nur bestimmen können. Sehen und Gesehen-werden, Hören und Gehört-werden im Zwischen. Wir hängen nicht am Leben, das sich von selbst erschöpft, wir hängen an der Welt, für die wir ja seit eh und je das Leben zu geben bereit waren. Die Todesangst ist Angst vor Schmerz, in dem wir lebendigen Leibes der Welt verlustig gehen. »Oh Leben, Leben, Draußensein …«[2]

Kenntlich sind wir nur im Zwischen der Welt, der Name haftet uns im Zwischen an. Im reinen Innen gibt es keine Namen; nur ich und du, die verwechselbar sind. Der Wunsch nach dem Überleben des Namens ist der Wunsch, in der Welt zu bleiben, ganz unabhängig vom Leben.

Unser Begriff der Unsterblichkeit ist unbrauchbar, weil er doppeldeutig ist: Ewiges Leben oder ewige Praesenz in der Welt. Das Ewige Leben ist so bereit, die ewige Präsenz in der Welt zu opfern, wie die Ruhmsucht bereit ist, das Leben und sogar das ewige Leben zu opfern. (Machiavelli)

[56]

Religion und Politik: wie die Tugend des Gehorsams zustande kam: »Superbia« ursprünglich verstanden als die Rebellion gegen Gott. Diese Rebellion, als ein möglicher Akt, wird »psychologisiert«; der Mensch will nicht so sehr gegen Gott, und zwar im Angesichte Gottes, rebellieren, als er seiner Beschaffenheit nach rebellisch ist. Jetzt wird Rebellion erklärt aus einer menschlichen Anlage, die man brechen muss, damit es nicht zur Rebellion komme. Um nicht gegen Gott zu rebellieren, lässt oder vielmehr zwingt man ihn, Menschen zu gehorchen. – Hier also ist die Psychologisierung oder »Verinnerlichung«, die sonst dem Politischen zuwiderläuft, aus politischen Gründen erfolgt und für politische Zwecke gehandhabt.

Allerdings könnte die Kirche zu ihrer Rechtfertigung sagen: Rebellion gegen Gott, da Gott unsichtbar ist, ist ebenfalls unsichtbar. Gehorsam gegen Gott kann sich daher nur als Demut – nämlich der Gehorsam gegen die Menschen um Gottes willen, oder in anderen Worten: mit dem Hintergedanken, dass ich den Menschen ja doch nur scheinbar gehorche – manifestieren. Scheinheiligkeit wird zur Heiligkeit – weil eben Heiligkeit sich

Amor Mundi: Handelt von der Welt, die sich als Zeit-Raum bildet, sobald wir Menschen im Plural sind -- nicht mit-, nicht neben-einander, keine Pluralität ist genug; das reine Zwischen --, in der wir dann unsere Gebäude errichten, uns einrichten, ein Permanentes hinterlassen wollen, zu der wir gehören insofern wir im Plural sind, der wir ewig fremd bleiben, sofern wir auch im Singular sind, von deren Pluralität her wir überhaupt unsere Singularität nur bestimmen können. Sehen und Gesehen-werden, Hören und Gehörtwerden im Zwischen.

Wir hängen nicht am Leben, das sich von sich selbst erschöpft, wir hängen an der Welt, für die wir ja gerade das Leben zu geben bereit wären. – Die Todesangst ist Angst vor Schmerz, in dem wir lebendigen Leibes der Welt verlustig gehen. "Oh Leben, Leben, Draussensein …

nicht manifestiert und bereits Hypokrisie ist, wenn sie zu »scheinen« beginnt.

Bei Thomas wird der Umschlag ganz deutlich im folgenden: *Summa Theologica* (II–II, quaestio 162, articulus V[1]): »Superbia« erst definiert als das Gegenteil von »humilitas«, die als »subiectio hominis ad Deum« – also nie »ad homines«! – bestimmt ist. Gleich darauf aber wird »superbia« nicht einfach als »rebellio« gegen Gott bestimmt, was diesem entsprechen würde, sondern Thomas sagt: »initium superbiae hominis est apostatare a Deo« – der Abfall von Gott ist nur der Anfang. Damit ist allen Interpretationen Tor und Tür geöffnet. Nun kann man sagen: Hinter dem Ungehorsam gegen Menschen sitzt der Anfang des Abfalls von Gott, mit dem die »superbia« angefangen hat.

Thomas ist der Meinung, dass die »superbia« zwar die grösste, aber nicht die erste Sünde war; die erste war Ungehorsam (quaestio 163[2]), der nicht gleich ist mit Hochmut, weil »superbia« durchgehend definiert ist als: »appetitus inordinatus excellentiae«[A]. Daher sitzt sie in allen Tugenden: nämlich, wenn man etwas Gutes um der »excellentia sui« tut, etc.

[57]

Ad Lord Acton's Essays über »Freedom in Antiquity« und »Freedom in Christianity«: Die christliche Freiheit, die er absolut setzt, ist, wie er richtig sieht, die Freiheit von Politik, welche die Philosophen nach Sokrates einstimmig fordern. Bemerkenswert ist, wie bei ihm diese Freiheit sofort mit »security« identifiziert wird, so nämlich, dass die politische Aufgabe par excellence wird, dieser Freiheit von Politik ihre Sicherheit politisch zu garantieren. (Ganz abwegig, ihn mit Tocqueville zu vergleichen, für den Freiheit etwas eminent Positives war.) Acton in dem Essay »on Christianity« drückt dies so aus: »Religious liberty is the generating principle of civil, and … civil liberty is the neces-

[A] ungeordneter Drang nach Hervorragen (Geltungssucht)

sary condition of religious«[1], und meint, dies sei eine Idee des 17. Jahrhunderts gewesen. Dies heisst: Freiheit von Politik ist das schöpferische Prinzip der politischen[A] Freiheit, und politische Freiheit ist die notwendige Bedingung der religiösen. Oder: Freiheit von Politik ist das eigentliche Prinzip aller Freiheit, sie kann aber nur garantiert werden unter den Bedingungen politischer Freiheit. Politische Freiheit ist letztlich dazu da, Freiheit überhaupt und Freiheit von Politik als ihr eigentliches Prinzip zu garantieren.

Acton on »The Study of History«: »For the science of politics is the one science that is deposited by the stream of history, like grains of gold in the sand of a river.«[2]

Progress: The assumption is always that »the earthly wants and passions of men remain almost unchanged« (Acton, »Study of History«)[3], for without something unchangeable we could not measure Progress. Moreover, the assumption includes that man's wants and passions are his nature and that this nature emerges fully only in adult life as against the immaturity of youth and the decrepitude of old age. None of these assumptions is any longer believed.

A progress of – not the world we move in, but – mankind or man himself is, properly speaking, an idiotic notion. Who decides about the progressive character of the process? The first sign of the idiotic confusion was the worship of Child and Youth – which is no »progressive mood« at all, rather the reverse: Everything goes down, etc.

Progress – Wants / Passions – Reason: The assumption is that unchangeable human nature consists in wants and passions and that Reason, because of the capacity of learning, changes the world (to cater better to passions and wants) as well as itself: The perfection of a tool.

[A] im Original stand ursprünglich »bürgerlichen«, wurde eingeklammert und mit »politischen« überschrieben

Acton in »Study of History«: »A student of history ... is the politician with his face turned backwards.«[4]

Burke: »The principles of true politics are those of morality enlarged; and I neither now do, nor ever will admit of any other.«[5] Against this Acton: »The principles of public morality are as definite as those of the morality of private life; but they are not identical.«[6]

Acton: »History deals with Life; Religion with Death.«[7]

[*Fortschritt: Immer wird angenommen, daß die irdischen Bedürfnisse und Leidenschaften der Menschen fast unverändert bleiben (Acton, »Study of History«)*[3]*; denn ohne etwas Unveränderliches könnten wir Fortschritt nicht messen. Dabei ist impliziert, daß die Bedürfnisse und Leidenschaften des Menschen seine Natur sind und daß sich diese Natur erst im erwachsenen Leben voll zeigt, im Gegensatz zu der Unreife der Jugend und dem Verfall des Alters. Keine dieser Annahmen kann man noch aufrechterhalten.*

Ein Fortschritt – nicht der Welt, in der wir uns bewegen, sondern – der Menschheit oder des Menschen selbst ist, genau genommen, eine dumme Vorstellung. Wer entscheidet über den fortschrittlichen Charakter des Prozesses? Das erste Anzeichen dieser Dummheit und Verwirrung war die Anbetung von Kind und Jugend – was überhaupt keine »fortschrittliche Tendenz« ist, eher das Umgekehrte: Alles bewegt sich nach unten etc.

Fortschritt – Bedürfnisse/Leidenschaften – Vernunft: Angenommen wird, daß die unveränderliche menschliche Natur aus Bedürfnissen und Leidenschaften besteht und daß die Vernunft, wegen der Lernfähigkeit, die Welt ebenso verändert (um besser den Leidenschaften und Bedürfnissen zu dienen) wie sich selbst: die Vervollkommnung eines Werkzeugs.

Acton (»Study of History«): Wer die Geschichte studiert, ist ein Politiker, der seinen Blick nach rückwärts richtet.[4]

Burke: Die Prinzipien wahrer Politik sind die der erweiterten Moral; und jetzt und für alle Zeit möchte ich nichts anderes behaupten.[5] *Dagegen Acton: Die Prinzipien der öffentlichen Mo-*

ral sind so eindeutig wie die des privaten Lebens, doch sind sie nicht identisch.[6]

Acton: Die Geschichte befaßt sich mit dem Leben, die Religion mit dem Tod.[7]]

[58]

Ad »forms of government«[A]: Bemerkenswert, wie spät der alten Einteilung von Monarchie – Oligarchie – Demokratie die ebenso alte Unterscheidung von tyrannischer und konstitutioneller Herrschaft übergeordnet wird. Das Interesse am spezifisch Politischen muss dafür ganz verschwunden sein, sodass man noch nicht einmal mehr gewahr ist, dass es sich ursprünglich darum gehandelt hatte: Wer hat das Privileg zum Handeln und ist frei, und wer muss arbeiten und ist der Notwendigkeit versklavt: Einer – Wenige – Alle?

Dies ist nach Rousseau und Kant am klarsten in Calhoun (»Disquisition on Government«, *Works*, I, 7–83): »The great and broad distinction between governments is, – not that of the one, the few, or the many, – but of the constitutional and the absolute.«[1] Zu diesem Schluss kommen alle, die in der Macht ein notwendiges Übel sehen. Dagegen Montesquieu, der nie auf die Idee kommt, obwohl er doch gerade mit dem »Gesetz« zu tun hat. Er zieht sogar noch das Gesetz als »Bezüge« in die Staatsformen.[2]

Calhoun: »I care not what the form of Government is – it is nothing, if the Government be despotic, whether it be in the hands of one, or of a few, or of many men, without limitation.« (*Works* IV, 351, 550, 553[3])

Wer spricht eigentlich zuerst von einem Tyrannen, der nicht Einer ist?

[A] Herrschafts-/Staatsformen

[59]

Medieval Philosophy: John of Salisbury knows three sources of knowledge: Senses – Reason – Faith, i.e., three organs of cognition of the given. The model is sense cognition. We are left without knowledge in all (strictly speaking) philosophical matters, such as origin and substance of the soul, time and space, Free Will, origin and nature of speech. One reserves judgment. – God is Wisdom – »Philosophus amator Dei est«.[1]

[*Mittelalterliche Philosophie: John of Salisbury kennt drei Quellen der Erkenntnis: die Sinne – den Verstand – den Glauben, d. h. drei Organe der Wahrnehmung dessen, was ist. Das Modell ist die Sinneswahrnehmung. Wir müssen uns damit abfinden, daß es in allen (im strengen Sinne) philosophischen Fragen – wie Ursprung und Substanz der Seele, Zeit und Raum, Freier Wille, Ursprung und Natur der Sprache – keine Erkenntnis gibt. Mit dem Urteilen (dem Antwort-Geben, Übers.) muß man sich zurückhalten. – Gott ist Weisheit – »Philosophus amator Dei est« (der Philosoph ist ein Gottesliebender).*[1]]

[60]

Tertullian: Not: »credo quia absurdum«, but: »credo quia ineptum«. (»The son of God died; it is by all means to be believed because it is absurd.« – *On the Flesh of Christ*, ch. 5[1])

[61]

Der Leib das Gefängnis der Seele seit Adams Fall (Augustin): Die Seele fängt sich in der Notwendigkeit der Arbeit: dass der Körper nur durch Arbeit ernährt werden kann. Hiervon gibt es keinen Ausweg.

[62]

Die endlos wiederholte Banalität, dass die Neuzeit mit der Frage: Wie? die Frage: Warum? ersetzt, hat immerhin eine Berechtigung, wenn man versteht, dass hier nicht ein neuer Wahrheitsbegriff auftaucht, sondern ein (neues?) Desinteressement an Wahrheit: Ich will nicht wissen, warum etwas ist, und auch nicht, wie es zustande kam, sondern: Wie kann ich [etwas] machen?

[63]

Ad Property – Labor (Locke): The Physiocrats maintained (according to Acton): 1. Land (not Labor!) is the source of all wealth. 2. Labor is man's most sacred property – i.e., the property of the property-less classes, i.e., the property in the state of nature. Cf. Locke's mingling of body = primordial property with Earth: Labor.[1]

[*Ad Eigentum/Besitz – Arbeit (Locke): Die Physiokraten behaupteten (nach Acton): 1. Der Boden (nicht die Arbeit!) ist die Quelle allen Reichtums. 2. Arbeit ist des Menschen heiligster Besitz – d.h. der Besitz der besitzlosen Klassen, d.h. der Besitz im Naturzustand. Vgl. Lockes Vermischen des Körpers (= uranfänglicher Besitz) mit der Erde [als das, was Gott den Menschen gemeinsam gegeben hat]: Arbeit.*[1]]

[64]

Ad »Property and Equality«: Es ist ein Irrtum zu glauben, dass die Egalität der Gleichheit (Lastträger und Philosoph bei Smith[1]) je durch »equality of condition«, also Gleichheit der Besitzverhältnisse, zu erreichen ist. Nur völlige Enteignung wie die »Vergesellschaftung des Menschen« kann diese Gleichheit zustande bringen. Sie besteht in Welt-losigkeit, die Besitzlosigkeit ist, und wird dadurch erreicht, dass dem Menschen der »Standpunkt«, der ihm gehörige Ort, den er mit den ihm gehörenden Dingen errichtet und eingerichtet hat, entzogen wird. Wo alle »Standpunkte« zusammenfallen, entsteht die »Gleichheit« der Herde. Diese Stand- und Standpunktslosigkeit setzt die öffentliche Meinung voraus.

[65]

Öffentliche Meinung: So sehr die Meinung an die Öffentlichkeit drängt, so wenig kann sie sich je in Uniformität bezeugen. In der »öffentlichen Meinung« verliert die Meinung gerade ihren Meinungscharakter.

[66]

Die Variationen der Pluralität in ihrem Weltbezug:

1. Handeln (politisch): a) Tat: Auszeichnung des Einzelnen vor allen Andern. b) Zusammenhandeln: Macht und das Beginnen von Etwas (ἄρχειν), das der Hilfe der Andern bedarf (πράττειν), um zu Ende geführt zu werden.

2. Zusammensein (Leben[A]) (sozial): a) Aktivität, die das in Tat und Macht Etablierte, Gegründete konserviert und fortführt. b) Sprechen und Meinungen offenbaren.

3. Leben: a) Arbeiten im Haushalt. b) Austausch der Haushalte: Ökonomie. c) Eigentum: Anteil an Welt.

4. Intimität: Zu-zweit-Sein: a) Freundschaft im Zwischen, das zwischen Zweien ist: ein Weltausschnitt. b) Liebe: die Verbren-

[A] zunächst hatte H. A. das Wort »Leben« geschrieben, dann darüber »Zusammensein« und »Leben« eingeklammert (aber nicht durchgestrichen)

nung des Zwischen, aus deren Brand ein neues Zwischen entsteht, das in die Welt eingefügt wird.

5. Alleinsein: a) Isoliert von Andern: Produktivität in der Distinktheit. Ähnlichkeit mit der Tat. b) Isoliert als Einer gegen alle Anderen: Gewalt und Herrschaft. c) Einsam mit sich selbst: Denken. d) Verlassen von allen Anderen und sich selbst: α) Verlassenheit: Weltverlust im Tod. β) θαυμάζειν als Schock des Sehens, das nicht mehr in Worte übersetzt werden kann – wo also δοκεῖν sich nicht in φρονεῖν verwandeln kann (*Aiax*[1]): νοῦς ἄνευ λόγου; die sogenannte mystische Schau.

[67]

Die verschiedenen Um-willen der Politik:
1. Sicherung des Lebensprozesses.
2. Sicherung der personalen Grösse = ἀθανατίζειν.
3. Sicherung der gegründeten Welt.
4. Sicherung des »Materiellen« um des »Spirituellen« willen.
5. Sicherung des Zusammens als solchem – »equality« und Pluralität, »company«.

August 1955

[68] *Palenville*[A], *August 1955.*

Heidegger hat unrecht: »In die Welt« ist der Mensch nicht »geworfen«[1]; wenn wir geworfen sind, so – nicht anders als die Tiere – auf die Erde. In die Welt gerade wird der Mensch geleitet, nicht geworfen, da gerade stellt sich seine Kontinuität her

[A] siehe im Anmerkungsteil S. 977

und offenbart sich seine Zugehörigkeit. Wehe uns, wenn wir in die Welt geworfen werden!

[69]

Gilbert Murray, *Five Stages of Greek Religion* (paper ed.):[1]

p. 41, ad Tyrann und Gründung: »If we wish for a central moment as representing this selfrealization of Greece, I should be inclined to find it in the reign of Pisistratus (560–527 BC) when that monarch made, as it were, the first sketch of an Athenian empire based on alliances and took over to Athens the leadership of the Ionian race.... It seems to have been under Pisistratus that the Homeric Poems, in some form or other, came from Ionia to be recited in a fixed order at the Panathenaic Festival, and to find a canonical form and a central home in Athens till the end of the classical period. Athens is the centre from which Homeric influence radiates over the mainland of Greece.«

p. 45, ad Schöpfung: »The gods of most nations claim to have created the world. The Olympians made no such claim. The most they ever did was to conquer it.«

p. 46, die homerischen Götter: »They never existed. They are only concepts ... They change every time they are thought of, as a word changes every time it is pronounced.«

p. 64, Polis: Konstituiert durch »a common circuit-wall«, der die Stämme zusammenfasst »in times of danger and constant war. The idea of tribe remained. In the earliest classical period we find every Greek city still nominally composed of tribes, but the tribes are fictitious.... Now in the contest between city and tribe, the Olympian gods had one great negative advantage. They were not tribal or local.« Cf. Apollo: akzeptiert, obwohl er offen Partei für Troja (Hektor) und gegen die Griechen nimmt!

[70][I]

1. und 2. September 1955:	Paris
3. bis 10. September:	Venedig
7. September bis 8.:	Ferrara
	Ravenna
9. September:	Bologna
	Padua – Mantua
11. bis 16. September:	Mailand/ms. [??]
17. bis 22. September:	Rom
17. Rom:	Spanische Treppe; Villa Medici; Gärten; Villa Borghese. Santa Maria della Pace; San Ignazio; Pantheon/20. Tivoli (?)
23. Athen	
25. Sunion	
26. Delphi –	
29. Daphni	
Oktober 2:	Athen – Korinth
Oktober 3:	Olympia
Oktober 4:	Nauplia
Oktober 5:	Epidauros
Oktober 6:	Argos – Mykene – Eleusis
Oktober 7:	Athen
Oktober 8 – 10:	Delos – Mykonos
Oktober 11 – 13:	Athen
Oktober 13:	Tel-Aviv
bis 15:	Emek Jesreel, Ein Charod, Nazareth
19 bis 20:	Haifa
22 bis 26:	Jerusalem
bis 28:	Tel-Aviv
Oktober 28:	Istanbul
Oktober 31:	Zürich

November 1 bis 11:	Basel – Jaspers
12 bis 20:	Luxemburg – Anne[2]
21.:	Köln – Trier
22. bis 30.:	Frankfurt
26.:	Heidelberg
30. bis Dez. 4:	Köln
Dezember 5–8:	Berlin
Dezember 9:	Hamburg
10. bis 14.:	Basel – Jaspers
15. bis 20.:	London
21.:	New York

November 1955

[71]

Luxembourg.
November 14, 55

Der römische Raum, der sich nach innen öffnet, begründet die Innerlichkeit des Mittelalters und die Innigkeit (Intimität) der Neuzeit. Im Griechischen, wo alles völlig erscheint und sich darstellt – sich entfaltet und ragend zu stehen kommt (πέλειν) –, gibt es gar keinen Raum für diesen Raum. Aber auch bei Jesus gibt es solches Innen nicht. Es ist keineswegs selbstverständlich, dass mit dem Christentum auch »Innenleben« beginnt, zeugt vielmehr bereits von der Romanisierung des Christentums. Es ist, als erfülle sich nun der römische Raum erst ganz, als erwärme er sich. So deutlich in Byzanz: Was einzieht, sind Augen und Hände.

[72]

Ad Chicago[1]: Es gehören zusammen: Lebensprozess – Arbeitsprozess – Geschichtsprozess: Circulationsprozess.

Januar 1956

[73] *New York, Jan. 56*

Max Weber[1]: Arbeitsethos entspringt a) aus Mönchsaskese, die innerweltlich geworden ist: Arbeit, gleich welche, als Mittel, die Sinne zu betäuben und sie von ihrer Weltgerichtetheit abzulenken; b) aus der Notwendigkeit der Rechtfertigung: Nun kommt umgekehrt alles auf die Leistung, d. h. das Produkt, an. Genau umgekehrt als unter a). Werk»heiligkeit« gegen Arbeits-»freude«, wobei Freude wie Heiligkeit höchst fragwürdiger Natur sind. c) Aber beides entsteht aus dem Misstrauen, und zwar α) dem Misstrauen gegen die »contemplatio« und β) dem Misstrauen gegen das »Sein« – wir kennen nur, was wir selbst gemacht haben, beziehungsweise wir können nur vertrauen, wo wir durch Produktion von etwas Objektivem unser gegebenes Sein gerechtfertigt haben.

[74]

Der Übergang vom Leben ins Sein ist der Tod. Mit dem Tod bezahlen wir, dass wir sein können. Im Tod stellt sich heraus, ob wir lebend gewesen sind; nur dann können wir auch tot sein. Totsein heisst: in der Welt bleiben ohne Leben, also unabhängig von den irdischen Bedingungen, unter denen uns ursprünglich Existenz überhaupt gegeben ist.

Alles Leben, auch das menschliche, ist an die Erde gebunden, nirgend sonst im Universum scheint es Leben zu geben. Aber unser Wesen ist universal, das hat die Naturwissenschaft bewiesen: Wir können, obwohl natürlicherweise dafür nicht ausgestattet, das Universum »schauen«.

[75]

Die Sinnlosigkeit aller Sinnkonstruktionen der Geschichte beziehungsweise des geschichtlichen Prozesses: Sie gehen alle auf. Cortez[1] konstruiert alles nach einer inneren Macht (Religion) und einer äusseren Macht (Politik), die sich die Waage halten, so dass das Politische sinkt bei hohem Stand der Religion und umgekehrt. Das ist primitiv, geht aber genau so schön wie Hegel oder »challenge and response«[2] oder jeglich anderes allgemeines Prinzip. Es ist immer das Gleiche – wie Leibniz' beliebig hingeworfene Punkte auf das Papier, die sich sofort zu einer mathematisch berechenbaren Kurve fügen.[3] Sobald man der Beliebigkeit und Kontingenz des Konkreten entrinnen will, fällt man in die Beliebigkeit und Kontingenz des Abstrakten, die sich darin äussert, dass das Konkrete bereit ist, sich von jeglicher gedanklichen Notwendigkeit beherrschen zu lassen. Und damit werden die Notwendigkeiten eben beliebig. Das meinte Einstein, als er sagte, dass Gott unmöglich mit dem Universum Würfel spielen könne.[4]

[76]

Luther: »Weinen geht vor Wirken und Leiden übertrifft alles Tun.« Bei Max Weber, *Religionssoziologie*, ohne Quellenangabe.[1]

[77]

Die Erde ist die Bedingung, unter der dem Menschen das Leben gegeben ist, nirgends anderswo scheint es Leben zu geben. Dies besagt aber nicht, dass Leben das Sein oder das Wesen des Menschen ist. Leben und Sein sind so wenig identisch, dass gerade der Mensch auch irdisch erst zu sein anfangen kann, wenn er nicht mehr lebt; in den Kategorien des Lebens ausgedrückt ist alles Sein: Gewesensein.

Dass wir das Universum »erkennen« können, scheint zu indizieren, dass wir »universale Wesen« sind, denen aber sich das Universum nur unter den Bedingungen, in der Perspektive des irdischen Lebens zeigt. Dies ist das Paradox der Naturwissenschaften seit Galilei.

[78]

Adam Smith[1]: Labor is Measure of values, and their creator. Creator of values is Stock, or Capital, that sets »labor into motion,« i.e., organizes it and is at the root of Division of Labor. What makes Labor productive is Division (organization) of Labor, »menial tasks« are unproductive. Productivity comes about through Capital.

Labor as Measure is important because everything seen in the circulating process of Exchanges. Measure the required absolute. Question: Why is this circulating process not circular? It is characteristic of Physiocrats that the circulating process is seen as circular – II, 161[2] – whereas only soil produces new things. Model: Two people, man and woman, can produce an x number of people. This alone is judged to be true new produce and surplus.[3]

[*Adam Smith[1]: Arbeit ist das Maß der Werte und deren Schöpfer. Schöpfer von Werten ist Rohstoff oder Kapital, der/das »die Arbeit in Bewegung« setzt, d. h. sie organisiert und an der Wurzel der Arbeitsteilung liegt. Was die Arbeit produktiv macht, ist die Teilung (Organisation) der Arbeit, »niedere, knechtische Arbeiten« sind unproduktiv. Produktivität entsteht durch Kapital.*

Arbeit als Maß ist wichtig, weil alles im Zirkulationsprozeß der Austauschvorgänge gesehen. Das Maß als das notwendig Absolute. Frage: Warum ist dieser Zirkulationsprozeß nicht zirkular? Kennzeichnend für die Physiokraten ist, daß der Zirkulationsprozeß als zirkular gesehen wird – II, 161[2] –, wohingegen nur der Boden neue Dinge hervorbringt. Modell: Zwei Menschen, Mann und Frau, können eine x-beliebige Reihe von Menschen produzieren. Dies allein wird als wirklich neue Frucht und als Überschuß angesehen.[3]]

[79]

Verachtung des Ökonomischen in der Antike:
1. der Arbeit wegen der Notwendigkeit (politisch)
2. der Aktivität wegen der θεωρία (philosophisch)
3. des Tauschens wegen »banausisch« = Zweck – Mittel

Dagegen in der Moderne:
1. Mensch als Animal laborans
2. Mensch als Homo faber: Ich weiss nur, was ich mache
3. Gerade der Austausch ist der Motor der Produktivität – Relativierung

[80]

Dass die griechische Verachtung der Arbeit ausschliesslich vom Politischen her bestimmt ist, erweist sich an Homer, der diese Verachtung noch nicht kannte. Sie geht Hand in Hand mit der Verachtung des täglichen Lebens, das die Polis abschaffen wollte für die Freien. Sie bezog sich daher auf alles, was im täglichen Werke geleistet wird, und nicht nur auf Arbeit.

[81]

Die grosse Zahl der Haussklaven erinnert an indische Verhältnisse: Der Aufwischer wischt den ganzen Tag, der Koch kocht den ganzen Tag etc., so wie der Lebensorganismus immer funktioniert, dem die Arbeit hier noch ganz unmittelbar verhaftet ist.

[82]

Aristoteles, *Politica*, [Buch] VIII, 3. 1337b30 sq.: ἀσχολεῖν[A] für arbeiten. σχολάζειν· ἀρχὴ πάντων.[B] Die Frage ist (1337b35): Was sollen wir tun (ποιεῖν), wenn wir müssig sind (σχολάζειν)?[1] – Cf. δῆμον ἄσχολον ὄντα πρὸς τοῖς ἔργοις[x] (1305a20).[2] Cf. *Nikomachische Ethik*, 1177b8,12,17: wo auch die περὶ τὰ πολιτικὰ πράξεις ἄσχολοι genannt werden.[3] *Ethica Nicomachea*, 1177b4-5: ἀσχολούμεθα ἵνα σχολάζωμεν.[4]

[x] Dem entspricht: σχολάζειν πρὸς τοῖς ἰδίοις – 1308b36 (*Politica*)[5], nämlich frei von Politik,
σχολάζειν – opposite [gegensätzlich zu] ἐργάζεσθαι[C]: 1291b26 sq. (*Politica*)
σχολὴ τέλος ασχολίας: *Politica*, 1333a36, 1334b15.[6]
οὐ σχολὴ δούλοις: 1334a20–21.[7]
ἡ τῶν ἀναγκαίων σχολή: 1269a35.[8]

[83]

Alle Moral versagt, sobald wir anfangen zu handeln. Aus dieser Not erfindet man die »ethischen« Regeln und Masstäbe. Man will das Handeln einschränken. Aber: Diese Regeln können, da

[A] [a-scholein], nicht müßig sein
[B] [scholazein: arche panton], Muße üben: der Ursprung von allem
[C] [ergazesthai], arbeiten, herstellen

sie prinzipiell von aussen kommen, immer nur beschränken, sie können nie vorschreiben, und das Handeln wird sie immer wieder durchbrechen und übersteigen, sich gegen sie »vergehen«.

[84]

Die Natur des Menschen ist im Animal laborans entdeckt; das ist das Ende des Humanismus. Er hat sein Ziel erreicht.

[85]

Das Allgemeine erweckt Staunen; das Einzelne, Partikulare erregt Neugier. Goethes Grösse, dass er vor dem Kleinsten ins Staunen geriet. Dies ist die »subjektive« Seite des Urphänomens.[1]

Heft XXII

Januar 1956 bis Juni 1958

Heft XXII

Januar 1956

[1] *New York, Jan. 1956*

So ist mein Herz:
Wie diese rote Scheibe
des Mondes, ganz verhängt von Tränenwolken,
der Nacht bedarf, um glühend
am stillen Brande heiss sich zu verzehren,
auch wie des Holzes heisser Schimmer
im Schwarzen eines nicht mehr leuchtenden Kamins –
So brennt mein Herz in sich und glüht, und leuchtet nicht.

Wenn dann des Tages
mild'res Licht erscheint,
und alle Dinge zeigen sich gestaltet,
und keines hat der Nacht verglühter Brand verzehrt,
– sie kommen heil und schön sich zu gesellen
dem Spiel von Licht und Luft, von Ton und Tau –
so hängt mein Herz dem blassen Sichelmonde gleich
Unscheinbar, unbemerkt und unberührt
am viel zu hellen Himmelsfirmament.

[2]

Des Glückes Wunde
heisst Stigma, nicht Narbe.
Hiervon gibt Kunde
Nur Dichters Wort.

Gedichtete Sage
ist Stätte, nicht Hort.

[3]

Prozess und Welt: Sieht man Natur oder Geschichte als Prozess an, so ist es unvermeidlich, dass man sie im Sinne des verzehrenden Lebensprozesses, der unserer Erfahrung am unmittelbarsten gegeben ist, konstruiert. Dies aber besagt sofort, dass alle Phänomene und alles Partikulare sich nicht mehr im Sinne eines Aspektes oder eines Beispieles zeigt: Es »zeigt sich« überhaupt nicht mehr, sondern wird ständig verzehrt, »processed«.

[4]

Moderne und antike Geschichtsschreibung: An die Stelle der Tat tritt das Ereignis. Dies fängt in Rom an: Die Gründung von Rom ist ein Ereignis, der trojanische Krieg ist eine Folge von Taten und Leiden.

Die Tat ist, was herausragt aus dem Strom der Ereignisse. (?)

[5]

Ad Schliessen (Hegel): 1) Zwangscharakter aller deduktiven Schlüsse: Notwendigkeit im Prozess des Schliessens selbst. 2) Dagegen steht die Willkür der Prämisse: Chaos des Wählens.

Dem entspricht in den Wissenschaften: Stimmigkeit der Systeme und die Möglichkeit, alles Partikulare in ihnen unterzubringen. Auf der andern Seite: die Unendlichkeit der möglichen Systeme.

[6]

Ad Orff, *Antigone*: Als sei alles darauf angelegt, uns zum Ertönen zu bringen. Wir aber verschliessen uns, verstummen und klagen nicht. Antigone – die klagende, tönende menschliche Stimme, in der alles offenbar wird.

[7]

Ad »in order to and for the sake of«[A]:

Beides bei Aristoteles οὗ ἕνεκα[B] im Sinne des τέλος. Er sieht die Differenz nicht, weil das Problem des Sinnes noch gar nicht da war. Der Sinn einer Handlung im Unterschied zu ihrem Zweck war nie fraglich. Dies geschieht erst, wenn alles utilitaristisch vor sich geht, und man nun die Frage Lessings: Was aber ist der Nutzen des Nutzens?[1] stellt. Denn Nutzen des Nutzens gibt es nicht mehr; wohl aber einen Sinn.

Februar 1956

[8] *Februar 1956*

Handeln als Prozess: Gemessen am Herstellen mag Handeln etwas ganz Flüchtiges sein; betrachtet man es an sich selbst, hat es umgekehrt eine furchtbare Dauerhaftigkeit: Einen Tisch kann ich verbrennen, eine Handlung ist nicht rückgängig zu machen, weil sie einen Prozess losgelassen hat, der sofort un-

[A] um zu und um ... willen

[B] [hu heneka], wegen, um ... willen (Bezug: Aristoteles, *Metaphysica*, 4 – das Ding, um dessen willen ein anderes da ist)

überschaubar ist – die Welt hat sich sofort in ihrer Gesamt-Konstellation geändert.

In diesem Sinne hat die Handlung eine Unzerstörbarkeit, mit der kein Produkt, überhaupt kein einzelnes Ding sich messen kann. Diese Unzerstörbarkeit des Handelns als Loslassen eines Prozesses liegt letztlich der irdischen Unsterblichkeit des Geschichtsbegriffes zugrunde.

Andererseits: setzt der moderne Geschichtsprozess die Ohnmacht des Handelns (siehe Kant) voraus. Er ist ohnmächtig, weil er dem losgelassenen Prozess gegenüber ohnmächtig gegenübersteht. Dies ganz unvermeidlich, wenn Handeln im Sinne des Herstellens konstruiert wird. Dann wird der Handelns-Prozess automatisch. Die Ohnmacht des Handelnden ist eigentlich eine Tautologie; der Mensch im Singular ist immer ohnmächtig, erfährt es aber nur im Handeln, wo er Macht will.

Der alles umgreifende moderne Geschichtsprozess also doppelt: 1) zweifache Unendlichkeit, die den Raum der möglichen Unsterblichkeit stiftet; 2) automatisch ablaufender Prozess, der Bedeutung haben soll, aber nicht mehr hat.

[9]

Archimedischer Punkt:[1] Kafka: »Er hat den archimedischen Punkt gefunden, hat ihn aber gegen sich ausgenutzt, offenbar hat er ihn nur unter dieser Bedingung finden dürfen.«[2] Das ist genau, was wir augenblicklich in den Naturwissenschaften tun. Der archimedische Punkt liegt ausserhalb der Erde; wird er von Erdbewohnern ausgenutzt, so kann er sich nur gegen sie richten; nur unter der Bedingung, dass die Erdbewohner von ihrem eigenen Wohl und Wehe abzusehen vermögen, kann er überhaupt gefunden werden.

[10]

Die Gesetze der Geschichte – ein Widerspruch in sich selbst. Gesetze hören überall auf, wohin der Mensch im Handeln seine Unberechenbarkeit trägt. Gerade darum muss Handeln sich mit Gesetzen umgeben. Die Naturgesetze verloren ihre Gültigkeit, als der Mensch handelnd in die Natur trat.

[11]

Livius, Buch 43, Kap. 13: »Mihi vetustas res scribenti nescio quo pacto antiquus fit animus et quaedam religio tenet« – mir, der ich die uralten Sachen schreibe, wird, ich weiss nicht durch welche Bindung, der Geist alt, und eine Art re-ligio hält.

Aus der verlorenen Vorrede zu einem der verlorenen Bücher, bei dem älteren Plinius zitiert: »Omnis te exempli documenta in illustri posita monumento intueri.« – Kerényi: »Dadurch wird die Kenntnis geschichtlicher Tatsachen vornehmlich heilbringend und fruchtreich, daß du da jeder Art lehrreiche Beispiele in einem weit sichtbaren Denkmal aufgestellt anschaust... Daraus mögest du für dich und dein Gemeinwesen [deine res publica, H. A.] entnehmen, was du nachahmen, daraus was als schädlich in seinem Beginn, als schädlich in seinem Ausgange du meiden sollst.« Karl Kerényi, *Die Geburt der Helena*, p. 109.[1]

[12]

ἔρδειν: wirken, Stamm für ἔργον
ἕκαστος: von: ἑκάς: fern!
ἀργός: faul = ἀ-εργος
σχολή: σχεῖν – anhalten

Faulheit bei den Griechen keineswegs gerühmt. Herodot, 5, 6: Thraker sind faul.[1] Peisistratos verbot ἀργία[A], Griechen führen dies Verbot auf Solon zurück, was ihre Zustimmung ausdrückt. Sokrates wird vorgeworfen, er habe zur ἀργία verführt (Gigon, 139[2]). Hesiod: verwirft ἀεργείη[B] – *Works and Days*, 309 –, nicht etwa σχολή.[3] Sokrates wird auch vorgeworfen, er habe zur Arbeit verführt – und zwar gleich welcher, und damit den Tyrannen gedient. [Xenophon,] *Memorabilia*, I, II, 56 sq.[4]

[13]

δαιμόνιον bei Sokrates in Zusammenhang mit σημαίνειν[C] (Heraklit!). Xenophon, *Memorabilia*, I, I, 4.[1]

Man braucht es für das, was nicht offenbar ist (ἄδηλα) 6–9, nämlich alles, was sich auf Handeln bezieht. Der Gegensatz zu dem Unvorhersehbaren sind die ἀναγκαῖα in den Techniken. Das ἄδηλον bezieht sich auf Haushalte und Polis, sofern sie καλῶς οἰκεῖν[D] wollen, cf. εὖ ζῆν.

[14]

Privat-Leben: Tautologie, alles Leben ist privat. Kein Leben, solange es gelebt wird, kann Öffentlichkeit ertragen. Daher kann das Leben gerade kein »Kunstwerk« sein.

[A] [argia], Untätigkeit
[B] [aergeie] = ἀργία [argia]
[C] [semainein], ein Zeichen geben
[D] [kalos oikein], gut haushalten

Oktober 1956

[15]

1.–4. Oktober – 1956
Amsterdam, Rotterdam, Haag, Harlem, Delft. [A]

Holland
Grüne, grüne, grüne Wiesen,
Kühe fleckig auf den Weiden,
Himmel hängt die schweren Wolken
tief ins Land hinein.

Braunes, braunes, braunes Wasser
fliesst quadratisch um die Wiesen
in Kanälen: Zaun und Strasse;
stille liegt die Welt.

Menschen knien zwischen Wassern
auf den Wiesen unter Wolken,
hacken nasse, schwarze Erde,
weite Welt im Blick.[1]

[16]

5. Okt. Paris

15. Okt. – 20.	Genf
20.–21.	Bern
21.–27.	Basel
27.–29.	Brüssel
30.–3. Nov.	Köln
2.–5.	Münster[1] (Harder!)
6.–10.	Kiel

[A] Zu Einzelheiten über Hannah Arendts vierte Europareise siehe Nr. 16 und im Anmerkungsteil S. 1080f.

11.–17. (?)	Köln, Geisenheim, Frankfurt, Köln
18.	Paris
22. (?)	New York

November 1956

[17] *Kiel, 6/11/56*

Schlagend hat einst mein Herz sich den Weg geschlagen
durch fremde wuchernde Welt.

Klagend hat einst mein Schmerz den Wegrand bestellt
gegen das Dickicht der Welt.

Schlägt mir das Herz nun,
so geht es geschlagene Wege,
und ich pflücke am Rain,
was mir das Leben erstellt.

August 1957

[18]

Palenville[A], *August 57.*

Freiheit: Freiheit der Wahl, die nie zu beweisen ist, und Freiheit der Spontaneität, wo überhaupt nur die Annahme der Freiheit irgend etwas erklärt.

[19]

Urteilen: Kant: die Unmöglichkeit, das Individuelle zu subsumieren. Das Individuelle kann nur im Urteil getroffen oder verfehlt werden. Darum handelt es sich in der Politik, wo wir immer mit Situationen konfrontiert sind, für die es höchstens Präzedenzfälle, aber keine allgemeinen Regeln gibt. Daher die Rolle der Präzedenzfälle bei den Römern, den Engländern.

Kants Altersproblem (Jaspers): den Schritt vom Apriori zum Aposteriori [zu vollziehen]; sein Zwischenglied: Schema der Einbildungskraft. Reflektierende Urteilskraft – Jaspers ([*Die großen Philosophen*] 477[I]): »Wir sind im Besitze der Erfahrung eines Besonderen und denken es unter Annahme eines nicht gekannten Allgemeinen« (dies der Gegensatz zum Subsumieren, wo wir von einem gekannten Allgemeinen ausgehen oder der bestimmenden Urteilskraft).

Mit anderen Worten: In der bestimmenden Urteilskraft gehe ich von der Erfahrung des »Ich denke« und der also im Selbst gegebenen (apriorischen) Prinzipien, in der reflektierenden Urteilskraft von der Erfahrung der Welt in ihrer Besonderheit aus. Der Grund, warum Kant den Schritt vom Apriori zum Aposteriori nicht vollziehen konnte, mag darin liegen, dass die Entdekkung der Urteilskraft das Schema von apriori – aposteriori sprengt. Denn die Allgemeingültigkeit des Urteilens ist nicht

[A] siehe im Anmerkungsteil S. 977

apriori – lässt sich nicht aus dem Selbst herleiten –, sondern ist abhängig von dem Gemeinsinn, d. h. der Präsenz der Anderen. Hiervon hatte Kant mehr als eine Ahnung, wenn er unter die »Maximen des gesunden[A] Menschenverstandes«, also des Gemeinsinns, neben dem Selbstdenken und dem »mit sich selbst einstimmig denken« setzt: »an der Stelle jedes andern denken«[2]. Damit fügt er dem Satz des Widerspruchs, der Einstimmigkeit mit sich selbst, den Satz von der Einstimmigkeit mit Anderen hinzu – und das ist in der politischen Philosophie der grösste Schritt seit Sokrates. Denn die »gesetzgebende Vernunft« geht nur von dem sich nicht widersprechenden Selbst aus, lässt also die Anderen aus. Das ist ihr Fehler.

Die Bedingung der Möglichkeit der Urteilskraft ist die Präsenz der Andern, die Öffentlichkeit. Darum meint Kant, und nur er, dass eine Freiheit des Denkens ohne Öffentlichkeit nicht möglich sei: Das besagt bei ihm die letzte Maxime des Gemeinsinns, die »erweiterte Denkungsart«, die sich über die »subjektiven Privatbedingungen des Urteils« wegsetzen kann. (*Kritik der Urteilskraft*, 146) Also garantiert die Öffentlichkeit die Gültigkeit des Urteils, und was für die »bestimmende Urteilskraft« die Präsenz des Allgemeinen, das Apriori in der Vernunft, ist, ist für die »reflektierende Urteilskraft« die Präsenz der Andern. Oder: Was die Präsenz des Selbst für die formale Widerspruchslosigkeit, das ist die Präsenz der Andern für die konkrete Allgemeingültigkeit, die aber nie universal ist, deren Anspruch auf Geltung nie weiter reichen kann als die Anderen, an deren Stelle sie denkt.

Da nun aber nicht die selbst-gebundene Vernunft, sondern nur die Einbildungskraft es möglich macht, »an der Stelle jedes andern [zu] denken«, ist es nicht die Vernunft, sondern die Einbildungskraft, die das Band zwischen den Menschen bildet. Gegen den Selbst-Sinn, die Vernunft, die aus dem Ich-denke lebt, steht der Welt-Sinn, der als Gemeinsinn (passiv) und als Einbildungskraft (aktiv) von den Andern lebt.

[A] bei Kant: gemeinen

Wie nahe verwandt Kunst und Politik [sind], weil sie beide es mit der Welt zu tun haben, kann man auch daran sehen, dass Kant die Bedeutung der Urteilskraft im Bereich des Ästhetischen zuerst aufstiess. Er nahm an der »Willkür« und »Subjektivität« der Geschmacksurteile Anstoss, weil sie seinen politischen Sinn verletzten. Er geht davon aus, dass der Geschmack »anderen eben dasselbe Wohlgefallen zumutet« (50), dass sie »jedermann Einstimmung ansinnen« (54). (Cf. *Kritik der Urteilskraft*, 28) Das alles hat natürlich nichts mit Teleologie zu tun, wie Kant meinte.

[20]

[Kant] *Kritik der Urteilskraft* – Edition Vorländer[I] –
Vorrede, p. 3: Urteilskraft: »unter dem Namen des gesunden Verstandes [wird] kein anderes als eben dieses Vermögen gemeint«.

Zwei Rätsel: 1) Wenn Urteilen Subsumieren heisst, so ist eigentlich »wiederum eine andere Urteilskraft erforderlich..., um unterscheiden zu können, ob es der Fall der Regel sei oder nicht«. (Dies besagt eigentlich, dass es eben nur eine »reflektierende« Urteilskraft gibt!)

2) »Beziehung... auf das Gefühl der Lust und der Unlust«. (4)

[21]

[Kant, *Kritik der Urteilskraft*, Einleitung]
Urteilskraft als »Mittelglied zwischen dem Verstande und der Vernunft« (12) soll ermöglichen, dass »der Freiheitsbegriff... [seinen] Zweck in der Sinnenwelt wirklich machen« kann (11).

Wie zwischen Erkenntnis- und Begehrungsvermögen die Lust, so zwischen Verstand und Vernunft die Urteilskraft (14–15).

15: »Urteilskraft... ist das Vermögen, das Besondere als enthalten unter dem Allgemeinen zu denken. Ist das Allgemeine … gegeben, so ist die Urteilskraft, welche das Besondere darunter subsumiert, … bestimmend. Ist aber nur das Besondere gegeben, wozu sie das Allgemeine finden soll, so ist die Urteilskraft bloß [!!!] reflektierend.«

17: Das Vermögen der reflektierenden Urteilskraft »gibt sich … selbst und nicht der Natur ein Gesetz«. (Es gilt nur für die Menschenwelt.) Dies Gesetz ist die »Zweckmässigkeit«!!!

22: »Die Zusammenstimmung der Natur zu unserem Erkenntnisvermögen wird von der Urteilskraft … a priori vorausgesetzt …« Urteilskraft = Weltsinn; denn in der Urteilskraft, die die Natur nach ihrer Zweckmässigkeit beurteilt, wird die Natur zur Menschenwelt. Und zwar handelt es sich nur um die reflektierende Urteilskraft, da Zweckmässigkeit ihr Prinzip ist (23).

Das Urteilen erhebt Anspruch auf Gültigkeit, ohne doch im mindesten zwingen zu können. Es ist keineswegs subjektiver als andere Erkenntnisse, aber es ermangelt des Zwanges im Schliessen. Darum liegt im Urteilen immer ein Risiko, es gehört schon Mut dazu, ein Buch zu beurteilen. Dafür gibt es im Urteil die Evidenz; aber die Evidenz zwingt nicht.

Gültigkeit: heisst hier (im Gegensatz zu universaler Geltung): »für jeden Urteilenden überhaupt« (27) – also nicht für Leute, die sich dem Urteilen entziehen. Daher erhebt das Geschmacksurteil nicht Anspruch, a priori gültig zu sein, sondern »für jedermann zu gelten« (28).

30: Es besteht das Geschäft des Urteilens auch darin, »dem Begriffe eine korrespondierende Anschauung zur Seite zu stellen«.

Bei Kant geht die Gesetzgebung aus dem Prinzip der Übereinstimmung mit sich selbst und die Urteilskraft aus der »erweiterten Denkungsart«, der Einstimmung mit den Anderen [hervor]. In beiden Fällen Einstimmung als Voraussetzung der Stimmigkeit. Die logische Stimmigkeit tritt auf, wenn es weder die Übereinstimmung mit sich selbst noch die Einstimmigkeit mit den Anderen gibt.

[22]

[Kant, *Kritik der Urteilskraft*, § 1–2]
39: »Das Geschmacksurteil ist ... kein Erkenntnisurteil ..., sondern ästhetisch ..., dessen Bestimmungsgrund nicht anders als subjektiv sein kann.«

Im Urteil wird etwas entschieden – das unterscheidet es vom Meinen, ohne das aber nie etwas entschieden werden kann –, und seine »Subjektivität« ist die gleiche wie die der Meinung, die Subjektivität eines Standorts.

40: Eine Vorstellung wird zu einem Urteil, wenn sie »auf das Subjekt und zwar auf das Lebensgefühl desselben« bezogen wird. (Kant identifiziert Lebensgefühl mit dem Gefühl der Lust und Unlust – ganz unzureichend.) Dies Lebensgefühl ist die Bewusstheit des Standortes in der Welt. Er nennt offenbar die »reflektierenden« Urteile so wegen ihrer Rückbezüglichkeit auf das Lebensgefühl des Urteilenden. Im Urteil artikuliert sich das Lebensgefühl, das an sich stumm ist.

41: »uninteressiertes Wohlgefallen« = 1. unabhängig von Lebensinteressen und 2. unfähig, ein (moralisches) Interesse hervorzubringen. Diese Zweiteilung von Lebens- und moralischem Interesse aber gerade nicht gültig: Das »ästhetische Interesse«, das Kant nur für die Gesellschaft zulässt, ist ein Welt-Interesse.

[23]

[Kant, *Kritik der Urteilskraft*, § 6–9]
47: Schönheit nur für Menschen, [das] Angenehme auch für Tiere, [das] Gute für jedes vernünftige Wesen überhaupt.

Ferner: Nur am Schönen gibt es »freies Wohlgefallen«, weil weder ein Interesse der Sinne, noch der Vernunft »den Beifall abzwingt«. Also dies das eigentliche Reich des Menschen, und nur in diesem Reich, das gleich weit entfernt ist von den tierischen Bedürfnissen und der »Vernunft überhaupt«, gibt es Freiheit. Ergo: Freiheit und Vernunft sind nicht identisch, haben verschiedene Ursprünge. Bei Kant aber ist diese Freiheit eine rein »kontemplative« (46); sie kann nichts bewirken.

Aus dieser doppelten Interesselosigkeit entsteht bei Kant die Allgemeingültigkeit der Geschmacksurteile: Man kann »jedermann ein ähnliches Wohlgefallen zumuten«, weil es von »Privatbedingungen« unabhängig ist (48). Diese Gültigkeit nennt er: »subjektive Allgemeinheit« (49). Diese »urteilt nicht bloß für sich, sondern für jedermann« und »fordert« von Andern »Einstimmung in sein Urteil«. Zu sagen: »Ein jeder hat seinen besonderen Geschmack«, läuft darauf hinaus zu sagen: »Es gibt gar keinen Geschmack.« (50)

51: Diese Allgemeingültigkeit ist eine »Merkwürdigkeit«, die eine »Eigenschaft unseres Erkenntnisvermögens« (sic! trotz p. 39) anzeigt. Ihr steht entgegen das »bloße Privaturteil«, an dem gemessen dies ein »gemeingültiges (publik)« ist. Also hier ausgesprochen, dass die Publizität die Gemeingültigkeit ausmacht. (52)

(Ästhetisches Urteil: Diese Rose ist schön. Logisches Urteil: Alle Rosen sind schön. (53) Ergo: Es handelt sich um die Beurteilung des Besonderen.)

53: »Wenn man Objekte bloß nach Begriffen beurteilt, so geht alle Vorstellung der Schönheit verloren.«

Die Erfahrung des Schönen: Diese Rose ist schön. Das Urteil »alle Rosen sind schön« entspricht keiner Erfahrung, sondern einer Verallgemeinerung. Die Qualität »schön« ist aber nicht zu verallgemeinern, weil nur das Einzelne überhaupt schön sein kann. Oder: Nur in der einzelnen Rose erscheint das Rose-sein = Schönheit. Wenn ich sage: Das Rosenbeet oder der Wald ist schön, so habe ich nichts verallgemeinert; viele Rosen in ihrem Zusammen, viele Bäume in ihrer Reihung ergeben ein neues Besonderes.

Publizität: Im Geschmacksurteil wird eine »allgemeine Stimme« postuliert (54). Was erwartet wird, ist »der Beitritt« der Anderen.

55: Bedingung des Geschmacksurteils ist »die allgemeine Mitteilungsfähigkeit des Gemütszustandes«, und die »Lust«

entspringt der »Mitteilbarkeit« als solcher! Empirisch: Geselligkeit.

[24]

[Kant, *Kritik der Urteilskraft*, § 13–17]
62: »Der Geschmack ist jederzeit noch barbarisch: wo er der Beimischung der Reize und Rührungen zum Wohlgefallen bedarf, ja wohl diese zum Maßstab seines Beifalls macht.«

71: Dem Schönen entspricht eine »Gemütsstimmung, die sich selbst erhält und von subjektiver allgemeiner Gültigkeit ist«; dem Guten eine »Denkungsart…, die nur durch mühsamen Vorsatz erhalten werden kann, aber objektiv allgemeingültig ist«.

76: Normalidee (des Pferdes, Menschen etc.) ist »das zwischen allen einzelnen … schwebende Bild für die ganze Gattung«, gleichsam das »Urbild« der Natur. Ihre Darstellung keineswegs das Schöne, aber ohne sie hätten wir vom Schönen keine Vorstellung.

[25]

Die Tatsache, dass Kants eigentliche politische Philosophie aus der Erörterung des Phänomens der Schönheit hervorgeht, zeigt, wie sehr bei ihm Welterfahrung die Lebenserfahrung überwog. Er liebte auch die Welt erheblich mehr als das Leben, das ihm doch eher lästig war. Dies gerade der Grund, warum er so selten verstanden wurde.

[26]

[Kant, *Kritik der Urteilskraft*, § 15–22]
79: Das Sollen im Geschmacksurteil: »Man wirbt um jedes anderen Beistimmung« – πείθειν.

80: Voraussetzung des Geschmacksurteils: der »Gemeinsinn« (gegen den gemeinen Verstand): »kein äußerer Sinn«, sondern »die Wirkung aus dem freien Spiel unserer Erkenntniskräfte«, nämlich der Sinn der Sinne.

81: »Die allgemeine Mitteilbarkeit des Gefühls« setzt einen Gemeinsinn voraus; dieser ist sogar »die notwendige Bedingung der allgemeinen Mitteilbarkeit unserer Erkenntnis« (!)

81: Gemeinsinn: Sein Gegenteil ist das »Privatgefühl«.

82: »... das Geschmacksvermögen in seine Elemente aufzulösen, um sie zuletzt in der Idee eines Gemeinsinns zu vereinigen«.

[27]

Es wird immer denkwürdig bleiben, dass Kant das ungeheure Phänomen der Urteilskraft gerade am Geschmack exemplifiziert. Wie sehr dies auch für seinen Weltsinn spricht, so bleibt es doch auch charakteristisch für die politische Ahnungslosigkeit.

[28]

Das interesselose Wohlgefallen, das Kant offenbar so verblüffte, beruht auf nichts anderem als der Tatsache, dass wir an der Welt ein »Interesse« nehmen, das ganz unabhängig ist von unserem Lebensinteresse.

[29]

[Kant, *Kritik der Urteilskraft*, § 25]
94: »Erhaben ist, was auch nur denken zu können ein Vermögen des Gemüts beweist, das jeden Maßstab der Sinne übertrifft.«

[30]

[Kant, *Kritik der Urteilskraft*, Allgemeine Anmerkung zur Exposition der ästhetischen reflektierenden Urteile]

114: »Schön ist das, was ... ohne alles Interesse« gefällt. »Erhaben ist das, was durch seinen Widerstand gegen das Interesse der Sinne unmittelbar gefällt.« »Das Schöne bereitet uns vor, etwas ... ohne Interesse zu lieben; das Erhabene, es selbst wider unser (sinnliches) Interesse hochzuschätzen.«

118: A propos interesseloses Weltinteresse: Obwohl die Gegenstände des Schönen und Erhabenen auf keinem Interesse beruhen, sollen sie doch »ein Interesse bewirken«. Dies Interesse ist das öffentliche.

119: »... die Gewalt, welche die Vernunft der Sinnlichkeit antut« (!), die Tyrannei der Vernunft.

127: Das Geschmacksurteil »notwendig pluralistisch«, nicht »egoistisch«, d. h. nicht einem »Privatsinn« (126) entstammend.

[31]

[Kant, *Kritik der Urteilskraft*, § 30–39]
Anstelle des Wortes Geschmack kann man bei Kant überall Urteilsfähigkeit einsetzen. Dann ist sofort offenbar, dass es sich in der Kritik der Urteilskraft um eine versteckte Kritik der politischen Vernunft handelt. So ist in der Tat das Problem, die beiden »Eigentümlichkeiten« des Urteils zu verstehen – 1. dass es seine Allgemeinheit nicht von »Stimmensammlung und Herumfragen abhängig« macht und 2. nicht von »Begriffen«, dass es

sich ferner um »die Allgemeinheit eines einzelnen Urteils« handelt (130).

In der Deduktion der Geschmacksurteile, d. h. der »Legitimation ihrer Anmaßung«, handelt es sich darum, ihre »Autonomie« nachzuweisen. (132)

Wie die Vernunft der Sitz und die Legitimation der Ideen, nämlich das Vermögen der Ideen und damit des Übersinnlichen, und der Verstand der Sitz und die Legitimation der Begriffe, so ist der Gemeinsinn die Legitimation des Urteilens. Die Schwierigkeit für Kant ist, dass dies Vermögen nicht »egoistisch«, sondern »pluralistisch« ist und doch »Anmaßung« auf Apriori-Geltung stellt. In diesem Fall ist der Plural in mir, was paradox anmutet, es aber nicht ist. Der Gemeinsinn enthält die Bedingung der Möglichkeit des Miteinander.

Die Sinnlichkeit des Gemeinsinns zeigt sich in der Verwandtschaft des Urteils über das Schöne mit dem über das Wohlschmeckende. Dies zeigt sich am Wort »Geschmack« (134), wie denn Köche und Kritiker »einerlei Schicksal« haben (135).

Was sich im Geschmack zeigt, ist, welche Art Menschen zusammengehören. Und dies Zusammengehören ist weder moralischer noch theoretischer Natur; es ist das einzige, worauf Verlass ist!

138: »Mit der Wahrnehmung eines Gegenstandes kann unmittelbar der Begriff von einem Objekt überhaupt ... verbunden« sein: Erkenntnisurteil. Oder: »ein Gefühl der Lust (oder Unlust) und Wohlgefallen«: Geschmacksurteil. Mit dieser Lust wird aber zugleich »die Allgemeingültigkeit dieser Lust« wahrgenommen. (139)

Man kann weitergehen und sagen: Die »Lust« am Schönen unterscheidet sich von anderer Lust dadurch, dass zu ihr wesentlich, nämlich als Lust erzeugend, die Wahrnehmung ihrer Allgemeingültigkeit gehört. Was nur ein anderer Ausdruck für Mitteilfähigkeit ist. Zur »Lust« an einem Bild gehört wesentlich, dass sie mitteilbar, nicht verschlossen ist, während die Lust an einer Speise schlechterdings nicht aussprechbar ist. Die eigentümliche Verschlossenheit des Physischen.

In der Deduktion (p. 140f.) fällt Kant dann wieder auf das Subsumieren zurück. Die Frage war ja aber gerade: Gibt es Allgemeingültigkeit ohne Subsumtion? Die ganze Sache bricht ihm unter den Händen zusammen. Der eigentliche Grund ist, dass die Urteilskraft aus dem Kantischen Schema von den zwei Erkenntnisstämmen, die immer in Einstimmung gebracht werden müssen, herausfällt.

Die Lust, aber nicht »der Begriff« begleitet gerade »die gemeine Auffassung eines Gegenstandes« (143). Die Einbildungskraft, die für diese Lust konstitutiv ist, muss die Urteilskraft »auch zum Behuf der gemeinsten Erfahrung ausüben« (ibid).

[32]

[Kant, *Kritik der Urteilskraft*, §40]
144: §40 »Vom Geschmacke als einer Art von sensus communis«: »Der gemeine Menschenverstand, den man, als bloß gesunden … für das geringste ansieht …, hat daher auch die kränkende Ehre, mit dem Namen des Gemeinsinnes (sensus communis) belegt zu werden …«

»Unter dem *sensus communis* aber muss man die Idee eines gemeinschaftlichen Sinnes, d.i. eines Beurteilungsvermögens verstehen, welches … auf die Vorstellungsart jedes anderen in Gedanken (a priori) Rücksicht nimmt, um gleichsam an die gesamte Menschenvernunft sein Urteil zu halten … Dieses geschieht nun dadurch, daß man sein Urteil an anderer … bloß mögliche Urteile hält und sich in die Stelle jedes andern versetzt, indem man bloß von den Beschränkungen, die unserer eigenen Beurteilung zufälligerweise anhängen, abstrahiert.« (Dies identisch für Kant mit »von Reiz und Rührung abstrahieren«; dies natürlich ein Irrtum. Es gibt immer eine Grenze dieser Abstraktion, und wo diese Grenze anfängt, hört die Allgemeingültigkeit des Urteils, seine Kompetenz, auf. Ich kann nicht sagen, wie die indische Welt aussehen, wie indische Musik sich anhören soll, aber ich weiss doch, dass es auch da kompetentes Urteilen gibt.)

[145:] »Folgende Maximen des gemeinen Menschenverstandes«: »1. Selbstdenken [= Vorurteilsfreiheit]; 2. An der Stelle jedes andern denken [= erweiterte Denkungsart]; 3. Jederzeit mit sich selbst einstimmig denken [= konsequente Denkungsart].«[A]

Ad 2: Ein Mann »von erweiterter Denkungsart« kann »borniert« sein und doch »aus einem allgemeinen Standpunkt, den er dadurch nur bestimmen kann, daß er sich in den Standpunkt anderer versetzt, über sein eigenes Urteil reflektieren«. »Die erste dieser Maximen ist die Maxime des Verstandes, die zweite der Urteilskraft, die dritte der Vernunft.« [146]

146: »Der Geschmack mit mehrerem Rechte *sensus communis* genannt … als der gesunde Verstand, und dass die ästhetische Urteilskraft eher als die intellektuelle den Namen eines gemeinschaftlichen Sinnes« führt. Er ist, »was ohne Vermittlung eines Begriffes allgemein mitteilbar macht« (147).

»Die Geschicklichkeit der Menschen, sich ihre Gedanken mitzuteilen.« »Der Geschmack ist also das Vermögen, die Mitteilbarkeit der Gefühle … a priori zu beurteilen.«

Also entscheidet der Geschmack darüber, ob ein Gegenstand in der Welt geeignet ist, sich mitzuteilen.

Kant erwägt, ob »die bloße allgemeine Mitteilbarkeit seines Gefühls an sich schon ein Interesse für uns bei sich führen müsse« (!!), lehnt es aber ab. Sonst würde das Geschmacksurteil »als Pflicht jedermann« zumutbar sein [147].

[33]

[Kant, *Kritik der Urteilskraft*, § 41–42]
148: Das Interesse am Schönen »nur in der Gesellschaft«, ein »verlassener Mensch« auf einer Insel kennt es nicht. Erst in der Zivilisation werden »Empfindungen« danach bewertet, ob »sie sich allgemein mitteilen lassen«.

[A] Zusätze in eckigen Klammern von H. A.

149: So ist der Geschmack »ein Mittelglied der Kette der menschlichen Vermögen a priori, von denen alle Gesetzgebung abhängen muss«. Aber das »Interesse am Schönen« würde »einen nur sehr zweideutigen Übergang vom Angenehmen zum Guten abgeben«.

Kant nennt das Interesse am Schönen nur darum »empirisch«, weil für ihn der Mensch apriori eben doch »der verlassene Mensch« ist. Das wird klar im nächsten Paragraphen, wo das »moralische« (intellektuelle) Interesse am Schönen sich umgekehrt darin äussert, dass es in der Einsamkeit »und ohne Absicht, seine Bemerkungen anderen mitteilen zu wollen« [150], aufgesucht wird. Dies im eklatanten Widerspruch gegen den »verlassenen Menschen«. Darum äussert sich das Moralische auch nur in der Bewunderung des Natur-Schönen. An diesem besteht ein Interesse, insofern die Vernunft interessiert daran ist, »dass die Ideen … auch objektive Realität haben« [152]. So wird die Schönheit zur »Chiffreschrift« der Natur (151–3).

[34]

Die Natur schreibt der Kunst durch das Genie die Regeln vor – wie der Verstand der Natur ihre Gesetze. Aber diese Regeln sind nicht apriori: »Die Regel muß von der Tat, d.i. vom Produkt abstrahiert werden … Die Ideen des Künstlers erregen ähnliche Ideen seines Lehrlings … Die Muster der schönen Kunst sind … die einzigen Leitungsmittel, diese auf die Nachkommenschaft zu bringen.« ([Kant, *Kritik der Urteilskraft*, § 47] 163[1])

Also: 1. Die Regel der Kunst ist so dem Objekt verhaftet, dass nichts subsumiert werden kann. Kant nennt die Regel dann eine »Idee«, weil es im Grunde so viele »Regeln« gibt als Kunstwerke. 2. Es kann nicht nachgeahmt, sondern nur erweckt werden. Die Muster sind nicht Exempel und doch das einzig Leitende. 3. Die Regel ist nicht apriori, sondern erscheint erst mit dem Gegenstand. – All dies wahr für Urteilen überhaupt. –

Bei Kant ist die Kunst, wiewohl er es nie aussagt, die Vermittlerin zwischen Menschen und Natur. Das Schöne muss wie Natur aussehen in der Kunst und das Naturschöne wie Kunst, hervorgebracht von einem göttlichen Künstler. ([*Kritik der Urteilskraft*,] §45 – S. 159ff.) Ferner gibt sich die Natur als »vernünftige«, menschliche im Genie kund.

[§48] 166: Gegensatz zum Schönen nicht das Hässliche, sondern das Ekelhafte.

Auch verhält sich Urteil und Tat in der Politik genau wie Geschmack und Genie.

Das einzige »Verdienst« des Genies ist der »Mut« ([Kant, *Kritik der Urteilskraft*, §49] 173): Dies seine einzige »Tugend«.

[35]

Ästhetische Idee: Anschauung (der Einbildungskraft) unerreichbar durch die Begriffe des Verstandes.

Vernunftidee: Begriff, den die Anschauung der Einbildungskraft nie erreicht. (Verstand: jeder Begriff durch Anschauung zu exemplifizieren und verifizieren.)

Kants Gebrauch des Wortes ästhetisch: einerseits durchaus auf Anschauung bezogen – αἰσθάνομαι[A], andererseits doch nur auf das Schöne bezogen – als sei eben Schönheit von Haus aus die Grundqualität alles Angeschauten oder Anschaubaren.

[36]

[Kant, *Kritik der Urteilskraft*, §55–60] »Die Dialektik der ästhetischen Urteilskraft«:

p. 196: Die drei Gemeinplätze: 1. »Ein jeder hat seinen eigenen Geschmack.« 2. »Über Geschmack läßt sich nicht disputieren«, weil er nicht auf Begriffen beruht. Aber 3. über den Geschmack

[A] [aisthanomai], ich nehme wahr, ich empfinde

lässt sich streiten, weil »Hoffnung« ist, »untereinander übereinzukommen«.

Danach Aufstellung der Antinomie von 1) und 3) – wobei vergessen wird, dass es eine nicht »notwendige« und nicht »universale« Gültigkeit gibt, die nur Einstimmigkeit »zumutet«, aber nicht erzwingt. Mit anderen Worten, Kant hat die »Anderen« und die erweiterte Denkungsart wieder vergessen.

199: Das Geschmacksurteil gründet sich auf das, »was als das übersinnliche Substrat der Menschheit« [angesehen werden kann], d.i. die Pluralität in uns. –

204: Kant lehnt ab, [dass] ein Anspruch wie der des Geschmacksurteils auf »allgemeine Beistimmung« »grundloser, leerer Wahn« sein könne und (206) »alle Schönheit aus der Welt wegzuleugnen«, indem man das Gute mit dem Schönen identifiziert.

206–7: Die Schönheit der Natur »redet gar sehr das Wort« der Vermutung, dass »ein Zweck zugunsten unserer Einbildungskraft« bei der Schöpfung mitgespielt hat, weil das Sichtbare »gänzlich auf äußere Beschauung abgezweckt zu sein scheint«. Es ist »Gunst, womit wir die Natur aufnehmen, nicht Gunst, die sie uns erzeugt« (210).

212–13: Wie die Maschine Symbol (d.i. Metapher = »Übertragung der Reflexion«) des Despotismus ist, so ist »das Schöne das Symbol des Sittlichen«: In beiden geht es analog zu.

216: Die schöne Kunst: Humanität als »das allgemeine Teilnehmungsgefühl« wie »das Vermögen, sich innigst und allgemein mitteilen zu können«. Dies ist »Geselligkeit«, »wodurch ein Volk ein dauerndes gemeines Wesen ausmacht«, und der Geschmack ist »der allgemeine Menschensinn«.

So wie das Gute der Masstab des Privaten, ist das Schöne der Masstab des Öffentlichen.

[37] *Ende 1957*

Ich seh Dich nur
wie Du am Schreibtisch standest.
Ein Licht fiel voll auf Dein Gesicht.
Das Band der Blicke war so fest gespannt,
als sollt es tragen Dein und mein Gewicht.

Das Band zerriss,
und zwischen uns erstand
ich weiss nicht welches seltsame Geschick,
das man nicht sehen kann, und das im Blick
nicht spricht noch schweigt. Es fand
und sucht ein Lauschen wohl
die Stimme im Gedicht.

Anfang 1958

[38] *1958*

Demokrit.
Ad φρόνησις: Sie erzeugt dreierlei: τὸ εὖ λογίζεσθαι, τὸ εὖ λέγειν καὶ τὸ πράττειν ἃ δεῖ (Frg. B 2)[1]. – Also eine durch und durch praktisch-politische Fähigkeit. – Cf. Aristoteles.

Ad ἔργον: λόγος γὰρ ἔργου σκιή (68 B 145)[2].

'Ονόματα: tönende Bilder – ἀγάλματα φωνήεντα (68 B 142)[3].

Demokrit rät, die τέχνη πολιτική zu lernen, von deren Mühen den Menschen τὰ μεγάλα καὶ λαμπρὰ γίνονται (68 B 157)[4]. Denn: πόλις γὰρ εὖ ἀγομένη μεγίστη ὄρθωσίς ἐστι, καὶ ἐν τούτῳ πάντα ἔνι, καὶ τούτου σῳζομένου πάντα σῴζεται καὶ τούτου διαφθειρομένου τὰ πάντα διαφθείρεται – eine gut verwaltete πόλις ist die grösste ὄρθωσις[A], und in diesem liegt alles beschlossen, und wenn dies gerettet ist, ist alles gerettet, und wenn es zugrunde geht, geht alles zugrunde.

[39]

[Plato,] *Apologie*
Beginn: 17: Gegensatz von ἀληθές – πιθανῶς λέγειν[B]. Und Sokrates sei: δεινὸς ... λέγειν: gewaltig im Reden. Er redet wie auf der ἀγορά, nicht wie vor einem Gerichtshof, vor dem er ungeschickt (ἀτεχνῶς) und ξένως[C] ist.

18: δίκαια[D] λέγειν Aufgabe des δικαστής, Richters, ἀληθῆ λέγειν die Aufgabe des Redners. σκιαμαχεῖν[E]: der Schattenkampf mit dem allmächtigen Gerücht und der öffentlichen Meinung.

19: Die Schatten-Anklage von den πολλοί erhoben.

19/20: Bestreitet ironisch, dass man Menschen erziehen könnte!

20: Er tut etwas anderes als die πολλοί, [seine Weisheit ist] ἀνθρωπίνη σοφία[F].

21: δοκεῖν – εἶναι (à propos weise zu scheinen, sich und Anderen)

22: Konflikt: Die am meisten Gut-scheinenden erschienen Sokrates am wenigsten es zu sein!

22: Fast alle sprechen besser über Gedichte als die, welche sie gemacht haben. Wie die Wahrsager: Sie sagen Schönes, wissen aber nicht, was sie sagen: ἴσασι δὲ οὐδὲν ὧν λέγουσι. Also ist Weisheit: Schönes sagen und wissen, was man sagt?

[A] [orthosis], Lenkung, Leitung
[B] [alethes – pithanos legein], aufrichtig – überzeugend reden
[C] [xenos], wie ein Fremder
[D] [dikaia], Nominativ und Akkusativ Plural Neutrum von δίκαιος [dikaios], gerechte Dinge, Gerechtes, das Gerechte
[E] [skiamachein], mit einem Schatten kämpfen
[F] [anthropine sophia], die menschliche Weisheit

23: Das Missverständnis: Es glaubten die Anwesenden, ich sei weise in der Sache, in der ich eine andere zuschanden machte. Wer weiss, dass er nicht die Wahrheit weiss, ist weise.

24: Sokrates fragt einen der Ankläger, was die Menschen denn besser machte – Antwort: die Gesetze. (Sokrates weicht aus; immerhin kommt Plato auf diese Antwort am Ende seines Lebens zurück!)

26: Anaxagoras – als ob Anaxagoras angeklagt sei (wegen Gottlosigkeit) und nicht Sokrates.

27: ἐναντί᾽ ἐμαυτῷ λέγειν: mir selbst widersprechen. τὰ ἐναντία λέγειν αὐτὸς ἑαυτῷ ἐν τῇ γραφῇ.[1]

27: Grundfrage: Kann man an δαιμόνια glauben, ohne δαίμονες zu glauben – wie: Kann man an ἀνθρώπεια πράγματα glauben, ohne an Menschen zu glauben? Konzentrierung auf die Person. (Sokrates in seiner Beweisführung: πολλὴ ἀνάγκη –!)[2]

28: Wahr ist, dass er bei Vielen verhasst ist. Er wird nicht den Anklägern – Meletos, Anytos, Leuten mit Namen –, sondern der Verleumdung und dem φθόνος τῶν πολλῶν[A] erliegen, sie werden ihn ergreifen (αἱρεῖν).

Wer etwas tut, darf nicht an Leben und Sterben denken!, wenn er auch nur irgend etwas nutze sein soll – ὄφελος. Sofortige Erwähnung Trojas und Achilles', wobei Achill den Tod wählt, um δίκη dem ἀδικῶν entgegenzusetzen und nicht einfach als ἄχθος ἀρούρης – eine Last auf der Erde[3] – zu leben.

Wie im Kriege oder der Schlacht man die Gefahr ausstehen muss – μένοντα κινδυνεύειν – und den Tod nicht in Anschlag bringen darf, wo immer man sich selbst oder ein Anderer einen eingereiht hat (τάξις), so ist Sokrates von dem Gott eingeordnet (θεοῦ τάττοντος!) zu philosophieren, ζῆν und sich und die Anderen auszuforschen (ἐξετάζειν).

Hier also: Das philosophierende Denken lässt weder sich noch die Anderen zur Ruhe kommen. Daraus entsteht die Gefahr für den Philosophen. Im Höhlengleichnis[4] ist es umge-

[A] [phthonos ton pollon], Neid der Vielen

kehrt: Die Vielen lassen den Philosophen nicht in Ruhe. Die Initiative hat gewechselt. Der Philosoph braucht Ruhe, bei Sokrates umgekehrt: Er hat nicht einmal die nötige σχολή für die öffentlichen Angelegenheiten. (23) Daher auch das passim wiederholte: μὴ θορυβεῖτε – macht keinen Tumult.

29: Grund zur Anklage wäre: den Tod fürchten und glauben, weise zu sein, ohne es zu sein. Den Tod nicht fürchten, heisst, eingestehen, dass man ihn nicht kenne! Also: Dass wir nichts vom Tod wissen, ist die Bedingung des Mutes! In dem Wissen um dieses unterscheidet Sokrates sich [von den meisten Menschen]: διαφέρω τῶν πολλῶν ἀνθρώπων.

30: Das Ausfragen und Ausforschen aller ist Sokrates' Meinung nach das grösste ἀγαθόν, das der Polis je widerfahren ist. Denn: Es löst die Vielen wieder in Einzelne auf!, indem es den Schein zerstört, durch den Viele eine Menge werden. Dieser Schein aber ist die δόξα, »gloria« etc.

Alles entsteht aus der Seele = ἀρετή.

Die Athener werden so leicht niemand seinesgleichen wieder bekommen, der er von einem Gott der Stadt beigegeben ist, die ihrer Grösse (μέγεθος) wegen eines Sporns bedarf. (Weil es οἱ πολλοί gibt, bedarf es eines Sokrates.)

31: Immer wieder: οὐδὲν παύομαι[A]: das Rast- und Ruhelose des Denkens. Es macht die Athener ärgerlich, wie wenn man einen Schlafenden dauernd weckt und wachzuhalten sucht. Was sie wollen, ist, ihr Leben verschlafen.

Immer wieder: ἕκαστος – ist es, an den er sich wendet! ἰδίᾳ ἑκάστῳ προσιέναι.[B] Mit den Einzelnen πολυ-πραγμονεῖν[C]!, damals schon im pejorativen Sinne gebraucht.

Es scheint ἄτοπον, dass er ἰδίᾳ πολυπράγμων ist, aber zu τὸ πλῆθος nicht wagt zu gehen, um mit der πόλις mitzuberaten. (Das ἄτοπον! wegen ἰδίᾳ συμβουλεύειν und πολυπραγμονεύειν.[5])

[A] [uden pauomai], ich höre keineswegs auf damit

[B] [idia hekasto prosienai], ich wende mich an jeden einzelnen

[C] [polypragmonein], Streit anfangen (eigentlich: geschäftig sein]

Die Stimme, die abredet, wenn er etwas tun (πράττειν) will, aber nie zuredet. Und sie redet ab, πράττειν τὰ πολιτικά[A]. Hätte er sich widersetzt, wäre er längst tot. 32: Denn kein Mensch kann am Leben bleiben, der sich gegen τὸ πλῆθος setzt (ἐναντιοῦσθαι); er muss daher ἰδιωτεύειν[B] und darf nicht δημοσιεύειν[C].

32: Eigentlich die ganze Rede darauf konzentriert, den Athenern zu beweisen, dass er sich um den Tod nicht kümmere.

33: Leugnet, Schüler zu haben oder ein Lehrer zu sein; betont wiederholt gegen die Anklage, dass er mit Älteren wie Jüngeren gesprochen habe. Cf. Beginn: 19: Wenn es überhaupt einem möglich ist, Menschen zu erziehen! Sein Geschäft ist: διαλέγεσθαι. Ob die Leute besser oder schlechter werden, davon ist er nicht die αἰτία.

35: Angenommen ist: Sokrates διαφέρει τινὶ τῶν πολλῶν ἀνθρώπων[D] – immer: Sokrates und die Vielen, nicht: Sokrates und die Anderen!

35: Die sich vor dem Tod fürchten, betragen sich, ὥσπερ ἀθανάτων ἐσομένων – als seien sie unsterblich[E].

36: Ruhelosigkeit: ἐν τῷ βίῳ οὐχ ἡσυχίαν ἦγον[6], und unbekümmert um die Sorgen der πολλοί.

Man soll sich bekümmern um sich selbst, ehe man sich um seine Angelegenheiten bekümmert, und um die πόλις eher, als um die Angelegenheiten der πόλις – μήτε τῶν τῆς πόλεως, πρὶν αὐτῆς πόλεως –, wobei die πόλις selbst offenbar die Menschen sind!

δοκεῖν εἶναι: Dies der Inhalt der Sokratischen Lehre.

37: Sich selbst nicht unrecht tun!, wie man Anderen nicht unrecht tut!

[A] [prattein ta politika], sich an Staatsgeschäften beteiligen

[B] [idioteuein], sich ins Private zurückziehen

[C] [demosieuein], öffentlich auftreten

[D] [diapherei tini ton pollon anthropon], er zeichnet sich vor vielen Menschen durch etwas aus

[E] wörtlich: als würden sie ewig leben

Unmöglich für Sokrates: ἡσυχίαν ἄγειν[A].

38: Ohne λόγους ποιεῖν und διαλέγειν und Andere und sich selbst Erforschen, ist [für den Menschen] nicht zu leben – βίος οὐ βιωτὸς ἀνθρώπῳ.

39: Weder im Kriege noch vor Gericht, weder für mich noch für irgendeinen Anderen ist es recht, alles zu ersinnen, um nur dem Tode zu entgehen.

Mit Sokrates, so glauben sie, stirbt τὸ διδόναι ἔλεγχον τοῦ βίου – das Rechenschaft-geben über das Leben.

39–40: Etwas gehobener: διαμυθολογεῖν[B] für διαλέγειν.

40: (Tod = traumloser Schlaf: Selbst der große König würde eine solche Nacht allen Tagen und Nächten des Lebens vorziehen!)

41: Die Seligkeit in der Unterwelt: διαλέγειν, συνεῖναι, ἐξετάζειν[C]. – Also Unterweisung, um die Bürger besser zu machen!!

[40]

[Plato,] *Crito:*

48: ζῆν und εὖ ζῆν! – εὖ ζῆν, nicht ζῆν, muss am höchsten eingeschätzt werden.

49: Man darf auf keine Weise ἀδικεῖν, auch nicht ἀνταδικεῖν[D]. Zwischen denen, die hierin verschiedener Meinung sind, gibt es keine κοινὴ βουλή[E].

50: οἱ νόμοι καὶ τὸ κοινὸν τῆς πόλεως – sagen Sokrates, er sei ihr ἔκγονος καὶ δοῦλος.[1]

[A] [hesychian agein], Ruhe geben, schweigen

[B] [diamythologein], sich vertraulich unterhalten, sich besprechen

[C] [dialegein, syneinai, exetazein], (mit den dort anwesenden Männern und Frauen) sprechen, umgehen, sie ausforschen (Übers. in Anlehnung an Schleiermacher)

[D] [ant-adikein], angetanes Unrecht durch Unrechttun rächen

[E] [koine bule], sinngemäß: politische Gemeinsamkeit

51: πατρὶς καὶ νόμοι[A]: wie πατὴρ καὶ δεσπότης[B]. Man darf nicht βία anwenden, nur πείθειν.

53: Die Zusammengehörigkeit von πόλις und νόμος: Wem könnte eine Stadt gefallen ohne (ihre) Gesetze?

54: Eine Apologie im Hades vorgesehen! Wo es auch Gesetze gibt, die »Brüder« der Gesetze in der Menschenwelt!

[41]

Sokrates: Er hebt sich ab von den πολλοί auf der einen Seite und den σοφοί auf der anderen! Das ist seine und nur seine Position. Die Vielen beruhigen sich mit dem Anschein und der Meinung, die Weisen beruhigen sich mit dem Sein und der Wahrheit; nur Sokrates kann keine Ruhe geben, weil er denkt und das Denken resultatlos ist. Cf. *Euthyphron* – 6: Euthyphron ist gegen die πολλοί, nicht Sokrates.

[Motto: »Tausend Taten der Urväter ausschmückend bildet sie (die Dichtkunst) die Nachkommen« – μυρία τῶν παλαιῶν ἔργα κοσμοῦσα τοὺς ἐπιγενομένους παιδεύει (*Phaidros*, 245).[1]][C]

[42]

Ad »common sense«: Whitehead[1] sagt mit Recht: »Science is rooted in the whole apparatus of common sense« und muss »ultimately satisfy it«. Dies aber heisst nur: Wissenschaft geht aus von »common sense and the given groundwork of immediate experiences«, um beides sofort zu verlassen und dahin vorzudringen, wohin gerade der »common sense« einer gegebenen Epoche nicht folgen kann. Sind Resultate erst einmal akzeptiert,

[A] [patris kai nomoi], vaterländische Erde und Gesetze
[B] [pater kai despotes], Vater und Hausherr
[C] eckige Klammer von H. A.

so ändert sich der »common sense«, aber nicht die »immediate experience«, und so kehrt die Wissenschaft in der Tat in ihn zurück.

Politisches Denken ist das Einzige, was sich im »common sense« bewegen muss, also nicht nur in ihm gründet und dann in eine andere Dimension wächst. Es verbleibt ständig in der gemeinsamen Welt.

Die Utopie ist die Form, in der wissenschaftliches Denken in die Politik eindringt. Darum ist sie so zerstörerisch.

Dagegen ist das philosophische Denken zu setzen: Es greift über den »common sense« hinaus, weil es immer bis zu einem gewissen Grade die Sphäre des Miteinander verlässt, was das wissenschaftliche Denken nie tut. Das wissenschaftliche Denken etabliert ein anderes Miteinander, das eines Tages dann das normale Miteinander des Alltäglichen wird.

Das Prädikament des Politischen ist, dass es immer im Miteinander und im Hier und Jetzt verbleiben muss, weder in die philosophische Einsamkeit fallen darf, noch in die wissenschaftliche Zukunft.

[43]

Ad Kafka, »Forschungen eines Hundes«:[1]

Die grösste und grässlichste Gefahr für das Denken der Menschen ist, dass das Gedachte eines Tages durch die Entdeckung irgendeiner bis dahin unbekannt gebliebenen Tatsache vollkommen erledigt wird. Nehmen wir z.B. an, es könnte eines Tages gelingen, die Menschen unsterblich zu machen, so würde alles Gedachte, das sich am Tod entzündete, mitsamt seiner Tiefe einfach lächerlich werden – es beruhte nicht auf dem sokratischen Nichtwissen, sondern auf einem korrigierbaren Irrtum. Es wäre durchaus möglich zu sagen, dass dieser Preis für die Abschaffung des Todes zu hoch ist.

[44]

Amerika: Dollar bills 1776: »novus ordo seclorum« von: »magnus ab integro saeclorum nascitur ordo«.[1]

John Adams, 1765: »I always consider the settlement of America as the opening of a grand scheme and design in Providence for the illumination and emancipation of the slavish part of mankind all over the earth.«[2]

[45]

Das ἄρρητον[A] der absoluten Wahrheit bei Plato entspricht durchaus der Bildnislosigkeit des jüdischen Gottes. Die Griechen gehen von dem Vorrang des Sehens vor allen Sinnen, die Juden von dem Vorrang des Hörens aus. Die gesehene Wahrheit ist so wenig absolut adäquat in Worte zu fassen wie das gesehene Haus. Das gleiche gilt für das gehörte Wort, es ist unübertragbar in ein Bildnis. So korrumpiert bei den Griechen der λόγος die Wahrheit und bei den Hebräern das Bildnis.

[46]

Sokrates will, was nur für die Wenigen ist, unter die Vielen bringen – er ist διδασκαλικός, lehrlustig: *Euthyphron*, 3. Seine Gefahr ist, dass er sich nicht rar macht, wie es sich für einen Philosophen gehört.

[47]

Erscheinen: Alles Aussen ist, weil es erscheint, das Innere, ich selbst, aber Sein für mich, ohne doch vor mir oder mir zu er-

[A] [to arrheton], das Ungesagte, das Unsagbare

Ad <u>Kafka</u>, Die Forschungen eines Hundes:

Die grösste und peinlichste Gefahr für das Denken der Menschen ist, dass das Gedachte eines Tages durch die Entdeckung irgendeiner bis dahin unbekannt gebliebenen Tatsache vollkommen erledigt wird. Nehmen wir z. B. an, es könnte eines Tages gelingen, die Menschen unsterblich zu machen, so würde alles Gedachte das sich am Tod entzündet und trotz all seiner Tiefe einfach lächerlich werden — — es beruhte nicht auf dem schrecklichen Nicht-Wissen, sondern auf einem korrigierbaren Irrtum. Es wäre dann kaum möglich zu sagen, dass dieser Preis für die Abschaffung des Todes zu hoch ist.

scheinen. Ich fühle mich. Dies nicht erscheinende Sein, das ich für mich selbst bin, diente als Modell für Sein im Gegensatz zum Schein. Gegen dieses Sichfühlen und seine Evidenz ist alle Erscheinung blosser Schein.

[48]

Ad Ideen: *Euthyphron* (Plato):

ἰδέα oder εἶδος: 1) Dasjenige, was sich identisch durchhält durch das Viele – 5.

2) Dasjenige, wodurch man bestimmen kann, indem man es als παράδειγμα benutzt. ἀποβλέπειν[A] – 6.

Sokrates' Methode: ἐπισκεψώμεθα τί λέγομεν – lass uns betrachten, was wir sagen: geht immer vom λόγος als dem Gesprochenen aus – 7. Es geht um das εὖ λέγειν[B] – 9: σκεπτέον τί λέγει ὁ λέγων.[1] Aus dem Folgenden erhellt: Die Ideen sollen helfen, das Heilige und Unheilige zu bestimmen, wie die Rechnung des Kleinen und Grösseren, das Mass des Schweren und Leichten etc. Idee = μέτρον oder λογισμός.

[49]

Ganz vertraut dem Unvertrauten,
Nah dem Fremden,
Da dem Fernen,
Leg' ich meine Hände in die Deinen.

[A] [apoblepein], anschauen, auf etwas hinblicken
[B] [eu legein], gut sagen

[50]

Humboldt, »Über die Aufgabe des Geschichtsschreibers« (1821).[1]
»Common sense«: Was Humboldt den Sinn für die Wirklichkeit nennt, und zwar sowohl der Sinn, durch den wir Wirklichkeit qua Wirkliches erfassen, als derjenige, durch den wir uns im Wirklichen orientieren.

Ebenda: »Die Weltgeschichte ist nicht ohne eine Weltregierung verständlich.«

Juni 1958

[51] *Zürich, Juni 1958.*[A]

Gegen das Platonische: »Amicus Socrates, amicus Plato, sed magis aestimanda veritas«[1] steht das Ciceronische: Lieber mit Plato unrecht haben als mit diesen Leuten die Wahrheit[2] – dies ist das politische Prinzip, in dem es auf die Person ankommt.

[A] zu Hannah Arendts fünfter Europareise (Mai bis Juli 1958) siehe im Anmerkungsteil S. 1085 f.

Heft XXIII

August 1958 bis Januar 1961

Heft XXIII

August 1958

[1] *Palenville*[A], *Aug. 1958.*

Stürzet ein ihr Horizonte,
Lasst das fremde Licht herein;
Ach, die Erde, die besonnte
Will des Alls gewärtig sein,
Das aus instrumentnen Weiten
Sich in Apparaten fängt
Und die irdischen Gezeiten
Donnernd auseinandersprengt.

[2]

Goethe –
»Aus Morgenduft gewebt und Sonnenklarheit,
Der Dichtung Schleier aus der Hand der Wahrheit.«[1]

[3]

J. Burckhardt: »Überall im Studium mag man mit den Anfängen beginnen, nur bei der Geschichte nicht.« (*Weltgeschichtliche Betrachtungen*, Kröner, p. 7[1])

[A] siehe im Anmerkungsteil S. 977

[4]

Wahrheit: Wir können Sinneswahrnehmungen nicht ineinander übersetzen: Das Gehörte lässt sich nicht (im Bild) für das Auge, das Gesehene nicht (im Wort) für das Ohr adäquat darstellen. Wo daher Wahrheit als etwas Gesehenes primär erfahren ist – bei den Griechen im εἶδος –, muss sie ἄῤῥητος, unsagbar, werden; wo sie primär als etwas Gehörtes erfahren wird – bei den Juden als Wort Gottes –, muss ihre bildliche Darstellung verboten werden. Die Unübersetzbarkeit erklärt, warum wir Wahrheit so leicht als etwas Übersinnliches ansetzen – eigentlich nur, weil wir eines Sinnes ermangeln, der zwischen unsern fünf Sinnen vermitteln könnte. Denn ein solcher Sinn ist weder der ξυνὸς λόγος des Heraklit, noch der Gemeinsinn, noch die Vernunft. All dieses vermittelt nur zwischen den subjektiven Sinneswahrnehmungen und der gemeinsamen, im Plural erfahrenen Welt. Es ist der Realitätssinn, nicht der Wahrheitssinn. Aus ihm entsteht das Allgemeine – der Baum, durch den wir uns über die Vielheit verschiedener Bäume verständigen können. Das Allgemeine gerade indiziert das κοινόν als Gemeinsames: Ganz egal, wie ein Baum für Dich aussieht, Du verstehst darunter das gleiche wie ich, nämlich im Allgemeinen. Das heisst aber nicht, dass ich mit Worten, Hörbarem, einen Baum je ausreichend beschreiben könnte.

Nun kann man natürlich auch innerhalb des gleichen Sinnes nie adäquat transponieren: Ein Musikstück kann in Worten nicht wiedergegeben, ein Gedicht nicht in Prosa aufgelöst werden. Aber dies ist ein ganz anderes Problem, beziehungsweise gar keines, weil hier kein echtes Bedürfnis vorliegt: Die Möglichkeit des Repetierens genügt, wie die Möglichkeit der Kopie bei visuellen Gegenständen.

[5]

Geschichte: Nur eine Begebenheit hat Anfang und Ende, die Geschichte gerade nicht. Sollte aber die Geschichte der Menschheit je zu einem Ende kommen, so nur durch die Vernichtung der Menschheit. Dann wird die geschichtliche Existenz der Menschen auf der Erde zu einer Begebenheit, deren Anfang man ermitteln könnte, weil man ihr Ende kennt.

Das aber heisst: Solange man lebt, bleibt man ausserhalb der Geschichte, weil die Begebenheit, die man selbst ist, noch nicht an ihr Ende gekommen ist. Nur was zu Ende ist, ist geschichtswürdig. Der Tote aber verschwindet von der Erde, nicht aus der Geschichte, sofern er nämlich sich selbst hinterlassen hat.

Geschichte ist der Zeit-Raum, den die Menschen durch ἀθανατίζειν bilden. Sein Kriterion ist Unsterblichkeit – nicht Ewigkeit.

[6]

Kant, *Anthropologie [in pragmatischer Hinsicht]*, ed. Cassirer.[1]

§6: Unterscheidet ausdrücklich den Gemeinsinn als »sensus communis« von dem gemeinen Sinn als »sensus vulgaris«.

§10: »Sensus communis«: »gemeiner Menschensinn«, der dem »gemeinen Volk« entspricht, [da]gegen der »Pöbel« (dem der »sensus vulgaris« entspricht).

§41: »der gesunde (fürs Haus hinreichende) Verstand«.

§53: »Das einzige allgemeine Merkmal der Verrücktheit ist der Verlust des Gemeinsinnes (sensus communis), und der dagegen eintretende logische Eigensinn (sensus privatus), z.B. ein Mensch, ... hört eine Stimme, die kein anderer hört. Denn es ist ein subjektiv-notwendiger Probierstein der Richtigkeit unserer Urteile überhaupt und also auch der Gesundheit unseres Verstandes: daß wir diesen auch an den Verstand anderer halten, nicht aber uns mit dem unsrigen isolieren und mit unserer Privatvorstellung doch gleichsam öffentlich urteilen. Daher das

Verbot der Bücher, die bloß an theoretische Meinungen gestellet sind, ... die Menschheit beleidigt. Denn man nimmt uns ja dadurch, wo nicht das einzige, doch das größte und brauchbarste Mittel, unsere eigenen Gedanken zu berichtigen, welches dadurch geschieht, daß wir sie öffentlich aufstellen, um zu sehen, ob sie auch mit anderer ihrem Verstande zusammenpassen ...« Die »äußere Gewalt, welche die Freiheit, seine Gedanken öffentlich mitzuteilen, den Menschen entreißt, [nimmt] ihnen auch die Freiheit zu denken ...«[A]

§ 104: »Unter dem Wort Volk (populus) versteht man die in einem Landstrich vereinigte Menge Menschen, insofern sie ein Ganzes ausmacht. Diejenige Menge ..., (welche) sich durch gemeinschaftliche Abstammung für vereinigt zu einem bürgerlichen Ganzen erkennt, heißt Nation (gens); der Teil, der sich von diesen Gesetzen ausnimmt (die wilde Menge in diesem Volk), heißt Pöbel (vulgus) ...«

§ 8: Titel: Apologie für die Sinnlichkeit.

§ 9: »die abstrakten Begriffe (des Verstandes) [sind] oft nur schimmernde Armseligkeiten«.

§ 10: »Die Sinne gebieten nicht über den Verstand ... Daß sie ihre Wichtigkeit nicht verkannt wissen wollen, die ihnen vornehmlich in dem zukommt, was man den gemeinen Menschensinn (sensus communis) nennt, kann ihnen nicht für Anmaßung über den Verstand herrschen zu wollen angerechnet werden ... Die Sinne ... sind, wie das gemeine Volk, welches, wenn es nicht Pöbel ist, seinem Obern, dem Verstande, sich zwar gern unterwirft, aber doch gehört werden will.«

§ 11: »Die Sinne betrügen nicht.«

§ 14: »Mit Gewalt ist wider die Sinnlichkeit in den Neigungen nichts ausgerichtet, man muß sie überlisten ...«

§ 15: »Die Sinnlichkeit im Erkenntnisvermögen ... enthält zwei Stücke: den Sinn und die Einbildungskraft.«

§ 24: »Der innere Sinn ist nicht die reine Apperzeption, ein

[A] dieses letzte Zitat[2] wurde später mit Sternchen eingefügt

Bewußtsein dessen, was der Mensch tut, denn dieses gehört zum Deutungsvermögen, sondern was er leidet ... [Seine] Verstimmung ... kann nicht füglicher als durch vernünftige Vorstellungen ... gehoben werden. Der Hang in sich selbst gekehrt zu sein kann samt den daher kommenden Täuschungen des innren Sinnes nur dadurch in Ordnung gebracht werden, daß der Mensch in die äußere Welt und hiemit in die Ordnung der Dinge, die den äußeren Sinnen vorliegen, zurückgeführt wird.«

§ 39: »Denken ist reden mit sich selbst ..., folglich sich auch innerlich ... hören.«

§ 40: »Vornehmer ist also zwar freilich der Verstand als die Sinnlichkeit, aber die letztere ist notwendiger und unentbehrlicher. Ist doch die Sinnlichkeit ... so wie ein Volk ohne Oberhaupt; statt dessen ein Oberhaupt ohne Volk (Verstand ohne Sinnlichkeit) garnichts vermag.«

§ 42: »Die Urteilskraft (iudicium) kann nicht belehrt, sondern nur geübt werden; daher [sie] ... derjenige Verstand heißt, der nicht vor Jahren kommt.«

§ 43: Urteilskraft: »das Vermögen das Besondere ... aufzufinden ... Vernunft kann man auch durch das Vermögen nach Grundsätzen zu urteilen und zu handeln erklären ...«

»Subalterne müssen nicht vernünfteln (räsonieren), weil ihnen das Prinzip, wornach gehandelt werden soll, oft verhehlt werden muß ...«

»Weisheit ... ist wohl zu viel von Menschen gefordert ... [Aber man gelangt zu ihr durch drei Maximen]: 1) Selbstdenken, 2) sich (in der Mitteilung mit Menschen) an die Stelle des anderen zu denken, 3) jederzeit mit sich selbst einstimmig zu denken.«

§ 59: »Was will ich [als wahr behaupten]? (frägt der Verstand).
Worauf kommt's an? (frägt die Urteilskraft).
Was kommt heraus? (frägt die Vernunft).«

§ 60: Lust und Schmerz: kein »Gegenteil«, sondern ein »Widerspiel«.

»Der Schmerz ist der Stachel der Tätigkeit, und in dieser fühlen wir allererst unser Leben.« – Also ist »contemplatio«, das Aufhören aller Tätigkeit inklusive der des Denkens, der Zustand der »Leblosigkeit« – der Tod und die Philosophen; bei Kant: »die Last, die ursprünglich im Leben überhaupt zu liegen scheint«[3]: die Lebensfeindlichkeit der Philosophie: Das Leben ist eine Last.

Die Lebensfeindlichkeit der Welt: Ich nehme das Leben in die Welt mit, aber nicht mehr als Last, sondern nur noch als im Tätigsein gefühltes.

§61: »Sein Leben fühlen, sich vergnügen, ist also nichts anderes als: sich kontinuierlich getrieben fühlen, aus dem gegenwärtigen Zustand herauszugehen«!! Denn »Zufriedenheit (acquiescentia) während dem Leben ... ist dem Menschen unerreichbar«.

§67: Geschmack: »setzt einen gesellschaftlichen Zustand ... voraus«, dazu gestrichene Lesart: »Geschmack bezieht sich auf Gesellschaft und Mitteilung mit Andern, ohne dieses wäre es bloß Wahl für den Appetit.« »Geschmack ist das Vermögen der ästhetischen Urteilskraft, allgemeingültig zu wählen.«

»Er [der Geschmack, Hrsg.] ist also ein Vermögen der gesellschaftlichen Beurteilung äußerer Gegenstände in der Einbildungskraft. – Hier fühlt das Gemüt seine Freiheit im Spiele der Einbildungen (also der Sinnlichkeit); denn die Sozialität mit andern Menschen setzt Freiheit voraus ...«

»Schönheit ist allein das, was für den Geschmack gehört; das Erhabene gehört zwar auch zur ästhetischen Beurteilung, aber nicht für den Geschmack.«

Anmerkung [zu §67, Hrsg.]: »Wie mag es doch gekommen sein, daß vornehmlich die neueren Sprachen das ästhetische Beurteilungsvermögen mit einem Ausdruck ..., der bloß auf ein gewisses Sinnenwerkzeug (das Innere des Mundes) ... hinweiset, bezeichnet haben? – Es ist keine Lage, wo Sinnlichkeit und Verstand in einem Genusse vereinigt so lange fortgesetzt und so oft mit Wohlgefallen wiederholt werden können, – als eine gute Mahlzeit in guter Gesellschaft. ... Der ästhetische Geschmack des Wirtes zeigt sich nun in der Geschicklichkeit, allgemeingültig zu wählen; welches er aber durch seinen eigenen Sinn nicht bewerkstelligen kann: weil seine Gäste sich vielleicht andere

§ 39. "Denken ist reden mit sich selbst
... folglich sich auch innerlich ... hören."
§ 40. "Vornehmer ist also zwar freilich der
Verstand als die Sinnlichkeit, aber die letztere
ist notwendiger u. unentbehrlicher. Ist
diese die Sinnlichkeit ... so wie ein Volk
ohne Oberhaupt, statt dessen ein Oberhaupt ohne Volk (Verstand ohne Sinnlichkeit)
gar nichts vermag."
§ 41. "Die Urteilskraft (judicium)
kann nicht belehrt, sondern nur geübt
werden. Daher (sic) ... derjenige Verstand
heisst, der nicht verfehlen kann."
§ 43: Urteilskraft: "das Vermögen des Besonderen ... aufzufinden ..." Vernunft
kann man auch "durch das Vermögen
nach Grundsätzen zu urteilen u. zu
handeln erklären." ...
"Untergebene müssen nicht vernünfteln
(räsonnieren), weil ihnen das Prinzip,
wornach gehandelt werden soll, oft
verhehlt werden muss ..."

Speisen oder Getränke, jeder nach seinem Privatsinn, auswählen würden. [Er erzielt durch Mannigfaltigkeit]... eine komparative Allgemeingültigkeit... Und so hat das Organgefühl durch einen besondern Sinn den Namen für ein ideales, nämlich einer sinnlich-allgemeingültigen Wahl überhaupt, hergeben können« – nämlich im Allerindividuellsten noch etwas Gemeinsames antreffen zu können.

§ 69: »Der Geschmack ... geht auf Mitteilung seines Gefühles der Lust oder Unlust an andere und enthält ... ein Wohlgefallen (...), daran gemeinschaftlich mit anderen (gesellschaftlich) zu empfinden ... [man könnte] den Geschmack Moralität in der äußeren Erscheinung nennen ...«[A]

§ 71: »Die Poesie gewinnt ... den Preis ... über jede andere schöne Kunst ..., selbst über die Musik.«

§ 88: Humanität: »Vereinigung des [geselligen] Wohllebens mit der Tugend« (wieder als Beispiel: »eine gute Mahlzeit in guter Gesellschaft«!)

Fußnote [in § 88, Hrsg.]: »Denn der Philosophierende muß seine Gedanken fortdauernd bei sich herumtragen ... [während der Gelehrte] ... den folgenden Tag die Arbeit von da fortsetzen [kann], wo er sie gelassen hatte.«

§ 106: »Das Problem, den Charakter der Menschengattung anzugeben, [ist] schlechterdings unauflöslich; weil die Auflösung durch Vergleichung zweier Spezies vernünftiger Wesen durch Erfahrung angestellt sein müßte, welche die letztere uns nicht darbietet.«

Definiert den Menschen als »zu perfektionieren« und sieht das Charakteristische der Gattung in der »Zwietracht«.

§ 109: Freiheit – Gesetz und Gewalt –, ohne welche die Prinzipien Freiheit und Gesetz keinen »Erfolg« haben. Und definiert so die »Staatsformen«:

1. Anarchie = Gesetz und Freiheit ohne Gewalt.
2. Despotism = Gesetz und Gewalt ohne Freiheit.

[A] die beiden letzten Zeilen hat H. A. durch Anstreichung am Rand markiert

3. Barbarei = Gewalt ohne Gesetz und Freiheit.
4. Republik = Gewalt mit Gesetz und Freiheit.

[7]

Simone Weil, *La Source grecque*, 1953: »Dieu dans Platon«:[1] Abgesehen von der verrückten »obsession«, überall die heilige Dreieinigkeit zu sehen und alles mit drei zu multiplizieren – zwei richtige Erkenntnisse: 1. »le jugement n'est pas autre chose que l'expression de ce que chacun est en réalité! Non pas une appréciation de ce qu'il a fait, mais la constation de ce qu'il est. Les mauvaises actions ne comptent que par les cicatrices qu'elles laissent dans l'âme.« 2. »L'image de la nudité liée à celle de la mort.« Siehe *Phaidon*, 64a–67d: die Seele: »allein mit sich selbst« = denken![2]

Dies ausschlaggebend für das Problem von Erscheinung und Schein. Denn allein und mit sich selbst heisst natürlich: ohne Anderen zu erscheinen.

[8]

Ad Philosophie Jaspers: »Das Letzte des Denkens wie der Communication ist Schweigen.« (*Vernunft und Existenz*, 74[1]) »Vernunft ... ist ... die sanfte Gewalt, die allem, und selbst der Gewalt, Grenze und Mass setzt.« (*Atombombe*, 254[2])

[9]

Churchill, *Great Contemporaries*. – »Courage is rightly esteemed the first of human qualities, because ... it is the quality which guarantees all others.«[1]

[10]

»Das Geschick fährt in einem goldenen Wagen. Was durch die Räder nieder gedrückt wird, daran liegt nichts. Wenn auf einen Mann ein Felsen fällt oder der Blitz ihn tötet, und wenn er nun das alles nicht mehr wirken kann, was er sonst gewirkt hätte, so wird es ein anderer tun. Wenn ein Volk dahin geht, und zerstreut wird, und das nicht erreichen kann, was es sonst erreicht hätte, so wird ein anderes Volk ein Mehreres erreichen. Und wenn ganze Ströme von Völkern dahin gegangen sind, die Unsägliches und Unzähliges getragen haben, so werden wieder neue Ströme kommen, und Unsägliches und Unzähliges tragen, und wieder neue, und wieder neue, und kein sterblicher Mensch kann sagen, wann das enden wird. Und wenn du deinem Herzen wehe getan hast, daß es zucket und vergehen will, oder daß es sich ermannt und größer wird, so kümmert sich die Allheit nicht darum, und dränget ihrem Ziele zu, das die Herrlichkeit ist. Du aber hättest es vermeiden können, oder kannst es ändern, und die Änderung wird dir vergolten; denn es entsteht nun das Außerordentliche daraus.«

Stifter, *Mappe meines Urgroßvaters*. Letzte Fassung.
Letzter Absatz des I. Bandes.[1]

»Es entstand nun ein Erstaunen über den Mann, und es erhob sich eine Lobpreisung desselben. Er aber lag schon lange unter der Erde.«

Stifter, ebenda.[2]

Oktober 1958

[11] *Okt. 1958. New York.*

Meister Eckhart:
»Denn Sterben, eigentlich gesprochen, ist nichts anderes als ein Entwerden von allem Was.«

»Das ist die größte Ehre, die die Seele Gott antun kann, daß sie ihn sich selber überlasse und sie seiner ledig stehe.«

Vom Gottesreich, ed. Büttner,
Diederichs, II, 202.[1]

[12]

Quoted by John Adams:
»Heav'n's Sov'reign saves all beings but himself,
That hideous sight, a naked human heart.«

Night Thoughts, Narcissus[1]

1959

[13] *Princeton*[A], *1959.*

Der Sturz im Flug gefangen –
Der Stürzende, er fliegt.
Dann öffnen sich die Gründe,
Das Dunkle steigt ans Licht.

[A] siehe im Anmerkungsteil S. 1089

Herbst 1960

[14] *New York, Herbst 1960*

[Plato], *Hippias Maior* –
Siehe Dorothy Tarrant, *The Hippias Major, Attributed to Plato*, 1928, Cambridge. (Attributed to a pupil at the Academy.)[1]

281: Ἱππίας ὁ καλός τε καὶ σοφός ... τῇ ἀληθείᾳ σοφόν ... εἶναι.[2]

Erste Frage 281 C: Warum haben die Alten, die man die Grössten in Bezug auf σοφία nannte, sich zumeist von Politik zurückgehalten? Hippias: Weil sie es an φρόνησις fehlen liessen.

Dann: Frage der Sophisten und das Für-Geld-Unterrichten.

283 B: Vielen scheint es, dass der σοφός vor allem für sich selbst σοφός sein müsse.

284 E: Hippias hat die Verachtung für οἱ πολλοί. Cf. auch später: Sokrates »ungebildet« – ἀπαίδευτος, 288 D, willens, mit Unwissenden aus dem Volk zu reden etc. 288 D sq.

286 C: Da ist einer (τις), der mich in die ἀπορία[A] in den Reden wirft, der mich immer fragt – τις ... εἰς ἀπορίαν με κατέβαλεν ἐν λόγοις[3]. Deutlich, dass er das selbst ist; statt des ἐμαυτῷ λέγειν: ἐμαυτῷ ὠργιζόμην καὶ ὠνείδιζον[4]. – Cf. 298.

Sokrates, 287 A: Seine eigene Methode nennt er: ἀντιλαμβάνεσθαι τῶν λόγων[5].

287 E: Er frage nicht: Was ist schön?, sondern: Was ist das Schöne?

288 D: Der ἀπαίδευτος, der den Sokrates in die Aporia führt: Τοιοῦτός τις ... οὐ κομψός [elegant and witty[B]], ἀλλὰ συρφετός [einer, der zu dem Mob gehört!], οὐδὲν ἄλλο φροντίζων ἢ τὸ ἀληθές.[6] Ganz »unplatonisch«! Gegensatz: die Gebildeten, denen es nicht um Wahrheit geht, versus die Ungebildeten; die

[A] [aporia], Mangel; Ratlosigkeit

[B] für κομψός [kompsos] vermerkt H. A. hier auf Englisch die beiden Bedeutungen: fein, vornehm und witzig, geistreich.

σοφοί = σοφισταί[A] gegen die, welche nur φροντίζουσιν τὸ ἀληθές!

290 A: Hippias sagt: Τὸ γὰρ ὀρθῶς λεγόμενον ἀνάγκη αὐτῷ ἀποδέχεσθαι, ἢ μὴ ἀποδεχομένῳ καταγελάστῳ εἶναι – das richtig Gesagte muss man notwendigerweise akzeptieren, oder wenn man es nicht akzeptiert, ausgelacht werden. Ist dies auch Sokrates' Meinung? Offenbar; denn: 304 A: οὐ γάρ που θέμις τῷ ὀρθῶς λέγοντι μὴ συγχωρεῖν! – es ist gegen θέμις[B], dem, der richtig sagt, nicht (einzuräumen) zuzustimmen. Hier ist ἀνάγκη durch θέμις ersetzt!

292 E: Das Schöne ist: ὃ πᾶσι καλὸν καὶ ἀεί ἐστι[7].

294: Die Aporie entsteht durch Sein – Scheinen: Kann man etwas schöner scheinen machen, als es ist? Der das tut, lässt es nicht scheinen, wie es ist: καλλίω γὰρ ποιεῖ φαίνεσθαι ἢ ἔστιν, ὡς ὁ σὸς λόγος, οἷα δ' ἔστιν οὐκ ἐᾷ φαίνεσθαι.[8] Danach entstünde das Schöne, wenn man scheinen lässt, und nicht, wenn man scheinen macht. Aber dies nur wie nebenbei; der Dialog geht weiter.

Hippias gibt offenbar die öffentliche Meinung wieder[C]: Im Politischen ist τὸ δυνατὸν εἶναι das Schönste, τὸ ἀδύνατον aber das αἴσχιστον. 296 A.[9]

Dialog: Das Schöne, wenn es das Gute oder das Nützliche zur Ursache hat, kann offenbar nicht das Gute oder das Nützliche sein. Dass aber gut und schön nicht zusammenfallen, das ist eine Rede, die Sokrates wie Hippias von allen gehaltenen Reden am wenigsten befriedigt. 297 C. Daher sagt Sokrates: Ich weiss nicht mehr, wohin ich mich wenden soll, sondern ἀπορῶ[D]. 297 D.

[A] [sophistai], Nominativ Plural von σοφιστής [sophistes], Sophist
[B] [themis], die (von Gott gesetzte) heilige Ordnung
[C] Im Original: Hippias offenbar öffentliche Meinung
[D] [aporo], ich bin ratlos

Danach noch wie ein »afterthought«[A], das Schöne definiert als τὸ δι' ἀκοῆς τε καὶ ὄψεως ἡδύ[10] – nämlich im Gegensatz zu den anderen Sinnen. 298 A. Woraufhin nur noch die Frage der Stellung Sokrates' zu sich selbst erörtert wird: Er schäme sich am meisten vor diesem anderen τις, der auch Sokrates ist, wenn er sagt, was er nicht hätte sagen sollen, etc. 298 B. Danach die ergebnislose Diskussion des ἡδύ[B].

Schluss 304 A–B: Hippias: Was für ein Unsinn, alles so zu zerlegen in σμικρολογίαι, Haarspaltereien. Worauf es ankommt, ist καλῶς λόγον καταστησάμενον – dass wir eine Rede schön aufstellen im δικαστήριον oder βουλευτήριον, also im Öffentlichen, Preise gewinnen, und die σωτηρία[C] unserer selbst, unserer Besitzungen, unserer Freunde.

Sokrates: 304 C–D: Ach Hippias, du hast Glück! Aber mich hält und beherrscht (κατέχει) δαιμονία τις τύχη, sodass ich immer irre! – πλανῶμαι καὶ ἀπορῶ ἀεί, ἐπιδεικνὺς δὲ τὴν ἐμαυτοῦ ἀπορίαν ὑμῖν τοῖς σοφοῖς – schweife und in Sackgassen gerate und dieses auch noch Euch weisen Männern deutlich zeige.[11] Denn wenn ich mich von Euch überzeugen lasse und rede wie Ihr (ἀναπεισθεὶς ὑπὸ ὑμῶν λέγω ἅπερ ὑμεῖς), dann bekomme ich von »dem Menschen« (τούτου τοῦ ἀνθρώπου), der mich immer fragt und prüft, alles Schlechte zu hören. Und mit diesem Jemand stehe ich auf sehr engem Fusse: καὶ γὰρ...τυγχάνει ἐγγύτατα γένους ὢν καὶ ἐν τῷ αὐτῷ οἰκῶν, lebe mit ihm unter einem Dach, sodass er sich bemerkbar macht, immer wenn ich nach Hause gehe – ἐπειδὰν οὖν εἰσέλθω οἴκαδε εἰς ἐμαυτοῦ.[12]

Dialog gegen den Sophisten, der καλὸς καὶ σοφός ist, weil er σοφίζει, andere Leute weise macht. Dagegen: φιλόκαλος ἤ

[A] nachträglicher Einfall
[B] [hedy], von ἡδύς, εῖα, ύ [hedys, hedeia, hedy], angenehm
[C] [soteria], Rettung

φιλόσοφος[A] – *Phaedros*, 248[13] – wie bei Perikles[14]; d.h. Sokrates σοφίζει, indem er zeigt: Keiner kann σοφός sein.

[15] *den 30. Nov. 1960*

Erich Neumanns Tod.

Was von Dir blieb?
Nicht mehr als eine Hand,
nicht mehr als Deiner Finger bebende Gespanntheit,
wenn sie ergriffen und zum Gruss sich schlossen.

Denn dieser Griff verblieb als Spur
in meiner Hand, die nicht vergass, die
wie Du warst noch spürte, als Dir längst
Dein Mund und Deine Augen sich versagten.[1]

Januar 1961

[16] *Evanston*[B] *Januar 1961.*

Dann werd' ich laufen, wie ich einstens lief
Durch Gras und Wald und Feld;
Dann wirst Du stehen, wie Du einmal standst,
Der innigste Gruss von der Welt.

[A] [philokalos e philosophos], Freund des Schönen oder Freund der Erkenntnis (in Anlehnung an die Übersetzung von F. Schleiermacher)
[B] siehe im Anmerkungsteil S. 1092

Dann werden die Schritte gezählt sein
Durch die Ferne und durch die Näh;
Dann wird dieses Leben erzählt sein
Als der Traum von eh und je.